U0720148

中华经典名著

全本全注全译丛书

王双怀　梁克敏　董海鹏◎译注

帝范　臣轨　庭训格言

中華書局

图书在版编目(CIP)数据

帝范　臣轨　庭训格言/王双怀,梁克敏,董海鹏译注. —北京:中华书局,2021.3(2025.7 重印)
(中华经典名著全本全注全译丛书)
ISBN 978-7-101-15092-6

Ⅰ.帝…　Ⅱ.①王…②梁…③董…　Ⅲ.①政治思想史-中国-古代②政书-中国-唐代③家庭道德-中国-清代
Ⅳ.①D092.2②D691.5③B823.1

中国版本图书馆 CIP 数据核字(2021)第 033949 号

书　　名　帝范　臣轨　庭训格言
译 注 者　王双怀　梁克敏　董海鹏
丛 书 名　中华经典名著全本全注全译丛书
责任编辑　刘树林
装帧设计　毛　淳
责任印制　陈丽娜
出版发行　中华书局
(北京市丰台区太平桥西里 38 号　100073)
http://www.zhbc.com.cn
E-mail:zhbc@zhbc.com.cn
印　　刷　北京中科印刷有限公司
版　　次　2021 年 3 月第 1 版
2025 年 7 月第 5 次印刷
规　　格　开本/880×1230 毫米　1/32
印张 14　字数 300 千字
印　　数　22001-25000 册
国际书号　ISBN 978-7-101-15092-6
定　　价　38.00 元

目录

帝　范

前言 …… 3

序 …… 9

卷一 …… 16

　君体第一 …… 16

　建亲第二 …… 18

　求贤第三 …… 26

卷二 …… 33

　审官第四 …… 33

　纳谏第五 …… 38

　去谗第六 …… 42

卷三 …… 47

　诫盈第七 …… 47

　崇俭第八 …… 49

　赏罚第九 …… 53

卷四 …… 56

　务农第十 …… 56

　阅武第十一 …… 60

　崇文第十二 …… 63

跋 …… 67

臣 轨

前言 …… 73

序 …… 79

卷上 …… 85

同体章第一 …… 85

至忠章第二 …… 91

守道章第三 …… 98

公正章第四 …… 104

匡谏章第五 …… 111

卷下 …… 119

诚信章第六 …… 119

慎密章第七 …… 124

廉洁章第八 …… 129

良将章第九 …… 133

利人章第十 …… 142

跋 …… 149

庭训格言

前言 …… 155

序 …… 159

卷一 …… 168

诚敬忠孝 …… 168

卷二 …… 192

读书治学 …… 192

卷三 …… 262

修身齐家 …… 262

卷四 …… 291
立德树仁 …… 291
卷五 …… 310
守法尚礼 …… 310
卷六 …… 324
勤政务本 …… 324
卷七 …… 357
知人善任 …… 357
卷八 …… 372
处事审慎 …… 372
卷九 …… 390
崇俭戒盈 …… 390
卷十 …… 399
养生避险 …… 399

帝　范

前言

《帝范》是唐太宗的大手笔。唐太宗既是一位治国理政成功的实践家，也是一位卓越的理论家，因而被称为一代明君。他在当皇帝期间，任贤纳谏，励精图治，使吏治清明，社会安定，经济复兴，史称“贞观之治”。不仅如此，他在听政之余，还经常与大臣探讨治国之道，发表了许多精辟的见解，并写出了专论为君之道的《帝范》。这部著作“从历史与现实结合，理论与实践结合，对君主现象作综合的分析，提出了在那个时代具有普遍意义的认识，成为中国古代历史理论和政治思想上的一篇宏文”（瞿林东《一代明君的君主论——唐太宗和〈帝范〉》，《陕西师范大学学报》2005年第6期）。

关于唐太宗撰写《帝范》的情况，文献中有明确的记载。《册府元龟》：“（贞观）二十二年正月，帝撰《帝范》十二篇赐皇太子。”《唐会要》《资治通鉴》等书所载略同。唐太宗在《帝范·序》中对太子李治具体讲述了他撰写《帝范》的原因：“汝以幼年，偏钟慈爱，义方多阙，庭训有乖。擢自维城之居，属以少阳之任，未辨君臣之礼节，不知稼穑之艰难。朕每思此为忧，未尝不废寝忘食。自轩、昊已降，迄至周、隋，以经天纬地之君，纂业承基之主，兴亡治乱，其道焕焉。所以披镜前踪，博览史籍，聚其要言，以为近诫云尔。”（《文苑英华》卷七三五）

唐太宗在经历了废易太子事件之后，十分重视对太子李治的教育。

《贞观政要》中记载,他同太子一起吃饭时,曾问:"你知道饭的来历吗?"太子说:"不知道。"唐太宗说:"这是农民辛勤劳动种植出来的,只有不误农时,让老百姓高高兴兴种好地,你们才会永远有饭吃。"看见太子练骑马,就问:"对马了解吗?"太子说:"不了解。"唐太宗说:"马是代人出力的牲口,不要让马太累,这样才可以永远有马骑。"看见太子划船,就问:"了解船吗?"太子说:"不了解。"唐太宗说:"船啊,好比国君;水啊,好比百姓。水能载船,也能覆船。你将来当国君,要牢记这个道理呀!"看见太子在一棵大树下乘凉,就问:"了解树吗?"太子说:"不了解。"唐太宗说:"这棵树虽然弯曲,如果认真矫正它,就能长直。做国君的,虽然会犯错误,只要虚心接受意见,就会心明眼亮起来。你都要牢记在心啊!"

唐太宗认为,只对太子进行言传身教是不够的,于是亲撰《帝范》赐给太子,作为他自学的教科书。唐太宗对太子讲:"修身治国,备在其中。一旦不讳,更无所言矣。"又说:"汝当更求古之哲王以为师,如吾,不足法也。夫取法于上,仅得其中;取法于中,不免为下。吾居位已来,不善多矣:锦绣珠玉不绝于前,宫室台榭屡有兴作,犬马鹰隼无远不致,行游四方,供顿烦劳,此皆吾之深过,勿以为是而法之。顾我弘济苍生,其益多;肇造区夏,其功大。益多损少,故人不怨;功大过微,故业不堕。然比之尽美尽善,固多愧矣。汝无我之功勤而承我之富贵,竭力为善,则国家仅安,骄惰奢纵,则一身不保。且成迟败速者,国也;失易得难者,位也。可不惜哉!可不慎哉!"(《资治通鉴》卷一九八)

《帝范》的内容相当丰富,包括君体、建亲、求贤、审官、纳谏、去谗、诫盈、崇俭、赏罚、务农、阅武、崇文十二篇,涉及帝王治国理政的若干重要问题。"君体"讲帝王应具有的品质及治理天下时应遵循的基本原则。指出帝王代表天来统治人民,应当胸怀大志,平正其心,威德致远,宽厚怀民,仁待九族,礼接大臣,奉行德义,励精图治。"建亲"讲分封亲族对巩固帝位的重要意义。他认为不搞分封,会使帝王孤立;侯王权力过大，又会反叛中央。因此要防止这两种倾向，合理分权，相互制衡，明察秋毫，抚之以德。“求贤”讲求贤任贤对治国平天下的重要性。善用贤德之才，是事业成功的保证。帝王治国，需要贤才辅佐。求才要不论出身，纳才应锲而不舍。这样才能得到人才。“审官”论选官用人与治国安邦的关系。小才不可以大用，大才也不宜小用。只有做到量才而用，各取其长，才能使人尽其才。“纳谏”讲听取意见的重要性。帝王能否听取不同意见，是国家盛衰的关键。帝王应广开言路，虚心听取不同意见，兼听则明，偏信则暗。“去谗”论佞臣的危害。亲小人，远贤臣，会导致事业失败。帝王应远离佞臣，杜绝谗言。“诫盈”论奢侈的危害。生于忧患，死于安乐。玩物丧志，骄奢扰民，会导致倾危之患。故统治者必须诫盈。“崇俭”讲节俭对治国安邦的重要性。声色犬马是自我堕落的开端。帝王应约束自己，反对浪费，提倡节俭，做崇俭的典范。“赏罚”论赏罚的基本法则。赏和罚是帝王手中的“二柄”。帝王应当运用此二柄来治理国家，但赏善罚恶，必须公正，必须得当。“务农”论重农的必要性。国以民为本，民以食为天，故农业是国家的根本，应当重农而抑末。“阅武”论军备的重要性。武备是和平的基石，只有居安思危，加强武备，才能确保国家安全。“崇文”讲文治的重要性。文化是社会发展的阶梯。帝王在和平时期应通过教育提升民智，促进社会的和谐与发展。

《帝范》所讲的内容，都是帝王在治国平天下时会遇到的重要问题。虽然所论不长，但多持之有故，言之成理，反映了唐太宗的政治谋略和远见卓识。正因为如此，《帝范》问世以后，曾受到一些学者的高度评价。宋人周必大认为《帝范》是“政治之大端，安危之明戒”（《文忠集》卷一五七）。《四库全书总目提要》的编撰者认为：“御制之书，惟唐之《帝范》敷陈得失为最悉。”日本学者市川匡也认为：“《帝范》十二条，规模宏远，嘉言孔彰。自典谟而降，有裨益于衮职者，亦唯斯编之为优。”（市川鹤鸣《帝范国字解》）

唐太宗去世后，唐高宗继承了他的事业，并很好地贯彻了《帝范》的精神。史载:“永徽之政,百姓阜安,有贞观之遗风。”(《资治通鉴》卷一九九)高宗死后,经过武则天的统治,到唐玄宗时期最终出现了“开元盛世”。盛唐以后,《帝范》仍在社会上流行。《册府元龟》载:“韦公肃为秘书著作郎,注太宗《帝范》一十二篇上献。德宗有诏付集贤,仍令别写一本进内,赐公肃锦彩一百匹。”《新唐书》载:“《太宗序志》一卷,又《帝范》四卷,贾行注。”唐宪宗“每览前代兴亡得失之事,皆三复其言。又读贞观、开元《实录》,见太宗撰《金镜书》及《帝范》,玄宗撰《开元训诫》,帝遂采《尚书》《春秋后传》《史记》《汉书》《三国志》《晋书》《晏子春秋》《新序》《说苑》等书君臣行事可为龟镜者,集成十四篇:一曰君臣道合,二曰辨邪正,三曰戒权幸,四曰戒微行,五曰任贤臣,六曰纳忠谏,七曰慎征伐,八曰慎刑法,九曰去奢泰,十曰崇节俭,十一曰奖忠直,十二曰修德政,十三曰谏畋猎,十四曰录勋贤,分为上下卷目,曰《前代君臣事迹》”(《帝学》卷二)。

唐代以后,宋元明清的统治者对《帝范》也相当重视。如北宋仁宗天圣四年(1026),诏辅臣于崇政殿西庑观侍读学士宋绶等读《唐书》。“绶兼勾当三班院,因请解所兼,专事劝讲。皇太后命择前代文字可资孝养、补政治者以备帝览,遂录进唐谢偃《惟皇诫德赋》,又录《孝经》《论语》要言及唐太宗所撰《帝范》二卷、明皇朝臣僚所献《圣典》三卷、《君臣政理论》三卷上之。”(《续资治通鉴长编》卷一百四)元泰定帝泰定元年(1325)二月,“江浙行省左丞赵简,请开经筵及择师傅,令太子及诸王大臣子孙受学。遂命平章政事张珪、翰林学士承旨忽都鲁都兒迷失、学士吴澄、集贤直学士邓文原,以《帝范》《资治通鉴》《大学衍义》《贞观政要》等书进讲”(《元史·本纪·泰定帝》)。此外,元代还曾将《帝范》等书译成蒙古文字。《元史·察罕传》载:“尝译《贞观政要》以献。帝大悦,诏缮写遍赐左右。且诏译《帝范》。又命译《脱卜赤颜》名曰《圣武开天纪》,及《纪年纂要》《太宗平金始末》等书,俱付史馆。”明太祖朱元璋曾以《帝范》赐皇太子学习。明成祖朱棣也曾读过《帝范》,认为此书

“要皆切实著明，可以为治”（《钦定天禄琳琅书目》卷九）。

值得注意的是，《帝范》在唐代以后，也曾传到国外。其中日本人对此书表现出极大的热情。早在平安时代，日本遣唐使来华时，就将《帝范》带回日本，藤原佐世在《日本国见在书目录》中对《帝范》二卷即有著录。从日本现存古代《帝范》钞本来看，此书在日本君主时代发挥过一定的作用。据宽文八年（1669）刊本所载，江户时代，儒臣曾于长宽二年（1164）、承安元年（1171）、建久三年（1192）、元仁元年（1224）先后在京都为二条、高仓、后鸟羽诸天皇讲解此书。经过镰仓室町时代，到德川将军执政的江户时代，对中国的儒家思想更为重视，儒臣也常为将军或地方的藩主讲解《帝范》及《贞观政要》等。二十世纪以来，日本学者比较重视对《帝范》的研究。昭和十四年（1939），大冢伴鹿发表的《关于〈帝范〉的传本及其注者》一文，曾引起学者的关注。阿部隆一利用日本及台湾地区所藏古籍对该书进行研究，于昭和四十四年（1969）发表了《〈帝范〉〈臣轨〉源流考附校勘记》。此外，小林芳规在《平安镰仓时代汉籍训读的国语史研究》一文中，对《帝范》亦有所涉及。

《帝范》在唐宋时期流传较广，但唐宋时期的版本已荡然无存。现在我们所能看到的都是明代以后的版本。据了解，在国内主要有四库全书本、武英殿聚珍本、粤雅堂丛书本、东方学会丛书本、四库全书荟要本等。在日本，则主要有宽文八年（1668）与《臣轨》合刻本，天明九年（1789）帝范国字解本，弘化三年（1846）小野保正钞本、1915年宫内省印本，及1916年和译纂注本等。《帝范》国内诸本均出自《永乐大典》，系四库馆臣从《永乐大典》中辑出者。日本诸本则多出自宽文八年刻本。相比之下，四库本较为精良，故我们在整理的过程中以四库全书本为底本，并参校其他版本，以便大家更好地阅读本书，并从中获得有益的启示。

序

【题解】

此篇序言旨在说明撰写此书的目的。在帝制时代，帝王的个人品质和能力直接关系到王朝的治乱兴衰。因此，人们常常盼望有一个明主圣君。然而，在“天下为家”的古代社会，帝王是通过世袭制产生的，皇族内部因储君之争或储君选择不当而不断上演同室操戈、父子兄弟相残的悲剧，导致王朝衰落乃至灭亡的事件屡见不鲜。因此，历代帝王特别重视对皇位继承人的选择和教育。贞观年间，唐太宗在皇位继承人的选择上颇为慎重，然而他忙于国事，“失教于诸子”，结果初立的太子李承乾并不令他满意，引发魏王李泰图谋争储、大将侯君集谋反事件。最后，在长孙无忌的支持下，第九子晋王李治被立为太子。李治性情比较软弱，唐太宗对他的能力有所怀疑。为了将李治培养成一个合格的皇位继承人，维护李唐王朝的长治久安，唐太宗采取了很多措施。史载：太宗“每视朝，常令（太子）在侧，观决庶政，或令参议”（《旧唐书·高宗纪上》），通过实践增强李治的执政能力。不仅如此，他还专门写了这本《帝范》，作为教育太子的教科书。在这篇序中，唐太宗首先告诉太子李唐王朝创立之艰难，帝位的获得是天命所归而非计谋诈力可夺的，并根据前朝兴衰的历史经验，告诫太子要以史为鉴，居安思危，勤政修德，以使国家长治久安。从历史的角度来看，《帝范》既是唐太宗对历代兴衰治乱内在机制的探讨,也是他对治国二十多年的经验教训的总结。由此可以看出,唐太宗不仅是一位治国理政方面成功的实践家,也是一位卓越的理论家。正因为如此,他才被视为帝王的楷模,受到世人尊崇。

序曰:朕闻大德曰生①,大宝曰位②。辨其上下,树之君臣,所以抚育黎元,钧陶庶类③。自非克明克哲④,允武允文⑤,皇天眷命⑥,历数在躬⑦,安可以滥握灵图⑧,叨临神器⑨!是以翠妫荐唐尧之德⑩,元圭锡夏禹之功⑪。丹字呈祥⑫,周开八百之祚⑬;素灵表瑞⑭,汉启重世之基⑮。由此观之,帝王之业,非可以力争者矣⑯。

【注释】

①大德曰生:语见《周易·系辞下》:"天地之大德曰生。"即天地最大的功德是生养万物。大德,盛大的品德、功德。

②大宝曰位:语见《周易·系辞下》:"圣人之大宝曰位。"大宝,最贵重的东西。此指帝位。

③钧陶:用钧制造陶器。比喻造就。庶类:万物,万类。

④克:能够。明、哲:均指聪明、睿智。

⑤允武允文:指文武才能兼备。语见《诗经·鲁颂·泮水》:"允文允武,昭假烈祖。"

⑥皇天眷命:得到上天的照顾,意即天命所归。

⑦历数在躬:古人认为王朝相承、帝王相继,与天地运行的次序有密切的联系,故亦称帝王的继承顺序为历数。《论语·尧曰》:"尧曰:'咨!尔舜,天之历数在尔躬。'"历数,指日、月、星辰的运行及季节时令的变化。

⑧灵图:指《河图》。汉代谶纬家以为王者受命之瑞。

⑨神器：象征国家权力之物。借指帝位、政权。

⑩翠妫（guī）：古水名。具体地址不详，传说是黄帝在此受图箓。后因用为典实。荐：献。唐尧：古帝名。名放勋，初封于陶，又封于唐，号陶唐氏。

⑪元圭：当为玄圭。是一种黑色的玉器。清人在修书过程中为避康熙皇帝玄烨的名讳而改玄为元。

⑫丹字呈祥：丹字，一本作“丹乌”。《史记·周本纪》载周文王姬昌出生时有“圣瑞”，张守节正义引《尚书·帝命验》云：“季秋之月甲子，赤爵（雀）衔丹书入丰，止于昌户。”

⑬周开八百之祚：指周王朝自武王建国到赧王失国，凡七百九十年，近八百年。祚，原本指福，后指某一王朝的国统。

⑭素灵表瑞：《汉书·高帝纪》：“高祖被酒，夜径泽中，令一人行前。行前者还报曰：‘前有大蛇当径，愿还。’高祖醉，曰：‘壮士行，何畏！’乃前，拔剑斩蛇。蛇遂分为两，径开。行数里，醉，因卧。后人来至蛇所，有一老妪夜哭。人问何哭，妪曰：‘人杀吾子，故哭之。’人曰：‘妪子何为见杀？’妪曰：‘吾子，白帝子也，化为蛇，当道，今为赤帝子斩之，故哭。’”素灵，此指白蛇的精灵，即白帝之子。

⑮重世：累世，再世。此指西汉、东汉两朝。

⑯帝王之业，非可以力争者矣：一本作“帝王之业，非可以智竞，不可以力争者矣”。译文从之。

【译文】

序说：朕听说天地间最美好的品德是生养万物，最宝贵的东西是帝王宝位。辨别尊卑上下，确立君臣关系，旨在抚养天下百姓，造就世间万物。如果没有英明睿智的天赋、文武兼备的才能、上天的眷顾和授命，是不可能随便掌握皇权、践阼皇位的！正因为如此，上古翠妫之川把图箓送给唐尧，以歌颂他的圣明仁德；舜帝特意把黑色的玉圭赐给大禹，来表彰他治水的伟大功绩。周文王因获得了赤雀衔丹书带来的祥瑞，开创了周代八百年的国祚；汉高祖因有斩白蛇的神迹，奠定了两汉四百年的基业。由此看来，帝王的大业，既不能靠智谋去诈取，更不能凭武力去争夺。

昔隋季版荡①，海内分崩②。先皇以神武之姿，当经纶之会③，斩灵蛇而定王业④，启金镜而握天枢⑤。然由五岳含气⑥，三光戢曜⑦，豺狼尚梗⑧，风尘未宁。朕以弱冠之年⑨，怀慷慨之志，思靖大难，以济苍生。躬擐甲胄⑩，亲当矢石⑪。夕对鱼鳞之阵⑫，朝临鹤翼之围⑬。敌无大而不摧，兵何坚而不碎。剪长鲸而清四海⑭，扫欃枪而廓八纮⑮。乘庆天潢⑯，登晖璇极⑰。袭重光之永业⑱，继大宝之隆基⑲。战战兢兢，若临深而御朽⑳；日慎一日，思善始而令终。

【注释】

①版荡：即“板荡”。《诗经·大雅》中有《板》《荡》二篇，系凡伯和穆公所作，用以讽刺周厉王无道而败坏法度，后用以指国家动荡不安。

②海内：指整个国家。古人认为我国陆地四面临海，故称国内为海内。

③经纶：整理丝缕。这里引申为治理国事。

④斩灵蛇：典出汉高祖刘邦斩白蛇起义。此处比喻李渊起兵反隋，建立唐朝，乃天命所归。

⑤金镜：本指铜镜，后比喻光明之道。天枢：星名。即北斗第一星。比喻国家的中央政权。

⑥然由：一本作“然犹”。从上下文意分析，当以“然犹”为是。五岳：东岳泰山、西岳华山、南岳衡山、北岳恒山、中岳嵩山。含气：指郁而未清。

⑦三光：即日、月、星辰。戢：收敛，收藏。曜：明亮。

⑧梗：灾害，祸患。以上几句话的意思是说：虽然唐王朝已经建立了，但还有许多割据势力，天下尚未统一，动荡不安。

⑨弱冠：古指男子刚刚成年。《礼记·曲礼》："二十曰弱冠。"疏曰："二十成人，初加冠。体犹未壮，故曰弱也。至二十九通得名弱冠。"唐太宗太原起兵时不到二十岁。

⑩躬擐（huàn）：亲自穿上。《左传·成公十三年》："文公躬擐甲胄，跋履山川。"甲胄：古代军人作战时穿戴的铠甲和头盔。

⑪矢石：箭镞与石头。在冷兵器时代，常用发射弓箭和抛射石块的办法打击敌人。

⑫鱼鳞：一本作"鱼丽"。鱼丽是古代阵法名。《左传·桓公五年》："为鱼丽之陈，先偏后伍。"杜预注："《司马法》：'车战二十五乘为偏。'以车居前，以伍次之，承偏之隙而弥缝阙漏也。五人为伍。此盖鱼丽陈法。"译文从之。

⑬鹤翼：亦为古代阵法之名。《庄子·徐无鬼》："君亦必无盛鹤列于丽谯之间。"郭象注："鹤列，阵兵也；丽谯，高楼也。"

⑭剪：除灭。长鲸：本指大鱼，此处指强敌。《左传·宣公十二年》："古者，明王伐不敬，取其鲸鲵而封之，以为大戮。"杜预注："鲸鲵，大鱼名，以喻不义之人，吞食小国。"

⑮欃（chán）枪：彗星的别名。古人认为彗星是凶星，主不吉。八纮（hóng）：八方极远之地。《淮南子·地形训》："九州之外，乃有八殡，亦方千里……八殡之外，而有八纮，亦方千里。"九州、八殡、八纮均是古人对世界最早的描述。

⑯天潢：皇族，帝后裔。

⑰晖：显。璇极：指天子之位或皇室。

⑱重光：比喻累世盛德，辉光相承。《尚书·周书·顾命》："昔君文王、武王，宣重光。"孔传："言昔先君文、武，布其重光累圣之德。"

⑲大宝：皇帝之位。

⑳战战兢兢，若临深而御朽：《诗经·小雅·小旻》："战战兢兢，如临深渊，如履薄冰。"此处为避唐高祖李渊名讳，将"临渊"改为"临深"。御朽，以朽索御马，比喻危险。《尚书·夏书·五子之歌》："懔乎若朽，索之驭六马。"

【译文】

隋朝末年，社会动荡，国家分裂。高祖以英明神武的雄姿，经略天下，禁暴惩奸，应天受命，创建大唐。然而，五岳含气未吐，三光隐而不明，群雄割据作乱，天下动荡不安。朕在弱冠之年，就胸怀大志，下决心平定大难，拯救百姓。因此，穿戴甲胄，亲冒矢石，朝夕征战，解围破阵，无论多么强大的敌人，都被朕打败，最终消灭了许多割据势力，实现了天下的统一。后来，朕又登上皇位，继承高祖所创立的大唐伟业，从此我一直战战兢兢，如临近深渊，如以朽绳驭马，每天都小心谨慎，思考着如何才能做到善始善终。

汝以幼年，偏钟慈爱[①]，义方多阙，庭训有乖[②]。擢自维城之居[③]，属以少阳之任[④]，未辨君臣之礼节，不知稼穑之艰难。朕每思此为忧，未尝不废寝忘食。自轩、昊已降[⑤]，迄至周、隋，以经天纬地之君，纂业承基之主，兴亡治乱，其道焕焉[⑥]。所以披镜前踪[⑦]，博览史籍，聚其要言，以为近诫云耳。

【注释】

①钟：积聚。

②庭训：《论语·季氏》记孔子在庭，其子伯鱼趋而过之，孔子教以学诗、礼，后因称父教为庭训。乖：违背，不协调。

③维城：本指连城以卫国。《诗经·大雅·板》："怀德维宁，宗子维

城。”这里是指亲王，李治曾被封为晋王。

④属以少阳之任：贞观十七年(643)，太子李承乾被废，魏王李泰亦因罪废黜，晋王李治被立为太子。少阳，本指东方，后指太子。

⑤轩、昊：黄帝轩辕氏和其子少昊。他们都是上古时期的部落联盟首领，被认为是华夏人文始祖。

⑥焕：焕然，明白。

⑦披镜：阅读，借鉴。前踪：指唐以前君臣治乱之事。

【译文】

你从小受到父母的宠爱，缺少应有的教育；再加上你是从一个亲王被立为太子的，不懂得君臣礼节，也不知道民生疾苦。每当想到这些，我就感到十分担忧，经常为此吃不下饭，睡不好觉。从黄帝、少昊以来，到北周、隋朝，历代创业之君和守成之君，治乱兴衰的轨迹都是清晰可见的。因此，朕对前代帝王的统治状况进行了考察，查阅大量的历史文献，采撷其中的重要言论，写成了这本著作，作为你的近诫。

卷一

君体第一

【题解】

在君主专制时代，君主的一言一行直接关系到国家的治乱安危，所以君主的素质就显得极为重要。本篇主要阐述君主之大体，即君主应当具备的基本素质及其治理国家所应遵循的原则。首先，要顺应民心。《管子·四顺》认为："政之所兴，在顺民心。"贞观年间，唐太宗曾提出"君依于国，国依于民"，"为君之道，必须先存百姓"的至理名言，与民休养生息，轻徭薄赋，精简刑法，努力缓和阶级矛盾。其次，要公正无私。尽管王朝是属于皇帝的，但君主要以天下为公。唐太宗十分注重执政的公正问题。贞观时，"朝廷盛开选举，或有诈伪资荫者，帝令其自首，不首者罪至于死。俄有诈伪者事泄"，大理寺丞戴胄依法判处流刑。太宗怒斥："朕下敕不首者死，今断从流，是示天下以不信。卿欲卖狱乎？"戴胄认为，"法者，国家所以布大信于天下"，依法断案是"忍小忿而存大信"。唐太宗听后表示："法有所失，公能正之，朕何忧也。"唐太宗也多次表示，"法者，非朕一人之法，乃天下之大法也"，不可以因私废法，从而使人人守法，"人有所犯，一一于法"，保证了公正执法。再次，还要实行仁政。以孝治天下、实行仁政是封建君主治国理政的重要思想。在这里，唐太宗提出"抚九族以仁,接大臣以礼。奉先思孝,处位思恭"等仁孝治国的具体办法。《君体》是对君主基本规范的界定。唐太宗认为:君主执政要以民为先,仁孝治天下,做到无偏无私、宽容平正、恩威兼施、谦恭待下、仁孝谨慎、勤政治国,才能使国家得到有效的治理。

夫人者国之先①,国者君之本。人主之体,如山岳焉②,高峻而不动;如日月焉,贞明而普照③。兆庶之所瞻仰④,天下之所归往。宽大其志,足以兼包;平正其心,足以制断⑤。非威德无以致远⑥,非慈厚无以怀人⑦。抚九族以仁⑧,接大臣以礼。奉先思孝⑨,处位思恭⑩。倾己勤劳⑪,以行德义。此乃君之体也。

【注释】

①夫人者国之先:《周易·序卦》:"有天地,然后有万物;有万物,然后有男女;有男女,然后有夫妇;有夫妇,然后有父子;有父子,然后有君臣;有君臣,然后有上下;有上下,然后礼义有所错。"因此,将百姓视作立国之先决条件。人,一本作"民"。为避唐太宗名讳,故以"民"为"人"。

②人主之体,如山岳焉:帝王的地位,就像山岳一样尊崇,不可动摇。《魏书·綦俊传》:"人主之体,必须度量深远,明哲仁恕。"

③如日月焉,贞明而普照:帝王的仁德就像日月之光一样,普照天下百姓。《周易·系辞下》:"日月之道,贞明者也。"

④兆庶:泛指百姓。

⑤平正其心,足以制断:帝王若平正其心,就会明辨是非,就足可以决断各种政务。《大学》:"所谓修身,在正其心者。身有所忿懥,则不得其正;有所恐惧,则不得其正;有所好乐,则不得其正;有所

忧患，则不得其正。”

⑥非威德无以致远：没有威势和德政就不能招抚远方。《汉纪·孝武皇帝纪》：“非威德之盛无以致其贡物也。”

⑦非慈厚无以怀人：没有慈爱仁厚之心便不能怀柔百姓。怀人，一本作“怀民”。

⑧九族：泛指亲属。“九族”所指，诸说不同。一般认为应指高祖、曾祖、祖父、父亲、己身、子、孙、曾孙、玄孙。《尚书·虞书·尧典》：“克明俊德，以亲九族。”

⑨奉先：侍奉长辈或祭祀祖先。

⑩处位：居于权位。

⑪倾己：抑己，即虚己之意。

【译文】

百姓是国家建立的先决条件，国家是君主立身的根本。君主的地位要像大山一样高峻，崇高而不动摇；君主的仁德要像日月一样，普照而泽惠天下百姓。君主是天下百姓瞻仰的对象，也是天下人心的归宿。君主要有宽大包容的胸怀，就完全可以包容天下；君主有公平正直的心态，就完全能够裁断天下事务。若君主没有威严和德政，就不能招抚边远地区的人民；没有慈爱和仁德，就不能怀柔安抚天下百姓。当然，君主还要以仁义安抚亲族，按礼仪对待大臣。敬奉祖先而常思孝道，高居王位而保持谦恭。克己勤政，笃行德义。这是君主应当遵循的基本原则。

建亲第二

【题解】

本篇主要讲述分封亲族对巩固帝位的重要性。分封制是中国古代重要的政治制度，王朝国家通过分邦建国，以藩屏卫，达到巩固一家一姓“家天下”的长久统治。但随着时势的推移，这些分封的诸侯又往往成为割据一方的地方分裂势力，威胁国家的统一与稳定。秦统一六国后，秦始皇把郡县制推广到全国各地，使郡县制成为封建时代最基本的行政制度。西汉初，高祖刘邦吸取秦亡的教训，广封刘氏宗亲为诸侯，致使诸侯势力坐大，酿成“七国之乱”。曹魏政权有鉴于此，不再分封宗室子弟，结果发生了司马氏父子篡权之事。西晋又分封诸王，结果又导致了“八王之乱”。那么，怎样才能做到家国一体、长治久安？究竟是实行分封制好，还是郡县制好呢？在中国的历史长河中，对这个问题一直存在着争论。通览前代郡县与分封之利弊，唐太宗认为：郡县制固然重要，分封亦必不可少，但“封之太强，则为噬脐之患；致之太弱，则无固本之基”，故要因时而异，采用与前代不同的分封方式，“众建宗亲而少力，使轻重相镇，忧乐是同”。这样既能防止诸王势力坐大威胁中央权威，去除君臣之间的嫌隙，又可巩固李唐王朝长久统治。因而他欲效法周、汉故事，分封宗室子弟和功臣。贞观十一年(637)，分封荆王元景等宗室亲王和长孙无忌等功勋大臣为世袭刺史，但遭到魏徵、颜师古、李百药、马周、长孙无忌等大臣的反对。最后，唐太宗撤回诏令，分封诸王或功臣，只给以爵位和封租而已，并没有形成真正的王国。此篇即是唐太宗在总结历史经验的基础上，对封建诸侯的问题进行了全面的考虑，阐明了应当如何对待诸王和功臣，提出了分封“众建宗亲而少力”的基本原则。这显示了唐太宗作为一位杰出的封建政治家的远见卓识，故而后代的大多数帝王在分封时都遵循这一原则。分封制作为帝制时代的历史产物，其实质是任人唯亲、家天下，唐太宗虽为一代明君，也未能摆脱其局限性。

夫六合旷道①，大宝重任②。旷道不可偏制，故与人共理之；重任不可独居，故与人共守之③。是以封建亲戚，以为藩卫④，安危同力，盛衰一心。远近相持，亲疏两用，并兼路塞⑤，逆节不生⑥。

【注释】

①六合:指上下和四方,泛指天地或宇宙。旷道:旷远的大路。

②大宝重任:皇帝之位是天下至极至尊之位,故曰重任。大宝,指皇位。

③"旷道不可偏制"几句:晋陆机《五等诸侯论》:"夫先王知帝业至重,天下至旷,旷不可以偏制,重不可以独任,任重必于借力,制旷终乎因人。故设官分职,所以轻其任也;并建五长,所以弘其制也。"偏制、独居,都是指帝王居守帝位专断,独自治国。共理,一本作"共治"。唐高宗名"治",因避其讳,改"治"为"理"。

④封建亲戚,以为藩卫:分封宗室子弟作为诸侯,来共同拱卫天子。《左传·僖公二十四年》:"昔周公吊二叔之不咸,故封建亲戚,以蕃屏周。"

⑤并兼:指相互侵吞。

⑥逆节:指不遵王命。

【译文】

天下广大,王位至尊。面对辽阔的疆域,君主不可能独治,需要与人共同治理;面对至尊之位,君主不可能独自居守,需要与人共同守卫。因此,通过分封宗亲、建立诸侯国的办法,来屏卫朝廷,使其与朝廷安危一体,荣辱与共。这样便可以远近相互扶持,亲疏兼顾,从而堵塞兼并之路,防止一家独大、忤逆叛乱之事的发生。

昔周之兴也,割裂山河,分王宗族[①]。内有晋、郑之辅[②],外有鲁、卫之虞[③]。故卜祚灵长[④],历年数百。秦之季也,弃淳于之策,纳李斯之谋[⑤]。不亲其亲,独智其智。颠覆莫恃[⑥],二世而亡。斯岂非枝叶不疏则根柢难拔[⑦],股肱既殒则心腹无依者哉!汉初定关中,诫亡秦之失策,广封懿亲,过于古制[8]。大则专都偶国[9]，小则跨郡连州。末大则危，尾大难掉[10]。六王怀叛逆之志[11]，七国受铁钺之诛[12]，此皆地广兵强积势之所致也。魏武创业[13]，暗于远图[14]。子弟无封户之人，宗室无立锥之地[15]。外无维城以自固[16]，内无盘石以为基，遂乃大器保于他人[17]，社稷亡于异姓[18]。语曰[19]："流尽其源竭，条落则根枯。"此之谓也。夫封之太强，则为噬脐之患[20]；致之太弱，则无固本之基。由此而言，莫若众建宗亲而少力[21]，使轻重相镇[22]，忧乐是同[23]。则上无猜忌之心，下无侵冤之虑，此封建之鉴也。

【注释】

①割裂山河，分王宗族：是指周初武王、周公、成王先后分封了七十一个诸侯国。姬姓宗室大都被封为大小不等的诸侯，兄弟十五人，同姓四十人；此外，也封了一些异姓功臣。《左传·昭公二十八年》："昔武王克商，光有天下。其兄弟之国者，十有五人；姬姓之国者，四十人。皆举亲也。"

②晋：成王同母弟叔虞始封于唐，都于唐（今山西翼城），至其子改唐为晋。郑：宣王弟友被封于郑（都今陕西渭南华州区）。辅：助。

③鲁：周公之子伯禽的封国，都曲阜（今山东曲阜）。卫：周公诛管蔡后，封其弟康叔于故商墟，都朝歌（今河南淇县）。虞：防。

④卜祚灵长：这是承上句，言周朝之所以能够持续长达七百多年，是因为实行分封制。卜祚，用占卜预测传国的世数。灵长，绵延长久。《左传·宣公三年》："成王定鼎于郏鄏，卜世三十，卜年七百，天所命也。"

⑤弃淳于之策，纳李斯之谋：指秦始皇拒绝了淳于越实行分封的建议，而采用了李斯的建议实行郡县制。《史记·秦始皇本纪》记

载:始皇置酒咸阳宫,博士淳于越等儒生进曰:“臣闻殷周之王千余岁,封子弟功臣,自为枝辅。今陛下有海内,而子弟为匹夫,卒有田常、六卿之臣,无辅拂,何以相救哉?”廷尉李斯认为:“周文、武所封子弟同姓甚众,然后属疏远,相攻击如仇雠,诸侯更相诛伐,周天子弗能禁止。今海内赖陛下神灵一统,皆为郡县,诸子功臣以公赋税重赏赐之,甚足易制。天下无异意,则安宁之术也。置诸侯不便。”最终,秦始皇采纳李斯的建议,分天下以为三十六郡。

⑥颠覆:灭亡。

⑦不疏:一本作“扶疏”,据改。指枝叶茂盛,高低疏密有致。

⑧“汉初定关中”几句:意思是说,西汉建立之初,高祖认为秦朝因没有分封诸侯而灭亡,因此大封刘氏宗亲为诸侯,所分封的九个诸侯国,都超过了周代分封规定的面积。失策,汉人认为秦以孤立而亡,故称其为“失策”。懿亲,特指皇室宗亲、外戚。古制,指西周的分封制度。周代封爵共有五等:公方五百里,侯四百里,伯三百里,子二百里,男百里。

⑨专都偶国:大的诸侯国权势甚大,可与朝廷相抗衡。《左传·桓公十八年》:“耦国,乱之本也。”《史记·汉兴以来诸侯王年表》:“自雁门、太原以东至辽阳,为燕、代国;常山以南,大行左转,度河、济,阿、甄以东薄海,为齐、赵国;自陈以西,南至九疑,东带江、淮、谷、泗,薄会稽,为梁、楚、淮南、长沙国:皆外接于胡、越。而内地北距山以东尽诸侯地,大者或五六郡,连城数十,置百官宫观,僭于天子。汉独有三河、东郡、颍川、南阳,自江陵以西至蜀,北自云中至陇西,与内史凡十五郡。”偶国,谓大城足与国都相抗衡。

⑩末大则危,尾大难掉:“末”与“本”相对。承接上句言,指诸侯地广势强,帝室弱而被侵,就像末大根小必折,尾大身小难掉,中央难以禁止。《左传·昭公十一年》记载:春秋时期,楚王欲封公子

弃疾为蔡公，问于申无宇，无宇答道："末大必折，尾大不掉，君所知也。"

⑪六王：指汉初所封的六个异姓王韩王信、燕王臧荼、燕王卢绾、淮南王英布、楚王韩信、梁王彭越。

⑫七国：指汉景帝时参与叛乱的七个诸侯国，吴王刘濞、楚王刘戊、赵王刘遂、济南王刘辟光、淄川王刘贤、胶西王刘印、胶东王刘雄渠。景帝以周亚夫为大将军，率军平定叛乱。铁钺：原指斫刀和大斧，是斩刑的工具，后来泛指刑戮。

⑬魏武：指曹操。曹操生前并未称帝，220年曹操子曹丕代汉称帝，建立魏国，追尊曹操为武帝。

⑭暗于远图：曹操只知道汉诸侯太强难制，却不知秦废分封速亡，所以说他暗于远图。

⑮立锥之地：插锥尖大的一点地方，形容极小的安身之处。《庄子·盗跖》："尧舜有天下，子孙无置锥之地。"

⑯维城：连城以卫国。引申指帝王的宗族帮助帝王进行统治和保卫帝王。

⑰大器：指帝王的权位。

⑱异姓：指司马氏。曹魏末年司马懿父子擅权，到司马炎逼魏帝禅位，建立西晋。

⑲语：这里指谚语。

⑳噬脐：亦作"噬齐"。自啮腹脐，比喻后悔不及。《左传·庄公六年》："亡邓国者，必此人也。若不早图，后君噬齐，其及图之乎？"杜预注："若啮腹齐，喻不可及。"

㉑少力：一本作"少其力"。译文从之。汉贾谊《新书·藩强》："欲天下之治安，天子之无忧，莫如众建诸侯而少其力。力少则易使以义，国小则无邪心。"即分封诸侯时可以多一些，但不可使他们的实力能够与朝廷对抗。

㉒轻重相镇：大小均衡，互相牵制。

㉓忧乐是同：即是荣辱与共的意思。三国曹冏《六代论》："夫与民共其乐者，人必忧其忧；与民同其安者，人必拯其危。"

【译文】

从前周朝兴起的时候，就曾将疆土分割，分封给宗室成员，建立大小诸侯国。畿内有晋、郑等国相辅，畿外又有鲁、卫等国的防护。所以国祚绵长，维持了数百年的统治。秦朝建立后，秦始皇弃淳于越分封诸侯的建议而不用，采纳李斯实行郡县制的主张，不尊重皇室成员的权位，只相信自己的智慧。结果，秦王朝因没有可依赖的皇族诸侯而被颠覆，只传两代就灭亡了。这不是因为枝叶繁茂就不易动摇其根基，失去股肱心腹就没有依靠的道理吗！汉高祖初定关中时，鉴于秦朝二世而亡的教训，大封刘氏宗亲为诸侯，其规模远远超过了古代的制度。这些诸侯大的足以与中央相抗衡，小的也跨州连郡。最终，导致了末大而危、尾大不掉的危险局面。于是，六王怀有谋逆反叛之志，七国之王因叛乱被诛，这些都是因为被分封的诸侯国地广兵强、长久积蓄势力而导致的恶果。魏武帝曹操创业之初，没有什么长远的计划。他不分封子弟，致使他的子孙没有立锥之地。这样在外没有宗室诸侯来固守国家，在内帝王没有磐石一样的根基，所以帝王权位要靠他人保护，江山社稷最终灭亡在司马氏手中。有谚语称："河流断水是因为其源头已涸竭，枝条干落是因为其根已枯死。"说的就是这个道理。如果分封诸侯太强，就会成为分裂国家的心腹大患；而分封的诸侯太弱小，又起不到拱卫朝廷的作用。由此看来，不如多分封宗室亲戚，但势力不可过大，使其势均力敌，大小诸侯之间相互牵制，与朝廷荣辱与共。这样，君主就不会有猜忌诸侯之心，而诸侯之间也不会有相互侵夺的仇怨，这是前代封建诸侯留下的启示。

斯二者，安国之基。君德之宏[①]，唯资博达。设令悬教，以术化人[②]；应务适时[③]，以道制物[④]。术以神隐为妙[⑤]，道以光大为功[6]。括苍旻以体心，则人仰之而不测[7]；包厚地以为量[8]，则人循之而无端[9]。荡荡难名[10]，宜其宏远[11]。且敦穆九族[12]，放勋流美于前[13]；克谐烝乂[14]，重华垂誉于后[15]。无以奸破义，无以疏间亲。察之以德，则邦家俱泰，骨肉无虞，良为美矣。

【注释】

①君德：君主的德行或恩德。汉董仲舒《贤良策》："今陛下并有天下，海内莫不率服。广览兼听，极群下之智，尽天下之美，至德昭然，施于方外，夜郎康居，殊方万里，说德归谊。此太平之致也。"

②设令悬教，以术化人：古人认为，法可以治民，因此每次颁布法令时，都要悬挂在宫阙官衙门前，向百姓宣告，使百姓知而不敢犯法。悬教，悬挂宣示法令。术，这里指法令。

③应务适时：适应时务。

④道：此指法则、规律。

⑤神隐：指手段含蓄，使百姓莫测。

⑥道：这里指事物运行的规律。功：意为精善。

⑦括苍旻以体心，则人仰之而不测：故人君应当总括其天，以至公之心统治臣民，使天下人仰望之而不得窥测。苍旻，即苍天。东晋陶渊明《感士不遇赋》："苍旻遐缅，人事无已。"《礼记·经解》："天子者，与天地参。故德配天地，兼利万物，与日月并明，明照四海而不遗微小。"

⑧厚地：指大地。《周易·坤·大象》："地势坤，君子以厚德载物。"

⑨循：遵循，沿袭。无端：这里指找不到边际。端，涯。

⑩荡荡难名：《论语·泰伯》："子曰：'大哉，尧之为君也！巍巍乎！唯天为大，唯尧则之。荡荡乎！民无能名焉。'"荡荡，广大的样子。

⑪宏远：远大，深远。

⑫敦穆：亦作“敦睦”。指使和睦。

⑬放勋：帝尧名。《尚书·虞书·尧典》：“曰若稽古帝尧，曰放勋，钦明文思安安，允恭克让，光被四表，格于上下。克明俊德，以亲九族。”流美：流布美善。

⑭克谐：能够和谐。烝乂：一本作“烝烝”。淳厚的样子。《尚书·虞书·尧典》：“瞽子。父顽，母嚚，象傲；克谐，以孝烝烝，乂不格奸。”

⑮重华：帝舜的名字。

【译文】

以上两点，是安定国家的基石。君主的德行要想发扬光大，只有靠广泛听取大臣们的谏言。此外，还要垂范立制，以法令来教化百姓；还应该适应时势变化，因时制宜，根据万物的规律来管理万物。术以隐而不露为妙，道以发展光大万物为功。若君主有天一样广大的胸怀，天下人就会敬仰而不是窥测他；有地一样宽厚的度量，则百姓就会永远遵循他的统治。人君若坦坦荡荡，德高难名，那么他的统治就可以长久了。尧能够和睦九族亲戚，流布美善于前；舜能够以孝使顽父、嚚母、傲弟和谐向善，垂布美好的声誉于后，这些都是值得学习的。君主不能因奸伪损害道义，不因疏远的人而离间亲情。凡事以德作为考察的标准，就能使国与家都趋于安泰，近亲之间亦可确保无疏离之患，如果这样就很好了。

求贤第三

【题解】

人才是事业成功的保证。在帝制时代，“人治”是国家治理的基本模式，故用人得当与否，官吏素质的高低，都会影响到国家的行政效率和治乱兴衰。用贤才则君子道长，天下大治；用佞臣则小人得志，民不聊生。因此，求贤用人就显得十分重要，明君治国也无不广求贤才。唐太宗统治时期，出现“贞观之治”的盛世，即与他善于用贤有莫大的关系。作为古代优秀的政治家，唐太宗对人才的重要性有充分的认识，认为“为政之要，惟在得人”，并把用人作为关系国家治乱的大事看待。唐太宗认为“君子用人如器，各取所长”，故而他用人选才“舍其所短，取其所长”，善于发现其长处，用其长而避其短；他所用之人，不论贫富贵贱、仇寇亲疏，唯才是举。由于唐太宗知人善任，贞观一朝人才济济，文有房玄龄、杜如晦、魏徵、长孙无忌、高士廉、岑文本等，武有李靖、李勣（jī）、秦叔宝、尉迟敬德、侯君集等，形成了贞观时期文武兼备的人才群，构成了贞观政治的执政核心，是“贞观之治”形成的重要原因。在本篇中，唐太宗首先论述了忠良英贤人才对治理国家的重要意义，并结合历史上伊尹、吕望、夷吾、韩信等贤才在当时王朝建立发展中发挥的重要作用，说明求才用人的重要性。接着，唐太宗又指出：统治者要有知人之明，善于发现人才，不论出身贵贱，求才须锲而不舍；此外，唐太宗还提出要待贤以礼，有用人之量，体现出明君的能力和气度。

夫国之匡辅①，必待忠良②。任使得人，天下自治③。故尧命四岳④，舜举八元⑤，以成恭己之隆⑥，用赞钦明之道⑦。士之居世，贤之立身，莫不戢翼隐鳞⑧，待风云之会⑨；怀奇蕴异，思会遇之秋⑩。是明君旁求俊乂⑪，博访英贤⑫，搜扬侧陋⑬。不以卑而不用，不以辱而不尊。

【注释】

①匡辅：匡正辅助。

②忠良：忠诚贤良。此处特指忠诚正直的人。

③任使得人，天下自治：只要国君能够知人善任，根据每个人的才能任用他们，天下自然就会治理好了。

④四岳：唐尧代挚登帝位后，设官分职，命羲仲、羲叔、和仲、和叔分居东、南、西、北四方，观天象，定历法，授民时，称为“四岳”。

⑤八元：相传高辛氏时八个有才德的人，分别为伯奋、仲堪、叔献、季仲、伯虎、仲熊、叔豹、季狸。他们具有忠、肃、共、懿、宣、慈、惠、和八种品德，具体说就是忠心奉上、严肃谨慎、临事恭敬、懿美淳厚、宣传德教、慈爱遍民、恩惠百姓、和蔼可亲。他们的美名到处传扬，后来都被舜推举为官。

⑥恭己：以恭敬自持。《论语·卫灵公》：“无为而治者，其舜也与！夫何为哉？恭己正南面而已矣。”

⑦钦明：敬肃明察。《尚书·虞书·尧典》：“曰若稽古帝尧，曰放勋，钦明文思安安，允恭克让。”

⑧戢（jí）翼隐鳞：比喻贤者隐藏才智、隐居以待时机。戢翼，即指鸟收敛翅膀，停止飞翔。语出《诗经·小雅·鸳鸯》：“鸳鸯在梁，戢其左翼。”隐鳞，指龙隐匿鳞甲。

⑨风云之会：比喻难得的机会。《周易·乾·文言》：“云从龙，风从虎，圣人作而万物睹。”

⑩怀奇蕴异，思会遇之秋：这两句言有卓越才能的人，总是会等待着时机成熟了，才肯出仕。怀奇蕴异，怀有奇特卓异的才能。会遇，际遇。

⑪旁求：遍求，广求。俊乂（yì）：又作“俊艾”。指才德出众的人。《尚书·虞书·皋陶谟》：“翕受敷施，九德咸事，俊乂在官。”

⑫英贤：英明贤良的杰出人才。

⑬侧陋：指有才德而地位卑微的人。

【译文】

济时匡世，辅佐君主，必须要有忠正贤良的人才。倘若君主用人得当，天下自然就会大治。所以尧帝任命四岳为臣，舜帝则以八元治理天下，成就恭肃己身就能天下大治的伟业，用来襄赞君主敬肃明察的大道。有才之士为人处世，贤达之人安身立命，都是深居简出、隐藏自己的才能，等待逢遇明主、施展抱负的机会。因此，明君圣主应当多方征求杰出贤能之人，广泛寻访德才兼备之才，搜寻和推举身份卑微的贤者。不因其出身卑贱而不任用他，也不因其曾受过折辱而不尊重他。

昔伊尹有莘之媵臣①，吕望渭滨之贱老②，夷吾困于缧绁③，韩信弊于逃亡④。商汤不以鼎俎为羞⑤，姬文不以屠钓为耻⑥，终能献规景亳⑦，光启殷朝；执旌牧野⑧，会昌周室。齐成一匡之业⑨，实资仲父之谋⑩；汉以六合为家，是赖淮阴之策⑪。

【注释】

①伊尹：商初著名的政治家。名伊，尹是官名，一说名挚。传说伊尹出身奴隶，原为有莘氏女的陪嫁之臣，汤用为“小臣”，后任以国政，帮助汤攻灭夏桀。汤死后，辅佐卜丙、仲壬二王。太甲即位后不遵守汤法，伊尹将其放逐，三年后太甲悔过，才迎回复位。有莘：古国名。故址在今河南陈留东北。媵（yìng）臣：指古代随嫁的臣仆。

②吕望：即姜尚，西周初政治家。姜姓，吕氏，名望，或说字子牙，故称吕望。相传年近六十仍较穷困，钓鱼于渭水之滨，周文王出猎遇之，与语，发现他是一个贤才，同载而归，得到重用，辅佐武王灭商，后封于齐，成为齐国始祖。

③夷吾：即管仲。春秋初期的政治家。管仲初事公子纠，公子纠与公子小白争夺王位，管仲曾鼓动公子纠杀掉公子小白，小白即位为齐桓公，管仲被囚禁。经好友鲍叔牙推荐，被齐桓公任命为卿，

尊称“仲父”。他辅佐齐桓公,在齐国实行政治经济改革,从而使齐国国力大振,使齐桓公成为春秋第一霸主。缧绁(léi xiè):拘系犯人的绳索。引申为牢狱。

④韩信:汉初著名将领。韩信为淮阴(今江苏淮安淮阴区)人,早年家贫,常在别人家吃闲饭,过着漂泊流亡的生活,曾受袴下之辱。初追随项羽,继归汉王刘邦,经萧何推荐,被任为大将。楚汉战争时,刘邦采其策,攻入关中。刘邦与项羽对峙于荥阳、成皋时,韩信抄袭项羽后路,对项羽造成危势。因功高,刘邦封其为齐王。公元前202年,他率军与刘邦会合,击灭项羽于垓下(今安徽灵璧南)。他与张良、萧何并称汉初“三杰”。汉朝建立,封楚王,后降为淮阴侯。公元前196年为吕后所杀。著有《兵法》三篇,今佚。

⑤商汤:又称武汤、天乙、成汤,商朝的建立者。鼎俎:烹调用锅及割牲肉用的砧板,泛指烹煮切割的器具。这里指伊尹曾做过厨师。

⑥姬文:即周文王,姓姬,死后谥曰文王,故称姬文。屠钓:宰牲和钓鱼。旧指操贱业者。这里指吕尚曾屠牛于朝歌,钓鱼于渭滨。

⑦规:规划,计谋。景亳:古地名。在今河南商丘北。商汤于景亳盟会诸侯,会中表明自己是秉承天意征伐夏桀,目的是让百姓脱离暴政与苦难。

⑧旌:古时用五色羽毛装饰成的旗子,多指军旗。牧野:古地名。在今河南淇县南。据《史记·周本纪》记载,商王纣昏乱暴虐,杀比干,囚箕子,周武王率军,联合庸、蜀、羌、髳、微、纑、彭、濮等部落,从孟津(河南孟州)渡河直抵商郊牧野,诸侯不期而会者八百余国。商王纣仓皇应战。商兵阵前倒戈,引周军入商都,纣自焚身死,商朝灭亡。

⑨一匡:一统。

⑩资:凭借,依靠。

⑪赖:依靠,凭借。

【译文】

从前，伊尹原本只是有莘氏的一个随嫁臣仆，吕望也只是渭水边垂钓的贫贱老叟，管仲曾被齐桓公囚困于监狱，韩信因不受汉高祖信任而逃亡。然而，商汤不以伊尹是个厨师为耻，让他当了相，终能灭夏建商，成就万国朝商的盛况；周文王不以吕望有宰牛垂钓的经历为耻，拜他为帝师，在牧野之战大败纣王，灭商兴周。齐桓公能够一匡天下，凭的是管仲的谋略与改革；汉高祖能够拥有天下，靠的是韩信的策略。

故舟航之绝海也①，必假桡楫之功②；鸿鹄之凌云也③，必因羽翮之用④；帝王之为国也⑤，必藉匡辅之资。故求之斯劳，任之斯逸⑥。照车十二⑦，黄金累千，岂如多士之隆，一贤之重。此乃求贤之贵也。

【注释】

①绝：横渡。

②假：凭借。桡（ráo）楫：船桨。

③鸿鹄：即天鹅。因飞得很高，常用来比喻志向远大的人。

④羽翮（hé）：指鸟的翅膀。翮，羽轴下段不生羽瓣而中空的部分。《管子·霸形》："桓公在位，管仲、隰朋见，立有间，有贰飞鸿而过之。桓公叹曰：'仲父，今彼鸿鹄有时而南，有时而北……四方无远，所欲至而至焉。非惟有羽翼之故，是以能通其意于天下乎？'……'寡人之有仲父，犹飞鸿之有羽翼也。'"

⑤为国：治理国家。

⑥任之斯逸：一本作"任之则逸"。译文从之。

⑦照车十二：语出《史记·田敬仲完世家》："威王二十三年，与赵王会平陆。二十四年，与魏王会田于郊。魏王问曰：'王亦有宝乎？'威王曰：'无有。'梁王曰：'若寡人国小也，尚有径寸之珠照车前

后各十二乘者十枚,奈何以万乘之国而无宝乎?'”后以“照车”代指宝珠。

【译文】

所以说,舟船要横渡大海,就必须借助船桨行船;鸿鹄要凌云翱翔,必须凭借羽毛和翅膀;帝王治理国家,则必须依靠匡君辅政的贤才。虽然帝王在搜寻人才时比较辛苦,但任用贤才就使治国变得轻松了。这样看来,帝王拥有的宝珠和黄金再多,也不如拥有众多人才好,也不如得到一个贤士贵重。这就是求贤的重要性啊。

卷二

审官第四

【题解】

“审官”即审查人之才能。量才授职，是君主用人的关键。唐太宗以知人善任而著称，非常重视对官员的选拔和任用。贞观初，唐太宗说：“致理之本，惟在于审。量才授职，务省官员。”一再要求大臣要选贤荐能。他对宰相房玄龄、杜如晦说：“公为仆射，当助朕忧劳，广开耳目，求访贤哲。比闻公等听受辞讼，日有数百。此则读符牒不暇，安能助朕求贤哉？”于是把尚书省日常细务交给左、右丞处理，让房玄龄等专理择官之事。唐太宗不仅善于识人、用人，而且还重视对所用之人的考核。他曾对魏徵说：“古人云，王者须为官择人，不可造次即用……用得好人，为善者皆劝；误用恶人，不善者竞进。赏当其劳，无功者自退；罚当其罪，为恶者戒惧。故知赏罚不可轻行，用人弥须慎择。”魏徵说：“知人之事，自古为难，故考绩黜陟，察其善恶。今欲求人，必须审访其行。”《审官》就是唐太宗对任用和考核官员的意义和原则所进行的详细论述。唐太宗认为，君主用人如同巧匠用材，“无曲直长短，各有所施”，因材之曲直、长短而施用；君主用人要“智者取其谋，愚者取其力，勇者取其威，怯者取其慎，无智、愚、勇、怯，兼而用之”。他还认为“人才有长短，不必兼通”，审察官员，主要看其长处，“不以一恶忘其善，不以小瑕掩其功”，“因其才以取之，审其能以任之，用其所长，舍其所短”。由此可知，唐太宗用人的一个特点，即舍人之短，用其所长，量才授职，按照人的才智、特长不同，授予不同的官职，各尽其才。如在贞观一朝，房玄龄善谋、杜如晦勇断、魏徵贞直敢谏，每个人各有长处；孔颖达、颜师古、褚亮等人满腹才学，博古通今，唐太宗就任用他们为国子监、秘书监等职，编修经史；李靖、李勣等人勇猛强悍，则令其领兵征战。这些充分体现了唐太宗在人才方面“因材授职”的审官思想，从而在贞观朝形成一个结构合理的人才群，作为唐太宗统治集团的核心力量，协助太宗高效地处理各种军国大政。唐太宗的“审官”思想对后世选用人才有积极的影响。唐玄宗提出的用人当“进贤退不肖”，“择百官各当其才”，就是对唐太宗这种思想的继承和发展。可以说，《审官》是唐太宗选才用人实践的经验总结，是其留给后世的宝贵政治遗产，对当今之世亦有积极的借鉴意义。

夫设官分职①，所以阐化宣风②。故明主之任人，如巧匠之制木，直者以为辕③，曲者以为轮④，长者以为栋梁⑤，短者以为栱角⑥。无曲直长短，各有所施。明主之任人，亦由是也。智者取其谋，愚者取其力，勇者取其威，怯者取其慎，无智、愚、勇、怯，兼而用之。故良匠无弃材，明主无弃士。不以一恶忘其善⑦，勿以小瑕掩其功⑧。

【注释】

①设官分职：即设置官职，使其分别管理某项工作。《周礼·天官·冢宰》：“惟王建国，辨方正位，体国经野，设官分职，以为民极。”

②阐化：阐扬教化。宣风：宣扬风教德化。

③辕：车前驾牲畜用的两根直木，压在车轴上，伸出车舆的前端。

④轮：车轮。

⑤栋梁：屋脊曰栋，负栋者曰梁，概指建造房屋的主要木材。亦用以比喻担负国家重任的人。

⑥栱：古代建筑中立柱和横梁之间成弓形的承重构件。角：一本作“桷”。方形的椽子。

⑦恶：错误，缺点。善：美好，优点。

⑧瑕：玉上面的斑点。比喻人的缺点或过失。

【译文】

国家设置职官，明确其职，为的是阐明教化，弘扬良好的风气。所以明君任用人才，就像巧匠使用木材，用直的做车辕，弯的做车轮，长的做栋梁，短的做斗栱、椽子。不论曲直长短，都能各尽其用。明主任用人才，也是同样的道理。对于聪明的人，就用他的智谋；愚笨的人，就用他的力气；勇猛的人，就用他的威武；怯懦的人，就用他的谨慎。无论智、愚、勇、怯，都可兼而用之。所以，好的工匠没有弃之不用的木材，贤明的君主也没有弃之不用的人才。不因为有缺点就遗忘他的长处，也不因为有小过而掩盖他的功劳。

割政分机[①]，尽其所有[②]。然则函牛之鼎，不可处以烹鸡[③]；捕鼠之狸，不可使以搏兽[④]；一钧之器[⑤]，不能容以江汉之流；百石之车，不可满以斗筲之粟[⑥]。何则？大非小之量，轻非重之宜[⑦]。今人智有短长，能有巨细。或蕴百而尚少[⑧]，或统一而为多。有轻才者，不可委以重任；有小力者，不可赖以成职。委任责成，不劳而化。此设官之当也[⑨]。

【注释】

①割政分机：将政事分开，明确职责，分掌机要。

②尽其所有：使每个人都能发挥其拥有的才能。

③然则函牛之鼎，不可处以烹鸡：《后汉书·边让传》："函牛之鼎以烹鸡，多汁则淡而不可食，少汁则熬而不可熟。"函牛之鼎，指能够煮一整头牛的大鼎。

④捕鼠之狸，不可使以搏兽：《吴子兵法·图国》："若以备进战退守，而不求能用者，譬犹伏鸡之搏狸，乳犬之犯虎，虽有斗心，随之死矣。"

⑤钧：古代重量单位，约三十斤为一钧。

⑥斗筲（shāo）：形容数量很少。亦用以比喻才短识浅。《论语·子路》："斗筲之人，何足算也！"筲，指古代一种竹器，容积有异说，或一斗二升，或一斗，或五升。以上几句意思是指小才不可大用。

⑦大非小之量，轻非重之宜：大的尺子并不适合度量小的物体，称轻的衡器不宜用来称重的物体，意指人的官职应当根据他的才智大小多寡来授任，不可强其所不能，即要量才任用。

⑧蕴：积聚，蓄藏。

⑨当：允当。

【译文】

设官分职，要人尽其才。然而，能容纳一头牛的大鼎，不能用来烹煮小鸡；能捕鼠的狸猫，不能让它对抗猛兽；能盛三十斤的器皿，装不下江河之水；能拉百石的大车，不可能用斗筲粟米装满。为什么呢？因为大器不适合小量，称轻之器不适合称重。人与人的才智有高低之别，能力也有大小之差。有的人给一百还显得少，有的人给一个都显得多。对于才能小的人，不能委以重任；对于能力弱的人，不要指望他能干成大事。君主若用人恰当，使他们各尽其职，就可以无为而治了。这说明任官允当是多么重要啊！

斯二者治乱之源。立国制人[①]，资股肱以合德[②]；宣风道俗[③]，俟明贤而寄心。列宿腾天，助阴光之夕照[④]；百川决地，添溟渤之深源[⑤]。海月之深朗，犹假物而为大[⑥]。君人御下，统极理时[7]，独运方寸之心[8]，以括九区之内[9]，不资众力何以成功[10]？必须明职审贤，择材分禄[11]。得其人则风行化洽[12]，失其用则亏教伤人[13]。故云：则哲惟难[14]，良可慎也！

【注释】

①制人：管理百姓。

②股肱：大腿和胳膊。比喻辅助帝王的大臣。《尚书·虞书·皋陶谟》："臣作朕股肱耳目。"孔颖达疏："君为元首，臣为股肱耳目，大体如一身也。"

③宣：播。道：开导，教导。

④列宿腾天，助阴光之夕照：是指众星虽小，腾布于天，亦可以助月未明之光。列宿，指众多星宿。阴光，指月光。

⑤溟渤：泛指大海。

⑥犹假物而为大：仍要借助百川、列宿成就其光大。

⑦统极：指帝王统治天下。极，指尽头、极点。代指国家最远的边界。理时：循理四时。

⑧方寸：形容很小。

⑨九区：泛指全国。

⑩资：凭借。

⑪必须明职审贤，择材分禄：帝王必须明辨职位大小，审查臣下是否贤明，然后依据其才能大小，分别授予官职爵禄。

⑫风行：像风一样流行。化洽：教化周遍。

⑬亏教：亏坏风俗教化。伤人：灭伤人伦。

⑭则哲惟难：大意是，帝尧都感到知人之难。语出《尚书·虞书·皋陶谟》。原文为："皋陶曰：'都！在知人，在安民。'禹曰：

‘吁！咸若时，惟帝其难之。知人则哲，能官人。’”哲，明智。

【译文】

用人是否恰当，是国家治乱的根源。君主立国治民，要与大臣同心同德；弘风化俗，要靠明哲贤能的人。星宿布满天空，能帮助月光照耀夜空；百川流淌大地，能够增加大海深度。大海之深、月光之明，尚且需要借助百川和星宿，君主统治天下，循理四时，责任重大，如仅凭自己的才智，亲力亲为，而不借助众人的力量，怎么能成功呢？必须明确职责，注重审官，量材授职。如果用人得当，则仁风流行，天下自治；如果用人不当，就会败坏教化，伤害人伦。所以说，帝尧都感到任职审官很难，一定要慎重啊。

纳谏第五

【题解】

古人云：“兼听则明，偏信则暗。”纳谏就是帝王兼听的主要方式，指能够倾听、接受大臣提出的不同意见。在封建帝制时代，专制君主掌握国家政务的最高决策权，很容易偏听偏信做出错误的决策。大臣进谏与君主纳谏是统治阶级内部发扬民主的一种重要形式，集中众人的集体智慧，尽量使国家政策更加科学合理。历史上，唐太宗的善于纳谏和魏徵的敢于直谏一直被传为佳话。贞观时，唐太宗吸取隋炀帝拒谏饰非、独断专行、导致隋朝速亡的历史教训，指出“人欲自照，必须明镜；主欲知过，必藉忠臣。主若自贤，臣不匡正，欲不危败，岂可得乎？故君失其国，臣亦不能独全其家”，要求“公等每看事有不利于人，必须极言规谏”，鼓励和引导大臣们进谏。唐太宗面容严肃，大臣觐见时常惶恐无措，因此每次大臣前来奏事，太宗就故意“假借颜色”，希望以此来“闻谏诤，知政教得失”（《贞观政要·求谏》）。由于唐太宗善于纳谏、宽容开明，大小官员都积极进谏，蔚然成风，魏徵、张玄素、韦挺、姚思廉、高季辅、李大亮等文武大臣，甚至长孙皇后、贤妃徐惠等后宫都敢于向太宗直言进谏。贞观年间，仅魏徵一人就向太宗进谏二百余次。《旧唐书·魏徵传》载："徵状貌不逾中人，而素有胆智，每犯颜进谏，虽逢王赫斯怒，神色不移。"唐太宗常常把纳谏比作照镜子，说："以铜为鉴，可正衣冠；以古为鉴，可知兴替；以人为鉴，可明得失。朕尝得此三鉴，内防己过。今魏徵逝，一鉴亡矣。"本篇中，唐太宗对"纳谏"问题进行了深入分析。言虽简，而意实重。通过将明君与昏君的对比，向太子说明了帝王纳谏的必要性。在唐太宗看来，由于皇帝常深居宫廷，容易"亏听阻明"，难免"有过而不闻"，"有阙而莫补"，所以应当广开言路，虚心纳谏。无论仆隶刍荛亦或王侯卿相，都应唯理是从。事实证明，纳谏对于改良政治具有十分积极的意义。唐太宗之所以能够在短时间内使天下由大乱走向大治，促成"贞观之治"，与他能够求谏、纳谏有直接的关系。反观历史，无论在唐前还是唐后，都有许多帝王因拒谏饰非而导致国家衰亡之事。

夫王者，高居深视①，亏听阻明②。恐有过而不闻，惧有阙而莫补③。所以设鼗树木④，思献替之谋⑤；倾耳虚心⑥，伫忠正之说⑦。言之而是⑧，虽在仆隶刍荛⑨，犹不可弃也；言之而非⑩，虽在王侯卿相，未必可容⑪。其义可观，不责其辩⑫；其理可用，不责其文⑬。至若折槛怀疏⑭，标之以作戒；引裾却坐⑮，显之以自非。故云：忠者沥其心⑯，智者尽其策。臣无隔情于上，君能遍照于下。

【注释】

①高居深视：高居深宫，治理天下。

②亏：损害。阻：障碍。帝王为九五之尊，居九重之宫，与民相隔较远，所听不及远，所视不得遍，加之五色障其目，五音塞其耳，虽欲

视而眼不明,欲听而耳不聪。

③阙:过失,错误。

④鼗(táo):有柄的小鼓,鼓身两旁缀灵活小耳,执柄摇动时,两耳双面击鼓作响,俗称“拨浪鼓”。树木:指树立谤木。古代立木于城门,任人书写政治的缺失,称为“谤木”。

⑤献替:即献可替否,指劝善归过,提出兴革的建议。《左传·昭公二十年》:“君所谓可而有否焉,臣献其否以成其可。君所谓否而有可焉,臣献其可以去其否。”

⑥倾耳:侧耳。表示十分专心地听着。

⑦伫:企盼,期待。

⑧是:对的,正确的。

⑨仆隶:奴仆。刍荛(chú ráo):割草打柴,也指割草打柴的人。《诗经·大雅·板》:“先民有言,询于刍荛。”

⑩非:错误,与“是”相对。

⑪容:采纳。

⑫不责其辩:语出《淮南子·主术训》:“其计乃可用,不羞其位;其言可行,而不责其辩。”如果他的计谋可用,就不要因其地位低下而耻于采纳;如果他的话可以实行,就不要责难他善于巧言。

⑬文:掩饰,修饰。

⑭折槛:典故名。典出《汉书·朱云传》。汉成帝时,槐里令朱云请斩安昌侯张禹。帝怒,欲诛云,云攀殿槛,槛折。左将军辛庆忌谏,帝意解。后命保原槛,只作修补,以表彰朱云直谏。怀疏:一本作“坏疏”。《说苑·君道》载:战国时,魏文侯曾得意地说,我的话谁也不敢违抗。当时,师经(乐师)在一旁鼓琴,他认为魏文侯的话狂妄而不合君体,便用琴投魏文侯,没有投中,却砸坏了疏(窗户)。魏文侯打算处罚师经,师经辩解说:“尧舜之为君也,唯恐言而人不违;桀、纣之为君也,唯恐言而人违之。臣撞桀、纣,非

撞吾君也。”魏文侯醒悟,不再处罚他,也不修补窗户,以此警戒自己。据此,“怀疏”当为“坏疏”之误。

⑮引裾(jū):拉住衣襟。《三国志·辛毗传》载:魏文帝曾决定徙冀州士家十万户以实河南,侍中辛毗以为不可,当面进谏。帝不耐烦,起身欲走,辛毗便上前“引其裾”,坚持进谏。却坐:撤去座位。《汉书·袁盎传》:“上幸上林,皇后、慎夫人从。其在禁中常同坐。及坐,郎署长布席,盎引却慎夫人坐……上亦怒,起。盎因前说曰:‘臣闻尊卑有序则上下和,今陛下既以立后,慎夫人乃妾,妾主岂可以同坐哉!’”

⑯沥:液体一滴一滴地落下。此指竭尽全力。

【译文】

帝王处于高位、居于深宫而治理天下,所见所闻受到限制。害怕有过错无人匡正,担心有过失无法补救。所以设置鼗鼓,树立谤木,希望臣民献计献策;虚心倾听,企盼大臣的忠正之言。即使是仆役奴婢砍柴割草的下人,只要说得正确,也不能不听他的意见;即使是王侯将相身居高位之人,如果说得不对,也不一定采纳。只要其言论符合大义,就不去追究言辞是否雄辩;只要所提的建议切实可行,就不去责备文字是否华丽。朱云进谏请杀张禹,攀断殿上栏杆,汉成帝保存断栏作为警戒;魏文侯说话不合君体,师经用琴投魏文侯,砸坏了窗户,文侯没有修补窗户,以此警戒自己;魏文帝公开辛毗牵衣劝阻移民之事的秘密;汉文帝说出袁盎去掉慎夫人座位的事,都是故意暴露自己的错误进行自我批评。故云,忠诚正直的人尽心做事,聪明机智的人尽力献策。大臣向上进谏时没有阻隔,帝王向下传达诏令时遍传天下。

昏主则不然,说者拒之以威,劝者穷之以罪[①]。大臣惜禄而莫谏,小臣畏诛而不言。恣暴虐之心[②],极荒淫之志[③],其为壅塞[④],无由自知。以为德超三皇[⑤],材过五帝,至于身亡国灭，岂不悲哉！此拒谏之恶也。

【注释】

①穷：止息，杜绝。

②恣：放纵。

③极：穷尽。

④壅塞：阻塞蒙蔽。

⑤三皇：与下文“五帝”，皆为传说中远古时期的帝王，具体是谁，存在多种说法。通常来说，三皇是指伏羲、女娲、神农，五帝是指黄帝、颛顼、帝喾、尧、舜。

【译文】

昏聩的君主就不是这样了，他们用威势和责罚来拒绝进谏。大臣们因顾惜自己的禄位而不进谏，小官吏因害怕被杀而不上言。放纵残暴凌虐的性格，穷极放荡淫乱的心性，耳目就会被闭塞而不自知。自以为德高三皇，才过五帝，以至于身死国灭，难道不是很可悲吗？这就是拒谏饰非的恶果。

去谗第六

【题解】

纳谏就是帝王虚心接受臣下的建议。但是如何辨别其中的是非曲直，去除谗佞之徒的谄媚诬陷之言，听取正确的意见，也是明君治国所必须具备的政治判断力。唐太宗清醒地看到谗佞小人存在的必然性及其危害。他指出：“塞切直之道，为忠者必少；开谄谀之道，为佞者必多。”（唐太宗《金镜》）他将谗佞之徒比喻成“国之蠡贼”，并认识到这些人的危害：“朕观前代谗佞之徒，皆国之蠡贼也。或巧言令色，朋党比周。若暗主庸君，莫不以之迷惑；忠臣孝子，所以泣血衔冤。故从兰欲茂，秋风败之；王者欲明，谗人蔽之。”（《贞观政要·杜谗佞》）认为亲君子、远小人是明君治国的必要选择。为了防佞杜谗，唐太宗对那些专挑人小毛病、打小报告的人“以谗人之罪罪之”，予以重罚。贞观时，监察御史陈师合上《拔士论》告宰相杜如晦等人不可综兼数职，太宗以“妄事毁谤，止欲离间我君臣”，将其流放岭外；魏徵任秘书监，有人诬告其谋反，太宗“遽斩所告者”（《贞观政要·杜谗佞》）。他反对大臣“阿旨顺情”“唯唯苟过”的“谄谀”作风，认为“众人之唯唯，不如一士之谔谔”。求官若为贤才，虽少亦足，如果只是得到那些一味阿旨的，虽多亦无用。贞观中，唐太宗在虚心纳谏的同时，还坚决杜绝谗邪，从而保证了朝局的稳定有序。唐太宗希望史官记录其行政最为得意的三件事：“一则鉴前代败事，以为元龟；二则进用善人，共成政道；三则斥弃群小，不听谗言。吾能守之，终不转也。”（《贞观政要·杜谗佞》）唐太宗把“去谗”专列为一篇，指出小人和谗言是祸国之大害，就是要告诉太子李治佞臣谗言的危害，使他能够虚心纳谏，远离佞臣，不要听信谗言。

夫谗佞之徒①，国之蟊贼也②。争荣华于旦夕③，竞势利于市朝④。以其谄谀之姿，恶忠贤之在己上；奸邪之志，恐富贵之不我先。朋党相持⑤，无深而不入；比周相习⑥，无高而不升；令色巧言⑦，以亲于上；先意承旨，以悦于君。朝有千臣，昭公去国而不悟⑧；弓无九石，宁一终身而不知⑨。以疏间亲，宋有伊戾之祸⑩；以邪败正，楚有郤宛之诛⑪。斯乃暗主庸君之所迷惑，忠臣孝子之可泣冤。故丛兰欲茂，秋风败之；王者欲明，谗人蔽之。此奸佞之危也。

【注释】

①谗佞（nìng）：说人坏话与用花言巧语谄媚。

②蟊（máo）贼：吃禾苗的两种害虫。这里比喻朝廷中危害国家的

谗佞之人。《诗经·小雅·大田》:"去其螟螣,及其蟊贼。"毛传:"食根曰蟊,食节曰贼。"

③旦夕:早上和晚上。引申为每天。

④市朝:市场和朝廷。后引申为争名逐利的公共场所。《战国策·秦策·司马错与张仪争论于秦惠王前》:"臣闻:争名者于朝,争利者于市。今三川、周室,天下之市朝也。"

⑤朋党:为私利结成的集团、派别。相持:相互扶持。

⑥比周:指和小人亲近、阿党营私。《荀子·臣道》:"朋党比周,以环主图私为务。"

⑦令色巧言:即"巧言令色"。指用动听的话和谄媚之态取悦别人。《论语·学而》:"巧言令色鲜矣仁。"

⑧朝有千臣,昭公去国而不悟:《新序·宋昭公出亡》载:宋昭公被逐出国时说:"吾知所以亡矣。吾朝臣千人,发政举吏,无不曰吾君圣者。……内外不闻吾过,是以至此。"

⑨弓无九石,宁一终身而不知:宁一,当作"宣王"。《尹文子·大道上》:"(齐)宣王好射,说人之谓己能用强也,其实所用不过三石。以示左右,左右皆引试之,中关而止,皆曰:'不下九石,非大王孰能用是。'……而终身自以为九石。"

⑩伊戾:春秋时期宋平公太子痤的内师。《左传·襄公二十六年》记载:太子痤不喜欢伊戾,伊戾便向平公诬告太子将勾结楚国作乱。平公囚痤,缢死。

⑪郤(xì)宛:春秋时楚昭王的左尹。《左传·昭公二十七年》载:郤宛为人正直,国人非常喜欢他。弗无极在令尹子常面前说了他的坏话,迫使郤宛自杀。

【译文】

朝廷中的谗邪奸佞之徒,就像吃禾苗的蝥虫一样,是危害国家的大患。他们整天争荣华、竞势利,奉承献媚,狡诈邪恶,憎恶忠直贤良的人在自己之上，害怕自己不能首先得到富贵。他们结党营私，无孔不入；朋比为奸，无高不攀；巧言令色，巴结上司；揣时希旨，取悦君主。朝中有上千大臣，却没有人敢说实话，以至于宋昭公直到逃跑时尚未醒悟；齐宣王至死也不知道自己拉开的仅是三石而不是九石重的弓。小人会离间亲人的关系，宋国发生因伊戾诬告而杀太子的惨祸；邪恶有时能战胜正直，楚国发生过郤宛遭诬陷而自杀的悲剧。这些都是昏君庸主听信小人谗言，致使忠臣孝子被害，其冤情实在值得同情。丛生的兰花将要茂盛，却被秋风摧毁；君主想要明察秋毫，却被谄谗的小人闭塞了耳目。这就是奸佞的危害。

斯二者[①]，危国之本。砥躬砺行[②]，莫尚于忠言；败德败正，莫逾于谗佞。今人颜貌同于目际[③]，犹不自瞻，况是非在于无形，奚能自睹？何则饰其容者，皆解窥于明镜，修其德者，不知访于哲人？讵自庸愚，何迷之甚！良由逆耳之辞难受[④]，顺心之说易从。彼难受者，药石之苦喉也[⑤]；此易从者，鸩毒之甘口也[⑥]！明王纳谏，病就苦而能消；暗主从谀，命因甘而致殒。可不诫哉！可不诫哉！

【注释】

①二者：指以疏间亲和以邪败正。

②砥躬砺行：指磨砺操守和品行。砥、砺，均是指磨刀石。

③颜貌：容仪，面貌。此指脸。目际：眼睛下面。

④良：确实，实在。

⑤药石：指古代治病所用的药物和砭石，后比喻规劝别人改过向善的话。

⑥鸩（zhèn）毒：毒酒，毒药。鸩是传说中的一种毒鸟，把它的羽毛

放在酒里，可以毒杀人。

【译文】

这两点是危害国家的根源。磨炼君主的操守、品行，没什么比得上忠言；败坏道德正义，没什么超得过谗佞。人的脸在眼下自己尚且看不见，何况是非对错在无形之间，自己又怎么能看得清楚呢？是什么原因导致人们装扮容貌时知道要照镜子，而修养德行却不知道向聪明才智的人求教呢？拒绝别人的善言，独自昏庸愚昧，可见被迷惑得有多深！这实在是由于逆耳良言常常难以被接受，顺心的话易于听从的缘故。殊不知那些难以接受的逆耳良言是苦口良药，而易于听从的谄媚之语却如同甘甜的鸩毒！因此，英明的君主能够听取别人的意见，就像人有了病而要去吃药，疾病才能被治愈；昏暗的君主却听从谄佞小人的阿谀奉承，就好像喝味道甘甜的毒药一样会丢性命。谗佞之害如此之大，为人君者一定要警惕！一定要警惕啊！

卷三

诫盈第七

【题解】

古语曰："月盈则亏，水满则溢。"事物量的变化达到一定度的时候，就会发生质变。在现实生活中，人们在取得成就之时，容易骄傲自满，得意忘形，而这恰恰潜伏着倾覆之祸。因此，中国古人常常告诫自己要"诫盈"，在事业一帆风顺时要居安思危，谦虚知足。三国时期，陆景作《诫盈》说："居高畏其危，处满惧其盈。富贵荣势，本非祸始，而多以凶终者，持之失德，守之背道，道德丧而身随之矣。"告诫子孙要居高思危，处满诫盈。在中国古代王朝国家，创业之主筚路蓝缕，深知创业之艰，往往谦虚谨慎、励精图治；守成之君享乐安逸，坐享其成，不思忧患得失，常常骄傲自满、断送江山。贞观年间，唐太宗以亡隋为鉴，常常告诫自己"崇饰宫宇，游赏池台，帝王之所欲，百姓之所不欲。帝王所欲者放逸，百姓所不欲者劳弊"（《贞观政要·论俭约》）。抑情损欲，戒奢从俭，终于促成"贞观之治"。唐玄宗在开创"开元盛世"之后，志得意满，沉迷声乐，贪图享乐，任用奸相李林甫、杨国忠处理朝政，宠信野心家安禄山，结果导致安史之乱发生，唐王朝由此转衰。历史证明：忧劳可以兴国，逸豫可以亡身，教训是十分深刻的。此篇中唐太宗指出了简约之利和盈满之害，认为帝王要以节俭养性、守静修身，节制自己的欲望，不使百姓劳怨，这样国家才能长治久安；如若纵欲骄奢，会导致民力耗竭，农桑废滞，百姓饥寒流离，最终引起人神怨愤，上下乖离，社稷倾危。唐太宗告诫太子要居安思危，节俭守静，使民不怨上，从而确保李唐江山能够长治久安。居安思危是一个国家成熟的表现。唐太宗能够清醒地认识到持满诫盈、居安思危的重要性，是唐王朝走向繁荣昌盛的重要原因。

夫君者，俭以养性，静以修身。俭则人不劳，静则下不扰。人劳则怨起，下扰则政乖①。人主好奇技淫声、鸷鸟猛兽②，游幸无度，田猎不时，如此则徭役烦，徭役烦则人力竭，人力竭则农桑废焉。人主好高台深池，雕琢刻镂③，珠玉珍玩，黼黻𫄨绤④，如此则赋敛重，赋敛重则人才遗⑤，人才遗则饥寒之患生焉。乱世之君，极其骄奢，恣其嗜欲⑥。土木衣缇绣⑦，而人裋褐不全⑧；犬马厌刍豢⑨，而人糟糠不足⑩。故人神怨愤，上下乖离。佚乐未终⑪，倾危已至⑫。此骄奢之忌也。

【注释】

①乖：背戾，不和谐，不协调。

②奇技：新奇的技艺。淫声：淫邪的乐声。古代以雅乐为正声，以俗乐为淫声。《周礼·春官·大司乐》："凡建国，禁其淫声、过声、凶声、慢声。"鸷（zhì）鸟：凶猛的鸟。

③雕琢刻镂：指精雕细刻的奢侈品。

④黼黻（fǔ fú）：指绣有华美花纹的礼服。黼，古代礼服上黑白相间的花纹，作斧形，刃白身黑。黻，古代礼服上绣的黑青相间的亚形花纹。𫄨（chī）：细葛布。绤（xì）：粗葛布。

⑤遗：遗失，流失。

⑥恣：放纵。

⑦土木衣（yì）缇（tí）绣：《后汉书·宦者列传序》："狗马饰雕文，土木被缇绣。"衣，穿衣服。缇绣，丹黄色、浅绛色或橘红色的丝织品，代指高级丝织品。

⑧裋（shù）褐：粗陋短衣，多为穷人所穿。

⑨刍豢（chú huàn）：指牛羊犬豕等家畜。亦泛指肉类食品。

⑩糟糠：酒滓、谷皮等粗劣食物，贫者以之充饥。

⑪佚乐：纵情游乐。《史记·三王世家》："无长好佚乐驰骋弋猎淫康，而近小人。"

⑫倾危：倾覆之危。贾谊《新书·过秦》："借使秦王论上世之事，并殷周之迹，以制御其政，后虽有淫骄之主，犹未有倾危之患也。"

【译文】

君主应该用俭朴来涵养品性，用清静来修持德行。君主躬行俭约可使百姓不劳于赋役，清静无为就能使臣下免受骚扰。如果百姓疲于赋役，会发出怨恨之声；如果臣下经常受扰，就会导致行政错误。若君主喜好奇技淫声，玩鸟斗兽，游玩无度，狩猎不合时宜，就会导致徭役繁重，从而使民力耗竭，农桑荒废。若君主爱好筑造高屋广厦，喜好精雕细刻的奢侈品，喜欢珠玉奇玩、精工华服，就会致使赋税加重，户口流失，百姓饥寒。身处乱世的昏君，往往骄横奢侈，放纵嗜欲。他们大兴土木，并以华丽的丝绸加以装饰，而百姓连粗布短衣也穿不起；他们饲养的犬马厌倦了肉食，而百姓连糟糠都吃不饱。由此导致天怒人怨，上下离德。寻欢作乐还未结束，国家就已经倾覆危亡了。这就是骄奢带来的祸患。

崇俭第八

【题解】

俗话说：成由勤俭败由奢。节俭看似小事，实则关系到个人和国家之命运。正所谓人无俭不立，家无俭不旺，国无俭必亡。勤俭节约是立业兴邦的重要途径。纵观历代帝王，凡创业之君，莫不以俭约而兴；而丧国之主，莫不以奢侈而亡。古有唐尧、虞舜，汉之文、景，隋之文帝，皆勤俭节约，开创了一代治世；桀、纣和隋炀帝之流，奢靡浮华，终致身死国灭。唐太宗认为：帝王“欲盛则费广，费广则赋重，赋重则民愁，民愁则国危，国危则君丧矣”（《资治通鉴·唐纪八·武德九年》）；“雕镂器物，珠玉服玩，若恣其骄奢，则危亡之期可以立待也。”（《贞观政要·论俭约》）。因此，他能够节制自己的欲望，去奢省费，轻徭薄赋，减轻百姓的负担，以缓和阶级矛盾。史载：贞观二年（628），因“宫中卑湿”，大臣奏请营建新阁楼，但唐太宗以“汉文将起露台，而惜十家之产，朕德不逮于汉帝，而所费过之，岂谓为人父母之道也”（《贞观政要·论俭约》），而拒绝了大臣所请。由于唐太宗以身作则，大臣们也都生活俭朴。中书令岑文本“宅卑陋，无帷帐之饰”，尚书右仆射温彦博“家贫无正寝”，户部尚书戴胄“居宅弊陋”，魏徵宅内“无正堂”（《贞观政要·论贪鄙》）。因而贞观年间，社会风俗俭朴，崇尚节俭蔚然成风。《崇俭》篇中，唐太宗就通过上古尧、舜和汉代文、景等崇俭明君与桀、纣、炀帝奢淫之主正、反两方面的对比，阐明了节俭对国家治乱兴衰的重要性。他认为“俭”与“奢”是“荣辱之端”，帝王应该厉行节俭，促成天下大治；若思肆情纵欲，就会导致国破家亡。并告诫太子要防微杜渐，懂得节制欲望。

夫圣世之君，存乎节俭①。富贵广大②，守之以约③；睿智聪明，守之以愚④。不以身尊而骄人，不以德厚而矜物⑤。茅茨不剪，采椽不斫⑥，舟车不饰，衣服无文⑦，土阶不崇⑧，大羹不和⑨。非憎荣而恶味，乃处薄而行俭。故风淳俗朴，比屋可封⑩。

【注释】

①存乎节俭：在于节约勤俭。《史记·平津侯主父列传》："治国之道，富民为始；富民之要，在于节俭。"

②富贵广大：指帝王贵为天子，富有四海。

③约：节俭。

④守之以愚：安于守拙而不取巧。

⑤矜：轻视。

⑥茅茨（cí）不剪，采椽（chuán）不斫（zhuó）：指房屋不做过多装饰。《韩非子·五蠹》："尧之王天下也，茅茨不剪，采椽不斫。"茅茨不剪，指不装饰房屋。茅茨，茅草屋顶。采椽，栎木或柞木椽子。斫，砍削。

⑦文：线条交错的图形、花纹。

⑧土阶：土台阶。崇：高。

⑨大羹不和：大羹即指肉汁羹，不和是指不与五味相调和。古代祭祀用的肉汁为保持原味，特地不添加五味佐料。以上几句从宫室建筑、舟车出行、衣服饮食等方面讲了古代帝王生活中如何做到节俭。

⑩比屋可封：指家家户户都可封爵，比喻帝王教化有成就，国家多贤人。《新语·无为》："尧、舜之民，可比屋而封；桀、纣之民，可比屋而诛，何者？化使其然也。"比屋，房屋一间挨着一间。

【译文】

身处太平盛世的明君，心中常存有节俭的美德。君主虽富有四海，但要用节俭来守护它；聪明睿智，却安于守拙而不取巧。绝不会因为自己尊贵就目中无人，不会因为自己德高便傲物。上古时的圣王，住着不加修饰的茅草小屋，坐着没有装饰的车船，穿着没有纹饰的衣服，也不建造高大豪华的厅堂，平时吃饭也不求味美。他们之所以这样，并不是因为憎恶荣华，讨厌美味，而是率先垂范，厉行节俭，为天下百姓做榜样。

正因为如此，社会的风俗才变得纯正厚朴，朝廷贤人济济。

斯二者，荣辱之端。奢俭由人，安危在己。五关近闭[①]，则嘉命远盈；千欲内攻，则凶源外发。是以丹桂抱蠹[②]，终摧荣耀之芳；朱火含烟[③]，遂郁凌云之焰[④]。以是知骄出于志，不节则志倾；欲生于心，不遏则身丧。故桀、纣肆情而祸结[⑤]，尧、舜约己而福延，可不务乎[⑥]？

【注释】

①五关：指眼、耳、鼻、口、身。

②丹桂：桂树的一种，叶如柏，皮呈红色。蠹：蛀虫。

③朱火：红色的火焰。

④郁：阻滞，闭塞。以上几句是说蛀虫虽小，如果不注意防治就会损毁丹桂的荣芳；火烟虽微，如果不加疏通就会阻滞大火的光焰。

⑤桀：夏代的亡国之君。纣：商朝亡国之君。

⑥务：勉力从事。这里是指应努力做到节俭。

【译文】

俭与奢，是荣与辱的开端。究竟是行奢还是持俭都是由人决定的，处安还是履危也在于自己的行为。如果帝王能够屏却五关之欲，国祚自会长久；如果纵容心中的欲望，灾祸就会由外而生。所以，若丹桂生出蛀虫而不及时清理，最终其芬芳也会被摧毁；高跃的火苗倘若被烟尘覆盖，火焰就会受到限制。由此可知，骄奢来源于意志，如果不加以节制，意志就会消解；欲望来自本心，若不加以遏制，就有丧生的危险。所以夏桀、商纣因为纵情肆欲而招引灾祸；唐尧、虞舜因约束自己而使福泽绵长。看到这些败亡与兴盛的例子，我们难道不应该躬行节俭吗？

赏罚第九

【题解】

赏、罚二柄，历来是君主驾驭臣下的法宝。韩非子即说："赏罚者，利器也。君操之以制臣，臣得之以拥主。故君先见所赏，则臣鬻之以为德；君先见所罚，则臣鬻之以为威。"（《韩非子·内储说下六微》）君主行赏罚都要做到公正无私，不能因自己的喜怒而滥行。唐太宗深知这一点，故赏罚慎重、公正。史载：贞观初，长孙无忌觐见唐太宗，误将佩刀带入宫内，监门校尉没有发觉，直到出门时才发现。尚书右仆射封德彝认为：监门校尉犯失查之罪，当死；长孙无忌误带佩刀入宫，应当判处两年徒刑，并罚铜二十斤。大理少卿戴胄反驳说：监门校尉失查，与长孙无忌带佩刀入宫，按照法律都是死罪，不应因长孙无忌是功臣就轻罚。唐太宗则说："法者非朕一人之法，乃天下之法，何得以无忌国之亲戚，便欲挠法耶？"（《贞观政要·论公平》）。可见，他赏罚的标准不是个人喜恶，也不是远近亲疏，而是以法律为准绳，赏罚公平。在本篇中，唐太宗用恰当的比喻，说明了赏罚对于君主治理国家的重要性，论述了君主赏罚的方法和标准。同时，他强调了赏罚要公平公正的原则。君主赏罚要公正无私，标准明确，才能使人们诚心守法，甘心受罚。依法治国就是要求法律面前人人平等，使任何违法行为都要受到法律的公正处罚。

夫天之育物，犹君之御众[①]。天以寒暑为德[②]，君以仁爱为心[③]。寒暑既调[④]，则时无疾疫；风雨不节[⑤]，则岁有饥寒。仁爱下施，则人不凋弊；教令失度[⑥]，则政有乖违[⑦]。防其害源，开其利本[⑧]。显罚以威之[⑨]，明赏以化之[⑩]。威立则恶者惧，化行则善者劝。适己而妨于道[⑪]，不加禄焉；逆己而便于国[⑫]，不施刑焉。故赏者不德君，功之所致也；罚者不怨上，罪之所当也。故《书》曰[13]:"无偏无党,王道荡荡[14]。"此赏罚之权也[15]。

【注释】

①夫天之育物,犹君之御众:上天化育万物,犹如人君抚御庶众。《晋书·志礼上》:"或以为五精之帝,佐天育物者也。"育物,养育万物。

②天以寒暑为德:上天养育万物是以寒成之,以暑长之,所以说寒暑是天的德行。

③君以仁爱为心:仁以生之,爱以养之,故人君当以仁爱为心。《礼记·大传》:"圣人南面而听天下,所且先者五,民不与焉。一曰治亲,二曰报功,三曰举贤,四曰使能,五曰存爱。"

④调:搭配均匀,配合适当。

⑤不节:不匀。

⑥教令:教化法令。《韩非子·外储说左上》:"文公伐宋,乃先宣言曰:'吾闻宋君无道,蔑侮长老,分财不中,教令不信,余来为民诛之。'"失度:指失去分寸。

⑦乖违:背离,不和谐。

⑧开其利本:指拓开使百姓受惠的渠道。

⑨显罚:当众给予处罚。威:震慑,使知畏惧而服从。

⑩化:教化。

⑪适己:符合自己的意愿。《史记·老子韩非列传》:"其言洸洋自恣以适己,故自王公大人不能器之。"

⑫逆己:指与自己的意见相反。

⑬《书》:指《尚书》。

⑭无偏无党,王道荡荡:不偏私,不结朋党,治国的道路是宽广的。语出《尚书·周书·洪范》。偏,不公正。党,与人结党。荡荡,

非常广大的样子。

⑮权：秤。用于称量轻重。这里是指衡量赏罚的标准。

【译文】

上天养育万物，就如同君主统治百姓。上天以严寒和酷暑作为长养万物的德行，君主也应该以仁慈和博爱作为统治百姓的本心。如果寒暑调和，一年四季就不会发生疾病和瘟疫；如果风雨不匀，则人们在一年中就可能挨饿受寒。如果君主能施仁爱、行德政，百姓就会安居乐业；若教令失去分寸，就会使政局不稳。杜绝百姓受害的根源，拓开使他们受惠的渠道。用公开的刑罚来威慑他们，以当众的奖赏去劝导他们。刑罚之威形成，恶人就会感到畏惧；教化施行，好人就会受到鼓励。对奉承君主而有悖于大道的人，不能加官增禄；对逆鳞犯君但利于国家的人，不能滥施刑罚。如果能做到这样，受奖赏的人不会去感激君主，因为这是他们自己建功理所应得的；受惩罚的人也不会怨恨君主，因为这是他们自己违法罪有应得的。正如《尚书》中所说："不偏于私情，不结党营私，治国之道就会宽广开阔。"这就是赏罚的重要性。

卷四

务农第十

【题解】

国以民为本，民以食为天。在古代，农业是最重要的生产部门，是王朝立国之本，故而常用代表土地神和谷神的“社稷”象征国家政权。因此，历代帝王都非常重视农业生产，实行重农政策，亲行“籍田礼”，劝课农桑，奖励耕织。唐太宗对农业的重要性也有充分的认识。他说：“凡事皆须务本。国以人为本，人以衣食为本。凡营衣食，以不失时为本。夫不失时者，唯在人君简静乃可致耳。若兵戈屡动，土木不息，而欲不夺农时，其可得乎？”（《贞观政要·务农》）为此，他不断完善均田制和租庸调制，曾亲自到灵口检查均田制推行的情况，并根据受自然灾害的不同程度减免农民的赋税，在各州县设置专门用于灾害救治的义仓，以保障自耕农生产的可持续发展。唐太宗一再强调不夺农时。贞观五年（631），有司奏称皇太子将在二月行冠礼，需征发府兵，唐太宗认为“东作方兴，恐妨农事，令改用十月”。而且唐太宗还身体力行，在皇宫别院开辟三亩土地，“自锄其稊秀”，为天下之人做出表率。因此，重农之风大盛，农业生产获得了较快的恢复与发展，“频致丰稔，米斗三四钱，行旅自京师至于岭表，自山东至于沧海，皆不赍粮，取给于路”（《贞观政要·政体》）。

在本篇中，唐太宗教导太子，要牢记农业对于国家的重要性，以农为本，禁绝浮华，减轻农民的赋税徭役，不误农时，引导百姓弃末从农，从而使民风返淳归真。唐太宗的“务农”思想对唐代帝王都有很大影响，武则天对农业更为重视，撰写《兆人本业记》颁发各地，指导百姓农业生产，并把农业的发展作为考察官员的标准；开元年间，唐玄宗也非常重视农业发展，大力兴修水利工程。正是唐代前期帝王对农业的重视，使农业获得了巨大的发展，为盛唐经济的繁荣奠定了坚实的物质基础。

夫食为人天，农为政本①。仓廪实则知礼节，衣食足则志廉耻②。故躬耕东郊③，敬授人时④。国无九岁之储⑤，不足备水旱；家无一年之服，不足御寒暑。然而莫不带犊佩牛⑥，弃坚就伪；求什一之利⑦，废农桑之基。以一人耕而百人食，其为害也，甚于秋螟⑧。莫若禁绝浮华，劝课耕织，使人还其本，俗反其真，则竞怀仁义之心，永绝贪残之路，此务农之本也。

【注释】

①农为政本：农业是立政治国的根本。中国古代以农业为本业，以工商业为末业。

②仓廪实则知礼节，衣食足则志廉耻：《管子·牧民》：“凡有地牧民者，务在四时，守在仓廪。国多财则远者来，地辟举则民留处。仓廪实则知礼节，衣食足则知荣辱。”

③躬耕：古代帝王亲自率领大臣在籍田举行耕种仪式以劝农。东郊：都城东边的郊野。《礼记·祭统》：“天子亲耕于南郊，以共齐盛；王后蚕于北郊，以共纯服；诸侯耕于东郊，亦以共其盛；夫人蚕于北郊，以共冕服。”唐太宗亲耕在贞观三年（629），当时唐高祖

还在世，所以唐太宗行诸侯礼亲耕于长安城之东郊。

④敬授人时：指将历法颁赐给天下百姓，使知时令变化，不误农时。后以之指颁布历书。《尚书·虞书·尧典》："乃命羲、和，钦若昊天，历象日月星辰，敬授人时。"蔡沉集传："人时，谓耕获之候。"

⑤九岁之储：九年储备的粮食，指国家平时有所积蓄，以备非常。《礼记·王制》："国无九年之蓄，曰不足；无六年之蓄，曰急；无三年之蓄，曰国非其国也。三年耕，必有一年之食；九年耕，必有三年之食。以三十年之通，虽有凶旱水溢，民无菜色。"

⑥带犊佩牛：比喻人民放弃农耕而弄刀剑。据《汉书·循吏传》记载：汉宣帝时，渤海左右郡岁饥，盗贼并起，龚遂出任太守后躬率俭约，劝民务农桑，使老百姓安居乐业，民有持刀剑者，使卖剑买牛，卖刀买犊，曰："何为带牛佩犊！"

⑦什一之利：什一即十分之一，泛指商人得到的利润。《汉书·杨恽传》："恽幸有余禄，方籴贱贩贵，逐什一之利，此贾竖之事，污辱之处，恽亲行之。"

⑧螟（míng）：螟虫，一种食害庄稼的害虫，主要生活在稻茎中，吃其髓部，危害很大。

【译文】

民以食为天，政以农为本。只有百姓仓廪充足了，才有条件学习礼仪规范；只有人们丰衣足食了，才愿意去了解何为廉耻。因此，君主每年春天都要亲自带头耕作，将历法颁赐给百姓，使他们知道时令变化，不误农时。国家如果没有九年储备的粮食，就不能够有效地应对水旱灾害；百姓如果没有准备好一年四季的衣服，就不能很好地防暑御寒。然而总有人卖掉耕牛，从事商业；追逐什一之利，废弃农桑之本。以一人之力耕作，而百人靠其供养，其祸害比秋天的螟虫吞噬庄稼更可怕。所以，最好的办法是严厉地禁止虚浮奢华之风，劝诫人们专心从事耕作与纺织，使百姓弃末而返本，社会风俗也会返璞还淳，从而使人们竞相怀有仁义之心，永远杜绝贪酷之路，这就是君主发展农业的根本。

斯二者，制俗之机。子育黎黔①，惟资威惠。惠可怀也，则殊俗归风，若披霜而照春日；威可惧也，则中华慑轨②，如履刃而戴雷霆③。必须威惠并驰，刚柔两用，画刑不犯④，移木无欺⑤。赏罚既明，则善恶斯别；仁信普著，则遐迩宅心⑥。劝穑务农⑦，则饥寒之患塞；遏奢禁丽，则丰厚之利兴。且君之化下，如风偃草⑧。上不节心，则下多逸志；君不约己，而禁人为非，是犹恶火之燃，添薪望其止焰；忿池之浊，挠浪欲止其流，不可得也。莫若先正其身，则人不言而化矣。

【注释】

①黎黔：亦作“黔黎”。即黎民。汉应劭《风俗通义·怪神·城阳景王祠》：“死生有命，吉凶由人，哀我黔黎，渐染迷谬，岂乐也哉？”

②慑：伏，惧。轨（yuè）：古代车上置于辕前端与车横木衔接处的销钉。此句指百姓像伏于车轨处的牛马一样畏惧服从。

③履刃：立足于刀刃之上。戴雷霆：是说雷霆如在头顶之上，令人畏惧。

④画刑不犯：《史记·五帝本纪》记载：帝尧时，对触犯五刑的人，“象以典刑”，只在衣服上画出标志，而不真正按照规定去执行。

⑤移木无欺：《史记·商君列传》记载：商鞅变法时，颁布许多法令，恐民不信，就“立三丈之木在国都市南门，募民有能徙置北门者予十金”。老百姓都感到奇怪，没有敢去搬的。又说“能徙者予五十金”。有一个人试着去搬了木头到南市门，就得到了五十金，以明不欺。以上两个典故是说，要宽简刑法，又要做到令行禁止，言而有信。

⑥遐迩：远近。宅心：归心，心悦诚服地归附。《汉书·叙传下》："项氏畔换，黜我巴、汉，西土宅心，战士愤怨。"颜师古注引晋灼曰："西土，关西也。高祖入关，约法三章，秦民大悦，皆宅心高祖。"

⑦穑（sè）：泛指耕耘收获。

⑧如风偃草：原指经风一吹，草便倒伏。《论语·颜渊》："君子之德风，小人之德草，草上之风，必偃。"后形容教化之易推行。

【译文】

威严和仁惠并用，是驾驭风俗的核心。君主要想如抚育子女一样养育百姓，就只能依靠威势和恩惠。如果君主能以恩惠怀柔天下，则四夷归化，就像经历过寒霜后被春日照耀一样温暖；如果君主能够以威仪慑服四方，则百姓会畏惧谨慎，就像足踏刀刃、头顶雷霆一样。因此，君主治国必须恩威并用，刚柔相济，只有这样百姓才会知法不犯，诚信无欺。如果赏罚公正分明，则善恶就会明显区别开来；如果仁信普遍施行，则不论远近，人心都会安定。劝勉百姓务农耕稼，则会防止饥荒的发生；禁绝民间奢华艳丽，国富民丰的事业就会兴盛。何况君主教化百姓，就像风吹草伏一样容易。如果君主不能节制自己的贪欲，天下的官员百姓也会兴起奢侈安逸的风气；如果君主自己不制欲节俭，而要求百姓不浪费奢侈，就像是用添加薪柴的办法去救火，是不可能实现的；用搅动的办法使池水澄清，是不可能达到目的的。所以君主不如先从自身做起，用自身的行为为官员百姓做出表率，这样，君主不用说什么就可使百姓得到教化了。

阅武第十一

【题解】

天下虽安，忘战必危。军事是国家事务的重要组成部分。《左传·成公十三年》曰："国之大事，在祀与戎。"中国古人很早就认识到军事武备与国家安全的关系。《说苑·指武》:“《易》曰:‘君子以除戎器,戒不虞。’夫兵不可玩,玩则无威;兵不可废,废则召寇……故明王之制国也,上不玩兵,下不废武。”《孙子兵法·计篇》亦曰:“兵者,国之大事,死生之地,存亡之道,不可不察也。”唐太宗不仅是一位杰出的政治家,而且也是一位出色的军事家。他久经战阵,深知国防建设之重要。贞观年间,唐太宗进一步完善府兵制,加强国防建设。对于骚扰边境的突厥、吐谷浑等周边游牧民族,唐太宗先后派李靖、李勣领兵进行抗击,保卫了边疆地区的安全与稳定;贞观十四年(640),又派侯君集灭掉高昌,设置安西都护府和安西四镇,再次将西域纳入中央政府的统治范围,并保障了丝绸之路的畅通。在《阅武》篇中,唐太宗从越王勾践激励士气成就霸业和徐偃王弃武丧邦两方面的历史教训中,认识到,不能把军备建设与生产发展完全对立起来,而是应该既要重视军备建设,时刻保持忧患意识,又要对待战争慎之又慎,不可穷兵黩武,把握使用武力的度。只有处理好国防建设与经济发展的关系,建设强大的国防,才能使国家立于不败之地。

夫兵甲者,国之凶器也。土地虽广,好战则人凋;邦国虽安,亟战则人殆①。凋非保全之术,殆非拟寇之方②。不可以全除,不可以常用,故农隙讲武③,习威仪也。是以勾践轼蛙④,卒成霸业;徐偃弃武⑤,遂以丧邦。何则?越习其威,徐忘其备。孔子曰:不教人战,是谓弃之。故知弧矢之威⑥,以利天下。此用兵之机也。

【注释】

①亟(qì):屡次,一再。

②拟寇:犹御寇。

③讲武：讲习武事。

④勾践：春秋后期越国国君，曾为吴王夫差所败，后卧薪尝胆，发愤图强，终灭吴国，成就霸业。轼蛙：向青蛙行轼礼。《吴越春秋·勾践伐吴外传》记载：越王勾践将伐吴国，自认为尚未能得士之死力，遇到路边的青蛙张腹而怒，“将有战争之气”，即停车致敬。士卒有问勾践为何如此，勾践回答：“吾思士卒之怒久矣，而未有称吾意者。今蛙虫无知之物，见敌而有怒气，故为之轼。”于是，军士听了，“莫不怀心乐死，人致其命”。轼，伏轼致敬。轼为古代设在车厢前供立乘者凭扶的横木。

⑤徐偃：即徐偃王，春秋时期徐国国君。徐偃王好行仁义，不修武备，后被楚文王所灭。《说苑·指武》记载：徐偃王临死之前说：“吾赖于文德，而不明武备，好行仁义之道，而不知诈人之心，以至于此。”

⑥弧矢：弓和箭。

【译文】

战争对国家来说是不祥的凶器。国家虽然领土广大，但如果君主好战尚武，则会导致人口减少；国家虽然社会安定，但如果君主频繁动武，则会致使国力削弱。人口衰减不是保证国家长治久安的良策，国力削弱就很难抵御外寇的入侵。因此甲兵不能完全解除，也不可经常使用。所以要在农闲时进行军事训练，以维持国家的军备威慑力。在历史上，越王勾践对青蛙行轼礼以激励士气，终于成就了霸业；徐偃王只知行仁义之道，武备松弛，结果被消灭。为什么呢？越王勾践明白武力的威慑意义，而徐偃王却忘记军事的防卫作用。孔子说：不训练百姓、加强武备，等于放弃了他们的生命安全。所以只有了解武力的作用，保持足够的军队，才能使国家立于不败之地，从而保卫天下的安全。这是用兵的精髓所在。

崇文第十二

【题解】

以武创业，以文守之。古代王朝的建立多依靠武力，而维持王朝统治的长久则需文治。西汉初年，高祖平定天下后，陆贾常在他面前称颂诗书，高祖怒曰："迺公居马上而得之，安事诗书！"陆贾答道："居马上得之，宁可以马上治之乎？……文武并用，长久之术也。"（《史记·郦生陆贾列传》）作为杰出的政治家，唐太宗对文武之道十分清楚，所以他在强调"阅武"的同时，也提出了"崇文"的主张。即位之初，唐太宗就宣称："朕虽以武功定天下，终当以文德绥海内。文武之道，各随其时。"（《旧唐书·音乐志一》）贞观年间，唐太宗尊崇儒学，大阐文教。一方面，唐太宗以令狐德棻、魏徵相继为秘书监，出钱求购流散民间的经籍，并"奏引学士校定，群书大备"（《旧唐书·经籍志上》）。同时，将史馆从著作局中独立出来，移属于门下省，令宰相监修周、齐、梁、陈、隋五代史。另一方面，他还大力兴办学校，推行儒学教育。贞观二年（628），诏令立孔子庙于国学，依礼祭奠；大征天下儒士，赐帛给传，令至京师；扩建国学学舍四百余间，国子、四门、太学、广文等"增置生员"，书学、算学"各置博士、学生，以备众艺"；太宗还多次亲幸国学，"令祭酒、司业、博士讲论"；各地儒生"负书而至者，盖以千数"，甚至吐蕃、高昌、高丽、新罗等周边民族政权都纷纷派遣子弟前往长安国学学习。因此贞观年间儒学兴盛，"国学之内，鼓箧升讲延者，几至万人，儒学之盛，古昔未有也"（《贞观政要·崇儒学》）。在本篇中，唐太宗在吸取历史经验的基础上，对"崇文"的重要性、方法、途径及文武之间的关系进行了深入论述。在他看来，如果一个君主不知天下，昧于古今，那是不可想象的。他认为君主创业功成，就要制礼设乐，建明堂，立辟雍，以尊崇儒学；办教育，倡文教，以文化民。值得注意的是，唐太宗还对文、武的使用做了说明，认为文、武之事在国家治理的过程中会交替出现，大乱时重武功，和平时尚文治。文武之道，缺一不可，要根据形势的变化而恰当运用。

夫功成设乐①，治定制礼②。礼乐之兴，以儒为本。宏风导俗，莫尚于文③；敷教训人，莫善于学④。因文而隆道，假学以光身⑤。不临深溪⑥，不知地之厚；不游文翰⑦，不识智之源。然则质蕴吴竿，非筈羽不美⑧；性怀辨慧⑨，非积学不成。是以建明堂⑩，立辟雍⑪，博览百家⑫，精研六艺⑬，端拱而知天下⑭，无为而鉴古今。飞英声，腾茂实，光于不朽者，其唯学乎？此文术也⑮。

【注释】

①功成设乐：古代军队凯旋时要奏军乐。《周礼·大司乐》："王师大献，则令奏恺乐。"郑玄注："大献，献捷于祖。恺乐，献功之乐。"

②治定制礼：天下安定后，就应制定礼仪。

③宏风导俗，莫尚于文：弘扬风化，导引风俗，没有什么能胜过发展文化的了。

④敷教训人，莫善于学：宣传政教，训诲庶民，没有比兴办学校教育更好的了。敷，布行。

⑤因文而隆道，假学以光身：通过文教可以隆盛道德，凭借学习可以光显身名。因，由。假，凭借。

⑥深溪：即指深谷。《荀子·劝学》："故不登高山，不知天之高也；不临深溪，不知地之厚也。"

⑦文翰：文章。《晋书·刘伶传》："未尝厝意文翰，惟著《酒德颂》一篇。"

⑧然则质蕴吴竿，非筈（kuò）羽不美：吴地有好的竹子，其枝干笔直，可以做箭；但是如果没有筈羽，即便做成了箭，也不算是好箭。

吴竿，吴国的竹子，形端直，最适合做箭。筈，箭尾扣弦的部分。

⑨辨慧：聪明而富于辩才。《商君书·垦令》："国之大臣、诸大夫，博闻、辨慧、游居之事皆无得为。"辨，通"辩"。

⑩明堂：古代天子宣明政教之所，凡朝会、祭祀、庆功、教学等大典，都在此举行。关于古代明堂的形制，历代礼家聚讼纷纭，莫衷一是。

⑪辟雍：商周时为天子所设大学。《礼记·王制》："大学在郊，天子曰辟雍，诸侯曰泮宫。"东汉以后，历代多设为皇家祭祀之所，惟北宋末年设为太学的预备学校，清代又作为皇帝讲学之所。

⑫百家：指诸子百家之书。

⑬六艺：古代指《诗》《书》《礼》《乐》《易》《春秋》六种儒家经书。

⑭端拱：端身拱手。喻指帝王无为而治。

⑮文术：这里指崇文教的办法。

【译文】

胜利功成，就要设乐；社会安定，就要制礼。礼乐的兴起，是以儒家学说为根本的。弘扬风化，导引习俗，没有比提倡文教更有用的了；宣传政教，训诲百姓，没有比兴办教育更好的办法了。这是因为依靠文教，可以兴隆道德；凭借学习，能够光显身名。人不亲临深渊，就不知道地有多厚；不认真学习经典，就不能明白学问和智慧的广博。吴地的竹竿虽然形制端直，适合做良箭，但如果不把它放在弓弦上就无法射向远方；有的人尽管天资聪慧，但没有学习的积累也终究成不了人才。所以天子建明堂，设辟雍，博览百家经典，精研六艺，端身拱手即能了解天下，无为而治就能鉴戒古今。传播英名美声，结出丰硕的成果，使名声德行光大不朽的，只能靠学习啊！这就是文术。

斯二者，递为国用①。至若长气亘地②，成败定乎锋端③；巨浪滔天，兴亡决乎一阵。当此之际，则贵干戈而贱庠序④。及乎海岳既晏⑤，波尘已清，偃七德之余威⑥，敷九功之大化⑦。

当此之际，则轻甲胄而重诗书[8]。是知文武二途，舍一不可，与时优劣，各有其宜。武士儒人，焉可废也。

【注释】

①递：交替。

②长气：指战争的紧张气氛。亘：遍。

③锋端：兵刃的尖端。此处引申为武器。

④干戈：干与戈，古代常用兵器。《礼记·檀弓》："能执干戈以卫社稷。"后来引申为战争。庠（xiáng）序：古代学校的名称。《孟子·梁惠王上》："谨庠序之教。"汉赵岐注："庠序者，教化之宫也。殷曰序，周曰庠。"

⑤海岳：四海五岳，引申为天下。晏：安谧。

⑥偃：平息。七德：指武功的七种德行。《左传·宣公十二年》："夫武，禁暴、戢兵、保大、定功、安民、和众、丰财。"

⑦敷：施。九功：《左传·文公七年》："六府、三事，谓之九功。水、火、金、木、土、谷，谓之六府。正德、利用、厚生，谓之三事。"

⑧甲胄：铠甲和头盔。此指武功。

【译文】

文、武二事，在治理国家中要交替运用。战火纷飞之时，成败取决于军事实力的强弱；天下动乱，兴亡也只取决于战争的胜败。当此之时，君主要重视武力而忽视学校教育。等到海晏河清，天下安定了，君主就必须偃武修文，以文教化百姓。在这个时候，人们便轻视武力，而重视诗书。由此可知，文、武二途，缺一不可，要根据形势的变化恰当运用。所以武艺高强的勇士和贤良方正的文人都是不可偏废的。

跋

【题解】

在这篇跋文中，唐太宗再次阐明了撰写《帝范》的目的，指出《帝范》十二篇是帝王治国的纲领，告诫太子按照君体、建亲、求贤、审官、纳谏、去谗、诫盈、崇俭、赏罚、务农、阅武和崇文十二个方面的要求来做，就能使国家兴盛；否则，就会使国家衰亡。贞观前期，唐太宗以亡隋为戒，励精图治，勤于政事，知人善任，从谏如流，改革吏治，轻徭薄赋，使得社会经济得到恢复发展，同时平定突厥、薛延陀、回纥、高昌、焉耆、龟兹、吐谷浑等，文治武功都取得了辉煌的成绩，为唐朝的繁荣与强大奠定了基础。但到了晚年，唐太宗逐渐骄傲自满，贪图享乐，大兴土木，营建宫室，他曾自鸣得意地说："朕年十八便举兵，年二十四定天下，年二十九升为天子，此则武胜于古也。少从戎旅，不暇读书，贞观以来，手不释卷，知风化之本，见政理之源。行之数年，天下大理，风移俗变……此又文过于古也。昔周、秦以降，戎狄内侵，今戎狄稽颡，皆为臣妾，此又怀远胜古也。"（《贞观政要·慎终》）他还频繁用兵边疆，亲征高丽。魏徵在《十渐不克终疏》中说他在十个方面不如从前。唐太宗对自己的功过进行了自我评价："我济育苍生其益多，平定寰宇其功大，益多损少人不怨，功大过微德未亏。然犹之尽美之踪，于焉多愧；尽善之道，顾此怀惭。"对自己晚年出现的问题有比较深刻的反省："吾之深过，勿以兹为是而后法。"告诫太子不要效法自己的短处，而要学习历代明君的美德，善始慎终，把国家治理得更好。太子李治即位后，吸取了本书的营养，继承了唐太宗的事业，史称永徽之政有“贞观遗风”，唐王朝进一步发展，为后来的“开元盛世”奠定了坚实的基础。

此十二条者[①]，帝王之大纲也。安危兴废，咸在兹焉。古人有云，非知之难，惟行之不易；行之可勉，惟终实难。是以暴乱之君，非独明于恶路；圣哲之主，非独见于善途。良由大道远而难遵，邪径近而易践。

【注释】

①十二条：指《帝范》十二篇。

【译文】

以上十二篇，是帝王治国方略的大纲。王朝安危兴废的道理，都包括在其中了。古人说过：不是明白道理困难，而是真正实行起来不易；开始实行是可以努力做到的，但能坚持到底却是很难的。所以说，暴虐昏乱的帝王不是只懂得作恶，圣明哲智之主也不是只会行善。这是由于正道路途遥远而难行、邪路程距短近而易行的缘故。

小人俯从其易[①]，不得力行其难，故祸败及之；君子劳处其难，不能力居其易，故福庆流之。故知祸福无门，惟人所召[②]。欲悔非于既往，惟慎祸于将来。当择哲主为师[③]，毋以吾为前鉴。

【注释】

①俯从：听从。

②祸福无门，惟人所召：祸福之来没有定数，都是人们自己招引所致。祸福无门，祸福发生不能确定。

③哲主：明智的君主，或作哲王。《诗经·大雅·下武》："下武维周，世有哲王。"郑玄笺曰："哲，知也。后人能继先祖者，维有周家最大，世世益有明知之王。谓大王、王季、文王稍就盛也。"

【译文】

小人会择近途、行邪路，而不去选择困难的正道，所以会召致祸败；君子愿意选择险远的正道，在困难面前不畏惧，所以他们会不断成功，福祉和祥瑞也随之而来。所以说，福和祸的发生是没有定数的，都是由人自己的行为引起的。如果想要避免过去已犯的错误，只有谨慎行事，防止将来再犯而召致灾祸。你应该选择明主贤君作为自己学习的榜样，不要把我作为鉴戒。

取法于上，仅得为中；取法于中，故为其下。自非上德，不可效焉。吾在位以来，所制多矣[①]。奇丽服玩、锦绣珠玉，不绝于前，此非防欲也；雕楹刻桷、高台深池[②]，每兴其役，此非俭志也；犬马鹰鹘[③]，无远必致，此非节心也；数有行幸，以亟劳人[④]，此非屈己也。斯事者，吾之深过，勿以兹为是而后法焉。但我济育苍生其益多，平定寰宇其功大[⑤]，益多损少人不怨，功大过微德未亏。然犹之尽美之踪，于焉多愧；尽善之道，顾此怀惭。况汝无纤毫之功，直缘基而履庆。若崇善以广德，则业泰身安[⑥]；若肆情以从非[⑦]，则业倾身丧。且成迟败速者，国基也；失易得难者，天位也。可不惜哉？

【注释】

①制：《全唐文》为"缺"。译文从之。

②楹：指厅堂的前柱。桷（jué）：方形的椽子。

③鹘（hú）：一种猛禽，形似鹰，翅尖而窄，性凶猛，捕食小鸟兽。

④劳人：原指劳苦之人，此处泛指底层的平民百姓。

⑤寰宇：犹天下。

⑥业：指帝王之基业。泰：安。

⑦肆情：放纵情欲。

【译文】

若选择最好的作为榜样来学习，就只能达到中等的水平；以中等的作为榜样，结果就只能达到下等的水平。如果不是高尚大德之君主，你就不要效仿他们。我即位以来，缺点亦很多。奇妙华丽的服饰玩物、绸缎珠玉不断供应，这不是抑制欲望的做法；多彩壮观的雕梁画栋、高台深池无时不兴，这不是节俭的做法；纷繁多样的斗鸡走马、架鹰游猎无远不至，这不是节欲的做法；频繁出游、劳民伤财，这也不是限制自己的做法。这些事情都是我的重大过失，千万不要以为这些事情正确而去效法。然而我也曾做过很多对天下苍生有益处的事情，平定天下功劳较大，带给百姓的好处多于损失，因而百姓不会有怨言，功劳大于过失，德行方面没有大的缺失。不过，我还是没有达到尽善尽美的境界，因此心中常常感到惭愧。何况你并没有丝毫的功绩可言，只是因为你是太子才会继承帝位。如果你能崇尚善道，发扬美德，就会使帝业康泰，自身安全；如果你放纵自己的情欲，一味贪嗜淫邪，就会使基业倾危，身名丧败。国家的基业建立很慢，败亡却很快；皇帝的宝座得到很难，失去却很容易。怎么能不珍惜呢？

臣　轨

前言

武则天作为一位政治家，充分认识到人才的重要性，不仅采取多种措施选拔人才，而且非常重视对官员的管理。为此，她专门撰写了这部讲述为臣之道的著作《臣轨》。

不过，关于《臣轨》的著作权归属，史籍记载是有出入的。据《旧唐书·经籍志》《唐会要》等记载，《臣轨》是武则天撰写的。但《新唐书·艺文志》却说《臣轨》的作者是元万顷、范履冰、苗神客、周思茂、胡楚宾、卫业等。《资治通鉴》记载："天后多引文学之士著作郎元万顷、左史刘祎之等，使之撰《列女传》《臣轨》《百僚新戒》《乐书》，凡千余卷。"《旧唐书·则天皇后本纪》亦云："太后尝召文学之士周思茂、范履冰、卫敬业，令撰《玄览》及《古今内范》各百卷……《臣轨》两卷。"在署名为武氏撰的二十多部书籍中，确有"北门学士"的手笔。但这并不意味着这些书都是他们撰写的。史载，武则天聪明智慧，兼通文史。早在当皇后之前，就曾著《内训》一篇。当上皇后不久，还曾"制《外戚诫》献诸朝"（《旧唐书·高宗本纪》）。此时元万顷等人还没见过武则天，更谈不上代笔了。武则天既然能写出《内训》和《外戚诫》，当然不是不会写书的人。况且《臣轨序》明确说："朕以庸昧，忝位坤元……近以暇辰，游心策府，聊因炜管，用写虚襟，故缀叙所闻，以为《臣轨》一部。"如此，我们取信《旧唐书·经籍志》的记载，认同《臣轨》是武则天的作品。

关于《臣轨》的成书年代，学术界也存在着很大的分歧。两《唐书·刘祎之传》概言上元中（674—675）。《资治通鉴》系之于上元二年。《唐会要》载在长寿二年（693）。日本宽文八年柳谷山人校刊本有“垂拱二年（686）撰”字样。佚存丛书本则题“垂拱元年撰”五字。按纪传之体，重事件而轻年月，往往使人不知详序；编年体以日月见称，然亦有概述之弊。两《唐书·刘祎之传》及《通鉴》言则天著述，即属此类，故尚须具体分析。《臣轨序》言：“比者，太子及王已撰修身之训；群公列辟未敷忠告之规。”武后所撰书中跟太子及王有关的，有《少阳正范》《维城典训》等等。《少阳正范》最初是赐给太子李贤的。《唐会要·储君·章怀太子贤》载：”上元二年六月三日……册为皇太子。……令监国，处分明审，为时所称。仪凤中，手敕褒美。……时正议大夫（明）崇俨，以符劾之术为则天任使，密称英王状类太宗。又官人潜议云，贤是后姊韩国夫人所生。贤亦自疑惧。则天又常撰《少阳政范》及《孝子传》以赐之，仍数作书以责让。”《通鉴》等所载略同。从行文来看，《少阳正范》当作于仪凤末（678或679）。《维城典训》理宜后之。如此，则《臣轨》之作不会早于永隆元年（680）。又，《序》言：“朕以愚昧，忝位坤元。”则《臣轨》之作，当在弘道元年（683）十二月则天临朝之后。《唐会要·修撰》载：“垂拱二年四月七日，太后撰《百僚新诫》及《兆人本业记》。颁朝集使。”所谓“新诫”者，必是相对“旧诫”而言。“旧诫”为何？查武氏所撰，除《臣轨》外，无有关于百僚者。据此，则《臣轨》之作，又当在垂拱二年（686）之前。弘道元年（683）之后，垂拱二年之前，中间只有两年，即光宅元年（684）、垂拱元年（685）。光宅元年，属高宗宴驾不久，则天临朝之初，千头万绪，日理万机，恐无“暇辰”著书。清末民初历史地理学家杨守敬在《日本访书志》中写道：“余案日本枫山官藏本及向山黄村所藏天正年间（1573—1591）钞本。皆有垂拱元年撰五字，笔迹亦相同，绝非此邦人（日本人）所臆增。”据此，可推断《臣轨》成书于垂拱元年。

《臣轨》虽非鸿篇巨制，但史学价值很高。首先，它是研究武则天思想及其用人原则的第一手资料。武则天的思想属于法家、儒家,还是杂家?武则天用人是惟贤,惟亲,还是典型的实用主义?武则天的思想与唐太宗的究竟有多大不同?是对唐太宗思想的背叛,还是发展?这些都是史学界长期以来争论不休的问题。这些问题之所以至今仍然没有得出令人满意的答案,一个十分重要的原因,就是人们忽视了像《臣轨》这样直接反映武则天思想的著作。《臣轨》引书多达数十种,其中有《诗经》《论语》,也有《老子》《文子》《孙子兵法》等等。如果我们把这些材料和武氏发挥的情况加以研究,就不难看出武则天的思想是哪一家。《臣轨》从十个方面提出了为臣的准则:(一)同体。与君主同心同德,做君主的手足耳目;爱国恤人,尽职尽责。(二)至忠。以慈惠为本,多其功而不言;推善于君,引过在己。(三)守道。以道清心正身,佐时匡主;名不动心,利不动志。(四)公正。理官事则不营私家,当公法则不阿亲党,举贤才则不避仇雠;处"六正"之道,不行"六邪"之术。(五)匡谏。除君之过,矫君之失;以谏为忠,不避斧钺。(六)诚信。以信忠君,以信怀下;上下通诚,信而不疑。(七)慎密。保守朝廷机密,不漏禁中之语;非所言勿言,非所为勿为。(八)廉洁。奉法以利人,不枉法以侵人;以廉平为德,不求非其所有。(九)良将。有五材四艺,懂攻守之法,有先见之明。(十)利人。禁末作,兴农功,省徭轻赋,不夺农时,务使家给人足。其中心思想,是要求每个臣僚都成为德才兼备、忠君爱民的人物,从而建立强有力的统治秩序。假若我们把这些准则认真考察一下,就可以在很大程度上看出武则天用人的主导思想。此外,如果我们把《臣轨》一书所反映的武则天的思想与《帝范》所反映的唐太宗的思想加以比较,也会发现其中的异同。武氏撰述散失殆尽,《臣轨》显得尤为珍贵。

其次,它是了解武周吏治和社会风貌的一个门户。垂拱元年《臣轨》成书之后,武则天把它作为臣下的"绳准""普锡具僚"(《臣轨序》)。长寿二年,又把它作为教科书(可能一度改名《臣范》)下发给贡举人(《唐会要》)。于是乎朝野官吏、白衣仕子几乎人手一册。江都人孙祥尝记《臣轨》后云:"《臣轨》既是御撰,妙极!稽古垂范,作镜百僚,既为臣之令模,乃事君之要道。宜诵登于口,诚藏于心。束发盍簪,庶多宏益。"(杨守敬《日本访书志》卷五)。由此可见,当时人对它是何等的重视。这样,它必然会作用于武周吏治,乃至武周社会。

再者,它在武周以后仍起过一定作用。虽然中宗复位后,曾下令"贡举人停习《臣轨》,依旧习《老子》"(《旧唐书·中宗本纪》),《臣轨》的影响因此受到限制,但它还散布于社会中。安史之乱和唐末战乱使"百王之书,荡然散失"(宋王应麟《玉海·宫室》),然而《臣轨》并没有在兵燹中"断种",《旧唐书·经籍志》《新唐书·艺文志》、宋王尧臣《崇文总目》、南宋郑樵《通志·艺文略》、南宋尤袤《遂初堂书目》都曾著录,说明它在南宋初期仍在社会上流传。不过,到了南宋末期,传本已不多见。南宋陈振孙《直斋书录解题》不载。南宋赵希弁《昭德先生郡斋读后志》云:"本十篇,今阙其下五篇。"其后《宋史·艺文志》不载。清全祖望云,《永乐大典》所引书,皆出文渊阁储藏本(《鲒亭集外编》)。而正统六年(1441)杨士奇编的《文渊阁书目》中没有此书。故《永乐大典》似乎未曾涉及。明叶盛《菉竹堂书目》、晁瑮《晁氏宝文堂书目》、徐𤊹《徐氏红雨楼书目》、高儒《百川书志》、焦闳《国史经籍志》亦不著录。但明末音韵学家陈第在他的《世善堂藏书目录》中载有:"《臣轨》二卷。"可见,直到明朝末期,《臣轨》还有足本流传。不过,清初钱谦益《绛云楼书目》、钱曾《述古堂书目》、季振宜《季沧苇藏书目》中没有它。乾隆初的《各省呈进书目》中没有它。《四库全书》中也没有它。清朝中叶以后,一些学者致力于佚书的搜集工作。阮元始得日本活字本《臣轨》,光绪六年(1880)杨守敬作为驻日公使何如璋的随员赴日,得《臣轨》宽文八年(1668)刊本。其后罗振玉又在日本得弘安十一年古写卷子本。《臣轨》的失传与战乱、天灾有关,恐怕与宋明理学也不无关系。无论如何,它曾经在相当长的一段时间里,流传在社会上,对历代政治思想或多或少发生过作用;而它的遭遇,同样有助于我们对武周以后历代政治思想的研究。

第四,它对日本封建社会的历史有一定影响。日本人服部宇之吉在《佚存书目》、池田四郎在《诸子要目》中均载有《臣轨》,说明《臣轨》漂洋过海,传到了日本。《臣轨》何时传入日本?史书上没有明确记载。埜子苞父云:"镰仓将军家皆读之。"(《粤雅堂丛书》第二十六集柳谷散人埜子苞父《〈帝范〉〈臣轨〉二书跋》)此所谓镰仓者,系指日本早期幕府。其统治时间是1192年至1334年。罗振玉在日本尝得弘安十一年古写卷子本(《松翁近稿·〈臣轨〉跋》)。弘安是日本后宇多天皇年号。十一年,适我国至元二十五年,即1288年。如此,则《臣轨》之东传,当在元朝以前。查《日本国见在书目》,其中有《臣轨》二卷。《见在书目》是藤原佐世奉宇多天皇之命于宽平年间(889—897)写成的(《日本国见在书目证注稿·解题》)。看来,《臣轨》在唐末前已传到了日本。此外,传本中往往杂有武则天所制文字,则其东传当在武周时期。《臣轨》传入日本后,人们辗转抄录,颇为重视。上自幕府将军、朝廷博士,下至官吏、学者,皆有研读者(《佚存丛书》第一帙《题〈臣轨〉后》、《粤雅堂丛书》第二十六集《〈帝范〉〈臣轨〉二书跋》)。后来,有人把它付梓刊印,流传得更广泛了。市川鹤鸣还著有《〈臣轨〉国字解》一卷。细川润次郎著有《〈臣轨〉校》四卷(小川贯道《汉学者传记及其著述集览》)。麓保孝亦曾对《臣轨》进行过校注和翻译(麓保孝《帝范·臣轨》,明德出版社,昭和五十九年版)。可见,《臣轨》在日本也发挥过一定作用。

因此,研究武周吏治,不读《臣轨》是不行的;研究武则天的用人思想,《臣轨》应当是必读的书籍;研究中日文化交流史,也应当看一看《臣轨》。

《臣轨》于明清之际在我国失传,却在日本保存下来。目前在我国所能见到的版本主要是佚存丛书(影印日本本、光绪八年重刊本)本、宛委别藏本、粤雅堂丛书本、丛书集成本、东方学会丛书本、传望楼金帚编本、续修四库全书本等。在日本,则主要有弘安十一年钞本、宽文八年柳谷散人校刊本(与《帝范》合刊)、佚存丛书本、成篑堂丛书本、细川润次郎校大正四年十一月宫内省刊本等。由于《臣轨》在国内失传已久,诸本均源自日本。日本诸本多以弘安十一年钞本为宗,以宽文八年刻本为主,而佚存丛书本为良。故本书以佚存丛书本为底本,参校其他版本,精编而成。

序

【题解】

在帝制时代，尽管皇帝至高无上，但不可能事事亲为，欲使国家管理顺利进行，必须设官分职，任用各级大臣官吏。各级大臣官吏是王朝实现对全国统治的纽带，文武百官的素质和行为直接影响着王朝的稳定与发展，因而君臣关系、官员管理是历代帝王关注的重点。武则天以女主临朝，面临着比男性帝王更加复杂的君臣关系。为了规范百官的行为，使各级官员能恪尽职守，武则天在垂拱元年（685）撰写了《臣轨》，作为臣下的“绳准”，“普锡具僚”。长寿二年（693），又将它作为教科书发给参加科举考试的人学习。所谓《臣轨》者，即百官修身之依据、行事之绳墨、为政之准绳也。在序言中，武则天回顾历史，阐明了撰写本书的目的和行文结构。唐高宗去世后，武则天废中宗，立睿宗，自己临朝称制，在政治形势急剧变化的特殊时期，撰写《臣轨》的目的就是让大臣们以此“为事上之轨范，作臣下之准绳”，强化她与大臣们之间已事实上形成的君臣关系，稳固自己的统治地位。作为专门论述为臣之道的著作，《臣轨》主要论述君臣关系和大臣官员的道德规范，要求每个官员都要忠君爱民，强调臣下要与君主“同功共体”“休戚是均”，奉国事君，以利于治国平天下；同时，武则天也告诫官员们要以《臣轨》作为自己修身养性的规范、言行举止的准则，只有这样才能名声显扬，荣赏也会随之而来。一个官员只要竭尽自己的忠诚去做事，就能获得美名并永远受人尊敬。

盖闻惟天著象，庶品同于照临[①]；惟地含章[②]，群生等于亭育[③]。朕以庸昧，忝位坤元[④]。思齐厚载之仁，式罄普覃之惠[⑤]。乃中乃外，思养之志靡殊[⑥]；惟子惟臣，慈诱之情无隔。常愿甫殚微恳，上翊紫机[⑦]，爰须众僚，聿匡玄化[⑧]。伏以天皇，明逾则哲，志切旁求，簪裾总川岳之灵[⑨]，珩佩聚星辰之秀[⑩]。群英莅职，众彦分司[⑪]。足以广扇淳风，长隆宝祚。但母之于子，慈爱特深，虽复已积忠良，犹且思垂劝励。昔文伯既达[⑫]，仍加喻轴之言[⑬]；孟轲已贤[⑭]，更益断机之诲[⑮]。良以情隆抚字，心欲助成。比者，太子及王已撰修身之训，群公列辟未敷忠告之规。近以暇辰，游心策府[⑯]，聊因炜管[⑰]，用写虚襟，故缀叙所闻，以为《臣轨》一部。想周朝之十乱[⑱]，奚著十章；思殷室之两臣[⑲]，分为两卷。所以发挥言行，镕范身心，为事上之轨范，作臣下之准绳。

【注释】

①庶品：犹众物、万物。

②含章：指包藏美质。《周易·坤卦》："六三，含章可贞，或从王事，无成有终。"孔颖达疏："章，美也。美即阳也，以阴包阳，故曰含章。"

③群生：指天下百姓。《国语·周语下》："仪之于民，而度之于群生。"亭育：亦作"亭毒"。指养育、培育。《老子》："长之育之，亭之毒之，养之覆之。"高亨正诂："亭"当读作"成"，"毒"当读作"熟"，皆音同通用。

④忝：有愧于。常用作谦辞。坤元：与"乾元"对称，指地之德。此处借指女主。

⑤普覃:普遍而及。

⑥靡:没有。

⑦紫机:指朝廷机要部门。

⑧玄化:一本作“元化”。当为避清圣祖玄烨讳而改。元化,比喻帝王的德化。

⑨簪裾(jū):簪是古人用来绾住头发的一种首饰,主要用金、玉等制成;裾是指古代衣服前后的大襟。簪、裾都是古代达官显贵穿戴的服饰,故常代指显贵。

⑩珩(héng)佩:指杂佩。各种不同的佩玉。珩,指杂佩上部的横玉,形如磬而小,或上有折角,用于璧环之上,因较稀少而珍贵。

⑪彦:古代指有才学、德行的人。

⑫文伯:春秋时鲁大夫公父歜,谥曰文,故曰文伯,又曰公父文伯、公甫文伯。

⑬喻轴之言:典出《列女传·鲁季敬姜》:文伯相鲁,其母敬姜谓之曰:“吾语汝,治国之要,尽在经矣。夫幅者,所以正曲枉也,不可不强,故幅可以为将。画者,所以均不均、服不服也,故画可以为正。物者,所以治芜与莫也,故物可以为都大夫。持交而不失,出入不绝者,捆也。捆可以为大行人也。推而往,引而来者,综也。综可以为关内之师。主多少之数者,均也。均可以为内史。服重任,行远道,正直而固者,轴也。轴可以为相。舒而无穷者,摘也。摘可以为三公。”

⑭孟轲:即孟子。

⑮断机之诲:《列女传·邹孟轲母》载:孟子少时,废学归家,孟母正在织绩,便引刀断其机织,曰:“子之废学,若吾断斯织也。”后孟子勤学自奋,成为天下名儒。

⑯策府:指古代帝王藏书之所。《穆天子传》:“阿平无险,四彻中绳,先王之所谓策府。”郭璞注:“言往古帝王以为藏书册之府,所谓

藏之名山者也。”

⑰炜（wěi）管：笔的美称。语本《诗经·邶风·静女》：“静女其娈，贻我彤管，彤管有炜，说怿女美。”

⑱十乱：指周武王十个具有治国平乱才能的大臣，即周公旦、召公奭、太公望、毕公、荣公、太颠、闳夭、散宜生、南宫适、文母。《尚书·周书·泰誓》：“予（武王）有乱臣十人，同心同德。”

⑲两臣：指商汤时的贤臣伊尹和武丁时的名相傅说。

【译文】

我听说：上天悬挂日月星辰，普照着天下所有百姓；大地蕴含仁义美德，抚育着万物生灵。朕以平庸愚昧之身，忝居女主之位，想具有大地一般载养万物的仁德，使普天下的百姓都能得到恩惠。对于华夏与四夷，抚育百姓的志向没有什么特殊的；对于子女和臣下，慈爱劝诱的感情也没有差别。常常希望竭尽忠诚，妥善处理国家大政，故需要大臣们鼎力辅佐，匡政化民。高宗皇帝的聪明程度超过以前的圣哲，他立志搜求贤能，使显贵大臣治理地方，贤达俊士群聚中央。让英才们做官任事，贤人分职群司。这种做法足以弘扬淳和之风，兴隆延长王朝国祚。就像是母亲对儿子往往是爱护深切的，我身边虽已有许多忠臣良将，但还是想对他们进行劝诫和勉励。以前文伯已经是达官贵人，其母亲敬姜仍以车轴比喻官居要职之人应以正直坚强为本；孟子已有贤德之名，而孟母还以断机之举加以教诲。这样做的目的在于促使他们取得更大进步。前些日子，我已给太子和诸王撰写了如何修养身心的训典，但对公卿大臣尚未制定忠告之类的规范。所以，近来我利用闲暇时间，阅读史书经籍，提笔写下自己的一些心得，把自己的所闻所见整理出来，撰成这部《臣轨》。我想到周朝时有十个治国平乱的贤臣，就将本书分为十章；又想到殷商有两位良相，就将本书分成上、下两卷。旨在让大臣们以此为发挥言行的标准和修养身心的规范，使之成为他们侍奉帝王的规范和衡量大臣的准绳。

若乃遐想绵载，眇鉴前修[①]，莫不元首居尊，股肱宣力[②]。资栋梁而成大厦，凭舟楫而济巨川。唱和相依，同功共体。然则君亲既立，忠孝形焉。奉国奉家，率由之道宁二；事君事父，资敬之途斯一。臣主之义，其至矣乎！休戚是均[③]，可不深鉴！夫丽容虽丽，犹待镜以端形；明德虽明，终假言而荣行。今故以兹所撰，普锡具僚，诚非笔削之工[④]，贵申裨导之益[⑤]。何则？正言斯重，玄珠比而尚轻；巽语为珍[⑥]，苍璧喻而非宝。是知赠人以财者，唯申即目之欢；赠人以言者，能致终身之福[⑦]。若使佩兹箴戒，同彼韦弦[⑧]，修己必顾其规，立行每观其则，自然荣随岁积，庆与时新，家将国而共安，下与上而俱泰。察微之士，所宜三思。庶照鄙诚，敬终高德。凡诸章目列于后云。

《臣轨》序终

【注释】

①眇（miǎo）：谛视，细看。前修：先哲，前代的贤人。《离骚》："謇吾法夫前修兮，非世俗之所服。"

②股肱（gōng）：常用来比喻辅佐君主的重要大臣。股，大腿。肱，胳膊由肘到肩的部分。

③休戚：喜乐和忧虑，福和祸。

④笔削：指著述。笔，书写记录。削，删改时用刀削刮简牍。

⑤裨：益处，好处。

⑥巽（xùn）：谦让恭顺。

⑦"是知赠人以财者"几句：化用自《孔子家语·观周》。原文为："及去周，老子送之曰：'吾闻富贵送人以财，仁者送人以言。吾虽不能富贵，而窃仁者之号，请送子以言乎？'"

⑧彼：通“被”。覆盖。韦弦：韦性柔而韧，弦性紧而直。《韩非子·观行》：“西门豹之性急，故佩韦以自缓。董安于之心缓，故佩弦以自急。”后用以比喻受人规诫或矫治。

【译文】

如果回想遥远的古代，考察以往的圣主明君，无不是以君主居于尊位，而大臣们竭力效命。依靠栋梁才能建成大厦，利用船桨才能渡过江河。只有唱和相依，才能共同取得成绩。确立了君臣、亲属关系，忠孝就可以彰显出来。为国做事与为家做事，所遵循的道理难道有什么不同吗？侍奉君主与奉养父母，应有的恭敬是完全一样的。臣下与君主之间的关系，就是要喜忧相均、同舟共体，一定要认识到这一点啊。容貌虽然漂亮，仍需要依靠镜子才能看到；德性虽然贤明，还得依靠言语宣扬才能显世扬名。所以，今天把我所撰写的这部《臣轨》，赐给天下的官员，并不是为了让大家学习文章的写法，最重要的是申明训导的好处。为什么这么说呢？正直的话非常珍贵，黑色的大珠与其相比都显轻；谦逊之语也特别珍贵，青色的璧玉与其相比也不能称为宝贝。因为赠送钱财给人，只能带来眼前的欢乐；而赠送良言给人，能使人终身获益。如果官员们能经常想着《臣轨》中的告诫，就像佩带韦弦一样时刻警示自己，使之成为自己修身养性的规范、言行举止的准则，那么荣耀自然一年年积累起来，福泽也会随之而来，国与家、君与臣都会平平安安、太平无事。明智的人，应三思而行。只要竭尽自己的忠诚做事，就能获得德高望重之名并永远受人尊敬。现将此书各个章目，分别列在后面。

《臣轨》序结束

卷上

同体章第一

【题解】

在王朝国家中，君主与官员是国家治理的主体，君臣关系的好与坏会直接影响到国家的盛衰，因此历代君主都非常重视处理君臣关系。《同体章》即是武则天对君臣关系的论述。武则天将王朝比喻成人体，其中君主犹如人的大脑，而官员就如同人的耳目四肢，只有大脑与耳目四肢相互协调，君臣同体，国家行政才能高效运转。所谓君臣同体，即百官与君主同心同德，荣辱与共；君臣的权力不同，职能各异，君主居于上，指挥全局，犹如大脑发挥着指挥作用，臣下犹如肢体负责具体事务的办理；身为臣子，要时刻从君主的立场上考虑问题，与君主同甘共苦、祸福与共。武则天君臣"同体"的思想与唐太宗在《帝范》中对君臣关系的论述是一脉相承的，只不过二者所站的角度不同而已，《帝范》旨在论为君之道，而《臣轨》重在论述为臣之道。武则天列举大量史实，说明君臣同体的好处和离心的危害，认为"非君臣同体，则不能兴其业"，治理好国家君臣必须同心同德。正因为如此，她把"同体"作为《臣轨》的第一章，其目的是把与君同体看作为臣的最高标准，引起官员们的重视。

夫人臣之于君也，犹四肢之载元首[①]，耳目之为心使也，相须而后成体，相得而后成用。故臣之事君，犹子之事父。父子虽至亲，犹未若君臣之同体也[②]。故《虞书》曰[③]：“臣作朕股肱耳目。余欲左右有人，汝翼；余欲宣力四方，汝为[④]。”故知臣以君为心，君以臣为体。心安则体安，君泰则臣泰。未有心瘁于中而体悦于外[⑤]，君忧于上而臣乐于下。古人所谓“共其安危，同其休戚”者，岂不信欤！

【注释】

①元首：即指人的头、大脑。

②父子虽至亲，犹未若君臣之同体也：古有无子之父，无父之家，未有无臣之君，无君之国，所以这么说。

③《虞书》：《尚书》组成部分之一。今文《虞书》包括《尧典》《皋陶谟》两篇。

④“臣作朕股肱耳目”几句：语出《尚书·虞书·皋陶谟》。原文为：“臣作朕股肱耳目。予欲左右有民，汝翼；予欲宣力四方，汝为。”余欲左右有人，汝翼，意为我欲助我所有之民富而教之，你要翼成我。左右，帮助，辅佐。

⑤瘁（cuì）：忧愁。

【译文】

大臣对于君主来讲，就像人的四肢承载头脑、耳目受心支配一样，相互依附才能成为一个整体，相互配合才能发挥作用。因此，大臣侍奉君主，要像儿子侍奉父亲一样。虽然父子是最亲近的，但比不上君主与大臣为同一整体的关系。所以《虞书》上写道：“臣子做我的四肢和耳目。我想使所有百姓都富裕而教化之，你们要辅助我完成；我要完成治理四方之功，你们要为我去尽力去办。”由此可见，大臣要以君主为心，君主也要以大臣为体。心安体才能安，同样君主康泰，大臣才会康泰。绝对没有内心忧虑而外体愉悦的，也没有君主忧愁而大臣高兴的。古人所说的君主与大臣安危与共，休戚一体，难道不该相信吗？

夫欲构大厦者，必藉众材。虽楹柱栋梁、栱栌榱桷[①]，长短方圆，所用各异，自非众材同体，则不能成其构。为国者亦犹是焉。虽人之材能天性殊禀，或仁或智、或武或文，然非群臣同体[②]，则不能兴其业。故《周书》称[③]："殷纣有亿兆夷人，离心离德，此其所以亡也；周武有乱臣十人，同心同德，此其所以兴也[④]。"

【注释】

①栱（gǒng）：在立柱与横梁交接处向外伸出成弓形的承重结构。栌（lú）：梁上短柱。榱（cuī）：椽子。桷（jué）：方形的椽子。

②群：一本作"君"。译文从之。

③《周书》：《尚书》组成部分之一。记载周代史事。

④"殷纣有亿兆夷人"几句：语出《尚书·周书·泰誓中》。原文为："纣有亿兆夷人，离心离德；予有乱臣十人，同心同德。"亿兆夷人，指纣王在征夷方战争中获得的众多俘虏，这些人多被变为奴隶，牧野之战中纣王虽将这些奴隶武装起来应战，但他们与纣王离心离德，临阵倒戈，引导周军进入朝歌。乱臣十人，指辅佐周武王治理天下的十位贤臣，即周公旦、召公奭、太公望、毕公、荣公、太颠、闳夭、散宜生、南宫适及文母。乱，治理。

【译文】

要构建一座大厦，必须借助很多材料。虽然楹柱、大梁、椽子等各有长短方圆，其功能也各不相同，但如果不能把不同的材料组合成整体，就不可能构建一座大厦。君主治理国家也是如此。虽然人的才能智力有大小之别，天性禀赋也有优劣之差，有的人仁慈，有的人明智，有的人擅长武功，有的人擅长文采，但是如果大臣和君主未能形成整体，就不可能振兴国家大业。因此《周书》中说："殷纣王虽有亿兆人民，但与其离心离德，这是他灭亡的原因；周武王只有十个治乱能臣，却与其同心同德，这是他兴盛的原因。"

《尚书》曰①："明四目，达四聪②。"谓舜求贤，使代己视听于四方也。昔屠蒯亦云："汝为君目，将司明也。汝为君耳，将司听也。"③轩辕氏有四臣④，以察四方，故《尸子》云⑤："黄帝四目⑥。"是知君位尊高，九重奥绝⑦，万方之事，不可独临，故置群官，以备爪牙耳目⑧，各尽其能，则天下自化。故冕旒垂拱无为于上者⑨，人君之任也；忧国恤人竭力于下者，人臣之职也。

【注释】

①《尚书》：我国古代一部历史文献汇编。又称《虞书》《夏书》《商书》《周书》，战国时总称为《书》，汉人改称《尚书》，"尚书"意即"上古"之书。《尚书》主要是商、周两代统治者的一些讲话记录，少数篇目为春秋战国人根据往古材料编成。自汉以后，《尚书》一直被视为中国封建社会的政治哲学经典，既是帝王的教科书，又是贵族子弟及士大夫必须遵守的"大经大法"，在历史上有重要影响。

②明四目，达四聪：语出《尚书·虞书·尧典》："询于四岳，辟四门，明四目，达四聪。"孔安国传曰："广视听于四方，使天下无壅塞。"孔颖达注疏曰："明四方之目，使为己远视四方也；达四方之聪，使为己远听闻四方也。"四目指能观察四方的眼睛，四聪指能远闻四方的听觉。

③"昔屠蒯亦云"几句：事见《左传·昭公九年》："膳宰屠蒯趋入，

请佐公使尊，许之。而遂酌以饮工，曰：'女为君耳，将司聪也。辰在子卯，谓之疾日。君彻宴乐，学人舍业，为疾故也。君之卿佐，是谓股肱。股肱或亏，何痛如之？女弗闻而乐，是不聪也。'又饮外嬖嬖叔曰：'女为君目，将司明也。服以旌礼，礼以行事，事有其物，物有其容。今君之容，非其物也，而女不见，是不明也。'亦自饮也，曰：'味以行气，气以实志，志以定言，言以出令。臣实司味，二御失官，而君弗命，臣之罪也。'公说，彻酒。"屠蒯，亦作"杜蒉"。春秋时晋平公膳宰。

④轩辕氏：即黄帝。《汉书·律历志》记载：黄帝"始垂衣裳，有轩冕之服，故天下号曰轩辕氏"。

⑤《尸子》：战国时尸佼著。其内容综合儒、墨、道、法、阴阳各家学说，为杂家学派开创之初的作品。

⑥黄帝四目：《尸子》原文作："子贡问孔子曰：'古者黄帝四面，信乎？'孔子曰：'黄帝取合己者四人，使治四方，不谋而亲，不约而成，大有成功，此之谓四面也。'"又据《吕氏春秋·本味篇》所载："贤主之求有道之士，无不以也；有道之士求贤主，无不行也。相得然后乐。不谋而亲，不约而信，相为殚智竭力，犯危行苦，志欢乐之，此功名所以大成也固不独。……故黄帝立四面，尧舜得伯阳、续耳然后成。"高诱注："黄帝使人四面出求贤人，得之，立以为佐，故曰立四面也。"故此处"四目"可能为"四面"之误。

⑦九重：本指天极高之处，后代指皇帝居住的宫禁。

⑧爪牙：此处指帝王的得力帮手。耳目：以人之耳目比喻辅佐帝王的亲信之人。

⑨冕旒（miǎn liú）：古代帝王的礼冠和礼冠前后的玉串，后用以指代皇帝。

【译文】

《尚书》说："明察四方，广开言路。"说的是舜搜求贤良之人，使其代替自己来巡视听取四方的各种情况。过去屠蒯也说："你是君主的眼睛，将用来负责明察。你是君主的耳朵，将用来负责听闻。”黄帝有四位臣子，专门负责洞察四方之事，因此《尸子》上说：“黄帝有四双眼睛。”可见君主地位尊崇，又居于戒备森严的皇宫深院，对于全国各地的事情不可能一个人独自处理，于是设置百官来管辖，把他们当作爪牙耳目，使他们各尽其能，那么天下自然就能治理好了。因此，高居王位，无为而治，这是君主的责任；而忧虑国家，体恤百姓，竭力任事，则是做大臣的职责。

《汉名臣奏》曰①：“夫体有痛者，手不能无存；心有惧者，口不能勿言。”忠臣之献直于君者，非愿触鳞犯上也②，良由与君同体，忧患者深，志欲君之安也。

【注释】

①《汉名臣奏》：集录两汉名臣奏议的史籍，已佚。

②触鳞：即触龙鳞。古人将皇帝称为真龙天子，故将大臣对君主的过失犯颜直谏称为触龙鳞。语出《韩非子·说难》：“夫龙之为虫也，柔可狎而骑也；然其喉下有逆鳞径尺，若人有婴之者，则必杀人。人主亦有逆鳞，说者能无婴人主之逆鳞，则几矣。”

【译文】

《汉名臣奏》上说：“大凡身体有疼痛之处，人都会用手去抚摸；心中有恐惧之感，都会开口说话。”忠良之臣对君主直言进谏，并不是想冒犯君主、触犯龙鳞，实在是因为大臣和君主为同一个整体，忧患意识加深，想确保君主安泰。

陆景《典语》曰①：“国之所以有臣，臣之所以事上，非但欲备员而已。天下至广，庶事至繁，非一人之身所能周也。故分官列职，各守其位，处其任者，必荷其忧。臣之与主，同体合用。主之任臣，既如身之信手；臣之事主，亦如手之系身。上下协心，以理国事。不俟命而自勤，不求容而自亲，则君臣之道著也②。”

【注释】

①陆景：字士仁，三国时期吴国思想家。著作有《典语》《典语别》等，均佚。今有清严可均辑本一卷十七条，刊入《全上古三代秦汉三国六朝文》。

②“国之所以有臣”几句：《全上古三代秦汉三国六朝文》为：“天子所以立公卿大夫列士之官者，非但欲备员数设虚位而已也。以天下至广，庶事总猥，非一人之身所能周理，故分官别职，各守其位……处其任者，必荷其责。”另一段为：“君之任臣，如身之信手；臣之事君，亦宜如手之系身。……上下协心，以治世事。不俟而自勤，不求容而自亲。”与《臣轨》所引略有差异。

【译文】

陆景《典语》说：“国家之所以设置臣僚，臣僚之所以侍奉君主，并不单单是要凑齐员额，而是因为天下极为广大，事情也特别繁杂，不是一个人所能处理周全的。所以国家需要分官列职，使大臣们各守其位，在什么位置上就承担什么责任。大臣与君主是同一个整体并相互为用的关系。君主信任臣子，就像身体相信手一样；大臣侍奉君主，也就像手服从于身体。只有君主和大臣同心协力，才能治理好国家，处理好政事。大臣不等君主命令就自觉履职，不取悦君主而自觉亲近，这样君臣之道就会显明了。”

至忠章第二

【题解】

在古代家国一体的社会中，忠君即被视为爱国，常常很难将二者区分开。专制君主为了保证自己对皇权的独享，把忠君视为官员最基本的道德要求。本章武则天就专讲大臣的忠君问题。首先，武则天引用《尚书》《礼记》《昌言》中关于忠臣的论述以及楚恭王的例子，告诫臣下要侍君如亲，用道义来辅佐君主成就帝业。在武则天看来，忠君之臣要先国后家，上能尊奉君主，安邦定国，下能体恤百姓，保卫社稷。当然，忠君并不是要臣下对君主一味地阿谀奉承，而是要敢于极谏君主得失，使得君主少犯错误，以便保全其良好的名声。由于家即是国，国即是家，因而官员敢于直谏，匡正君主得失，勤政爱民，使百姓安居乐业，也是忠君的要求。把忠君和爱民相结合，从中可以看到武则天的统治思想闪烁着民本思想的光辉。另外，武则天还引经据典，告诫臣下要始终把国家与君主放在第一位，公而忘私，先国后家，“见君之一善，则竭力以显誉，唯恐四海之不闻；见君之微过，则尽心而潜谏，唯虑一德之有失”，正确处理个人与君主国家的关系，积极辅佐君主励精图治，仁政爱民。她而且还指出忠臣首先是孝子，忠臣多在家孝敬父母，在外必定忠诚于君，忠君与官员的孝行有紧密的联系。在帝制时代，忠君被认为是为官者的基本的职业道德，“文死谏，武死战”是古代官员们追求的理想。

盖闻古之忠臣事其君也，尽心焉，尽力焉，称材居位，称能受禄。不面誉以求亲，不愉悦以苟合[①]。公家之利，知无不为。上足以尊主安国，下足以丰财阜人。内匡君之过，外扬君之美。不以邪损正，不为私害公。见善行之如不及，见贤举之如不逮。竭力尽劳而不望其报，程功积事而不求其赏[②]。务有益于国，务有济于人。

【注释】

①苟合：无原则的附和。

②程功积事:累积功绩。《礼记·儒行》:"儒有内称不辟亲,外举不辟怨,程功积事,推贤而进达之,不望其报。"孔颖达注疏曰:"程效其功,积累其事,知其事堪可乃推而进达之。"

【译文】

我听说:古代的忠臣侍奉他们的君主,尽心竭力,根据自己的才识担任合适的职位,依据自己的能力接受适当的俸禄。不当面奉承君主以求亲近,不当面讨好君主而与其保持一致。凡对朝廷和国家有利的事,知道了就一定去做。这样对上能够尊崇君主、安定国家,对下能够增长财物、殷实百姓。在朝廷能匡正君主的过失,出使在外能宣扬君主的美德。从不以邪损正,也不以私害公。见到善良行为唯恐自己学不会,见到贤能之人唯恐来不及举荐。尽心竭力做事而不期望得到回报,不断建功立业而不企求得到奖赏。凡事务求有益于国家,有益于百姓。

夫事君者以忠正为基,忠正者以慈惠为本。故为臣不能慈惠于百姓而曰忠正于其君者,斯非至忠也。所以大臣必怀养人之德,而有恤下之心。利不可并,忠不可兼。不去小利,则大利不得;不去小忠,则大忠不至。故小利,大利之残也;小忠,大忠之贼也。昔孔子曰:"为人下者,其犹土乎!种之则五谷生焉,掘之则甘泉出焉。草木殖焉,禽兽育焉。多其功而不言①。"此忠臣之道也。

【注释】

①"为人下者"几句:《荀子·尧问》《说苑·臣术》《孔子家语》均有记载。《荀子·尧问》载:"子贡问于孔子曰:'赐为人下而未知也。'孔子曰:'为人下者乎?其犹土也?深扣之而得甘泉焉,树之而五谷蕃焉,草木殖焉,禽兽育焉,生则立焉,死则入焉,多其功

而不息。为人下者,其犹土也。'"

【译文】

侍奉君主的人要以忠诚正直为基础,而忠诚正直必须以对百姓仁慈恩惠为根本。因此,如果作为大臣对老百姓不能行仁政,还说他对君主是忠诚正直的,其实他并不算真正的忠臣。所以作为大臣,既要怀有养育百姓的美德,同时还要具有体恤民情的意识。利益不能并得,忠诚也不可兼顾。不舍弃小利,就不可能得到大利;不舍弃小忠,就不可能做到大忠。因此,可以说小利对大利是有损害的,小忠对大忠也是有影响的。过去孔子曾说:"居于下位的臣子,就和土地一样,耕种就能长出五谷,挖掘就能发现甘泉。草木因其生长,禽兽因其繁育。他们的功劳再多都不说出来。"这才是忠臣应有的道义。

《尚书》曰:成王谓君陈曰[①]:"尔有嘉谋嘉猷[②],则入告尔后于内[③],尔乃顺之于外。曰:'斯谋斯猷,惟我后之德。'臣人咸若时,惟良显哉。"

【注释】

①成王:即周成王,姓姬名诵。周武王之子,西周第二位君主,谥号成王。周成王继位时年幼,由周公旦辅政,平定三监之乱。周成王亲政后,营造新都成周(今河南洛阳)、大封诸侯,还命周公东征、制礼作乐,加强了西周王朝的统治。君陈:姓姬名陈,周公姬旦的次子,鲁公伯禽之弟,周成王的重臣。

②猷(yóu):计谋,谋划。

③后:古代天子和列国诸侯都称后。

【译文】

《尚书》记载:周成王曾对君陈说:"你有好的谋略打算,就入朝来告诉我,然后再在外朝照我说的办理。并宣称:'这么好的谋略打算,都是我们天子的智慧。'做臣子的若都能这样,那就能显示出君主的圣明。"

《礼记》曰[①]:"善则称君,过则称己,则人作忠。""善则称亲,过则称己,则人作孝。"

【注释】

①《礼记》:儒家经典之一,是战国至西汉初的儒家各种礼仪著作的选集。该书记录了汉初封建的宗法思想及其制度,阐述的思想内容,包括社会、政治、伦理、哲学、宗教等各方面,是研究中国古代社会情况、典章制度和儒家思想的重要著作。

【译文】

《礼记》上说:"有善举就称是君主的,有过失就称是自己的,人们把这样的人称为忠臣。""有好事功劳就称是父母的,有过失就称是自己的,人们把这样的人称作孝子。"

《昌言》曰[①]:"人之事亲也,不去乎父母之侧,不倦乎劳辱之事。见父母体之不安,则不能寝;见父母食之不饱,则不能食。见父母之有善,则欣喜而戴之;见父母之有过,则泣涕而谏之。孜孜为此以事其亲,焉有为人父母而憎之者也?人之事君也,使无难易,无所惮也;事无劳逸,无所避也。其见委任也[②],则不恃恩宠而加敬;其见遗忘也,则不敢怨恨而加勤。险易不革其心[③],安危不变其志。见君之一善,则竭力以显誉,唯恐四海之不闻;见君之微过,则尽心而潜谏,唯虑一德之有失。孜孜为此以事其君,焉有为人君主而憎之者也?故事亲而不为亲所知,是孝未至也;事君而不为君所知,是忠未至也。"

【注释】

①《昌言》：古书名。东汉仲长统撰。因“每论说古今及时俗行事，恒发愤叹息。因著论名曰《昌言》”，共三十四篇。原书久佚，今有清人马国翰辑本。

②委任：委以官职，加以任用。

③革：改变，变化。

【译文】

《昌言》云：“人们侍奉父母双亲，就要守在父母身旁而不远离，不因劳苦而心生厌倦。看见父母身体不适，自己就睡不着觉；看见父母没吃饱，自己就吃不下饭。看见父母有善行，自己就高兴地称颂；看见父母有过失，自己就泣涕谏诤。子女孜孜不倦做这些事情来侍奉自己的父母，又怎么会有父母憎恨儿女的呢？人们侍奉君主，不管所任之事是艰难还是容易，都无所畏惧；不管所做之事是辛苦还是安逸，也都不逃避。若受到重用，则不因恩宠而骄横，相反要更加敬业；若被遗忘，也不敢怨恨，而要更加勤奋。无论遇到险境还是坦途都不改变其心意，无论碰上安全还是危难都不改变志向。看见君主做了一点好事，就竭尽全力去宣扬赞誉，唯恐天下之人不知道；看见君主出现一点过失，就尽力地去暗中规劝谏诤，唯恐其德行受到一点损害。大臣孜孜不倦做这些事情去侍奉君主，又怎么会有君主憎恨大臣的呢？所以，侍奉父母而不被父母所知晓，那就是还没有完全尽孝；侍奉君主而不被君主所知晓，那就是还不够忠诚。”

古语云：“欲求忠臣，出于孝子之门。”苟非纯孝者[①]，则不能立大忠。夫纯孝者，则能以大义修身，知立行之本。欲尊其亲，必先尊于君；欲安其家，必先安于国。故古之忠臣，先其君而后其亲，先其国而后其家。何则？君者，亲之本也，亲非君而不存；国者，家之基也，家非国而不立。

【注释】

①纯孝：犹至孝。《左传·隐公元年》："颍考叔，纯孝也。爱其母，施及庄公。"杜预注："纯，犹笃也。"

【译文】

古人常说："如果要寻求忠臣，就到孝子之家去寻找。"如果不是真正的孝子，就不可能成为真正的忠臣。因为真正的孝子，就会用大义去修养自身，并深知大义是立身之本。一个人要尊敬他的父母，必须首先尊敬他的君主；要安定他的家庭，必须首先安定他的国家。因此古代的忠臣，都是先忠于君主而后孝于父母，先忠于国家再忠于家庭。为什么会这样呢？因为君是亲的根本，亲若没有君的庇护不可能生存；国是家的根基，家若没有国的依托就不可能存立。

昔楚恭王召令尹而谓之曰[①]："常侍管苏[②]，与我处，常劝我以道，正我以义。吾与处不安也，不见不思也。虽然，吾有得也，其功不细，必厚禄之。"乃拜管苏为上卿[③]。若管苏者，可谓至忠至正，能以道济其君者也。

【注释】

①楚恭王：一作"楚共王"。芈姓，熊氏，名审。楚庄王之子，春秋时楚国的君主。令尹：春秋时楚国执政官名。主要由楚国贵族当中的贤能者来担任。

②管苏：春秋时楚大夫。

③上卿：官名。周制天子及诸侯都有卿，分上、中、下三等，上卿的品位最高。诸侯国的卿，也得周天子任命。

【译文】

从前楚恭王把令尹召来并对他说："经常随侍我的管苏，在与我相处时，常常用道义劝导我，用大义匡正我。我和他相处感觉不安，不见他也不想他。虽然如此，我还是得到了很多，他的功劳可谓不小，一定要给他高官厚禄。”于是拜授管苏为上卿。像管苏这样的臣子，才堪称最忠诚正直的大臣，因为他能用道义来帮助他的君主成就事业。

守道章第三

【题解】

道是中国古代哲学中一个最基本的概念，但由于诸子百家的思想体系不同，对道的理解也各不相同，从而形成了道的多种含义。道家之道，是指宇宙万物的本源和运行规律；儒家之道，则是指仁、义、礼、智、信等人类社会的基本伦理道德标准。本章所讲的道主要是指儒家的伦理道德，是为臣者应当遵守的道义。武则天通过引用《老子》《庄子》等著作中关于道的解释，阐明了道的重要性。她认为道覆天载地，包含世间万物，为君、为臣都要“知道”“守道”，“知道者，必达于理；达于理者，必明于权；明于权者，不以物害己”。对于帝王来说，治国之道在于顺应民心，守道就要勤政爱民，实行仁政。武则天执政期间，重视农业生产的发展，改革科举制度，拓宽入仕途径，扩大人才选拔范围。司马光称赞她说：“挟刑赏之柄以驾驭天下，政由己出，明察善断，故当时英贤亦竞为之用。”因而武周社会政治比较清明，经济有所发展，文化得到振兴，国力持续增强，有“政启开元，治宏贞观”之誉。守道不仅是帝王治国的重要原则，更是为人臣的基本要求。武则天鼓励大臣们要像伊尹、吕望一样，明于道义，遵循道义，修养身心，不为功名利禄所累，事君以忠，就能干成一番事业，受人尊重。武则天的守道思想，对当时的许多官员产生过深刻的影响。名相狄仁杰忠心辅主，鞠躬尽瘁，切实践行了武则天的守道思想，故而在政治变革时期不仅保全了自己，并得到武则天的赏识，匡主济世，最终成为一代名相。

夫道者，覆天载地，高不可际，深不可测。包裹万物，禀道无形。舒之覆于六合[①]，卷之不盈一握[②]。小而能大，昧而能明，弱而能强，柔而能刚。夫知道者，必达于理；达于理者，必明于权；明于权者，不以物害己。言察于安危，宁于祸福，谨于去就，莫之能害也。以此退居而闲游，江海山林之士服；以此佐时而匡主[③]，忠立名显而身荣。退则巢、许之流[④]，进则伊、望之伦也[⑤]。故道之所在，圣人尊之。

【注释】

①六合：指上下和东南西北四方，泛指天地或宇宙。《庄子·齐物论》："六合之外，圣人存而不论。"成玄英疏："六合，天地四方。"

②一握：一把，比喻很小或很少。

③匡：纠正，辅佐。《论语·宪问》："管仲相桓公，霸诸侯，一匡天下。"

④巢、许：即巢父和许由。相传此二人为尧时的隐士，尧欲让位于他二人，但他们都坚决不受。

⑤伊、望：即伊尹和吕望。伊尹，名挚。伊尹深知人心向背关系国家兴亡，辅佐商汤以修德为首务，对内清政和民，对外施仁伐暴，促使许多方国、部落归附于商；又采取由近及远、先弱后强、各个击破的方略，剪除夏朝羽翼，使夏处于四面受敌的地位。在鸣条之战中，乘夏桀孤立无援之时，佐商汤率军与夏桀决战，一举灭夏。吕望，姜姓，吕氏，名望，或说字子牙。最初受到周文王重用，武王继位后，他又任太师，尊称师尚父，辅佐武王灭商。以功封于齐，为齐国始祖。

【译文】

所谓道，上可覆盖苍天，下可承载大地，高不可近，深不可测。它包含万物，禀受事物运行规律于无形中。舒展开来能够覆盖宇宙，收卷之后又可握于一手之中。它能由小变大，由暗变明，由弱变强，由柔变刚。大凡懂得道的人，一定通达事理；而通达事理的人，又必定善于权变；而善于权变的人，不会因外物而影响自己。他可以观察环境的安危，安于祸福，谨慎地决定去留，没有什么能够伤害到他。依道隐居闲游的人，处于江海山林的士人都会佩服他；依道辅佐君主的人，都会尽忠立功，美名远扬。若退隐山林，就会成为像巢父和许由那样的隐士；若进入仕途，就会成为像伊尹和吕望那样的名臣。因此，道之所在，圣贤都会尊奉它。

《老子》曰[①]："道常无为而无不为。侯王若能守之，万物将自化。人主以道自任者，不以兵强于天下[②]。夫佳兵者，不祥之器，故有道者不处。"又曰："上士闻道[③]，勤而行之；中士闻道[④]，若存若亡；下士闻道[⑤]，大笑之。不笑不足以为道。"

【注释】

①《老子》：即春秋末年老子（即李耳）所撰《道德经》。又称《道德真经》《五千言》《老子五千文》，是道家思想的主要来源，被奉为道教最高经典。

②人主以道自任者，不以兵强于天下：《老子》原文为："以道佐人主，不以兵强于天下。"

③上士：高明之人。

④中士：中等人。

⑤下士：最差一等的人。

【译文】

《老子》说："道通常无所作为，却又无所不为。侯王若能守道，万物将会自我化成。尊崇道义的君主不会以武力来逞强于天下。兵器、战争对国家来讲都是不祥之器，所以有道的君主不会与其相处。”又说：“上等人认识了道，会勤奋地去奉行它；中等人明白了道，可能是若存若亡；下等人听人讲道，只会笑而置之。不笑就不足以为道。”

《庄子》曰[①]：“夫体道者，无天怨，无人非，无物累，无鬼责。一心定而万事得。”

【注释】

①《庄子》：又名《南华经》。战国早期庄子及其后学所著，到了汉代道教出现以后，被尊为《南华经》，庄子则被封为南华真人。其书与《周易》《老子》合称“三玄”。

【译文】

《庄子》说：“能体悟道的人，不会招致天的怨恨、人的非议和事物的牵累，也不会导致鬼神的责难。专心安定而万事都能成功。”

《文子》曰[①]：“夫道者，无为无形，内以修身，外以理人。故君臣有道即忠惠，父子有道即慈孝，士庶有道即相亲。故有道即和同，无道即离贰[②]。由是观之，无道不宜也。”

【注释】

①《文子》：书名。撰者不详。《汉书·艺文志》道家类著录《文子》九篇，《隋书·经籍志》著录《文子》十二篇。杂取儒、墨、名、法诸家之语，以解《道德经》。

②离贰：有叛离之意，有二心。

【译文】

《文子》说：“道是无为无形的，用它对己可修身养性，对外可以治理百姓。因此,君主有道就仁惠,臣子有道就忠诚;父亲有道就慈爱,儿子有道就孝顺;士庶之人有道也会相亲相爱。因此,有道之君臣会和睦同心,无道君臣则会离心离德。由此可见,无道是不行的。”

《管子》曰[①]:“道者,一人用之不闻有余,天下行之不闻不足。所谓道者,小取焉则小得福,大取焉则大得福。道者,所以正其身而清其心者也。故道在身则言自顺,行自正,事君自忠,事父自孝。”

【注释】

①《管子》:旧题春秋时期管仲撰。今存七十六篇,分为八类。内容庞杂,包含法、道、名诸家思想及天文、历法、舆地和经济等方面知识。

【译文】

《管子》说:“道这种东西,一个人去享用,没听说过有富余的;而天下所有的人按它办事,也没听说过有不足的。所谓的道,少取之可以得小福,多取之可以得大福。因此说道是用来正身、清心的。一个人有道在身,就能使自己言语顺畅,行为端正,对君主忠心,对父母孝顺。”

《淮南子》曰[①]:“大道之行,犹日月,江南河北不能易其所,驰骛千里不能移其处。其趋舍礼俗,无所不通。是以容成得之而为轩辅[②],傅说得之而为殷相[③]。故欲致鱼者先通水,欲致鸟者先树木,欲立忠者先知道。”又曰:“古之立德者,乐道而忘贱,故名不动心;乐道而忘贫,故利不动志。职繁而身逾逸,官大而事逾少。静而无欲,澹而能闲。以此修身,乃可谓知道矣。不知道者,释其所以有,求其所未得。神劳于谋,知烦于事。福至则喜,祸至则忧。祸福萌生,终身不悟。此由于不知道也。”

【注释】

①《淮南子》：亦名《淮南鸿烈》《刘安子》。西汉淮南王刘安及其门客集体编写的一部以黄老道家思想为主的杂家哲学著作。全书原有内篇二十一卷，中篇八卷，外篇三十三卷，今存世的只有内篇。

②容成：相传是黄帝的大臣，最早发明历法。轩辅：即轩辕黄帝的辅佐大臣。

③傅说：殷商时期著名贤臣，先秦史传为商王武丁相。典籍记载傅说本为胥靡（囚犯），本无姓，名说，在傅岩（一作傅险）筑城。武丁求贤臣良佐，梦得圣人，醒来后将梦中的圣人画影图形，派人寻找，最终在傅岩找到傅说，举以为相，国乃大治，形成了历史上有名的“武丁中兴”的辉煌盛世。

【译文】

《淮南子》说：“大道的运行，就像日月经天一样，无论在江南还是在河北都不能改变它的处所，即使奔走千里也不能移动其位置。用它来规范礼俗，是无所不通的。所以容成因得道而成为黄帝的辅臣，傅说因得道而做了商王武丁的国相。一个人如果想获得鱼就得先通晓水性，想抓到鸟就得先植树，想树立忠信就得先认识道。”又说：“古代立德于世的人，因乐于守道而忘记卑贱，面对名誉毫不动心；因乐于守道而忘了贫穷，面对私利毫不改志。只要能够守道无为，为官者职务越繁忙自身就会越安逸，官位越高事情就会越稀少，还能做到清静无欲，恬淡闲逸。用这些方法来修身养性，才能称得上是通晓了道。不通晓道的人，丢掉了自己原来所拥有的，而去谋求那些自己所得不到的，使精神花费在无益的谋划上，智慧浪费在麻烦的事情上，福禄降临他就高兴，祸害降临他就忧愁，而对福禄与祸害的产生原因，到死也不明白。这都是因为不通晓道的缘故。”

《说苑》曰①:“山致其高而云雨起焉,水致其深而蛟龙生焉,君子致其道而福禄归矣。万物得其本则生焉,百事得其道则成焉。”

【注释】

①《说苑》:又名《新苑》。西汉刘向著。共二十卷,按类记述春秋战国至汉代的逸闻轶事。其中以记述诸子言行为主,不少篇章中有关于治国安民、家国兴亡的哲理格言,主要体现了儒家的哲学思想、政治理想以及伦理观念。

【译文】

《说苑》云:“山到高处就会兴起云雨,水至深处就藏有蛟龙,君子得道就会获福禄。人世间的万物只要得其本就能生存下去,世间万事只要有了道就能取得成功。”

公正章第四

【题解】

本章专论官员的公正问题。所谓公正,即公平正直,无私心。武则天对公正在治国理政中的重要性有充分的认识。她认为为官者的公正应该表现为:在处理朝政时不行私事,在官府任职时不谈私利,执法判案时不徇私情,推荐贤良时不避私仇。为官公正,就能不令而行;为官不公,就会虽令不从。武则天引用《说苑·臣术》中关于六正六邪之臣的论述,强调为官者先须正己,否则就难以为人作则;要做到公正,就要“处六正之道,不行六邪之术”。六正即指圣臣、大臣、忠臣、智臣、贞臣、直臣,六邪指具臣、谀臣、奸臣、馋臣、贼臣、亡国之臣。告诫官员要做六正之臣,而以六邪之臣为警戒,指出“行六正则荣,犯六邪则辱”,“荣辱者,祸福之门也”。只有这样,才能“上安而下理”。这种荣辱观对官员具有重要的引导作用。武则天认为,公正是为官者应当恪守的基本信条,只有做到一心为公,才是真正的贤臣之道,才能够更好地辅弼君主,治理天下,使得国家兴盛,边境安宁,且百姓安居乐业。武则天认为"去所私而行大义,可谓公矣",就是要去除私心,躬行正道,为官公平,不偏不倚。这是古代官员为官行政的一种境界,更是官员应当遵循的一种政治品德,其核心是"以天下为己任"的政治责任感。

天无私覆,地无私载。日月无私烛,四时无私为①。去所私而行大义②,可谓公矣。智而用私,不若愚而用公。人臣之公者,理官事则不营私家,在公门则不言货利③,秉公法则不阿亲戚④,奉公举贤则不避仇雠⑤。忠于事君,仁于利下。推之以恕道,行之以不党⑥,伊、吕是也。故显名存于今,是之谓公也。理人之道万端,所以行之在一。一者何?公而已矣。唯公心可以奉国,唯公心可以理家。公道行,则神明不劳而邪自息⑦;私道行,则刑罚繁而邪不禁。故公之为道也,言甚少而用甚溥⑧。

【注释】

①四时:一指春、夏、秋、冬四季。《礼记·孔子闲居》:"天有四时,春、秋、冬、夏。"一说指朝、夕、昼、夜。《左传·昭公元年》:"君子有四时,朝以听政,昼以访问,夕以修令,夜以安身。"

②大义:即指正道。

③公门:旧指政府官署。

④秉:执,持。阿:偏袒。汉末曹操《整齐风俗令》:"阿党比周,先圣所疾也。"

⑤仇雠(chóu):仇人。

⑥不党：不结党。《论语·卫灵公》："君子矜而不争，群而不党也。"

⑦神明：指人的精神。

⑧溥（pǔ）：广大。

【译文】

天无因私覆盖的地方，地无因私承载的东西。日月没有一点因私的光辉，四季也没有因私的作为。抑制私心而施行大义，就可以说是公正了。把自己的聪明才智用在私事上，不如把自己的愚笨用在公事上。臣子的公正，表现在治理国家大事时不管自己的私事，在官府做事的时候不谈私利，秉公执法的时候不偏袒亲戚，推荐贤良的时候不回避与自己有嫌隙的人。事奉君主竭忠尽诚，对属下布仁施爱。推广忠恕之道，在行动上不结党营私，伊尹、吕望就是这样的人。所以他们的大名一直传到现在，这就叫作公正。治理百姓的方法成千上万，但实施的关键只有一点。这一点是什么呢？就是公正。只有秉持公心才能更好地为国家奉献；只有秉持公心才可以管理好家庭。只要施行公道，不用太劳神就可使邪恶自然止息；如果私道横行，即使用再多的刑罚邪恶也无法禁止。因此以公为道，说出来虽内容很少但作用却很广泛。

夫心者，神明之主，万里之统也[①]。动不失正，天地可感，而况于人乎！故古之君子，先正其心。夫不正于昧金而照于莹镜者[②]，以莹能明也；不鉴于流波而鉴于静水者，以静能清也。镜、水以明清之性，故能形物之形，见其善恶。而物无怨者，以镜、水至公而无私也。镜、水至公，可免于怨，而况于人乎！孔子曰："苟正其身，于从政乎何有？不能正其身，如正人何？"又曰："其身正，不令而行；其身不正，虽令不从。"

【注释】

①万里：犹万理。《韩非子·解老》："道者，万物之所然也，万理之所稽也。"里，通"理"。

②正：一本作"照"。译文从之。莹镜：明亮的镜子。《刘子·清神》："人不照于昧金，而照于莹镜者，以莹能明也。"

【译文】

心是精神的主宰，万理的统帅。行为不失公正，天地都会被感动，更何况是人呢！所以古代的君子都是先端正自己的内心。整理衣冠不照昏暗的镜子而照明亮的镜子，是因为明镜可以照得更清楚；不用流水照影而用静水，是因为静水可以看得更清楚。明镜和静水具有明亮清楚的特性，所以能够反映物体的形状，显示出物体的善恶。而被映照的事物之所以没有怨恨，是因为明镜、静水是最公正无私的。镜、水公正，都可以避免怨恨，何况是人呢！孔子说："假如端正了自己，治理国家还有什么困难的呢？如果不能端正自身，又怎么能端正他人呢？"又说："自身行为正当，就是不下命令，事情也可以顺利进行；如果自身行为不端，即使发布命令，也无人听从。"

《说苑》曰："人臣之行有六正六邪，行六正则荣，犯六邪则辱。夫荣辱者，祸福之门也。何谓六正六邪？六正：一曰萌芽未动，形兆未见，照然独见存亡之机、得失之要[①]，预禁乎未然之前，使主超然立乎显荣之处，天下称孝焉。如此者，圣臣也。二曰虚心白意[②]，进善通道，勉主以礼义，喻主以长策[③]，将顺其美，匡救其恶[④]。功成事立，归善于君，不敢独伐其劳。如此者，大臣也。三曰卑身贱体，夙兴夜寐[⑤]，进贤不懈，数称于往古行事，以励主意，庶几有益，以安国家。如此者，忠臣也。四曰察见成败，早防而救之，引而复之，塞其间，绝其源，转祸以为福，令君终以无忧。如此者，智臣也。五曰守文奉法[6]，任官职事[7]，辞禄让赐，不受赠遗，衣服端齐，食饮节素。如此者，贞臣也。六曰国家昏乱，所为不谀，然而敢犯主之严颜，面言主之过失，不辞其诛，身死国安，不悔所行。如此者，直臣也。是谓六正也。六邪：一曰安官贪禄，营于私家，不务公事。怀其智，职其能[8]，主饥于论渴于策，犹不肯尽节。容容乎与代沉浮上下[9]，左右观望。如此者，具臣也[10]。二曰主所言皆曰善，主所为皆曰可。隐而求主之所好，而进之以快主之耳目，偷合苟容[11]，与主为乐，不顾其后害。如此者，谀臣也。三曰中实诐险[12]，外貌小谨，巧言令色[13]，又心疾贤，所欲进则明其美而隐其恶，所欲退则明其过而匿其美，使主妄行过任，赏罚不当，号令不行。如此者，奸臣也。四曰智足以饬非，辩足以强是，反言易辞而成文章，内离骨肉之亲，外妒乱朝廷。如此者，谗臣也。五曰专权擅威，操持国事，以为轻重，于私门成党，以富其家，又复增加威权，矫擅主命[14]，以自贵显。如此者，贼臣也。六曰谄主以邪，陷主不义，朋党比周[15]，以蔽主明。入则辩言好辞，出则更复异其言语，使白黑无别，是非无间。候伺可不[16]，推因而附然，使主恶布于境内[17]，闻于四邻[18]。如此者，亡国之臣也。是谓六邪。贤臣处六正之道，不行六邪之术，故上安而下理[19]。生则见乐，死则见思。此人臣之术也。”

【注释】

①照然：罗振玉《臣轨校记》：“照然即昭然，古照、昭通。”

②白：使洁白，使洁净。

③喻：晓喻，开导。《礼记·学记》："能博喻，然后能为师。"长策：上策，万全之计，效用长久的方策。《汉书·萧望之传》："信让行乎蛮貉，福祚流于亡穷，万世之长策也。"

④将顺其美，匡救其恶：语出《孝经·事君》："将顺其美，匡救其恶，故上下能相亲也。"意为要顺势助成君主的善行、美德，制止其恶行。

⑤夙兴夜寐：谓早起晚睡。形容勤奋不懈。语出《诗经·小雅·小宛》："夙兴夜寐，无忝尔所生。"

⑥文：指礼乐制度。《论语·子罕》："文王既没，文不在兹乎？"

⑦职：主，专力。《诗经·小雅·大东》："东人之子，职劳不来。"郑笺："职，主也。东人劳苦，而不见谓勤。"

⑧职：一本作"藏"。译文从之。

⑨容容：苟且敷衍，随众附和的样子。《史记·张丞相列传》："其治容容，随世俗浮沉。"

⑩具臣：聊以充数，无所作为的臣子。《论语·先进》："今由与求也，可谓具臣矣。"朱熹集注："具臣，谓备臣数而已。"

⑪偷合苟容：亦作"偷合取容"。指苟且迎合以取悦于人，以求能容身就行。《荀子·臣道》："不恤君之荣辱，不恤国之臧否，偷合苟容，以持禄养交而已耳，谓之国贼。"

⑫诐（bì）险：佞谄险恶。《后汉书·第五伦传》："诐险趣势之徒，诚不可亲近。"

⑬巧言令色：指用动听的言语和伪善的面目取悦于人。《论语·学而》："子曰：'巧言令色，鲜矣仁！'"巧言，指虚浮不实的话。令色，指讨好谄媚的脸色。

⑭矫擅：诈称诏命，专断独行。

⑮朋党：指为争权夺利、排斥异己而组织起来的集团。《战国策·赵

策二》:"臣闻明主绝疑去谗,屏流言之迹,塞朋党之门。"比周:周指与人团结,比指与坏人勾结,"比周"连用,指和小人亲近,阿党营私。《论语·为政》:"君子周而不比,小人比而不周。"

⑯候伺:窥探,侦察。

⑰布:宣告,公布。

⑱四邻:指四方的邻国。

⑲理:顺。

【译文】

《说苑》云:"大臣的品行有六正六邪,实行六正就会荣耀,触犯六邪就会耻辱。荣辱是祸福的大门。那什么是六正六邪呢?六正:一是在萌芽没有形成、迹象没有显露之时,就能明察秋毫,看到存亡之机、得失之要,防患于未然,使君主超然地处在显著荣耀的位置上,让天下万民称颂君主之孝。这样的大臣是圣臣。二是虚怀若谷、纯洁无瑕,推荐善良的人,提拔有道之人,以礼义劝勉君主,把好的计策献给君主,顺应君主的美德,匡救君主的过恶。当大功告成之时,将好处归功于君主,不敢独占功劳。这样的臣子是大臣。三是任劳任怨,夙兴夜寐,不断地推荐贤良之人,经常列举古代圣明君主的言行,来勉励君主,使之采取对国家安定有益的举措。这样的臣子是忠臣。四是预测到事情的成败,及早预防并挽救,引导事物向好的方向发展。堵塞君主作恶的空隙,杜绝君主出错的根源,转祸为福,让君主始终没有忧虑。这样的臣子是智臣。五是遵守律法礼仪,当官主事,推辞赏赐,不接受馈赠,衣服端正整齐,饮食节约清淡。这样的臣子是贞臣。六是在国家黑暗混乱之时,不奉承讨好,而敢于冒犯君主的威严,当面诉说君主的过失,不怕自己被诛杀,牺牲自己换得国家的安定,且不后悔自己的作为。这样的臣子是直臣。这些就是所谓六正。六邪:一是安居官位,贪图俸禄,经营私家,不理公务。掩藏自己的能力与智慧,君主缺乏好的观点和计策,却不肯尽到做臣子的本分。苟且敷衍,与时沉浮,左右观望。这样的臣子是具臣。二是君主所说的都说好，君主所做的都说行。暗中寻找君主的嗜爱，投其所好，让君主的耳目身心愉悦，苟且迎合以保自身，和君主一同寻欢作乐，却不顾及严重后果。这样的臣子是谀臣。三是内心佞谄阴险，外表却小心谨慎，花言巧语，面目伪善，加之嫉妒贤能。有想要提拔的人就宣扬他的美德而隐瞒他的缺点，对想要排斥的人就散布他的过错而隐瞒他的美德，让君主胡乱行事，错误用人，赏罚不当，命令得不到执行。这样的臣子是奸臣。四是智力足以整治过错，辩才足以推行主张，反转语言变换文字便可写成文章，但在家背离骨肉之亲，在朝嫉妒扰乱朝廷。这样的臣子是谗臣。五是把持大权、独断专行，掌握国家事务，结党营私，用来谋取自身利益，又增加自己的权威，擅自假传君主的命令，来抬高自己的地位。这样的臣子是贼臣。六是用邪恶疑惑君主，使君主陷入不义，结伙营私组成朋党，蒙蔽君主的英明。进入朝中能言善辩、言语恭顺，出了朝堂又改变了他的说法，混淆是非黑白。观察揣摩君主的意志而附会之，让君主的罪过在境内传播，在邻国中散播。这样的臣子是亡国之臣。这些就是所谓的六邪。真正的贤臣遵循六正之道，不行六邪之术，所以君主在上享有平安，百姓在下得到治理。生前受人爱戴，死后为人怀念。这才是真正的为臣之道。”

匡谏章第五

【题解】

明君纳谏与正臣进谏是古代中国政治生态清明的一种表现。唐代帝王大都非常重视纳谏，唐太宗要求大臣“事有不利于人，必须极言规谏”（《贞观政要·求谏》）；唐代科举中也专设直言极谏科，以选拔直言敢谏的人才。武则天也深知纳谏的重要作用，非常重视纳谏和进谏。上元初，武则天为皇后时，就建言十二事提出“广言路”；垂拱二年（686），她又在朝堂设立铜匦，其作用之一就是“招谏”，“言朝政得失者投之”。

朝廷颁布的诏令中,哪些有利于国家与百姓,哪些有害于国家与百姓,都可以提出来,好的政策就要继续推行,不好的就要及时纠正。在本章中,武则天列举大量史实,论述官员匡谏的必要性和重要意义。她认为“谏者,所以匡君于正也”。大臣若看到君主犯错,却只考虑自身的官禄与安危,而不及时谏言指出,不仅会使君主的名誉与圣德受损,而且还会危害百姓,使国家陷入危机。她认为只有那些不避个人得失、不畏皇权斧钺、直言敢谏、直陈皇帝过失的大臣,才是真正的贤臣和忠臣。因而她要求大臣们做“谏诤辅弼之臣”,具有“居于广廷,作色端辩以犯君之严颜,前虽有乘轩之赏未之为动,后虽有斧锧之诛未为之惧”的“忠臣之勇”。故而从贞观开始,历经武周,直至开元时期,敢言直谏之臣辈出,保证了朝廷各项诏令的正确性和合理性,为盛世的形成创造了良好的条件。

夫谏者,所以匡君于正也。《易》曰:“王臣蹇蹇[①],匪躬之故[②]。”人臣之所以蹇蹇为难而谏其君者,非为身也,将欲以除君之过,矫君之失也。君有过失而不谏者,忠臣不忍为也。

【注释】

①王臣:志匡王室之臣。蹇蹇:艰难的样子。

②匪躬:谓忠心耿耿,不顾自身。

【译文】

匡谏的作用就是帮助君主合乎正道。《周易》说:“大臣不避艰难匡扶王室,是因为忠心耿耿。”人臣之所以不避艰难地匡谏君主,不是为了自身,而是希望通过匡谏去掉君主的错误,纠正君主的过失。君主有过失而不规劝,是忠臣不忍心做的。

《春秋传》曰[①]:“齐景公坐于遄台[②],梁邱据驰而造焉[③]。公曰:‘唯据与我和夫!’晏子曰:‘据亦同也,焉得为和?’

公曰：'和与同异乎？'对曰：'异。和如羹焉，水、火、醯、醢、盐、梅[④]，以烹鱼肉，宰夫和之[⑤]，齐之以味，济其不及。君臣亦然。君所谓可而有否焉，臣献其否以成其可；君所谓否而有可焉，臣献其可以去其否，是以政平而人无争心。故《诗》曰："亦有和羹，既戒既平[⑥]。"今据不然。君所谓可，据亦曰可；君所谓否，据亦曰否。若以水济水，谁能食之？同之不可也如是。'"

【注释】

①《春秋传》：此指《左传》。"《春秋》三传"之一。

②齐景公：姜姓，名杵臼。春秋时齐国国君。景公为权臣崔杼所拥立，好治宫室，喜犬马声色，厚赋重刑，社会矛盾日益尖锐；后任晏婴为正卿，虽稍自敛抑，但仍不能挽回公室日卑、民心离散的趋势。遄台：位于今山东淄博临淄区。相传齐威王、田忌曾在此赛马。

③梁邱据：齐景公时大夫。梁邱，当为"梁丘"。复姓。

④醯（xī）：即醋。醢（hǎi）：用肉、鱼等制成的酱。

⑤宰夫：古代掌管伙食的官。

⑥亦有和羹，既戒既平：语出《诗经·商颂·列祖》。和羹，调和的浓汤。既戒，既已完备调和。戒，至，到。平，和平。

【译文】

《左传》上说："齐景公坐在遄台上，梁丘据驾车奔来造访。齐景公说：'唯有据跟我和谐啊！'晏子说：'据不过是与您相同而已，哪里说得上是和谐？'景公说：'和与同不一样吗？'晏子回答说：'不一样。和谐就好像做一道羹汤，用水、火、醋、酱、盐、梅，来烹调鱼和肉，厨工加以调和，使味道适中，缺什么味道就加调料。君臣之间也是这样。君主所认可的事情中有不可行的，臣下指出其不可行的部分而使可行的部分更加完备；君主认为不行的事情中有可行的，臣下指出其可行的部分而去掉不可行的部分，这样就可使政事平和而使百姓没有争夺之心。所以《诗经》上说：“已调和的羹汤，既已调和味和平。”现在据不是这样。国君认为可行的，他也认为可行；国君认为不可行的，他也认为不行。如同用清水去调和清水，谁能去吃它？不能一味求同，就是这个道理。’”

《家语》曰：“哀公问于孔子曰①：‘子从父命，孝乎？臣从君命，忠乎？’孔子不对。又问三，皆不对。趋而出，告于子贡曰②：‘公问如此，尔以为何如？’子贡曰：‘子从父命，孝矣；臣从君命，忠矣。夫子奚疑焉？’孔子曰：‘鄙哉！尔不知也。昔万乘之主③，有诤臣七人④，则主无过举；千乘之国，有诤臣五人，则社稷不危；百乘之家，有诤臣三人，则禄位不替⑤。父有诤子，不陷无礼；士有诤友，不行不义。子从父命，奚遽为孝⑥？臣从君命，奚遽为忠？’”

【注释】

①哀公：此指春秋时期鲁哀公。姓姬，名蒋，死后赠谥曰“哀”。曾多次向孔子及其弟子问政。

②子贡：姓端木，名赐，字子贡。孔子弟子，春秋卫国人。他长于经商，家累千金；又善辞令，闻名于诸侯；历相鲁、卫，曾游说吴出师伐齐以救鲁，后死于齐国。

③万乘：指万辆车。按周制：天子地方千里，出兵车万乘，诸侯地方百里，出兵车千乘，故后称天子为“万乘”。

④诤臣：亦曰“争臣”。指能直言规劝帝王缺失的大臣。《孝经·谏诤》：“天子有争臣七人，虽无道不失其天下。”

⑤禄位：俸禄和官职。

⑥遽:通“讵”。岂。

【译文】

《家语》说:“鲁哀公问孔子:‘儿子服从父亲的命令是孝吗?臣下服从君主的命令是忠吗?’孔子不回答。哀公再三询问,孔子都没有回答。孔子快步出来,告诉子贡说:‘哀公这样的问题,你认为该怎样回答?’子贡说:‘儿子服从父亲的命令,是孝;臣下服从君主的命令,是忠。您还有什么疑惑的呢?’孔子说:‘多么浅陋的看法呀!你不知道啊。过去,拥有一万辆马车的大国君主,如果有七位直言劝谏的大臣,君主就不会有错误的举措;拥有一千辆马车的君主,如果有五位直言规谏的大臣,社稷就没有危险;拥有一百辆马车的大夫,如果有三位直言规谏的家臣,官职就不会丢掉。如果父亲有位直言规劝的儿子,就不会陷入无礼的境地;士大夫有一位直言规劝的朋友,就不会做不义之事。儿子服从父亲,怎么能是孝?臣下服从国君的命令,怎么能是忠?”

《新序》曰[①]:“主暴不谏,非忠臣也;畏死不言,非勇士也。见过则谏,不用即死,忠之至也。晋平公问叔向曰[②]:‘国家之患孰为大?’对曰:‘大臣重禄而不极谏,近臣畏罪而不敢言,下情不得上通。此患之大者也。公曰:‘善。’乃令曰:‘臣有欲进善言,而谒者不通[③],罪至死。’”

【注释】

①《新序》:西汉刘向编著。为汉代劝诫寓言故事代表作之一。原书三十卷,后缺佚,宋曾巩校定为十卷。

②晋平公:名彪。悼公子。奢侈厚敛,政在私门。叔向:即羊舌肸。晋国卿。悼公晚年,由司马侯推荐,为太子彪傅。彪即位,任太傅,参与国政。主张“比德以赞事”,不“引党以封己”。

③谒者：官名。春秋战国时已有，为国君或卿大夫侍从官员，掌接待宾客，或奉命出使，朝会负责保卫。

【译文】

《新序》说："君主残暴而不加以劝谏，就不是忠臣；怕死不说，就不是勇士。看到君主的过错就去谏阻，不被采纳就去死谏，这是忠诚的最高境界。晋平公问叔向：'国家最大的灾祸是什么呢？'叔向回答说：'大臣怕丢掉俸禄而不尽力规劝君主的过失，近臣害怕获罪而不敢发表议论，下面的情况和意见没有办法向上转达。这是大祸患。'晋平公说：'说得好。'于是下令道：'臣下希望进献良言而谒者不予通报的，可判死罪。'"

《说苑》曰："从命利君谓之顺，从命病君谓之谀，逆命利君谓之忠，逆命病君谓之乱。君有过失而不谏诤，将危国家殒社稷也。有能尽言于君，用则留，不用则去，谓之谏；用则可，不用则死，谓之诤；有能率群下以谏君，君不能不听，遂解国之大患，除国之大害，竟能尊主安国者，谓之辅；有能抗君之命，反君之事，以安国之危，除主之辱，而成国之大利者，谓之弼。故谏、诤、辅、弼者，所谓社稷之臣，明君之所贵也。"又曰："夫登高栋临危檐而目不眴、心不惧者[①]，此工匠之勇也；入深泉刺蛟龙抱鼋鼍而出者[②]，此渔父之勇也；入深山刺猛兽抱熊罴而出者[③]，此猎夫之勇也；临战先登暴骨流血而不辞者，此武士之勇也；居于广廷，作色端辩以犯君之严颜，前虽有乘轩之赏未为之动[④]，后虽有斧钺之诛未为之惧者[⑤]，此忠臣之勇也。君子于此五者，以忠臣之勇为贵也。"

【注释】

①眴（xuàn）：目摇，目晕眩。汉班固《西都赋》："目眴转而意迷。"

②深泉：当作"深渊"。避李渊讳，改渊为泉。蛟龙：以其形似传说中的龙，故称蛟龙。能发洪水。鼋鼍（yuán tuó）：大鳖和猪婆龙。

③熊罴（pí）：两种猛兽。

④乘轩：春秋时只有大夫才能乘轩车，后用以泛指官员。

⑤斧锧（zhì）：刑具名。斧头与铁锧。

【译文】

《说苑》说："服从对君主有利的命令称为顺，服从对君主有害的命令称为谀，违反君主的命令而有利于君称为忠，违反君主的命令而有损于君称为乱。君主有过错而不直言规劝，将会危害国家丧失社稷。无所隐瞒地把所有意见告诉君主，君主能听从就留下，不听从就走，称为谏；君主采纳批评就继续效力，不采纳以死相谏，称为诤；能够率领群臣规劝君主，君主虽不能不听，因而解决了国家的大患，除掉了国家的大害，最终能够尊奉君主安定国家的，称为辅；能够违抗君主的错误命令，挽回君主的错误行动，解除国家的危机，使君主避免耻辱，从而成就国家大利的，称为弼。所以谏、诤、辅、弼，就是人们所说的社稷之臣，英明的君主应当重视他们。"又说："登上高高的房梁和危险的屋檐而目不晕心不慌，这是工匠之勇；进入深渊，刺杀蛟龙，抱着大鳖鼍龙出水，这是渔夫之勇；进深山，杀猛兽，带着熊罴出山，这是猎人之勇；在战场上抢先登城，受伤流血也不推辞，这是武士之勇；处于朝堂之上，端颜正色，冒犯君主的威严进行直言极谏，前有高官厚禄之赏不为所动，后有斧钺杀身之祸也不畏惧，这是忠臣之勇。君子对于这五种情况，以忠臣之勇最为可贵。"

《代要论》曰[①]："夫谏诤者，所以纳君于道，矫枉正非，救上之谬也。上苟有谬而无救焉，则害于事，害于事，则危。故《论语》曰：'危而不持，颠而不扶，则将焉用彼相矣？'然则，扶危之道，莫过于谏。是以国之将兴，贵在谏臣；家之将兴，贵在谏子。若君父有非，臣子不谏，欲求国泰家荣，不可得也。”

【注释】

①《代要论》：即《世要论》。三国魏桓范撰。已佚，现有清人马国翰辑本。是桓范摘抄《汉书》，结合自己的看法写成的。

【译文】

《代要论》上说：“谏诤的目的是将君主纳入正道，纠正其偏差，改正其错误，挽救君主的过失。君主如果有过失而不去挽救，就会损害政事，损害了政事，就危险了。所以，《论语》里讲：‘遇到危险不去挽救，摔倒了不去搀扶，那要国相干什么呢？’既然如此，那么，扶助危难的方法，没有比谏诤更好的。可以说，国家想要兴旺，最重要的是有敢于进谏的大臣；家庭想要兴旺，最重要的是有敢于进谏的儿子。如果君主、父亲有过错，臣下、儿子不去规劝，要想国家太平、家庭繁荣，那是不可能的。”

卷下

诚信章第六

【题解】

诚实守信素来被认为是中华民族的传统美德，应为立身行事之本。在儒家思想中，诚信更是被视为为人处世、治国理政的最高道德规范和根本原则。《孟子·离娄上》曰："诚者，天之道也；思诚者，人之道也。"诚信是以德治国的重要内容，尤为统治者所重视。唐太宗就说："朕欲使大信行于天下，不欲以诈道训俗。"(《贞观政要·诚信》)在本章中，武则天引用《论语》《吕氏春秋》《体论》《傅子》等著作，集中阐述了修身、为官、治国要以诚信为本的思想。她指出：官员要上对君主诚实、忠诚，下对百姓行政以信，"非诚信无以取爱于其君，非诚信无以取亲于百姓"。君臣之间只有以诚相待，才不会相互猜疑；官员以诚信待下，才能取信于民。"君臣不信，则国政不安"。通过这些说明，大臣应当事君以诚，治民以信，从而将诚信作为为政、为官的一种风尚，进一步使诚信从一种道德规范，上升为一种政治信仰，作为君臣共同遵循的原则。

凡人之情，莫不爱于诚信。诚信者，即其心易知。故孔子曰："为上易事，为下易知。"非诚信无以取爱于其君，非诚信无以取亲于百姓。故上下通诚者，则暗相信而不疑；其诚不通者，则近怀疑而不信。孔子曰："人而无信，不知其可也。大车无輗[①]，小车无軏[②]，其何以行之哉？"

【注释】

①輗（ní）：指古代牛车双辕之端与楅之两端连接处的销子。輗贯穿辕、楅，再用绳索束缚使牢固。

②軏（yuè）：古代车辕与横木相连接的关键。

【译文】

喜爱诚实守信的人，这是人之常情。如果一个人诚实守信，那么他的心思就容易被人们了解。所以孔子说："君主宽容易被侍奉，臣下诚实易被了解。"一个官员若不诚信，就不能得到君主的喜爱；若不诚信，就得不到百姓的亲近。因此，如果君臣以诚相待，就能做到在任何情况下互相信任而不生疑心；如果君臣不能以诚相待，即使看上去很亲近，也会因彼此怀疑而互不信任。孔子说："一个人不能不讲信用。就像大车没有輗，小车没有軏一样，怎么运行呢？"

《吕氏春秋》曰[①]："信之为功大矣。天行不信则不能成岁；地行不信则草木不大。春之德风，风不信则其花不成；夏之德暑，暑不信则其物不长；秋之德雨，雨不信则其谷不坚；冬之德寒，寒不信则其地不刚。夫以天地之大，四时之化，犹不能以不信成物，况于人乎！故君臣不信，则国政不安；父子不信，则家道不睦；兄弟不信，则其情不亲；朋友不信，则其交易绝。夫可与为始、可与为终者，其唯信乎！信而又信，重袭于身，则可以畅于神明、通于天地矣。"

【注释】

①《吕氏春秋》：亦称《吕览》。由战国末秦相吕不韦组织宾客学士编写的杂家著作，成书于秦始皇八年（前239）。全书共二十六卷，包括十二纪、八览、六论，共一百六十篇，内容包罗天地万物古今之事，汇集先秦各家言论，大体以儒、道思想为主，兼及名、法、墨、农及阴阳家言。

【译文】

《吕氏春秋》说："诚信的功能是很大的。上天若不讲诚信，就不会有一年四季；大地若不讲诚信，就不会有草木生长。春季尚风，若春风不至，花儿就不能正常开放；夏季尚暑，若暑热不来，万物就不能成长；秋季尚雨，若阴雨不下，果实就不会饱满；冬季尚寒，若寒气不到，大地就不会坚硬。天地如此之大，四季依次变化，尚且不能以不信而成就万物，更何况是人呢？因此，如果君主和臣子不讲信用，国家政治就不会安稳；如果父亲和儿子不讲信用，家庭就不会和睦；如果兄长和弟弟不讲信用，兄弟之间就不会亲近；如果朋友之间不讲信用，他们就容易断交。可见，能一起开始，一起结束的，只有诚信啊。一个人若能坚守信义，并永远地保持不变，那就可以上通神明、下通天地了。"

昔鲁哀公问于孔子曰："请问取人之道。"孔子对曰："弓调而后求劲焉，马服而后求良焉，士必悫信而后求智焉。若士不悫信而有智能，譬之豺狼不可近也。"①昔子贡问政。子曰："足食，足兵，民信之矣。"子贡曰："必不得已而去，于斯三者何先？"曰："去兵。"子贡曰："必不得已而去，于斯二者何先？"曰："去食。自古皆有死，民无信不立。"

【注释】

①"昔鲁哀公问于孔子曰"几句：语出《荀子·哀公》。原文为："鲁

哀公问于孔子曰：‘请问取人？’孔子对曰：‘无取健，无取讲，无取口哼。健，贪也；讲，乱也；口哼，诞也。故弓调而后求劲焉，马服而后求良焉，士信悫而后求知能焉。士不信悫而有多知能，譬之其犲狼也，不可以身尒也。’”悫（què），诚实，谨慎。

【译文】

从前鲁哀公问孔子：“何为取人之道？”孔子回答说：“弓箭调好了就能有劲，马儿驯服后才会更好，士人一定要诚实守信才能有智慧。如果士人不诚信而智能，那就好比豺狼，是不可靠近的。”从前子贡问孔子为政之道。孔子说：“粮食充足，兵器充足，人民讲信用。”子贡说：“如果万不得已必须舍弃，在这三者中首先应舍弃哪条呢？”孔子说：“首先舍弃兵器。”子贡问：“如果万不得已还要舍弃，在此二者中应先舍弃哪条呢？”孔子说：“首先舍弃粮食。因为自古以来人都是要死的，一个人若不讲信用，那他必然不能自立。”

《体论》曰[①]：“君子修身，莫善于诚信。夫诚信者，君子所以事君上、怀下人也。天不言而人推高焉，地不言而人推厚焉，四时不言而人与期焉，此以诚信为本者也。故诚信者，天地之所守而君子之所贵也。”

【注释】

①《体论》：三国时杜恕所撰的政论集。《体论》有八篇，为：《君》《臣》《言》《行》《政》《法》《听察》及《用兵》。

【译文】

《体论》说：“君子的修身方法，最好的是诚实守信。君子就是靠它来事奉君主、怀柔百姓的。天不言人们都说它很高，地不言人们都说它很厚，四季不言人们都说它依时而动，这是因为以诚信为本的缘故。所以说，诚信既是天地所遵守的，也是君子所推崇的。”

《傅子》曰[①]："言出于口，结于心。守以不移，以立其身，此君子之信也。"故为臣不信不足以奉君；为子不信不足以事父。故臣以信忠其君，则君臣之道益睦；子以信孝其父，则父子之情更隆。夫仁者不妄为，知者不妄动。择是而为之，计义而行之。故事立而功足恃也，身没而名足称也。虽有仁智，必以诚信为本。盖以诚信为本者，谓之君子；以诈伪为本者，谓之小人。君子虽殒，善名不减；小人虽贵，恶名不除。

【注释】

①《傅子》：西晋傅玄所著政论著作。分内、外、中篇，凡一百二十卷，数十万言，概述了经国九流及三史故事，抨击当时玄学空谈，具有朴素唯物主义思想。

【译文】

《傅子》说："言语出自口中，却要牢记心上。一个人如能以诚信立身，坚持以前说过的话而不轻易改变，这是君子的信用。"所以，臣子若不讲信用，就不能够侍奉君主；儿子若不讲信用，就不能够侍奉父亲。因此，臣子以诚信忠于他的君主，那么君臣之道就会更加和睦；儿子以诚信孝顺他的父亲，那么父子之情就会更加亲密。有仁义的人不会妄为，有智慧的人不会妄动。他们能择善而为，据义而行。因此能成就事业而功劳足以依靠，死后他的名字也会被人们所称道。一个人即使有仁德和智慧，也必须以诚实守信为本。因为只有以诚实守信为根本的人，才能被称为君子；而那些以奸诈虚伪为本的人，只能称作小人。君子即便死亡，好名声也不会减弱；小人纵使尊贵，坏名声也不会消除。

慎密章第七

【题解】

慎密，即指言行谨慎严密。《周易·系辞上》云："君不密则失臣，臣不密则失身，几事不密则害成，是以君子慎密而不出也。"为人、为政都不可不谨慎。唐太宗也曾对身边侍臣说："言语者君子之枢机，谈何容易？凡在众庶，一言不善，则人记之，成其耻累。"（《贞观政要·慎言语》）在《臣轨》中，武则天专门就为臣者应行事慎密进行论述，强调："修身正行，不可以不慎；谋虑机权，不可以不密。"武则天首先指出为政者言行不慎的危害："人臣不慎密者，多有终身之悔。故言易泄者，召祸之媒也；事不慎者，取败之道也。"其次，她指出为人臣的慎密主要表现在三个方面：一曰慎言。说话要谨慎，注意保密，非所言勿言。二曰慎行。做事要谨慎，非所为勿为，所谓"恐惧战兢所以避患也，恭敬静密所以远难也"。由于"言出于己，不可止于人；行发于迩，不可止于远"，故言行能否做到谨慎保密，事关臣子的荣辱，不能不慎。三曰慎独。"君子戒慎乎其所不睹，恐惧乎其所不闻，莫见乎隐，莫显乎微，是故君子慎其独"。即使是独处之时，也要谨慎从事，只有做到了慎独，才能在事君、处众时也行事谨慎。同时，她又强调：慎言语，不是缄口不言，而是要时刻保持谨慎的意识，即"人闭其口，我闭其心；人密其外，我密其里。不慎而慎，不恭而恭"。只有言行谨慎，才能"终身无过，享其荣禄"。从本章的论述中可以看出，武则天将慎密视作官员应当具备的重要素质。为臣者言行慎密，才能减少失误，才能终身免祸，享受荣禄。俗话说："小心谨慎纰漏小，有恃无恐祸患多。"慎密不仅是为官从政的要求，也是为人处事的重要态度，慎言慎行，三思而后行，可使人终身受益。

夫修身正行，不可以不慎；谋虑机权，不可以不密。忧患生于所忽，祸害兴于细微。人臣不慎密者[①]，多有终身之悔。故言易泄者，召祸之媒也；事不慎者，取败之道也。明者视于无形，聪者听于无声，谋者谋于未兆，慎者慎于未成。不困在于早虑，不穷在于早豫。非所言勿言，以避其患；非所为勿为，以避其危。孔子曰："终日言，不遗己之忧；终日行，不遗己之患，唯智者能之。故恐惧战兢所以避患也，恭敬静密所以远难也。终身为善，一言败之，可不慎乎！"

【注释】

①慎密：言行谨慎、严密。《周易·系辞上》："君不密则失臣，臣不密则失身，几事不密则害成，是以君子慎密而不出也。"

【译文】

修身正行，不能不谨慎；筹划机要，不能不周密。忧患常源于所忽视的细节，灾祸也往往是从细小的事情中开始的。做臣子的如果行事不够慎重周密，大多会有终身的悔恨。所以容易泄密的话语，是招致灾祸的媒介；做事不谨慎仔细，是导致失败的主因。眼光好的人可看到无形的东西，听力好的人可以听到弦外无声之音，善于筹划的人总是未雨绸缪，而谨慎的人在事情完成前都处于谨慎的状态。他们做事顺利的原因在于事先的准备，之所以不会陷于困境也是因为事先的谋划。不该说的不说，可以避免忧患；不该做的不做，可以避免危险。孔子说："整天讲话，不给自己留下忧愁；整日做事，不给自己留下祸患，只有明智的人才能做到这一点。所以谨慎小心是为了避免祸患，恭敬静密是为了远离灾难。终身为善的人，可能因为一句话而失败，所以一定要慎密啊！"

夫口者关也，舌者机也，出言不当，驷马不能追也[①]。口者关也，舌者兵也，出言不当，反自伤也。言出于己，不可止于人；行发于迩[②]，不可止于远。夫言行者，君子之枢机[③]，枢机之发，荣辱之主。

【注释】

①出言不当，驷马不能追也：意指说话应当慎重，否则难以收回。《论语·颜渊》："惜乎，夫子之说君子也，驷不及舌。"何晏集解引郑玄曰："过言一出，驷马追之不及。"驷马，古代指同驾一辆车的四匹马或四匹马共拉的车。

②迩（ěr）：近。

③枢机：事物的关键部位。《周易·系辞上》："言行，君子之枢机。"韩康伯注："枢机，制动之主。"

【译文】

口是关隘，舌是机关，不妥当的话讲出来，就是驷马也难以追回。口是关隘，舌是兵器，言谈欠妥，反过来会伤害自己。话虽然出于自己的口，但说出来便无法制止；行为虽出于己身，但流传出去便无法阻拦。因此言语和行为是君子最应注意的事，它决定着君子的荣耀和耻辱。

夫君子戒慎乎其所不睹，恐惧乎其所不闻，莫见乎隐，莫显乎微，是故君子慎其独。在独犹慎，况于事君乎！况于处众乎！昔关尹谓列子曰："言美则响美，言恶则响恶。身长则影长，身短则影短。言者所以召响也，身者所以致影也。是故慎而言，将有和之；慎而身，将有随之。"[①]

【注释】

①"昔关尹谓列子曰"几句：语出《列子·说符》。原文为："关尹谓子列子曰：'言美则响美，言恶则响恶；身长则影长，身短则影短。名也者，响也；身也者，影也。故曰：慎尔言，将有和之；慎尔

行，将有随之。是故圣人见出以知入，观往以知来，此其所以先知之理也。'”关尹，春秋末期道家思想家。名喜。约与老子同时代。相传曾为函谷关令尹，与西出函谷关的老子相遇，促成老子著书五千言，后跟随老子不知所终。列子，即列御寇，亦称“圄寇”“圉寇”，战国时郑国人，约生活在庄子之前，其事迹已不可考。据《庄子》中说，其家贫，却不受官粟。是能“御风而行”的神人。其说主要内容是清静无为，脱贵贱，去名利，任其自然而处世。响，回响，回音。

【译文】

君子谨慎的是他所未看到的，畏惧的是他所未听到的，担心发现不了隐蔽的真相，察觉不到细微的东西，所以君子即使在独处时也会谨慎小心。独处尚且如此，更何况是事奉君主、与众人相处呢？从前关尹曾对列子说：“讲话的声音好听，回声就好听；讲话的声音难听，回声就难听。身长影子就长，身短影子也短。讲话是回声的根源，身体是影子的根本。因此，小心讲话，是因为会有附和之声；谨慎行事，是因为会有跟随之人。”

昔贤臣之事君也，入则造膝而言[①]，出则易词而对。其进人也，唯畏人之知，不欲思从己出；其图事也，必推明于君，不欲谋自己造。畏权而恶宠，晦智而韬名[②]，不觉辱之在身，不觉荣之在己。人闭其口，我闭其心；人密其外，我密其里。不慎而慎，不恭而恭，斯大慎之人也。故大慎者，心知不欲口知；其次慎者，口知不欲人知。故大慎者闭心，次慎者闭口，下慎者闭门。昔孔光禀性周密[③]，凡典枢机十有余年[④]，时有所言，辄削草稿。沐日归休[⑤]，兄弟妻子燕语[⑥]，终不及朝廷政事。或问光：“温室省中树[⑦]，皆何木也？”光默而不应，更答以他语。若孔光者，可谓至慎矣，故能终身无过，享其荣禄。

【注释】

①造膝：促膝，谓对坐而膝相接近，多形容亲切交谈或密谈。

②晦、韬：隐藏。

③孔光：字子夏，西汉鲁国（今山东曲阜）人。孔子第十四世孙，西汉名儒。

④典：执掌。枢机：古指朝廷中尚书、中书、门下等关键职位或部门。

⑤沐日：即休假日。汉代官吏每隔五天回家休息沐浴一次，故称为“沐日”。唐徐坚《初学记·政理部》载：“休假亦曰休沐。《汉律》：‘吏五日得一下沐。’言休息以洗沐也。”

⑥燕语：亦作“宴语”。指聊天、闲谈。《汉书·赵充国传》：“初破羌将军武贤在军中时与中郎将卬宴语。”颜师古注：“闲宴时共语也。”

⑦温室：即温室殿，汉代未央宫殿名，故址在今陕西西安西北。汉武帝时建，位于前殿之北。温室殿有各种防寒保暖的设施，是汉朝皇帝冬天居住的暖殿。《西京杂记》记载：“温室以椒涂壁，被之文绣，香桂为柱，设火齐屏风、鸿羽帐，规地以罽宾氍毹。”同时，未央宫温室殿也是公卿朝臣议政的重要殿所。《汉书·京房传》载：“房奏考功课吏法，上令公卿朝臣与房会议温室。”一说在长乐宫。《三辅黄图》载：“温室殿，按《汉宫阙疏》：‘在长乐宫。’”又《汉书·孔光传》颜师古注引晋灼曰：“长乐宫中有温室殿。”

【译文】

昔日贤臣侍奉君主，入朝时在君主膝前亲密陈言，出外则易词答问。推荐人才，唯恐被人知道，不想让人知道这是自己的意见；谋划事情，一定要把高明之处推给君主，不想让人认为计谋出自自己。君子畏惧权威而厌恶荣宠，隐晦自己的智谋，深藏自己的美名，不觉得自身有耻辱，也不觉得自己有荣耀。别人闭口不言，我便闭心不想；别人谨慎在外，我则谨慎于内。不为谨慎而谨慎，不为恭敬而恭敬，这才是最谨慎的人。最谨慎的人，心里知道但不会宣之于口；次谨慎的人，嘴上知道但不告诉别人。因此最谨慎的人闭心，次谨慎的人闭嘴，末谨慎者闭门。从前孔光禀性周密，掌管朝廷机要十余年，每次上书言事，都会销毁草稿。假日回家休息，和兄弟、妻子、孩子闲谈，始终不涉及朝廷的政事。有人问孔光道："温室殿和官署里都种的什么树？"孔光沉默不语，用些不相关的事情来回答。像孔光这样的人，可以说是非常谨慎了，因此他能够终身无过，享受高官厚禄。

廉洁章第八

【题解】

廉洁一词出自《招魂》："朕幼清以廉洁兮，身服义而未沬。"其本意是清廉洁白，生活简约朴素，洁己存耻的个人道德。对于官员而言，廉洁不只是一种个人品德，更是为官者应恪守的基本操守，要做到不贪污受贿，清正自约。为官者只有清廉自守，不贪污受贿，才能行政公正，不偏不倚，利国利民。在本章中，武则天首先阐明了为官必须廉洁的道理，然后用季文子、叔向、子罕、公仪休等人廉洁自守的事例说明廉洁是为官者的基本要求，官员只有做到廉洁自守，才能全真保身，竭诚奉国。可见，武则天非常重视官员廉洁从政的教育。武则天当政期间，曾采取许多具体的反腐倡廉措施。她改革官吏监察制度，在御史台增置右肃政台，专司地方官吏的监察，并多次派遣十道存抚使、按察使巡视地方；设置铜匦，方便官员之间的相互揭发贪腐行为；褒奖廉洁的官员。武周时期曾出现过不少清廉的官吏。史载：卢怀慎在武周时入仕从政，从不搜刮百姓钱财，其宅第和家中的陈设用具也非常简陋，虽贵为宰相，其妻子和儿女仍不免挨饿受冻，可视为当时为官廉洁的楷模。贪腐是寄生在国家肌体上的蛀虫，它会使官员将个人的私欲放在国家公共利益之上，行事施政有法不依，有违公平公正，损害政府公信力，成为国家衰亡的祸根。因此，政府必须坚决遏制腐败，官员也要不断进行自我教育，做到廉洁自律。

清静无为，则天与之时；恭廉守节，则地与之财。君子虽富贵，不以养伤身；虽贫贱，不以利毁廉。知为吏者，奉法以利人；不知为吏者，枉法以侵人。理官莫如平，临财莫如廉。廉平之德，吏之宝也。非其路而行之，虽劳不至；非其有而求之，虽强不得。知者不为非其事，廉者不求非其有，是以远害而名彰也。故君子行廉以全其真，守清以保其身。富财不如义多，高位不如德尊。

【译文】

如果清静无为，上天就会给他机会；如果恭廉守节，大地就会给他财富。因此，君子即使很富贵，也不会养尊处优而伤害身体；即使很贫贱，也不会追求无义之利而废弃廉洁。懂得为官之道的人，会奉公守法，为百姓谋利益；不懂为官之道的人，就会贪赃枉法、侵害百姓的利益。当官最关键的是公平，面对钱财最重要的是保持廉洁。清廉和公平的品德，是为官的法宝。走不是自己该走的路，尽管很辛苦但到不了目的地；营求不属于自己的东西，尽管很努力但也不会得到。明智的人不做不合道义的事情，廉洁的人不追求不属于自己的东西，所以他们能远离祸害而美名彰显。因此，君子以奉行廉洁来保全他们的本性，以恪守清静来保全他们的身体。富有钱财不如多行仁义，地位显赫不如品德高尚。

季文子相鲁①，妾不衣帛，马不食粟。仲孙它谏曰②：

“子为鲁上卿[3]，妾不衣帛，马不食粟，人其以子为悋，且不显国也。”文子曰：“然吾观国人之父母[4]，衣粗食蔬，吾是以不敢。且吾闻君子以德显国，不闻以妾与马者。夫德者得之于我，又得于彼，故可行也。若独贪于奢侈，好于文章[5]，是不德也，何以相国？”仲孙惭而退。

【注释】

①季文子：季孙氏，名行父。鲁桓公少子季友之孙，春秋时期鲁国执政卿。《左传·襄公五年》载：“季文子卒……宰庀家器为葬备，无衣帛之妾，无食粟之马，无藏金玉，无重器备。君子是以知季文子之忠于公室也。相三君矣，而无私积，可不谓忠乎。”

②仲孙它：春秋时期鲁国大夫孟献子仲孙蔑之子子服它。

③上卿：官名。周制天子及诸侯皆置卿。春秋初期，卿有上、下之别，后来分为上、中、下三等。上卿位次于公，居卿之首。

④国人：西周、春秋时期将居住于国都之内的人称为国人。《周礼·地官·泉府》：“国人郊人从其有司。”贾公彦疏：“国人者，谓住在国城之内，即六乡之民也。”

⑤文章：指错综华美的色彩和花纹。这里是指色彩华丽的绢帛。

【译文】

季文子在鲁国当国相，他的妻妾不穿丝帛，他的马不食粟。仲孙它规劝季文子说：“您身为鲁国上卿，而妻妾不穿丝帛，马匹不食粟，人们都认为您很吝啬，况且这样也不能显扬国家啊。”季文子回答说：“我看到国都中的老人们穿着粗布衣服，吃着杂食，所以我不敢例外。何况我听说君子是靠德行来显扬国家的，没听说要靠妻妾和马匹来显扬国家。因为德行不仅对我有益，对大家也有益，所以我就这样做了。如果只是一心贪图奢侈，迷恋华丽的服饰，那就是缺德啊，怎么还能当相国辅政呢？”仲孙它听了此话，便惭愧地走了。

韩宣子忧贫[①]，叔向贺之。宣子问其故，对曰："昔栾武子贵而能贫[②]，故能垂德于后。今吾子之贫，是武子之德，能守廉静者，致福之道也。吾所以贺。"宣子再拜，受其言。

【注释】

①韩宣子：名起。春秋时期晋国正卿。死后谥曰宣，故称为韩宣子。

②栾武子：名书。春秋时期晋国大夫。谥曰武，故称之为栾武子。

【译文】

韩宣子为贫困而忧虑，叔向却前去向他表示祝贺。韩宣子问他为什么要这样做，叔向回答说："昔日栾武子地位尊贵却很清贫，所以他的德名能够垂范后世。如今您这样清贫，正是具有栾武子的德行，说明您是能够保持廉洁和清净的人，这是致福之道啊。因此我向您道贺。"宣子听了此话，一再拜谢，并接受了他的意见。

宋人或得玉，献诸司城子罕[①]。子罕不受。献玉者曰："以示玉人[②]，玉人以为宝，故敢献之。"子罕曰："我以不贪为宝，尔以玉为宝。若以与我，皆丧宝也，不若人有其宝。"

【注释】

①司城：官名。即司空。春秋时宋武公名司空，为避其讳，改司空为司城。子罕：春秋时期宋国执政卿乐喜。其在宋平公时任司城，执国政。为人刚正廉洁，卓有政绩。

②玉人：琢玉工人。

【译文】

宋国有人得到一块美玉，便把它献给司城子罕。子罕不接受。献玉的人说："我让玉工看过此玉，玉工认为这是块宝玉，所以我才敢把它献给您。”子罕说:“我以不贪财为宝,而你以美玉为宝。如果你把这美玉给我,我也收下了它,那咱们就都丧失了自己的宝贝,不如各人拥有自己的宝贝为好。”

公仪休为鲁相[①],使食公禄者不得与下人争利,受大者不得取小。客有遗相鱼者[②],相不受。客曰:“闻君嗜鱼,故遗君鱼,何故不受?”公仪休曰:“以嗜鱼,故不受也。今为相,能自给鱼。今受鱼而免相,谁复给我鱼者?吾故不受也。”

【注释】

①公仪休:战国时期鲁国人。鲁穆公时为相。其为政奉法循理,以廉洁自守而著称。

②遗(wèi):赠送。

【译文】

公仪休在鲁国当国相时,下令当官的人不得与百姓争利,禄位高的人也不得与禄位低的人争利。有位客人给公仪休送鱼,公仪休不肯接受。客人问公仪休:“听说您爱吃鱼,才来给您送鱼,为什么不接受呢?”公仪休回答说:“就是因为我喜欢吃鱼,所以才不能接受。如今我当国相,所得俸禄足够买鱼。如果今天因接受了你送的鱼而被免相,谁又会给我送鱼呢?这就是我不接受你所送之鱼的原因。”

良将章第九

【题解】

良将一词出自《孙子兵法·火攻》:“明主慎之,良将警之,此安国全军之道也。”指能征善战的优秀将领。将领的思维方式、行为风格是会影响整支军队的。正所谓兵熊熊一个,将熊熊一窝。两军交战,将帅的素质往往是决定战争胜负的关键因素。主将治军有方、赏罚公正、军纪严明，且对战场上瞬息万变的情况分析正确，善于捕捉战机，决断果断英明，则可使全军上下一心，奋力抗敌；若主将无能，则会令全军受累，处于连连战败的境地。可见，一个优秀的将领对一支军队、一个国家的重要性。武则天对良将的作用有深刻的认识，故在《臣轨》置《良将》一章，专论良将对国家的重要性、何为良将及如何成为良将等问题。武则天首先强调了君主与将领、将领与士卒之间的紧密关系，指出将帅是君主保家卫国的帮手，士兵是将帅杀敌制胜的帮手。因此君主想要建功立业，必须推心置腹地对待将帅，而将帅想要战胜敌人，必须首先关爱他的士兵。论述了作为良将应有的“五才四义”等素质，既能冷静睿智、诚信正直、废私忘家、竭诚为国，同时要会运用正确的战略战术，审时度势，随机应变，以实击虚，特别是要关爱士卒，赏罚严明，不贪财物，身先士卒，与士卒同甘共苦，团结一心。她举出战国时期吴起为士兵吸肿疡、勾践以美酒和干粮与士兵共享及楚子发母教训其子、汉代窦婴把皇帝赐的黄金分与部将等的事例，具体说明良将是怎样炼成的。为了发现良将，武则天还创设了武举，以便选拔优秀的军事人才，从而使武周时期出现了娄师德、唐休璟、张仁愿、郭元振、李千里、王孝杰等一批杰出的将领，镇守边关，驰骋疆场。在这些将领的辅佐下，武则天先后镇压了徐敬业和越王贞的叛乱，多次平定周边少数民族贵族的侵扰，收复了安西四镇，维护了边疆的安全与稳定。良将与贤相一样，对王朝国家的健康发展是不可或缺的。

夫将者，君之所恃也；兵者，将之所恃也。故君欲立功者，必推心于将；将之求胜者，先致爱于兵。夫爱兵之道，务逸乐之，务丰厚之，不役力以为己，不贪财以徇私，内守廉平，外存忧恤。昔窦婴为将[①]，置金于廊下，任士卒取之。私金且犹散施，岂有侵之者乎！吴起为将[2]，卒有病痈者[3]，吴起亲自吮之。其爱人也如此，岂有苦之者乎！

【注释】

①窦婴：字王孙。文帝窦皇后从兄之子。《史记·魏其武安侯列传》载：吴楚七国之乱时，汉景帝“拜婴为大将军，赐金千金。婴乃言袁盎、栾布诸名将贤士在家者进之。所赐金，陈之廊庑下，军吏过，辄令财取为用，金无入家者。”

②吴起：战国时期著名军事家、改革家。先仕鲁国，后又仕魏，再仕楚。军事才干突出，有一套兵法理论。《史记·孙子吴起列传》记载：吴起为将，“与士卒最下者同衣食。卧不设席，行不骑乘，亲裹赢粮，与士卒分劳苦。卒有病疽者，起为吮之”。因此，吴起用兵“尽能得士心”。

③痈（yōng）：肿疡。一种皮肤和皮下组织化脓性的炎症。

【译文】

将帅是君主依靠的帮手，士兵是将帅依靠的帮手。因此，君主想建功立业，必须推心置腹地对待将帅；将帅要战胜敌人，必须首先关爱他的士兵。将帅的爱兵之道，是让士卒生活过得舒适快乐，给以丰厚的待遇，不为自己的私利而随便役使士卒，不贪财以中饱私囊，做到廉洁公平，优恤士卒。汉代窦婴为将时，把皇帝赐给他的黄金放在廊檐下，听任士卒随便领取。私人的钱财尚能与士卒分享，怎么还会侵剥士卒呢？吴起为将时，有士卒患了痈疾，他亲自用嘴吸出脓液。像这样的关心、爱护士卒的将领，怎么还会让士卒受苦呢？

夫将者，心也；兵者，体也。心不专一，则体不安；将不诚信，则卒不勇。古之善将者，必以其身先之。暑不张盖[1]，寒不被裘。军井未达[2]，将不言渴；军幕未辨[3]，将不言倦。

当其合战[④],必立矢石之间[⑤]。所以齐劳逸、共安危也。

【注释】

①盖:车盖,车顶遮蔽物,用以遮阳御雨。

②军井:军中士众用的公共水井。

③军幕:军队休息的帐篷。辨:备办。

④合战:指双方作战、交战。《左传·成公十六年》正义:“晋侯左右皆以伯州犁在楚,知晋之情,且谓楚众多,故惮合战。”

⑤矢石:箭和垒石。古时守城的武器。《左传·襄公十年》:“荀偃、士匄帅卒攻逼阳,亲受矢石。”

【译文】

如果说将领就像一个人的心脏,那么士兵就是躯体。心不专一,则躯体不安;将领没有诚信,战士就不会勇敢。古代善于领兵的人,都是身先士卒的。天热时不撑盖伞,天冷时不穿皮衣。军中的水井没有出水,将领不会说自己口渴;军队的帐篷没有架好,将领不会说自己疲倦。当双方交战时,必定会冲锋陷阵,不避矢石。这样做的目的就是为了平均劳逸,共度安危。

夫人之所乐者,生也;所恶者,死也。然而矢石若雨,白刃交挥,而士卒争先者,非轻死而乐伤也,盖将视兵如子,则兵事将如父;将视兵如弟,则兵事将如兄。故语曰:“父子兄弟之军,不可与斗。”由其一心而相亲也。是以古之将者,贵得众心。以情亲之,则木石知感,况以爱率下,有不得其死力乎!

【译文】

人所乐意的是生,厌恶的是死。但在箭石如雨、兵刃交加的情况下,士兵们却争先恐后，这不是因为他们轻视死亡而愿意受伤，而是因为将领能够把士兵当自己的孩子一样爱护，士兵就会像侍奉父亲一样对待将领；将领把士兵看作是弟弟，士兵就会像对待兄长一样对待将领。常言道："父子兄弟之军是不可与其争锋的。"这是由于他们一心相亲的缘故。所以古代的将领，把得人心看得很重。用真情去感化，就是木头石块也会被感动，何况将领用爱心统率部下，能得不到士卒的拼死效力吗？

《孙子兵法》曰[①]："兵形象水。水之行，避高而就下；兵之形，避实而击虚。故水因地而制形，兵因敌而制胜。兵无常道，水无常形。"将能随敌变化而取胜者，谓之良将也。所谓虚者，上下有隙，将吏相疑者也；所谓实者，上下同心，意气俱奋者也。善将者，能实兵之气以待人之虚；不善将者，乃虚兵之气以待人之实。虚实之气，不可不察。

【注释】

①《孙子兵法》：我国现存最早的兵书。春秋末孙武作。今本存十三篇。总结了春秋末期以及以前的作战经验，揭示了若干重要的战争规律。

【译文】

《孙子兵法》说："军队的行动如同流水。水的流动是避高就低，军队的行动是避实击虚。水因地势的高低不同而变化方向，军队作战因敌人的虚实而克敌制胜。因此，用兵打仗没有不变的方法，就如同流水没有一定形状一样。"作战时能够根据敌方的变化而改变自己的战法并取得胜利的将领，就可以被称作良将了。所谓虚是指军队士卒与将帅之间的离心，武将文官之间互相猜疑不合；所谓实指军队上下一心，斗志高昂。善于带兵打仗的人，能够鼓舞士气以待对方之虚；不善于带兵打仗的人，却用自己的虚应对敌方的实。所以军队的虚、实之气，是不可以不认真考虑的。

昔魏武侯问吴起曰①："兵以何为胜？"吴子曰："兵以整为胜。"武侯曰："不在众乎？"对曰："若法令不明，赏罚不信，金之不止②，鼓之不进，虽有百万之师，何益于用？"所谓整者，居则有礼，动则有威；进不可当，退不可追；前却如节，左右应麾。与之安，与之危，其众可合而不可离，可用而不可疲。是之谓礼将也。

【注释】

①魏武侯：战国初期魏国国君，魏文侯之子。他继续重用吴起为将守河西，使秦人不敢东向，将魏国的百年霸业再一次推向高峰。

②金：及下文的鼓，指古代军中所用的两种乐器。金用以止众，鼓用以进众。

【译文】

过去魏武侯问吴起："打仗靠什么取胜？"吴起说："打仗靠军队的整取胜。"魏武侯说："取胜不在于兵多吗？"吴起回答："如果军令不严，赏罚不讲信用，鸣金而不停止，击鼓而不前进，虽然有百万之众，又有什么用呢？"所谓整，是说军队平时遵守法令，战时英勇杀敌；前进时敌人不可阻挡，退却时敌人不敢追击；军纪严整的军队，前进后退根据命令，向左向右听从指挥。将帅与军队安危与共，士卒可以聚合而不可以使其分开，可以任用但不让他们疲劳。这样的将领称为礼将。

吴起临战，左右进剑。吴子曰："夫提鼓挥枹①，临难决疑，此将军也。一剑之任，非将事也。"夫将有五才四义，知不可乱，明不可蔽，信不可欺，廉不可货，直不可曲，此五才也。受命之日忘家，出门之日忘亲，张军鼓宿忘主，援枹合战忘身，此四义也。将有五才四义，百胜之术也。夫攻守之法，无恃其不来，恃吾有以待之；无恃其不攻，恃吾之不可攻也。夫将若能先事虑事，先防求防，如此者，守则不可攻，攻则不可守。若骄贪而轻于敌者，必为人所擒。

【注释】

①提鼓挥枹（fú）：指将领击鼓指挥军队打仗。枹，鼓槌。

【译文】

吴起即将作战，身边人送上宝剑。吴起说："提鼓挥槌，指挥军队，面对困难，解决疑难，这才是将军应该做的事。提剑杀敌，不是将军的事。"将领有五才四义：智慧不被扰乱，聪明不受蒙蔽，诚实不被欺骗，廉洁不被收买，正直不会屈服，这就是所谓五才。受命之日就忘记家庭，离开家门之时忘记亲人，指挥军队作战时忘记君主，擂鼓交战之时忘记自身，这是所谓四义。五才四义是将领百战百胜的法宝。进攻与防守的方法，不是依靠对方不来，而是充分做好迎敌的准备等待对方；不是依靠对方不来进攻，而是依靠自己不可战胜的力量。将领如果在进攻之前考虑好怎样进攻，在防守前谋划好怎样防备，这样，防守就是不可以攻克的，进攻就是无法防御的。将领如果骄傲贪婪而且又轻视敌人，那么必定被人俘获。

昔子发为楚将攻秦[①]，军绝馈饷。使人请于王，因归问其母。其母问使者曰："士卒得无恙乎？"使者曰："士卒升分菽粒而食之[②]。"又问曰："将军得无恙乎？"对曰："将军朝夕刍豢黍粱[③]。"后子发破秦而归，母闭门而不纳，使人数之曰："子不闻越王勾践之伐吴欤？客有献醇酒一器者，王使人注江上流，使士卒饮其下流。味不足加美，而士卒如有醉容，怀其德也，战自五焉。异日又有献一囊糗糒者[④]，王又以赐军士，军士分而食之。甘不足逾嗌[⑤]，士卒如有饫容[⑥]，怀其恩也，战自十焉。今子为将，士卒升分菽粒而食之，子独朝夕刍豢黍粱，何也？夫使人入于死地而康乐于其上，虽复得胜，非其术也。子非吾子，无入吾门！”子发谢，然后得入。及后为将，乃与士卒同其甘苦，人怀恩德，争先矢石，遂功名日远。若子发之母者，可谓知为将之道矣。

【注释】

①子发：战国楚宣王的将领。

②菽（shū）：豆类的总称。

③刍豢（chú huàn）：即刍豢。牛羊犬豕之类的家畜。黍：谷物。

④糗糒（qiǔ bèi）：干粮。

⑤嗌（yì）：咽喉。

⑥饫（yù）：意谓饱食。

【译文】

过去楚国的将军子发率兵攻打秦国，军队断绝了粮饷。子发派人向楚王请求援助，并顺便到家看望自己的母亲。他的母亲问使者：“士兵们还好吧？”使者说：“士兵们用升子分豆而食。”他母亲又问：“将军还好吧？”使者回答：“将军早上晚上吃肉和粮食。”后来子发打败秦国回国，他的母亲拒绝他进门，派人责备他说：“你没有听说过越王勾践攻打吴国的事情吗？有客人给越王进献了一壶美酒，越王派人把酒倒入江的上游，让士兵们在下游喝水。水中酒的味道虽然不足赞美，但是士兵却好像有了醉容，这是因为感激越王的恩德，所以作战时一名士兵可以抵挡五个敌人。又有一天，有人献了一口袋干粮，越王又把它赐给了将士，将士把干粮分了吃掉。干粮虽然很少不足让每个士兵吃好,但士兵们却好像吃得很饱的样子,这是感激越王的恩惠,作战时士兵们个个英勇杀敌,以一当十。现在你当将军,士兵只能分食豆粒,而你却一个人早晚吃肉吃粮,这是为什么?在战场上,让士兵们时时刻刻面对死亡,你却在上面享乐,虽然取得了胜利,但你的做法是不对的。你不是我的儿子,不要进我的家门!”子发谢罪,然后才进入家门。等到以后再做将军,就与士兵们同甘共苦,士兵感激他的恩德,都争先冒着箭石作战,于是子发的名声远播。像子发母亲这样的人,是懂得为将之道的了。

昔赵孝成王时[①],秦攻赵,赵王使赵括代廉颇为将[②],括母上书曰:“括不可使将也。始妾事其父,父时为将,身所奉饭而进食者以十数,所交者以百数。大王所赐之金币,尽以与军吏士大夫共之,受命之日,不问家事。今括一旦为将,东向而朝,军吏无敢仰视之者。王所赐金帛,归悉藏之,乃曰:‘视便利田宅可买者。’父子不同,立心各异,愿王勿遣。”王曰:“吾计已决矣。”括母曰:“王终遣之,设有不称,妾得无随坐乎?”王曰:“不也。”括遂行,代廉颇为将四十余日,赵兵果败,括死军覆。王以括母先言,不加诛也。若赵括母者,可谓豫识成败之机也。

【注释】

①赵孝成王:名丹,谥孝成。战国时期赵国君主。

②赵括:战国时赵国将领。善纸上谈兵,无真实指挥才能。廉颇:战国时赵国将领。勇敢善战。

【译文】

战国赵孝成王在位时,秦国进攻赵国,赵王命赵括代替廉颇做大将,赵括的母亲上书给赵王说："不可以让赵括做大将。我刚刚嫁给他父亲时，他的父亲做将军，亲自捧着饭献食的人数以十计，交结的朋友则数以百计。大王赏赐给他的金钱，全部与部下将士共享，从接受命令那天起，就不再过问家事。现在赵括一旦做了将军，面向东受将士拜见，将士没有人敢抬头看他。大王赏赐的金钱，回家后全部藏起来，还说：'看好的田宅可买一些。'父子二人性格不同，志向各异，希望大王不要派遣赵括。"赵王说："我已经决定了。"赵括的母亲说："大王最终还是要派遣他，万一他有不称职的时候，我能够不因他连坐受罪吗？"赵王说："不会的。"赵括于是出发，代替廉颇只有四十几天，赵国的军队果然失败，赵括阵亡，赵军覆没。赵王因为赵括的母亲有言在先，没有加罪杀掉她。像赵括的母亲，可以说是能够预先知道成败关键的人啊。

利人章第十

【题解】

民为邦本，本固邦宁。早在三代时，我国就产生了民本思想。《尚书·夏书·五子之歌》记载夏禹的训诫曰："民惟邦本，本固邦宁。"《尚书·周书·泰誓》亦载周武王曾曰："天视自我民视，天听自我民听。"到春秋战国时期，这种民本思想又有了新的发展。《孟子·尽心下》说："民为贵，社稷次之，君为轻。"人民是国家的根基，因此养民、利民就成为统治者治国的最重要内容。武则天精通文史，继承前代民本思想，将"利人"作为《臣轨》的重要内容，要求官员把行政利人作为自己的重要职责。本章专论为官者安民利民的必要性和实施策略。国以民为本，民以食为天。武则天认为：黎民百姓为天所爱，天子承天道以理民，需要大臣的辅佐，故而安民利民也是为臣者辅助天子的重要职责，对百姓要"安而利之，养而济之"，将"助君而恤人"视为大臣至忠的表现。而且武则天认为"衣食者，人之本也"，指出"忠臣之思利人者，务在劝导。家给人足，则国自安”。把兴本业、劝课农桑、轻徭薄赋、不夺农时、发展农业生产看作为官者安民、利人的重要方法。武则天不仅有利民富民思想，而且还将其贯彻到治国治民的实践中去。文明元年（684），武则天临朝称制，颁布《诫励风俗敕》，将安民利民、发展生产作为考核地方官吏的标准，要求州县官吏用心检查那些“惰于农作，专事末游”，“弃其井邑，逋窜外州”的人；敦劝百姓抓住农时，不误农事，发展生产；规定各州县境内，“田畴垦辟，家有余粮”者予以升奖；“为政苛滥，户口流移”者必加惩罚，轻者年终贬考，重者立即更替。垂拱二年（686），她又召集文学之士编撰《兆人本业》颁行天下，指导农业生产。武周时期，韦安石、王方庆、姚璹等人任地方官时扶绥百姓、兴修水利、发展生产，政绩卓著，受到武则天的表彰。因此，武则天当政时期，国家保持安定，农业持续发展，户口增长。尽管武则天的利民思想根本是要维护君主专制统治，但它在客观上起到了改善人民生活、促进社会发展的积极作用。

夫黔首苍生[①]，天之所甚爱也。为其不能自理，故立君以理之。为君不能独化，故为臣以佐之。夫臣者，受君之重位，牧天之甚爱，焉可不安而利之，养而济之哉！是以君子任职则思利人，事主则思安俗。故居上而下不重，处前而后不怨。

【注释】

①黔首苍生：指天下的黎民百姓。黔首，战国及秦代对百姓的称谓。《史记·秦始皇本纪》：“二十六年……更名民曰黔首。”东汉许慎谓：“秦谓民为黔首，谓黑色也。”唐孔颖达：“黔谓民也，黔谓黑也，凡人以黑巾覆头，故谓之黔首。”苍生，本指生草木之处。《尚书·虞书·皋陶谟》：“帝光天之下，至于海隅苍生。”孔颖达疏曰：“旁至四海之隅苍苍然生草木之处，皆是帝德所及。”后借指

老百姓。《文选·史岑〈出师颂〉》:“苍生更始,朔风变律。”唐刘良注:“苍生,百姓也。”

【译文】

黎民百姓,是上天最爱的人。因为他们不能自己管理自己,所以设立君主来治理他们。又因为君主不能独自教化百姓,所以设置官员来辅佐他。官员接受君主委派的重任,抚育上天最爱的百姓,怎么能不安抚百姓并使他们获利呢?怎么能不抚育他们并使得到帮助呢?因此,君子担任官职就要考虑有利于百姓,事奉君主就要考虑安定风俗。这样一来,位居于上,下面的人不会认为他们权重;位居于前,后面的人就不会心生怨恨。

夫衣食者,人之本也。人者,国之本。人恃衣食,犹鱼之待水;国之恃人,如人之倚足。鱼无水则不可以生,人无足则不可以步。故夏禹称①:“人无食则我不能使也。功成而不利于人,则我不能劝也。”是以为臣之忠者,先利于人。

【注释】

①夏禹:亦称大禹、戎禹。姒姓,名文命。传说中的古代帝王,夏王朝的奠基者。鲧之子。相传尧舜时代洪水泛滥,禹父鲧用堵塞的方法治水失败,禹受舜命治水,采用疏导的方法,三过家门而不入,终于平息水患。禹治水有功,舜咨询四岳,荐禹于天下。禹继舜为帝。

【译文】

衣食是百姓生存的根本。百姓是国家的根本。人依赖衣食,就好像鱼依赖水;国家依赖百姓,就好像人依赖双脚。鱼没有水就不能够生存,人没有脚就无法行走。所以夏禹说:“如果百姓没有饭吃,我就不能够驱使他们。建立功劳但对百姓却没有好处,我就不能劝诫他们。”因此要成为一个忠臣，首先是要能够有利于百姓。

《管子》曰："佐国之道，必先富人。人富则易化。是以七十九代之君，法制不一，然俱王天下者，必国富而粟多。粟生于农，故先王贵之。劝农之急，必先禁末作；末作禁，则人无游食；人无游食，则务农；务农则田垦；田垦则粟多；粟多则人富。是以古之禁末作者，所以利农事也。"至如锦绣纂组、雕文刻镂[1]，或破金为碎[2]，或以易就难，皆非久固之资，徒艳凡庸之目。如此之类，为害实深。故好农功者，虽利迟而后富；好末作者，虽利速而后贫。但常人之情，罕能远计，弃本逐末，十室而九。才逢水旱，储蓄皆虚，良为此也。故善为臣者，必先为君除害兴利。所谓除害者，末作也；所谓兴利者，农功也。

【注释】

①锦绣纂（zuǎn）组：泛指精美华丽的丝织物。纂，赤色或五彩的绦带。组，宽而薄的丝带，古人多用来系玉、印或冠。雕文刻镂：谓在器物上刻镂花纹图案，以为文饰。《汉书·景帝纪》："雕文刻镂，伤农事者也；锦绣纂组，害女红者也。"

②金：一本作"全"。译文从之。

【译文】

《管子》说："臣子辅佐君主治理国家的方法，必须首先让百姓富裕。百姓富裕就容易教化。所以七十九代的国君，治国的方略虽然不尽相同，但都能统治天下，必定是因为国家富足而粮食充裕。粮食是由农业生产的，所以先王重视农业。劝百姓发展农业生产最紧迫的，首先是禁止从事工商业；禁止从事工商业，百姓就不会游荡坐食；百姓不游荡坐食，就会从事农耕；从事农耕，土地就会得到开垦；土地开垦，粮食就会增多；而粮食增多，百姓就能富裕。因此，古代禁止工商业的目的，是为了有利于发展农业。”至于像锦绣纂组之类的丝织品、雕文刻镂的器具等，或是把整体破为零，或是把简单容易的搞得繁难复杂，这些都不是长久坚固的，只是让那些凡夫庸俗子的眼睛得到享受罢了。像这类东西，造成的危害实在很深。因此重视农业的人，获利虽慢但日后富足；而重视工商末业的人，虽然获利快，但日后贫穷。对一般人来说，很少有能有长远打算的，因此放弃农业生产去从事工商业的，十家中就有九家。一旦碰到水旱灾害，仓库储蓄的粮食就会全部用光，这主要是因为放弃农业追逐工商业的缘故。所以善于做臣子的，一定要先为君主除害兴利。所谓除害，就是禁止工商业；所谓兴利，就是劝百姓从事农业。

夫足寒伤心，人劳伤国，自然之理也。养心者不寒其足，为国者不劳其人。臣之与主，共养黎元[①]，必当省徭轻赋，以广人财；不夺农时，以足民用。

【注释】

①黎元：指黎民百姓。

【译文】

脚受寒会伤到心，百姓劳累会使国家受到损害，这是自然的规律。养护心脏的人不会使脚受寒，治理国家者也不能让百姓受劳累。臣子与君主共同教养百姓，一定要轻徭薄赋，以此来增加人民的财富；不侵夺农时，以此来满足百姓的需要。

夫人之于君，犹子于父母，未有子贫而父母富，子富而父母贫。故民足者，非独民之足，国之足也；民匮者[①]，非独民之匮，国之匮也。是以《论语》云：“百姓不足，君孰与足？”故助君而恤人者，至忠之远谋也；损下而益上者，人臣之浅虑也。

【注释】

①匮：缺乏，不足。

【译文】

百姓对于君主，就像子女对于父母一样，没有子女贫困而父母富裕的，也没有子女富足而父母贫困的。因此，百姓富足，不仅是百姓个人的富足，也是国家的富足；百姓匮乏，不仅仅是百姓匮乏，也是国家的匮乏。《论语》上说：“如果百姓不富足，哪个国君能富足呢？”所以辅佐君主而体恤百姓，是臣子最忠诚的深谋远虑；损害百姓而增加君主的收入，则是臣子的短见浅识。

《贾子》曰[①]：“上古之代，务在劝农，故三年耕而余一年之蓄，九年耕而余三年之蓄，三十年耕而人余十年之蓄。故尧水九年[②]，汤旱七载[③]，野无青草而人无饥色者，诚有此备也。”故建国之本，必在于农。忠臣之思利人者，务在劝导。家给人足，则国自安焉。

【注释】

①《贾子》：亦称《新书》《贾子新书》《贾谊新书》。西汉贾谊撰。十卷。其内容主要是“惩秦之失”，以劝谏汉初统治者要“以民为本”，主张废除“繁法严刑”，禁止“赋敛无度”，君主应以“仁义恩厚”和“权势法制”加强统治，主张削弱诸侯王势力，巩固中央集权制。提倡重农抑商，“欧民以归之农”。

②尧:传说中的上古帝王。帝喾之子,名放勋,初封于陶,后封于唐,故称陶唐氏,史称唐尧。

③汤:又称武汤、天乙、成汤。商朝的建立者。原是商部族领袖,与有莘氏通婚。任用伊尹执政,陆续攻灭葛(今河南宁陵)、韦(今河南滑县)、顾(今山东鄄城)、昆吾(今河南濮阳西南)等国。扩大了商部落的势力,成为当时强国。后率诸侯进伐夏桀,大败夏桀于鸣条(今河南封丘东,一说在今山西运城境内),放桀于南巢(今安徽桐城南),遂灭夏朝,建立商王朝。

【译文】

《贾子》说:"上古时代,致力于勉励百姓发展农业生产,因此三年耕种可有一年的储藏,九年耕种可有三年的储藏,三十年耕种可有十年的储藏。正因为如此,尧时遭九年水灾,汤遇七年旱灾,田野中都没有青草,却没有饥饿之人,实在是因为有这些储备的结果。"因此,建设国家的根本,必定是在农业方面。忠臣在考虑利于百姓之时,务必要劝导人们务农。如果家庭富裕而百姓充足,那么国家自然安定了。

跋

【题解】

在《臣轨》中，武则天从同体、至忠、守道、公正、匡谏、诚信、慎密、廉洁、良将、利人十个方面，多角度全方位地论述了为臣之道。本篇是《臣轨》结论部分，武则天对全书做了总结，叙述了本书的写作情况和写作目的，希望各级官员认真学习《臣轨》，恪守为臣之道，再次强调君臣同体、忠心事君、为政公平、贵敦诚信、清正廉洁、谨慎保密，上敢于规谏君主之失，下常思安民利民之举。武则天是我国历史上杰出的政治家，《臣轨》的编撰集中体现了她的文史修养和政治智慧，同时也反映了她对吏治的重视。史载：《臣轨》成书之后，武则天就将它颁赐给群臣，后来又将其作为科举考试的重要内容，督促那些即将步入官场的举人们学习，对当时的官吏和士人产生了重要影响。时人孙祥曾称赞："《臣轨》既是御撰，妙极！稽古垂范，作镜百僚，既为臣之令模，乃事君之要道。宜诵登于口，诚藏于心。束发盍簪，庶多宏益。"（杨守敬《日本访书志》）从历史的角度看，《臣轨》对后世的吏治建设也起到了一定的积极作用。

论曰：夫君臣之道，上下相资，喻涉水之舟航[①]，比翔空之羽翼。故至神攸契，则星象降于穹苍[②]；妙感潜通，则风云彰于寤寐[③]。其同体也，则股肱耳目不足以匹其同；其益政也，则曲蘖盐梅未可以方其益[④]。谅直之操由此而兴[⑤]，节义之风因斯以著。是知家与国而不异，君与亲而一归。显己扬名，惟忠惟孝。

【注释】

①涉水之舟航：与下文之“翔空之羽翼”，比喻君臣之间的特殊关系。《管子·霸形》载：齐桓公对管仲说：“寡人之有仲父也，犹飞鸿之有羽翼也，若济大水有舟楫也。”

②星象：指星体的明、暗及位置等，古人或据此占卜人间的吉凶祸福。穹苍：指天。《诗经·大雅·桑柔》：“靡有旅力，以念穹苍。”孔颖达疏引李巡曰：“仰视天形，穹隆而高，其色苍苍，故曰穹苍。”

③风云：《周易·乾卦》：“云从龙，风从虎，圣人作而万物睹。”意谓同类相感应。后因以“风云”比喻遇合、相从。寤寐：指睡醒和入睡，犹言日夜。《诗经·周南·关雎》：“窈窕淑女，寤寐求之。”

④曲蘖（niè）盐梅：出于《尚书·商书·说命下》：“若作酒醴，尔惟曲蘖；若作和羹，尔惟盐梅。”古人把治国比作做酒醴或和羹，而官员好像是酿酒所需的酒曲和调味所需的盐梅。比喻官员辅佐君主治国。曲蘖，指酿酒所用的酒曲。盐梅，古时调味所用的咸盐与酸梅。

⑤谅直：诚实正直。谅，诚信。

【译文】

论曰：君臣之道，在于上下互相支持，好比涉水摆渡有航船，如同翱翔天空有双翅。彼此心神契合，吉祥就会从天而降；心灵相通，遇合就会日夜彰显。对于君臣同体，用股肱耳目来形容它是不够的；同体对政治的好处，用酒曲盐梅来比喻也是不够的。诚信正直的操守由此而兴起，守节忠义的风尚由此而彰显。可见家与国没什么不同，君主与双亲也是一致的。要使自己名声显扬，只有尽忠尽孝而已。

每以宫闱暇景[①]，博览琼编[②]，观往哲之弼谐[③]，睹前言之龟镜[④]，未尝不临文嗟赏[⑤]，抚卷思维[⑥]。庶令匡翊之贤[⑦]，更越夔、龙之美[⑧]，爰申翰墨[⑨]，载列缣缃以鉴[⑩]。荣辱无门，惟人所召。若使心归大道，情切至忠，务守公平，贵敦诚信[⑪]，抱廉洁而为行，怀慎密以修身，奉上崇匡谏之规，恤下思利人之术，自然名实兼懋[⑫]，禄位俱延，荣不召而自来，辱不遣而斯去。然则忠正者致福之本，戒慎者集庆之源，若影随形，犹声逐响。凡百群彦[⑬]，可不勖欤[⑭]！

垂拱元年撰[⑮]

【注释】

①宫闱：又作“宫帏”。指帝王、后妃所居住之处。暇景：空闲的时光。

②琼编：代指美好的诗文篇章。

③弼谐：辅佐以使和谐。《尚书·虞书·皋陶谟》：“允迪厥德，谟明弼谐。”孔颖达疏：“以辅弼和谐其政。”

④龟镜：龟能卜吉凶，镜能别美丑，故以龟镜指代借鉴。《隋书·魏澹传》：“五帝之圣，三代之英，积德累功，乃文乃武，贤圣相承，莫过周室，名器不及后稷，追谥止于三王，此即前代之茂实，后人之龟镜也。”

⑤嗟赏：赞赏，叹赏。

⑥思维：犹指思考。

⑦匡翊（yì）：匡正辅佐。

⑧夔（kuí）、龙：传说为虞舜时的两位大臣。夔是乐官，龙是谏官。后用以借指辅弼重臣。

⑨爰：于是。翰墨：义同“笔墨”。曹魏文帝《典论·论文》：“是以古之作者，寄身于翰墨，见意于篇籍……而声名自传于后。”后世亦借指文章、书画等。翰，羽毛，古时作笔用。此称始见于汉，沿用至今。

⑩缣缃（jiān xiāng）：指书籍。缣指双丝织的微带黄色的细绢，缃指浅黄色的帛，皆可供书写用。

⑪敦：勉励。

⑫懋（mào）：美好之意。

⑬彦：指才德出众的贤士。

⑭勖（xù）：勉励之意。

⑮垂拱：武则天临朝称制时使用的年号（685—688）。

【译文】

我经常利用听政闲暇的时光，博览群书。每当看到先哲辅弼和谐，或前人可资借鉴的言论，未尝不对文感慨，反复思考。为了使今天辅佐朝政的贤臣，能够超越夔、龙的美名，便舒展笔墨，将这些事迹写下来作为借鉴。荣辱之来没有定数，都是由人自己招致的。如果使自己的思想归于正道，情感切近忠诚，恪守公平，看重诚信，拥有廉洁的操行，以谨慎细密来修身养性，侍奉君主推崇匡谏的准则，体恤百姓考虑利人的方法，自然就会名实俱佳，官运亨通，荣誉不召而自来，耻辱不遣而自去。当然，忠诚正直是带来福禄的根本，警戒谨慎是获得奖赏的源泉，如同影子随形、声音逐响一样。所以，百官群臣，一定要努力啊！

垂拱元年撰

庭训格言

前言

《庭训格言》是康熙皇帝在日常生活中教诲诸皇子的语录，由其四子雍正皇帝于雍正八年（1730）追述编撰而成。“庭训”之语，出自《论语·季氏》。有一天，孔子独自站在庭院内，其子孔鲤从庭中经过。孔子问：“学诗乎？”孔鲤回答说没有。孔子教训说：“不学诗，无以言。”孔鲤退下去后就赶紧学习诗。过了几天，孔子又在庭院中遇到孔鲤，问他：“学礼乎？”孔鲤回答说没有。孔子教训说：“不学礼，无以立。”孔鲤退下去后又抓紧学习礼。后世即以“庭训”指代父亲的教诲，泛指家庭教育，这里是指康熙皇帝对诸皇子的教育。“格言”是指含有教育意义可为人法则的名言警句，出自《三国志·崔琰传》。崔琰劝谏魏文帝曹丕时说：“盖闻盘于游田，《书》之所戒；鲁隐观鱼，《春秋》讥之。此周、孔之格言，二经之明义。”雍正皇帝将康熙皇帝的话看作“格言”，希望诸皇子能够以此为行事的准则。

康熙皇帝名爱新觉罗·玄烨，八岁即位，在位六十一年，是中国历史上在位时间最长的皇帝。康熙帝即位时，清朝政权刚刚入关，统治尚不稳固，因此采取了一系列集权措施。在政治上，智擒权臣鳌拜，将权力牢牢掌握在自己手中，并整顿吏治，惩治贪官。在经济上，废止“圈地令”，延长垦荒免税年限，实行更名地，蠲免钱粮，使地丁合一，废除匠籍制度，发展经济。在文化上，重视儒学，兴办学校教育，组织编撰《康熙字典》

《古今图书集成》等图书典籍。在军事上，先后平定三藩叛乱，收复台湾，亲征准格尔，驱逐沙俄势力。这些措施不仅巩固了清朝政权在中原的统治，使明末以来受到严重破坏的社会经济得到初步恢复，而且维护了国家的统一和领土的完整，为“康乾盛世”的出现奠定了坚实的基础。

康熙皇帝儿女众多。在中国古代，人们普遍认为多子多福，但皇帝多子并非都是好事，因为同室操戈、兄弟相残的事史不绝书。康熙帝非常重视后代的教育，认为“豫教储贰为国家根本”。为了教育好诸皇子，他不仅挑选名臣张英、李光地、熊赐履等教授皇子们学问，而且非常重视在日常生活中对诸皇子进行言传身教。《庭训格言》就是他日常教诲诸皇子的言论。此书内容丰富，涉及诚敬忠孝、读书治学、修身齐家、立德树仁、守法尚礼、勤政务本、知人善任、处事审慎、崇俭戒盈、养生避险各方面。

康熙皇帝认为，“君子修德之功，莫大于主敬”，“凡事惟当以诚，而无务虚名”。读书学习应与社会实践相结合，而不能为书所愚。修身治心关键在“防于念之初生，情之未起”，养育子女不可过分溺爱娇养。“立德”即为建立德业，“树仁”唯在行善。礼乐是用来调和人与人之间矛盾的，赏罚则是治理国家的权柄。“凡人处世，有政事者政事为务，有家计者家计为务，有经营者经营为务，有农业者农业为务，而读书者读书为务”。君主以天下人之耳目为耳目，以天下人之心思为心思，就可以明四目、达四聪。“人于事务之来，无论大小，必审之又审，方无遗虑”。“知足不辱，知止不殆，可以长久”。读书学习是日常养生的重要方法，而“节饮食，慎起居，实却病之良方”。

《庭训格言》问世后，“宫廷皇子多本是书以为教”（刘承幹《御制庭训格言·跋》）。由于康熙皇帝的精心教育和培养，其皇子皇孙大都发展较为全面，多数具备较高的满汉文化素养。《庭训格言》也为后世的家庭教育提供了借鉴，产生了深远的影响。此外，《庭训格言》所录多为“史臣所记注，黎献所睹闻”之外，《实录》和《宝训》所不载，其内容涉及康熙年间的治河、平定三藩、满蒙关系以及当时的一些社会情况，是研究清初的历史和康熙皇帝的思想、心理不可多得的宝贵史料，具有很高的史料价值。当然，由于时代的局限性，书中有些内容不再适合当今社会。但总的看来，它所提供的一些经验，仍是留给后人的一笔宝贵的文化遗产，仍有重要的借鉴意义。

《庭训格言》于雍正八年（1730）成书后，在传承抄录过程中先后出现多种版本。乾隆三十七年（1772），乾隆皇帝下诏编纂《四库全书》，将《庭训格言》收录在子部之中，目前常见的版本即文渊阁四库全书本。乾隆皇帝又以《四库全书》卷帙浩繁，不易检索为由，下令四库馆臣纪昀、永瑢等在《四库全书》中“撷其菁华，缮为荟要，其篇式一如全书之例”，另编一套卷帙较少的丛书，至乾隆四十三年（1778）编纂成《钦定四库全书荟要》，《庭训格言》分属史部。这就是我们目前看到的摛藻堂四库全书荟要本。清乾隆年间，内府依据《钦定四库全书荟要》以朱格抄写的《庭训格言》也流传至今，即乾隆年钞本。到了光绪十四年（1888）十月，时任户部尚书的阎敬铭在其书斋——有诸己斋中检索出包括《庭训格言》在内的十七种“治躬教家”的前代典籍，编成“有诸己斋格言丛书”。清末民初，刘承幹又以世风日颓，选取包括《圣祖仁皇帝庭训格言》在内的十一种古籍，于1920年编成“留余草堂丛书”。

上述版本对《庭训格言》的传承有十分重要的意义。但是有些版本在翻刻过程中多有遗漏舛误。鉴于清文渊阁四库全书本《庭训格言》最早，抄写最为精细，是清朝官方的权威版本，我们在整理本书时便以文渊阁四库全书本作为底本，而以其他版本为校本。原书总列二百四十六条，并无编次，条理不大清晰，故此次整理将其分类编为十卷，以便大家阅读理解。

序

世宗宪皇帝胤禛御制[1]

【题解】

此篇是雍正皇帝为《庭训格言》亲笔撰写的序文，旨在说明编写此书的目的。清圣祖康熙皇帝是中国帝制时代晚期一位具有雄才大略的帝王，他在位六十一年，文治武功，颇为可观。在序文中，雍正首先对康熙皇帝的政绩进行了高度的评价，称其"圣德神功，超越万古"。这个评价虽为溢美之辞，但也表明了康熙帝在中国历史上的重要地位。《庭训格言》所收录的内容，是康熙帝晚年教育诸皇子的语录。其内容涉及康熙帝治国理政、修身养性、生活学习的方方面面，并给出有益的告诫，提出殷殷的希望。

钦惟皇考圣祖仁皇帝[2]，性秉生安，道参化育[3]，临御悠久，宇宙清宁六十载。圣德神功，超越万古。凡为史臣所记注、黎献所睹闻者[4]，固已备编于《实录》《宝训》[5]，珍藏于金匮琅函[6]，矞矞皇皇[7]，盛矣大矣！朕曩者偕诸昆弟侍奉宫庭[8]，亲承色笑[9]，每当视膳问安之暇，天颜怡悦[10]，倍切恩勤,提命谆详[11],巨细悉举。其大者如对越天祖之精诚[12],侍养两宫之纯孝[13],主敬存诚之奥义[14],任人敷政之宏猷[15],慎刑重谷之深仁,行师治河之上略[16],图书经史礼乐文章之渊博,天象地舆历律步算之精深[17],以及治内治外,养性养身,射御方药[18],诸家百氏之论说,莫不随时示训。遇事立言,字字切于身心,语语垂为模范,盖由我皇考质本生知,而加以好学,圣由天纵,而益以多能,举天地间万事万物之理,融会贯通,以其得之于心者,宣为至教。视听言动悉合经常,饮食起居咸成矩度[19]。而圣慈笃挚[20],启迪周详,涵育薰陶,循循善诱[21]。朕四十年来,祗聆默识,夙夜凛遵[22],仰荷缵承[23],益图继述[24]。追思畴昔天伦之乐[25],缅怀叮咛告戒之言,既历历以在心,尚洋洋其盈耳。谨与诚亲王允祉等[26],记录各条,萃会成编,恭名为《庭训格言》[27]。

【注释】

①世宗宪皇帝:即爱新觉罗·胤禛。世宗是其庙号,宪皇帝是其谥号。因其年号为雍正,故后世称其为雍正帝。雍正帝为康熙帝第四子。雍正帝在位期间,勤于政事,进行了一系列的改革。如在西南地区实行改土归流,加强对西南少数民族的统治;大力整顿财政,实行耗羡归公;设置军机处加强皇权等。这些改革对康乾盛世的持续发展具有关键性作用。

②皇考:对亡父的尊称。圣祖仁皇帝:即爱新觉罗·玄烨。圣祖是其庙号,仁皇帝是其谥号。因其年号为康熙,故后人称为康熙帝。康熙帝八岁登基,十四岁亲政,在位六十一年,是中国历史上在位时间最长的皇帝。康熙帝在位期间,智擒鳌拜,平定三藩,收复台

湾，驱逐沙俄，大破准格尔，加强黄河的治理，重视发展文化，开创康乾盛世的局面，是清初杰出的政治家。

③化育：本意是指天地生成万物。《礼记・中庸》："能尽物之性，则可以赞天地之化育。"后引申为封建统治者教化养育百姓。

④黎献：指黎民百姓中的贤能之人。《尚书・虞书・皋陶谟》："万邦黎献，共惟帝臣。"

⑤《实录》：这里是指《圣祖仁皇帝实录》。雍正元年（1723），大学士张廷玉等奉命开始编纂，历时九年，至雍正九年完成，共计三百卷，详细记录了康熙六十余年的重要历史事件，具有重要的史料价值。实录，是古代一种编年体史书。一般在帝王去世后，取其起居注、日录、时政记以及诏令等，按照年月汇编而成，主要记载帝王在位期间发生的大事。《宝训》：是指雍正年间编纂的另一部关于康熙帝言行的书籍《圣谕广训》。一卷。主要内容有康熙帝原训十六条和雍正帝对原训的阐发解释万余字。

⑥金匮（guì）：亦作"金柜"，或"金馈"。用铜制的柜子，古时用以收藏贵重的文献或文物。《汉书・晁错传》："刻于玉版，藏于金匮，历之春秋，纪之后世。"琅函：书匣的雅称。

⑦矞（yù）矞皇皇：亦称"皇皇矞矞"。意指美好盛大的样子。清周亮工《祝龚芝麓总宪序》："其所为诗歌古文辞，度必多皇皇矞矞，照映简册。"

⑧曩（nǎng）者：意指从前。《礼记・檀弓》："曩者，尔心或开予，是以不与尔言。"昆弟：即指兄弟。《论语・先进》："孝哉！闵子骞！人不间于其父母昆弟之言。"

⑨色笑：指对人和颜悦色的态度。语出《诗经・鲁颂・泮水》："载色载笑，匪怒伊教。"郑玄笺："僖公之至泮宫，和颜色而笑语，非有所怒，于是有所教化也。"

⑩天颜：古代指天子、帝王的容颜。怡悦：喜悦，高兴。

⑪提命：即指耳提面命，谓亲自教诲。语出《诗经·大雅·抑》："匪面命之，言提其耳。"谆详：即指恳切而详尽。明高拱《伏戎纪事》："其间敕谕之谆详，赉锡之隆厚，纤悉皆备。"

⑫对越：答谢颂扬。天祖：又称"玄祖父"，或"五世祖"。指高祖之父。

⑬两宫：指康熙帝祖母孝庄文皇后与母孝康章皇后。孝庄文皇后，博尔济吉特氏，名布木布泰，意为"天降贵人"，蒙古科尔沁部（在今通辽）人。皇太极妃嫔。孝庄文皇后一生经历努尔哈赤、皇太极、顺治、康熙四朝，培养、辅佐了清顺治、康熙两代皇帝，是清初杰出的女政治家。孝康章皇后，佟佳氏，原属汉军正蓝旗，康熙时入满洲镶黄旗。顺治帝妃嫔，康熙帝玄烨生母。

⑭主敬：指心内恭敬。语出《礼记·少仪》："宾客主恭，祭祀主敬，丧事主哀，会同主诩。"存诚：指心存虔诚。语出《周易·乾卦·文言》："九二曰'见龙在田，利见大人'，何谓也？'子曰：'龙，德而正中者也。庸言之信，庸行之谨，闲邪存其诚，善世而不伐，德博而化。'"奥义：精深的义理，深奥的含义。

⑮敷政：即施行政事。《诗经·商颂·长发》："敷政优优，百禄是遒。"宏猷（yóu）：远大的谋略，宏伟的计划。

⑯治河：即治理黄河。康熙在亲政之初，把"河务""漕运""三藩"三件事写在宫殿的柱子上，作为自己执政的三大要务。所谓"河务"，就是治理黄河的水患。

⑰天象：本指日月星辰在天幕上有规律的运动现象，中国古代星占家将天空发生的各种自然现象皆称为"天象"，通常借助观察天象的变化来占卜社会和个人的吉凶。地舆：本指大地。地载万物，故古人比之以车舆，因称其为地舆。《淮南子·原道训》："以地为舆则无不载也。"后作为地理学的代称。历律：即历法。步算：即推步和算术的合称。中国古人认为日月转运于天，犹如人之行步，可推算而知，故将用仪器或算术来考测天象称作"步

算”。

⑱射御：射箭御马之术。古代六艺礼（礼仪）、乐（音乐）、射（射箭）、御（驾车）、书（识字）、数（计算）中的两种。《史记·孔子世家》记载：“孔子以诗书礼乐教，弟子盖三千焉，身通六艺者七十有二人。”方药：指医方与药物，代指中药学。

⑲矩度：本指计量长度和角度的用具，后引申为规矩法度。

⑳圣慈：圣明慈祥，旧时常用作对皇帝或皇太后的赞谀之称。笃挚：真诚，真挚。

㉑循循善诱：指善于引导别人进行学习。语出《论语·子罕》：“夫子循循然善诱人，博我以文，约我以礼，欲罢不能。”

㉒夙（sù）夜：即朝夕、日夜，指天天、时时。凛遵：即严格遵循。

㉓仰荷：敬领，承受。缵（zuǎn）承：意指继承。

㉔继述：继承，接续。

㉕畴昔：亦作“畴日”。往昔，日前，以前。《礼记·檀弓》：“予畴昔之夜，梦坐奠于两楹之间。”天伦：指父子、兄弟等亲属关系。

㉖允祉：清朝宗室。康熙帝第三子。

㉗庭训：指父亲的教诲。《论语·季氏》记载：某日，孔子站在院子中，其子孔鲤“趋而过庭”，孔子问曰：“学诗乎？”孔鲤回答：“未也。”孔子教训他：“不学诗，无以言。”因而孔鲤“退而学诗”。又一日，孔子在院子里，又见孔鲤“趋而过庭”，遂问其是否学习礼，孔鲤回答没有，孔子告诫他：“不学礼，无以立。”孔鲤又“退而学礼”。后来将父亲对儿子的教育训诲称作“庭训”。格言：一般是指含有教育意义、可为准则的名言警句。

【译文】

我尊敬的父皇圣祖仁皇帝，天生就懂并深刻钻研养育安定教化百姓的道理，统治百姓时间长久，天下安定长达六十年。他盛大的德行与功绩，超越了历来的帝王君主。我父皇治理天下时，凡被朝廷史臣所记录的和民间贤士所见所闻的言行，都已经编写在《实录》和《宝训》中了，但这些都被收藏在皇家书库之内，记录的都是一些国家大政和父皇的盛大形象。以前，我与其他兄弟侍奉父皇于宫廷内，亲自感受到父皇对人和蔼可亲的态度。每当我向父皇问安、侍奉父皇进餐的时候，他都会非常高兴，对我愈加亲切，给我更多关心，经常耳提面命，耐心地教导我，各种大小之事都有提及。其中大的方面，譬如真心诚意地颂扬祖先，孝敬顺从地侍奉两宫太后，恭敬虔诚之深义，任用大臣、治国理政的宏大计划，谨慎使用刑罚和重视农业生产体现出深厚的仁爱，用兵和治理黄河的上等谋略，关于经史典籍、礼乐文章的渊博知识，关于天文地理、历法步算精微深奥的见解，以及内政外交、培养心性与养护身体、驾车射箭中医药方、诸子百家的观点等诸多方面，无不随时随地教育我。父皇之所以能够借事发表言论，一字一句贴近人的内心，都够成为后代学习的榜样，大概是因为我的父皇天生就知道许多事情和多智多才，再加上父皇后天好学，拥有多项技能。因此，父皇能够将天地间万事万物中所蕴含的道理融会贯通，领会于心，成为教育我的内容。可以看到：父皇平日里的言语行为都符合经典常理，饮食起居也都可作为后世学习的规矩法度。特别是，父皇还非常的慈祥真诚，全面而详细地启发我，在潜移默化中感染我，循序渐进地教导我。四十年来，我将父皇教导的言语都默默地记在心里，每天都以此来严格规范自己的行为，希望继承父皇美好的德行，发扬父皇宏大的事业。回想起以前与父皇相处的欢乐时光，怀念父皇谆谆告诫的话，这些都时常萦绕在我的心里，充满我的耳中。现在，我与诚亲王允祉等，各自将昔日父皇教导我们的话语记录下来，精选汇聚成编，恭敬地将其命名为《庭训格言》。

於戏！圣谟弘远[①]，包涵无际。以今所纪，揆昔所闻[②]，仅存什一于千百，阙略甚多[③]，实深愧悚[④]。然而是编也，文辞精要，意旨深长，苟能引伸而扩充之，则片语能含众义，只字可括千言。虽卷帙简约，而格致诚正、修齐治平之道[5]，罔弗兼该[6]；尧舜禹汤、文武周孔之传，一以贯之矣[7]。爰奉秘集，寿之琬琰[8]，以昭垂于亿万世。《书》曰[9]："监于先王成宪[10]，其永无愆[11]。"《诗》曰[12]："诒厥孙谋，以燕翼子[13]。"勖哉[14]！后嗣恪循祖训，念兹罔斁[15]，受益靡穷。世世子孙，尚其永久敬承哉[16]！

谨序

【注释】

①圣谟：指圣人治天下的宏图大略。语出《尚书·商书·伊训》："圣谟洋洋，嘉言孔彰。"后被作为称颂帝王谋略之词。弘远：广大深远。《汉书·高帝纪》："初顺民心作三章之约。天下既定，命萧何次律令，韩信申军法，张苍定章程，叔孙通制礼仪，陆贾造《新语》。又与功臣剖符作誓，丹书铁契，金匮石室，藏之宗庙。虽日不暇给，规摹弘远矣。"

②揆（kuí）：度量。

③阙略：缺漏，不完备。

④愧悚（sǒng）：指内心惭愧惶恐。

⑤格致诚正：即格物致知，诚意正心。修齐治平：修身、齐家、治国、平天下的简称。《大学》："古之欲明明德于天下者，先治其国；欲治其国者，先齐其家；欲齐其家者，先修其身；欲修其身者，先正其心；欲正其心者，先诚其意；欲诚其意者，先致其知，致知在格物。物格而后知至，知至而后意诚，意诚而后心正，心正而后身修，身修而后家齐，家齐而后国治，国治而后天下平。自天子以至于庶人，壹是皆以修身为本。"将格物、致知、诚意、正心、修身、齐家、治国、平天下看作为学修德的基本步骤与方法。

⑥罔弗：无不，没有不。兼该：亦作“兼赅”。即指兼备，包括多个方面。

⑦一以贯之：指一种思想或理论在事物中贯通始终。语出《论语·里仁》：“参乎！吾道一以贯之。”

⑧寿：镌刻，谓使之长远留存。琬琰：指琬圭及琰圭，亦泛指美玉。《尚书·周书·顾命》：“赤刀、大训、弘璧、琬、琰在西序，大玉、夷玉、天球、河图在东序。”唐玄宗《孝经序》：“写之琬琰，庶有补于将来。”后多用来比喻君子的美好德性，亦可指对碑石之美称。

⑨《书》：即指《尚书》。儒家经典之一，是中国上古历史文献和部分追述古代事迹著作的汇编。

⑩成宪：原有的法律、规章制度。

⑪愆：过错。

⑫诗：即《诗经》。中国先秦时期的一部诗歌总集，收集了西周初年至春秋中叶的诗歌，共计三〇五篇。

⑬诒（yí）厥孙谋，以燕翼子：语出《诗经·大雅·文王有声》。郑笺：“诒，遗也。燕，安也。乃遗其后世之子孙以善谋，以安翼其子也。”

⑭勖（xù）：鼓舞，勉励。《尚书·周书·泰誓》：“勖哉，夫子！”

⑮斁（yì）：厌倦，懈怠，厌弃。

⑯敬承：恭敬、敬肃地接受、继承。

【译文】

呜呼！父皇的谋略广大深远，包含无际。而今天我所能记下来的，与昔日父皇所讲的相比，仅存千百分之一，缺少的还非常多，对此我心里是深感惭愧和惶恐的。然而《庭训格言》的编撰，辞藻精炼扼要，意义深刻而耐人寻味，如果在阅读时旁征博引，则即便是只言片语也能包含许多深意，一个字也可概括千言万语。这部书虽然内容简略，但格物、致知、诚意、正心、修身、齐家、治国、平天下的道理无不包括其中，唐尧、帝舜、大禹、商汤、文王、武王、周公、孔子这些圣王贤人的事迹和思想都在这部书中贯穿始终。于是，我把这部宝贵的典籍公之于众，使其能够永久地传之于后世。《尚书》中曾经说："只要能够遵守先王既有的法令、制度，就能够长久不犯错误。"《诗经》中也说："遗留给后世子孙以善谋，以安定成就他们。"努力吧！后世子孙要恪守圣祖遗训，不要忘记这些训诫，永不懈怠地坚持下去，就会受益无穷。希望后世子子孙孙，都要长久敬肃地遵守圣祖的这些教导！

谨序

卷一

诚敬忠孝

【题解】

康熙皇帝认为，人生在世，需要诚敬的品质和忠孝的思想。诚，就是要诚实、诚恳、诚信，不欺天，不欺人。敬，就是要敬重祖先、敬爱师长、敬畏天地。忠，就是要忠厚端肃、忠君爱国。孝，就是要孝顺父母、孝敬长辈。康熙对他的子孙讲：君子修德之功，莫大于主敬。一个人无论年纪大小，都要常怀敬畏之心，为人处事要讲诚信，而不要务虚名，这样才能很好地融入社会。如果忠于君而孝于亲，就一定会得到他们的欢心。

1　训曰：子曰："鬼神之为德，其盛矣乎！使天下之人齐明盛服，以承祭祀。洋洋乎！如在其上，如在其左右[①]。"盖"明有礼乐，幽有鬼神[②]"。然敬鬼神之心，非为祸福之故，乃所以全吾身之正气也[③]。是故君子修德之功，莫大于主敬。内主于敬，则非僻之心无自而动[④]；外主于敬，则惰慢之气无自而生[⑤]。念念敬斯念念正，时时敬斯时时正，事事敬斯事事正。君子无在而不敬，故无在而不正。《诗》曰[⑥]：

"明明在下,赫赫在上……维此文王,小心翼翼。昭事上帝,聿怀多福⑦。"其斯之谓与?

【注释】

①"鬼神之为德"几句:语出《中庸》:"鬼神之为德,其盛矣乎!视之而弗见,听之而弗闻,体物而不可遗。使天下之人齐明盛服,以承祭祀。洋洋乎!如在其上,如在其左右。"指人们想象鬼神在其旁而不见的样子。齐(zhāi),庄重。明,洁净。盛服,穿着整齐庄重。洋洋,仿佛,好像。

②明有礼乐,幽有鬼神:意思是在明处有礼乐来规范人们的行为,在暗处则因为敬畏鬼神而人们就会约束自己。语出《礼记·乐记》:"大乐与天地同和,大礼与天地同节。和,故百物不失;节,故祀天祭地。明则有礼乐,幽则有鬼神。如此,则四海之内合敬同爱矣。"

③正气:指天地间至大至刚之气象,人所持有的正直之气概。

④非僻:即非辟,为邪恶之意。

⑤惰慢:懒惰懈怠。《荀子·礼论》:"其立声乐恬愉也,不至于流淫惰慢。"

⑥《诗》:即指《诗经》。

⑦"明明在下"几句:语出《诗经·大雅·大明》。明明,光明的样子。在下,即在人间。赫赫,显著而盛大的样子。在上,指在天上。明明、赫赫皆形容周文王之德行。昭,明白。聿,古汉语助词,用在句首或句中,无实际意义。怀,招来之意。

【译文】

父皇训教说:孔子说:"鬼神之德,是非常盛大的。让全天下的人都要洁净庄重,穿着庄重的礼服来祭祀鬼神,仿佛鬼神就在附近而不能看见,像是在自己的上边,又像是在自己的左右。"《礼记·乐记》则称:"人们的行为明处有各种礼乐制度来规范,暗处则因对鬼神的敬畏而自我约束。”然而，我们郑重地祭祀鬼神，并不因为要避祸求福，而是要通过祭祀鬼神时内心的敬畏虔诚之心来保持自己身上的刚正之气。所以君子修身养德的方法，没有什么比保持恭敬之心更重要了。保持内心的恭敬，那么邪恶的念头就无从萌动；保持外貌仪表的庄重恭敬，那么懒惰懈怠之气就无从发生。每一个人内心存有恭敬就会使所有意念表现出正气，每一时内心存有恭敬就会使每一时表现出正气，每一件事内心存有恭敬就会使每件事表现出正气。君子行事无处不表现出恭敬之意，所以没有地方不会表现出正气。《诗经》说：“周文王的盛德生前传遍天下，死后在天上也非常显著而盛大……周文王平时谨慎恭敬地侍奉上帝，因而能得到上帝的福报。”大概就是因为这个敬的原因吧？

2　训曰：吾人凡事惟当以诚，而无务虚名。朕自幼登极①，凡祀坛庙②，礼神佛，必以诚敬存心③。即理事务、对大臣，总以实心相待④，不务虚名。故朕所行事，一出于真诚，无纤毫虚饰。

【注释】

①登极：即指皇帝即位。

②坛庙：古人祭祀天地、日月、山川、祖先社稷等的建筑。坛有天坛、地坛、日坛、月坛等，庙有太庙、文庙、武庙等。

③诚敬：指诚恳恭敬。

④实心：指真实的心意，不以虚情假意待人。

【译文】

父皇训教说：我们凡事都要以诚心实意相待，而不要只图虚名。我自幼登极，每次亲自祭祀坛庙，礼拜供奉各种神佛时，必定以诚恳恭敬之心来祭拜。即使在处理政务、接见大臣时，我也总是以真心实意对待他们，而不图虚假的名声。所以我做事都出自内心的真诚实意，而没有一丝一毫虚假掩饰。

3　训曰：为臣子者，果能尽心体贴君亲之心[①]，凡事一出于至诚，未有不得君亲之欢心者。昔日太皇太后驾诣五台[②]，因山路难行，乘车不稳，朕命备八人暖轿[③]。太皇太后天性仁慈，念及校尉请轿[④]，步履维艰[⑤]，因欲易车。朕劝请再三，圣意不允。朕不得已命轿近随车行。行不数里，朕见圣躬乘车不甚安稳[⑥]，因请乘轿。圣祖母云[⑦]："予已易车矣，未知轿在何处？焉得即至？"朕奏曰："轿即在后随。"令进前。圣祖母喜极，拊朕之背[⑧]，称赞不已，曰："车轿细事，且道途之间，汝诚意无不恳到，实为大孝。"盖深惬圣怀[⑨]，而降是欢爱之旨也[⑩]。可见凡为臣子者，诚敬存心[⑪]，实心体贴，未有不得君亲之欢心者也。

【注释】

①君亲：君王与父母。

②太皇太后：此指孝庄文皇后。诣：前往，去到。五台：即五台山，在今山西忻州五台县。中国佛教四大名山之一（另外三座为浙江普陀山、安徽九华山、四川峨眉山）。

③暖轿：即有帷幕遮蔽可以防寒的轿子。

④校尉：古代军中的一种军职名，这里指随行的卫士等。请轿：对抬轿的一种恭敬说法。

⑤步履维艰：形容走路非常吃力，行走困难。

⑥圣躬：对皇帝身体的尊称。这里是指对孝庄文皇后的代称。

⑦圣祖母:孝庄文皇后为康熙帝祖母,因称圣祖母。

⑧拊(fǔ):抚,抚摩。

⑨惬(qiè):满足,畅快,满意。圣怀:皇上的心意。这里是指孝庄文皇后的心意。

⑩欢爱:欢悦喜爱。

⑪诚敬存心:心中保持诚恳恭敬的态度。

【译文】

父皇训教说:作为臣下和子女,如果能够真正体贴君主父母之心,所有的事情都出自至诚之心,那么就不会有不能博得君主父母欢心的。以前太皇太后前往五台山,因为山路难行,乘车又不稳当,因而我命人准备了八个人抬的暖轿。太皇太后生性仁慈,想到跟随的人抬轿走路吃力,行走困难,于是想要换乘车。我劝说再三,圣祖母仍不答应。我不得已,命人抬着轿子跟随在车后面。没走几里,我见圣祖母坐车不很安稳,就请她坐轿。圣祖母说:"已经换乘车了,轿子在哪里呢?会很快就到吗?"我回答说:"轿子就跟随在后面。"随即命轿子上前。圣祖母非常高兴,抚摸着我的背,不住地称赞,说:"车轿这样的小事,况且是在路上,你诚恳的孝心仍如此周到,实在是太孝顺了。"这使她十分满意,因而才会发出欢欣喜爱的称赞。可见作为人臣子女,只要心中保持对君主父母的诚恳恭敬,真心实意地体贴他们,就没有不能博得君主父母欢心的。

4　训曰:人生于世,无论老少,虽一时一刻,不可不存敬畏之心[①]。故孔子曰:"君子畏天命,畏大人,畏圣人之言[②]。"我等平日凡事能敬畏于长上[③],则不得罪于朋侪[④],则不召过,且于养身亦大有益。尝见高年有寿者,平日俱极敬慎[⑤],即于饮食亦不敢过度。平日居处尚且如是,遇事可知其慎重也。

【注释】

①敬畏：既敬重又害怕。

②“君子畏天命”几句：语出《论语·季氏》。原文为：“君子有三畏：畏天命，畏大人，畏圣人之言。”天命，即上天所赋予的正理。大人，即天命所当之人。圣人，即能够与天地合德，深远而不可测知之人，故可畏之。

③长上：对长辈或上级的敬称。

④朋侪（chái）：即同辈的朋友。

⑤敬慎：恭敬而戒慎小心。

【译文】

父皇训教说：人生在世，无论年幼还是年老，即便是一时一刻，都不可不存有敬畏之心。所以孔子说：“君子敬畏天命，敬畏有德有位者，敬畏圣人说过的话。”我们在平常若凡事都能够敬畏长辈和上司，就不会得罪同辈朋友，也不会招致罪过，而且对自己修身养性也有很大的好处。我曾见到过一些年长的老者，他们平日里就非常的恭敬而小心，即使在饮食上也都不敢过度。他们平时在家生活都如此，可以想见遇到事情时该是多么的谨慎小心。

5　训曰：朕决不欺人。即如今凡匠役人等各有密传技艺，决不肯告人。而朕问之，彼若开诚明奏[1]，朕必密之不告一人也。

【注释】

①开诚：推诚相待，表明诚意。明奏：公开讲明。

【译文】

父皇训教说：我决不欺骗人。就像现在那些工匠都有各自的秘密传授的技艺，决不肯告诉他人。我问他们，他们若能诚实地告诉我，我一定为之保密，不告诉其他任何一个人。

6 训曰：昔者喀尔喀尚未内附之时①，惟乌朱穆秦之羊为最美②。厥后七旗之喀尔喀尽行归顺③，达里岗阿等处立为牧场④，其初贡之羊，朕不敢食，特遣典膳官虔供陵寝⑤，朕始食之。即如朕新制法蓝碗⑥，因思先帝时未尝得用⑦，亦特择其嘉者恭奉陵寝，以备供茶。朕之追远致敬⑧，每事不忘，尔等识之。

【注释】

①喀尔喀：蒙古部落名。

②乌朱穆秦：亦作"乌珠穆沁"。蒙古语意为葡萄山之人。蒙古诸部之一，驻牧地约在今内蒙古锡林郭勒盟西乌珠穆沁东北一带。

③七旗之喀尔喀：据《清史稿·地理志》"外蒙古喀尔喀古北狄地"条记载：康熙二十八年（1689），噶尔丹"兴兵攻破喀尔喀，七旗举族款塞内附"。但七旗具体为何，却不详。

④达里岗阿：即达里冈厓牧场，亦称达里冈爱。是清朝的皇家牧场。

⑤典膳官：专门负责皇帝膳食的官员。陵寝：古代帝王及后妃的坟墓及墓地的宫殿建筑。

⑥法蓝：即珐琅。珐琅一词源于隋唐时期欧洲地区的拂菻，当时东罗马帝国和西亚地中海沿岸诸地制造的搪瓷嵌釉工艺品称拂菻嵌或佛郎嵌，简化为拂菻，出现景泰蓝后转音为发蓝，后又为珐琅。

⑦先帝：称在位帝王已去世的父亲。

⑧追远：指怀念追祭祖先。

【译文】

父皇训教说：以前喀尔喀蒙古没有归附我朝的时候，只有乌朱穆秦草原的羊肉最鲜美。后来喀尔喀蒙古七旗归顺,达里岗阿等地设立成为我们的牧场。每年初春贡献的羊,我不敢吃,特地派遣掌管宫廷膳食的官员虔诚地供奉到先皇陵寝,然后我才敢食用。又例如我制造的珐琅瓷碗,想到先帝以前没有用过,就特地选择最好的恭敬地送到先帝陵寝,以备向先帝供奉茶水时使用。我这样怀念祖先,表达敬意,每件事都不忘记,你们一定要记着。

7　训曰:诸国必有一所敬之神,即如我朝之敬祀祖神者。如蒙古、回子、番、苗、猓猓以及各国之人[①],皆自有一所敬之神。由此观之,天之生斯人也,敬之一字,凡事不可须臾离也[②]。

【注释】

①番:即吐蕃。猓猓(guǒ):我国西南少数民族彝族的一种旧称。

②须臾:片刻,一会儿,很短的时间。

【译文】

父皇训教说:各国都必定有一个敬奉的神灵,就像我朝所敬奉祭祀的祖先神灵。又例如蒙古、回、吐蕃、苗、猓猓以及其他各国之人,都各自有一个所敬奉的神灵。由此来看,天地生养人类,敬这个字,所有的事情都不可片刻离开。

8　训曰:敬重神佛[①],惟在我心而已。自唐宋以来,相传遇神佛祭日,特造神佛纸像供之[②],祭毕复焚,此虽无关乎大礼[③],然于道理甚不合。外边小人,随其俗尚可已。我等为人上者,知此当各戒之。

【注释】

①敬重：恭敬尊重。

②纸像：即画在纸上的神佛画像。

③大礼：这里是指儒家规定的国家正式的礼仪。

【译文】

父皇训教说：恭敬尊重神佛，只要我们心中敬重就可以了。从唐宋以来，相传承下来的习俗，遇到祭奠神仙、佛祖的重要日子，就要特别制造神佛的画像用来供奉，祭祀完了再将其焚烧，这虽然与国家礼仪没有太大关系，然而却很不符合道理。民间百姓这样做，是随从当时当地的风俗习尚罢了。我们作为上等人知道这不符合道理，就应当戒除这种行为。

9　训曰：明朝末年，西洋人始至中国，作验时之日晷①，初制一二，时明朝皇帝目以为宝而珍重之。顺治十年间②，世祖皇帝得一小自鸣钟以验时刻③，不离左右。其后又得自鸣钟稍大者，遂效彼为之，虽能仿佛其规模而成在内之轮环，然而上劲之发条未得其法④，故不得其准也。至朕时，自西洋人得作法条之法，虽作几千百而一一可必其准。爰将向日所珍藏世祖皇帝时自鸣钟尽行修理⑤，使之皆准。今与尔等观之，尔等托赖朕福⑥，如斯少年皆得自鸣钟十数以为玩器⑦，岂可轻视之？其宜永念祖父所积之福可也。

【注释】

①日晷（guǐ）：本指太阳的影子，后来称利用太阳投射的影子来测定时刻的古代天文装置。亦称“日规”。

②顺治：清世祖爱新觉罗·福临在位期间使用的年号（1644—1661）。

③自鸣钟：旧时称能按时自鸣报时的钟。明清之际，随着欧洲传教士的来华，西方许多科技产品也进入中国，当时传教士将欧洲制造的自鸣钟作为礼物送给贵族、士大夫，以获得好感。明谢肇淛在《五杂组·天部二》中记载："西僧利玛窦有自鸣钟，中设机关，每遇一时辄鸣。"

④上劲：即把发条拧紧上力。

⑤爰：于是。向日：往日，从前。

⑥托赖：依靠，依赖。

⑦玩器：供人把玩、欣赏的器物。

【译文】

父皇训教说：明朝末年，西洋人初到中国，制作了计时用的日晷，开始制作了一两个，当时的明朝皇帝看了以后视为珍宝而非常爱惜。顺治十年，世祖皇帝获得一个小的自鸣钟，用来测验时间，时时带在身边。后来又得到了一个稍大一点的自鸣钟，于是就模仿制造，虽然仿照其形制造出了其内部的轮环，然而给自鸣钟上劲的发条却没有得到制作的方法，所以测时无法特别准确。到了我在位时，从洋人那里得到了制作发条的方法，虽然造出了成百上千的自鸣钟，但都能做到计时准确。于是就将以前世祖皇帝珍藏的自鸣钟全都修理了一遍，使它们都变得非常准时。今天我与你们一起来看这些自鸣钟，你们都是托了我的福，在这样小的时候就得到了十数个自鸣钟作为玩赏之物，怎么可以轻视它呢？希望你们能够永远记住祖先父辈积累下来的福分啊！

10　训曰：旧满洲忌讳之事皆如古典[①]。即如遇一忌讳之事，有年高者，则子弟为年高者忌讳；子孙众多，年高者亦为子孙忌讳。是皆彼此爱敬之意。汝等知此，必遵而行之。

【注释】

①忌讳（huì）：避忌、隐讳某些言语或举动。古典：指古代的典章制度。

【译文】

父皇训教说：原来满洲忌讳的事情与古代的典章制度中忌讳的一样。例如碰到一件忌讳的事情，有年纪大的人，那么后辈们要为年纪大的人避忌讳；如果子孙众多，年纪大的人也会为子孙避忌讳。这都是相互表达爱护敬重的意思。你们知道这个道理，一定要遵照执行。

11　训曰：朕自幼凡祭祀典礼必亲行，以致其诚敬①。今因年老，于诸祭祀典礼，身不能者，宁遣王公大臣恭代，断不苟且行之以塞责也②。今遣尔等恭代，亦必如朕之诚敬可矣。

【注释】

①诚敬：诚恳恭敬。《南史·谢弘微传》："晨夕瞻奉，尽其诚敬。"

②苟且：敷衍了事，马虎。塞责：做事不认真，敷衍了事。

【译文】

父皇训教说：我从小凡是遇到祭祀典礼一定会亲自参加，以表达我的诚恳恭敬之心。现在因为我年纪大了，对于各种祭祀典礼，不能亲自参加的，我宁肯派遣王公大臣代替我进行，也决不敷衍了事以应付自己的差事。今天派遣你们代替我去祭祀，你们一定要像我一样诚恳恭敬才行。

12　训曰：明朝十三陵①，朕往观数次，亦尝祭奠。今未去多年，尔等亦当往观祭奠，遣尔等去一两次，则地方官、看守人等皆知敬谨。世祖章皇帝初进北京②，明朝诸陵一毫未动。收崇祯之尸③，特修陵园以礼葬之，厥后亲往奠祭尽哀④。至于诸陵亦皆拜礼。观此则我朝得天下之正，待前朝之厚，可谓超出往古矣。

【注释】

①明朝十三陵：即十三位明代皇帝的陵墓。坐落于北京昌平天寿山麓前的小盆地内。

②世祖章皇帝：即清世祖爱新觉罗·福临。即顺治皇帝。清朝入关后第一位皇帝。

③崇祯：即明思宗朱由检，年号崇祯。朱由检即位后，勤于政务，但由于明王朝之弊政积重难返，未能扭转其灭亡的命运。崇祯十七年（1644）三月，李自成农民起义军围攻北京城，朱由检在景山自缢。

④尽哀：竭尽哀思，对人去世表达哀痛之情。

【译文】

父皇训教说：明朝的十三座帝陵，我已经前往参观过很多次了，也曾去祭奠过。至今我已经许多年都没有再去过了，你们也应当前去参观祭奠，派遣你们去上一两次，那么地方官员和看守陵墓的人就会知道要恭敬小心地看管了。世祖皇帝刚进入北京城的时候，对于明朝各帝陵，一丝一毫都没有惊动过。并且收殓崇祯皇帝的尸体，特地为其修建了陵墓，按照帝王的葬礼将其下葬，以后又亲自前往祭奠表达哀痛之情。至于其他帝陵，也都一一祭拜以礼供奉。看到这些，就知道我朝得到天下是多么的正统，对待前朝帝陵的优厚，可说是超过了以前的所有朝代。

13　训曰：年高之人，理当厚待怜恤之[①]。且其年皆与我先辈年等[②]，怜之，敬之，则福寿亦增耳[③]。

【注释】

①怜恤：哀怜体恤。

②年等：即年龄相等。

③福寿：福气寿命。北齐颜之推《颜氏家训·归心》："盗跖、庄蹻之福寿，齐景、桓魋之富强。"

【译文】

父皇训教说：年纪大的人，理当给以优厚的待遇，哀怜体恤他们。况且他们的年龄都与我们的先辈相同，爱怜他们，敬重他们，那么我们的福气寿命也会增加。

14 训曰：朕因大庆之年，特集勋旧与众老臣[①]，赐以筵宴，使宗室子孙进馔奉觞者[②]，乃朕之所以尊高年，而冀福泽之及于宗族子孙也。观朕之君臣如此须鬓皆白，数百人坐于一处饮食筵宴，其吉祥喜庆之气洋溢于殿庭中矣[③]。且年高之人多自伤自叹，今荷朕恩礼[④]，归家各以告其子孙，借此快乐以益寿考[⑤]，即养生之道也。

【注释】

①勋旧：有功勋的旧臣。

②进馔（zhuàn）：送上菜肴。奉觞（shāng）：举杯敬酒。

③洋溢：充满，弥漫。

④荷：承受，承蒙。恩礼：恩惠礼遇。

⑤寿考：年高，长寿。

【译文】

父皇训教说：我借着大庆之年，特意把功勋旧臣和众位老臣召集到一起，赐给宴席，使皇室子孙进献菜肴，敬酒祝寿的原因，是因为我想借此表达尊敬年老的人，并希望福泽能够惠及宗族子孙。看到我们君臣须发尽白，数百人坐在一处吃饭喝酒，其吉祥喜庆之气充满整个殿庭中。而且年纪大的人大多会自伤自叹，今天承蒙我的恩惠礼遇，回到家里会各自告诉自己的子孙，借此快乐以延年益寿，这就是养生的方法啊。

15 训曰：凡人尽孝道，欲得父母之欢心者[①]，不在衣食之奉养也。惟持善心，行合道理，以慰父母，而得其欢心。斯可谓真孝者矣。

【注释】

①欢心：好感，内心喜爱。

【译文】

父皇训教说：凡是人要对父母尽孝，要想得到父母的好感，不在于物质上的供养。只有保持善良之心，所行之事符合道理，以告慰父母，才能得到父母的喜爱。这才是真正的孝道。

16 训曰：《孝经》一书[①]，曲尽人子事亲之道[②]，为万世人伦之极[③]，诚所谓"天之经[④]，地之义[⑤]，民之行也"。推原孔子所以作《经》之意[⑥]，盖深望夫后之儒者身体力行[⑦]，以助宣教化而敦厚风俗[⑧]。其旨甚远，其功甚宏[⑨]。学者自当留心诵习，服膺弗失可也[⑩]。

【注释】

①《孝经》：儒家经典之一。作者说法不一。集中论述儒家孝道。今本十八章，对实行孝的重要性、要求和方法做了系统而详细的阐述。

②曲尽：委曲而详尽。

③人伦：封建礼教所规定的人与人之间的关系。《孟子·滕文公上》："圣人有忧之，使契为司徒，教以人伦：父子有亲，君臣有义，夫妇有别，长幼有叙，朋友有信。"极：最高准则、标准。

④经：指义理、法则、原则等。

⑤义：指仪制、法度、正理。

⑥推原：从本原上推究。

⑦身体力行：亲自勉力实践。

⑧教化：教导感化。敦厚：脾气和性情憨厚，忠厚。这里用作动词，意思是使社会风俗淳朴忠厚。

⑨宏：广大，博大。

⑩服膺（yīng）：指将（道理、格言等）牢牢记在心里，衷心信奉。

【译文】

父皇训教说：《孝经》一书，详尽地讲述了人子奉养父母亲人的道理，可以作为千秋万代人伦纲常的最高标准，实在是所谓的“天运行的不变规则，地养育万物的正理，民众生活遵行的规范”。推究孔子写作《孝经》的根本目的，大概是希望后世的儒者能够亲身实践孝道，以便能有益于教化民众，使社会风俗更加淳厚。其意义实在是深远，其功劳实在是广大。做学问的人实在应当认真诵读学习，衷心信奉而不忘记。

17　训曰：尝观《宋史》[①]，孝宗月四朝太上皇[②]，称为盛事。孝宗于宋固为敦伦之主[③]，然而上皇在御，自当乘暇问视[④]，岂可限定朝见之期。朕事皇太后五十余年[⑤]，总以家庭常礼出乎天伦至性[⑥]，遇有事奏启，一日二三次进见者有之，或无事即间数日者有之。至于万寿诞辰、嘉时令节[⑦]，朕备家宴恭请临幸，则自晨至暮，左右奉侍，岂止日觐数次？朕之巡狩江南[⑧]，出猎塞北也，随本报三日一次恭请圣安外[⑨]，仍使近侍太监乘传请安[⑩]，并进所获鹿狍雉兔、鲜果鲜鱼之类[⑪]。凡有所得即令驰进[⑫]，从不拘定日期。且朕侍皇太后家人礼数[⑬]，惟以顺适为安、自然为乐[⑭]，并不以朝见日期、限定礼法而称孝也。

【注释】

①《宋史》：元末脱脱等编撰的关于宋代的纪传体史书。全书有本纪四十七卷，志一百六十二卷，表三十二卷，列传二百五十五卷。是“二十四史”中卷帙最多的一部。《宋史》记载了北宋、南宋三百二十年间的历史和典章制度，是研究辽、宋、金代历史的重要史料。

②孝宗：即南宋孝宗赵昚（shèn）。南宋第二位皇帝、宋朝第十一位皇帝。太上皇：皇帝的父亲，这里指宋高宗赵构。高宗仅有一个亲生儿子赵旉，但不幸早夭。绍兴二年（1132），高宗选中宋太祖一系的赵伯琮为养子，养育于宫中；三十年（1160）立其为皇子；三十二年（1162）立为皇太子，改名赵昚；同年，高宗让位于赵昚，自称太上皇。

③敦伦：意谓使人伦的情谊和睦。

④乘暇问视：趁闲暇之时前往问安探望。

⑤皇太后：这里是指孝惠章皇后，博尔济吉特氏，顺治帝的第二任皇后。

⑥至性：诚挚纯厚的性情。

⑦万寿诞辰：即生日。嘉时令节：美好的节日。

⑧巡狩：旧指天子巡行诸侯国。《孟子·梁惠王下》：“天子适诸侯曰巡狩。巡狩者，巡所守也。”也作“巡守”。康熙帝在位期间于康熙二十三年（1684）、二十八年（1689）、三十八年（1699）、四十二年（1703）、四十四年（1705）、四十六年（1707）先后六次巡视江南地区，深入民间，巡察黄河、运河河道。

⑨本报：当指清代的塘报，又称邸报。清代自京至各省，驿站设有塘兵，沿途接替递送紧急军情或重要奏报；后来发行报纸，塘报遂废。

⑩乘传：指古代公差乘坐传车驿马。《汉书·高帝纪下》："（田）横惧，乘传诣雒阳，未至三十里，自杀。"

⑪狍（páo）：一种中型鹿类，颈长，耳、眼都大，雄的有角，我国东北和西北有产。雉（zhì）兔：野鸡和兔子。

⑫驰进：奔跑着快速进送。

⑬礼数：犹礼节。

⑭顺适：顺从适应。

【译文】

父皇训教说：我曾看到《宋史》中将宋孝宗一月四次去朝见太上皇作为一件大事记载下来。孝宗在宋代确实是一位使人伦和睦的皇帝，但是太上皇还健在，自然应该每当有空闲了就去看望，怎么能限定朝见的时间呢？我侍奉皇太后已经五十多年了，总是待之以家人之间的常礼，出于亲人间的真挚感情，遇到有事情要禀奏，有时候一天中前往朝见两三次；若是没什么事情，就隔几天前往探视。至于皇太后的生日、各种节日之时，我就准备好家宴，恭请皇太后亲临，这样从早到晚一天都在皇太后左右侍奉，这样岂能以一日觐见多少次来计算呢？在我南下江南巡视，北出塞外打猎的时候，除了随传送塘报三天一次向皇太后请安外，还派遣身边太监乘传往来请安，并将自己狩猎所获的麋鹿、狍子、野鸡、兔子以及鲜果、鲜鱼等随之进奉给皇太后。凡是有所收获，立即令人快速进奉，从不拘束于时间。而且我侍奉皇太后，主要以家人礼节，只要和顺适应为安心，以自然平常之心为快乐，并不以朝见日期、限定礼法来宣称自己的孝心。

18　训曰：尝阅《明宣宗实录》①，其奉侍母后，和敬有礼②，至今览之，犹足令人感慕③。朕尝思先王以孝治天下④，故夫子称"至德要道"⑤，莫加于此。自唐宋以来，人君往往疏于定省⑥，有经年不一见者，独不思朝夕承欢⑦。自天子以至于庶人⑧，家庭常礼出于天伦至性，何尝以上下而有别也。

【注释】

①明宣宗:即朱瞻基。明朝第五位皇帝。

②和敬有礼:和顺恭敬而有礼貌。

③感慕:感动仰慕。《三国志·吴书·陆逊传》:"若亡其妻子者,即给衣粮,厚加慰劳,发遣令还,或有感慕相携而归者。"

④以孝治天下:语出《孝经·孝治章》:"子曰:'昔者明王之以孝治天下也。'"

⑤夫子:即孔子。至德要道:最美好的道德和最重要的道理、方法。语出《孝经·开宗明义》:"先王有至德要道,以顺天下,民用和睦,上下无怨。"唐玄宗注:"孝者,德之至,道之要也。"

⑥定省:指早晚按时向父母请安问好的礼节。《礼记·曲礼上》:"凡为人子之礼,冬温而夏凊,昏定而晨省。"后泛指探望问候父母或长辈。

⑦承欢:指顺从父母的意思,使父母欢喜。

⑧庶人:即平民百姓。

【译文】

父皇训教说:我曾经阅读《明宣宗实录》,明宣宗侍奉其母后和顺恭敬而有礼,直到今天看到了,还足以令人感动和仰慕。我曾想:前代圣明的帝王都以孝治天下,所以孔子称孝为"至德要道",没有比孝更好的了。自唐宋以来,历代君主往往疏忽早晚按时向父母请安问好,有些多年都不见父母一面,也不去想每天怎样使父母高兴。从天子至平民百姓,家人之间的常礼出于亲人之间的真挚感情,哪里会因地位高低而有差别呢?

19　训曰:《记》云"昏定晨省"者[①],言为子之所以竭尽孝心耳。人当究其本意,不可徒泥其辞[②],必循其迹以行之。如朕子孙众多,逐日早起问安,汝子又早起问汝之安,日暮又如此相继问安,不但尔等无饮食之暇,即朕亦将终日不得一饭之暇矣，决非可行之事。由此观之，凡人读书俱究其本意，而得之于心可也。

【注释】

①《记》：即《礼记》。昏定晨省：语出《礼记·曲礼上》："凡为人子之礼，冬温而夏凊，昏定而晨省。"意指早晚按时向父母请安问好。

②泥：拘泥于，拘执，不变通。

【译文】

父皇训教说：《礼记》说"早晚请安"，说的是为人子女应该这样尽心孝顺父母。人们应当探究这句话的本来意思，不可以只拘泥于书中的言辞，只照着这句话表面的意思去做。像我这样子孙众多，如果每天早上所有人都来向我问安，你们的子女又去向你们问安，到了晚上又如此接着问安，那样不但你们没有吃饭的闲暇功夫，就是我也整日没有一顿饭的闲暇时间，这绝不是可以实行的事情。由此来看，凡是读书应该探究书中本意而用心体会理解就可以了。

20　训曰：昔日太皇太后圣躬不豫，朕侍汤药三十五昼夜，衣不解带[①]，目不交睫[②]，竭力尽心，惟恐圣祖母有所欲用而不能备。故凡坐卧所须以及饮食肴馔[③]，无不备具，如糜粥之类备有三十余品[④]。其时圣祖母病势渐增，实不思食，有时故意索未备之品，不意随所欲用，一呼即至。圣祖母拊朕之背，垂泣赞叹曰："因我老病，汝日夜焦劳[⑤]，竭尽心思，诸凡服用以及饮食之类，无所不备。我实不思食，适所欲用，不过借此支吾[⑥]，安慰汝心，谁知汝皆先令备在彼。如此竭诚体贴，肫肫恳至[⑦]，孝之至也。惟愿天下后世，人人法皇帝如此大孝可也。"

【注释】

①衣不解带:没有解开衣带,和衣就寝。形容辛勤侍奉,致使不能脱衣安睡。

②目不交睫:指眼皮不合拢,即完全不睡觉。比喻心情不安不能入眠或繁忙操劳。

③肴馔(yáo zhuàn):丰盛的饭菜。

④糜粥:即粥。语出《礼记·问丧》:"亲始死,鸡斯,徒跣,扱上衽,交手哭。恻怛之心,痛疾之意,伤肾、干肝、焦肺,水浆不入口,三日不举火,故邻里为之糜粥以饮食之。"

⑤焦劳:焦虑烦劳。

⑥支吾:应付,对付。

⑦肫肫(zhūn):诚恳的样子。《中庸》:"夫焉有所倚,肫肫其仁,渊渊其渊,浩浩其天。"

【译文】

父皇训教说:往日太皇太后身体不适,我侍奉汤药连续三十五个昼夜,衣不解带,目不交睫,尽心竭力,唯恐祖母有需要用的东西而没有及时准备好。因此凡是祖母日常生活所需要的东西以及饮食饭菜,没有什么不准备好的,像米粥就准备了三十余种。那个时候祖母的病情已经日渐加重了,并不想吃什么,有时候故意索要一些没有准备的东西,没想到随便要什么东西,只要叫一声就会送到。祖母抚着我的背,哭着称赞感叹说:"因为我年老生病,你日夜不停地焦虑烦劳,竭尽心思,凡是需要用到的东西以及食物之类,没有什么不准备好的。我其实并不想吃东西,刚才要东西,只不过是借此支吾你,安慰你的孝心,谁想到你竟然全都让人预先准备好了。你这样诚心体贴,诚恳之至,真是最孝顺的了。希望天下及后世的人都效法皇帝你这样的孝心啊。"

21　训曰:朕今年近七十,尝见一家祖父子孙凡四五世者[①]。大抵家世孝敬[②],其子孙必获富贵,长享吉庆;彼行恶者,子孙或穷败不堪,或不肖而陷于罪戾[③],以至凶事牵连。如此等朕所见多矣。由此观之,惟善可遗福于子孙也。

【注释】

①尝:曾经。

②大抵(dǐ):大概,大致。家世:人出生的门第,家族世系。

③罪戾(lì):罪恶过失。《左传·庄公二十二年》:"赦其不闲于教训,而免于罪戾。"

【译文】

父皇训教说:我今年快七十岁了,曾经见过一家子有祖父、父亲、儿子、孙子共四五代人。大概一家人世代孝敬,其子孙一定会获得富贵,长久享受吉祥喜庆之事;若是那些做坏事的人家,子孙或者贫穷败坏不堪,或者品行不良而作恶犯罪,以至于被凶事连累。像这样的事,我见得多了。由此来看,只有做善事才可以给子孙留下福泽。

22 训曰:赖祖父福荫[①],天下一统,国泰民安,远方外国,商贾渐通,各种皮毛,较之向日倍增[②]。记朕少时贵人所尚者惟貂,其次则狐膁、天马之类[③],至于银鼠总未见也[④]。驸马耿聚忠着一银鼠皮褂[⑤],众皆环视,以为奇珍。而今银鼠能值几何?即此一节而论,祖父所遗之基,所积之福,岂可易视哉?

【注释】

①福荫:福分庇护。

②向日:往日,从前。

③狐膁（qiǎn）：狐狸胸腹部和腋下。这里的毛又细又软，故制成裘衣是上等产品。天马：本指古代西域大宛所产之良马，后将骏马都称之为天马。《史记·大宛列传》："及得大宛汗血马，益壮，更名乌孙马曰'西极'，名大宛马曰'天马'云。"

④银鼠：一种鼬科哺乳动物，主要分布在我国东北地区。尾短，夏季背部棕色，腹部白色，冬季全身纯白色；捕食小鸟、小兽、昆虫等。毛皮可制裘，颇为珍贵。

⑤驸马：汉朝有驸马都尉，魏晋以后皇帝的女婿常做这个官，之后遂专称公主的丈夫为"驸马"。耿聚忠：安靖王耿继茂之子，娶安郡王之女和硕柔嘉公主为妻。

【译文】

父皇训教说：仰赖祖上父辈福分的庇护，我朝得以统一天下，国家稳定，百姓安居乐业。远方的外国商人都逐渐与我们通商往来，各种皮毛制品与以前相比增加了几倍。记得我小的时候，显贵的人所崇尚的毛皮只有貂皮，其次是狐膁、骏马等物，至于银鼠皮，一直都没见过。驸马耿聚忠穿了一件银鼠皮制成的褂子，大家都围着他观看，将其视为珍宝。然而，现在银鼠皮能值多少钱呢？就这一点来看，祖辈父辈所遗留下来的基业，所积累的福气，怎么能够轻视呢？

23　训曰：今者各国海外诸物毕至，珍禽奇兽，耳之所未闻，书传之所记者，皆得见之，且畜养而孳生者亦有之①。即此观之，凡物各遂其性②，虽禽兽亦如其本地之生育焉。汝等如此少年，甚至于孩提之童③，遽能见此各种禽兽④，岂可易视也与！

【注释】

①孳（zī）生：生长繁衍。

②遂其性：顺遂其本性。

③孩提：需人提携、怀抱的幼儿。《孟子·尽心上》：“孩提之童，无不知爱其亲者。”

④遽（jù）：就，竟。

【译文】

父皇训教说：现在海外各国的东西都可以运来得到了，各种珍禽异兽过去没有听说过的、书上记载却没见过的，现在都得以见到了，而且饲养的也有了。从这可以看到，只要各种物种能够顺遂它们的天性，虽然是禽兽也都像在当地饲养一样。你们如此年轻，甚至还是小孩子，就能看到这些禽兽，怎么能够轻视呢？

24 训曰：白素之物[①]，最为吉祥。佛经中以白为净，故蒙古、西番僧众供佛、见贵人必进白绫手帕[②]，以为贽见之礼[③]。且我朝一应喜庆筵宴，桌张亦必用素白布匹以为盖袱[④]。此正古人绘事后素之义也[⑤]。

【注释】

①白素：白色。

②西番：亦称“西蕃”。是我国古代对西域一带及西部边境地区的泛称，后来特指吐蕃以及藏族地区。白绫手帕：这里应指哈达，是藏传佛教中的礼品，形状如带，多为白色，分为三等，低等的用棉布制成，中等的用粗丝织成，高级的用细丝织成。

③贽（zhì）见之礼：指初次见面时馈赠的礼物。

④盖袱（fú）：铺在桌子上用的布单，即桌布。

⑤绘事后素：本为先粉地为质，而后施五彩，犹人有美质，然后可加文饰。语出《论语·八佾》：“子夏问曰：‘巧笑倩兮，美目盼兮，素以为绚兮，何谓也？’子曰：‘绘事后素。’”朱熹集注曰：“绘事，绘画

之事也；后素，后于素也。”后比喻行事起先简单，然后逐步深入。

【译文】

父皇训教说：白色的东西，最为吉祥。佛经中就以白色为净，因而蒙古、西番等地的僧人供奉佛祖、觐见贵人一定会进献白色的哈达，作为初次见面馈赠的礼物。而且我朝所有的喜庆宴会，桌子上一定会用白色的布匹作为桌布。这正是古人所说的绘事后素的意思呀！

卷二

读书治学

【题解】

书籍是知识的载体，承载着人类的历史和文化。读书是获取知识的重要途径，治学是传承文化的基本方法。康熙皇帝很喜欢读书，也喜欢研究学问。他一生读了大量的经典文献，熟悉中国的传统文化，对经学、文学、历史、数学、天文学的若干问题进行过深入探讨。他深知读书治学的重要性，所以经常给他的子孙讲述为什么要读书、读什么书、怎样读书的问题，甚至还给他们讲述自己的读书心得。其中有些论述言简意赅，十分精辟。如他认为：凡人进德修业，事事从读书起；读书以明理为要；能因书以知理，则理有实用；人心虚则所学进，盈则所学退。诸如此类，均有参考价值。

1　训曰：凡看书不为书所愚始善[①]。即如董子所云[②]："风不鸣条""雨不破块"[③]，谓之升平世界[④]。果使风不鸣条，则万物何以鼓动发生[⑤]？雨不破块，则田亩如何耕作布种[⑥]？以此观之，俱系粉饰空文而已[⑦]。似此者，皆不可信以为真也。

【注释】

①愚：欺骗，蒙蔽。

②董子：即西汉董仲舒。因他是西汉著名的大儒，曾劝说汉武帝“罢黜百家，独尊儒术”，在儒学发展成为中国社会的正统思想的过程中具有重要作用，因此后世儒家文人尊称他为“董子”。

③风不鸣条、雨不破块：语见《古文苑》引《雨雹对》：“太平之世，则风不鸣条，开甲散萌而已。雨不破块，润叶津茎而已。……此圣人之在上，则阴阳和风雨时也。”意思是说：在太平世界中，风不会刮得很急，吹得树枝鸣叫，只是吹开植物种子旧壳使植物萌芽而已。雨也不会下得很大，浇开田中土块，只是滋润农作物的茎叶而已。……这都是因为圣王治理国家，能够调和阴阳风雨。破块，敲碎土块。

④升平世界：即太平盛世。

⑤鼓动：本意是鼓舞、激动，这里是激发的意思。发生：本指新事物的出现，此处指植物的发芽成长。

⑥布种：散布、播撒种子。

⑦粉饰：本意为敷粉妆饰，后引申为仅装饰外表，不求实际。空文：指说空话，没有实用价值的文章。

【译文】

父皇训教说：大凡看书而不被书所蒙蔽才是好的。就像汉代大儒董仲舒说的：“风不鸣条”“雨不破块”之时，才是太平之世。然而，如果真的不刮风吹响树枝，那么怎么能够激发万物使其发芽生长呢？如果不下雨冲碎土块，那么又怎么翻耕土地使其能够播种呢？以此来看，这都是一些粉饰太平、没有实际价值的空话。像这样的书籍，都是不能够信以为真的。

2　训曰：朕八岁登极，即知黾勉学问[1]。彼时教我句读者[2]，有张、林二内侍[3]，俱系明时多读书人，其教书惟以经书为要[4]。至于诗文，则在所后。及至十七八，更笃于学，逐日未理事前，五更即起诵读[5]；日暮理事稍暇，复讲论琢磨，竟至过劳，痰中带血，亦未少辍。朕少年好学如此，更耽好笔墨[6]，有翰林沈荃素学明时董其昌字体[7]，曾教我书法。张、林二内侍，俱及见明时善于书法之人，亦常指示。故朕之书法，有异于寻常人者以此。

【注释】

①黾（mǐn）勉：勉力，尽力。《诗经·邶风·谷风》："黾勉同心，不宜有怒。"

②句读：指文章休止和停顿处。中国古代文章中没有标点符号，诵读时称文句中需要停顿的地方，语意已经完的叫"句"，没有完的叫"读"，由读者用圈和点来标记。句读是古代文人读书学习的必修课。唐韩愈《师说》："彼童子之师，授之书而习其句读者，非吾所谓传其道、解其惑者也。"此处是指读书断句。

③内侍：在宫中供使唤的人。

④经书：特指儒家经典著作。主要有所谓的"五经"，即《易》《书》《诗》《礼》《春秋》五部书；也有"十三经"之说，即《易》《书》《诗》《周礼》《仪礼》《礼记》《春秋左氏传》《春秋穀梁传》《春秋公羊传》《论语》《孟子》《孝经》《尔雅》。这些都是重要的儒家经典，是古代文人士大夫学习的主要内容。

⑤五更：古人以漏刻计时，将午后七时到次日清晨五时的夜间分为五个时段，即一更、二更、三更、四更、五更，每一更大约两个小时。北齐颜之推《颜氏家训·书证》："或问：'一夜何故五更？更何所训？'答曰：'汉、魏以来，谓为甲夜、乙夜、丙夜、丁夜、戊夜；

又云鼓，一鼓、二鼓、三鼓、四鼓、五鼓；亦云一更、二更、三更、四更、五更，皆以五为节……更，历也，经也，故曰五更尔。'”这里特指第五更，即天将亮之时。

⑥笔墨：指书法。

⑦翰林：唐以后皇帝的文学侍从官，明清两代从进士中选拔。沈荃：明末清初江南华亭（今上海）人，顺治时进士及第，曾任职翰林院，后官至礼部侍郎。以书法著称，曾被康熙皇帝召至宫中，谈论古今书法，侍奉皇帝练习书法，指明用笔得失，深受康熙皇帝称赞，后宫中制碑板、御座箴铭多由他书写。董其昌：字玄宰，松江华亭人。明后期著名书法家。他初以唐代颜真卿《多宝塔帖》为楷模，后改临摹锺繇、王羲之法帖，吸取古人书法精华，但不刻意模仿，经过十几年的刻苦练习，书法有了很大的进步，形成了自己飘逸空灵、风华自足的独特风格，故而受到明末清初文人士大夫的推崇。

【译文】

父皇训教说：我八岁登极之时，就懂得了要努力学习。当时，教我读书的，有张姓、林姓两位内侍，他们都是在明代就读过许多书的人。他们教我读书，只是以儒家经书为主。至于诗歌文章，都是后来才学习的。到了十七八岁的时候，我就更加诚心努力学习了。每天上朝听政之前，我五更就起床学习读书；傍晚处理政事后的空闲时刻，又开始学习思考，以至于太过劳累，甚至出现痰中带血的症状，即便这样我也没有停止学习。我年轻时是如此努力学习，同时我也非常喜好书法。翰林院有位叫沈荃的，曾学习明朝董其昌字体，他曾教导我书法。而且张姓和林姓二内侍也都曾见过明朝擅长书法之人，他们二人也给我不少指点示范。这就是我的书法不同于寻常人的原因所在。

3　训曰：《书经》者[①]，虞、夏、商、周治天下之大法也。

《书传序》云[②]:“二帝三王之治本于道[③],二帝三王之道本于心[④],得其心则道与治固可得而言矣。”盖道心为人心之主[⑤],而心法为治法之原[⑥]。“精一执中”者[⑦],尧、舜、禹相授之心法也;“建中建极”者[⑧],商汤、周武相传之心法也。德也,仁也,敬与诚也。言虽殊而理则一,所以明此心之微妙也。帝王之家所必当讲读,故朕训教汝曹[⑨],皆令诵习。然《书》虽以道政事,而上而天道,下而地理,中而人事,无不备于其间,实所谓贯三才而亘万古者也[⑩]。言乎天道,《虞书》之治历明时可验也[⑪];言乎地理,《禹贡》之山川田赋可考也[⑫];言乎君道,则典、谟、训、诰之微言可详也[⑬];言乎臣道,则都、俞、吁、咈告诫敷陈之忠诚可见也[⑭];言乎理数[⑮],则箕子《洪范》之九畴可叙也[⑯];言乎修德立功[⑰],则六府三事礼乐兵农历历可举也[⑱]。然则帝王之家,固必当讲读;即仕宦人家,有志于事君治民之责者,亦必当讲读。孟子曰:“欲为君尽君道,欲为臣尽臣道,二者皆法尧、舜而已矣[⑲]。”在大贤希圣之心[⑳],言必称尧、舜。朕则兢业自勉[㉑],惟思体诸身心[㉒],措诸政治[㉓],勿负乎“天佑下民,作君作师”之意已耳[㉔]。

【注释】

①《书经》:即《尚书》。

②《书传序》:旧传西汉经学大师孔安国为《尚书传》所作的序文。

③二帝三王:二帝是指上古时期的尧帝和舜帝,三王指夏、商、周三代之君。具体所指不一。道:道德,道义。

④心:这里是指儒家所倡导的帝王所应该具有的仁德之心和敬诚之心。

⑤道心：指符合儒家道德标准的心。人心：指人感于各种意念之心。二者出自《尚书·虞书·大禹谟》："人心惟危，道心惟微，惟精惟一，允执厥中。"朱熹在《朱子语类》中解释说："道心是义理上发出来底，人心是人身上发出来底。"理学家认为：人心本善，只要勤加修持，发展善心，就能顺应体现天理的道心，故此处称"道心为人心之主"。

⑥心法：既修心养性的方法，宋代理学所讲之存养其心、省察其心的方法。治法：即指治理天下的方法。儒家认为：统治者只要能够存养其善心，经常省察自我，就能够找到治理天下的好方法，故这里认为"心法为治法之原"。

⑦精一执中：精粹专一，执守中正之道，无过与不及。语出《尚书·虞书·大禹谟》："人心惟危，道心惟微，惟精惟一，允执厥中。"是舜帝传位于大禹时所说的话，意思是：人心是不安定的，有危险的；道心则是幽微的，不容易被发现的。所以你应该聚精专一，坚守中正之道，无偏无倚，这样才能使人心安、道心明。

⑧建中：建立中正之道，以为共同的准则。语出《尚书·商书·仲虺之诰》："王懋昭大德，建中于民，以义制事，以礼制心，垂裕后昆。"意思是仲虺希望商王汤能够自勉明大德，建立中正之道于民，以义为治理国家的准则，以礼来规范民众的心性，以便能够以优足之道垂范于后世。建极：谓建立中正之道。语本《尚书·周书·洪范》："皇建其有极。"孔颖达疏："皇，大也。极，中也。施政教，治下民，当使大得其中，无有邪僻。"建中、建极是指帝王在施政治民时要坚持适中、不偏不倚的中正原则。

⑨汝曹：汝即指你，曹则泛指辈、们、类，合起来即指你们。

⑩三才：古指天、地、人。《周易·说卦》："立天之道，曰阴与阳。立地之道，曰柔与刚。立人之道，曰仁与义。兼三才而两之，故《易》六画而成卦。"所以三才又指天道、地道、人道。亘（gèn）：

指连绵不断,伸展开去。

⑪《虞书》:《尚书》中的篇目,主要记载虞舜时代的历史。治历明时:制定历法,使人们明白时间。《虞书·尧典》中记载:尧时曾命羲、和仰观天文,观察日月星辰运行之象,制定历法,敬授民时,分一年“三百有六旬有六日,以闰月定四时,成岁”。

⑫《禹贡》:《尚书》中的篇目,主要记述夏禹时期的政区、山川、土壤、物产、贡赋等。

⑬典、谟、训、诰:是指《尚书》中的四种文体。典主要是记载法则、典章制度的,如《尧典》《舜典》等;谟,即谋的意思,主要记录君臣探讨政事的史实,如《大禹谟》《皋陶谟》;训是大臣对君主的训导,如《伊训》;诰则是帝王对大臣的告诫勉励,如《汤诰》《大诰》等。微言:含蓄而精微之言辞。

⑭都、俞、吁、咈(fú):都是古汉语叹词。都,表赞美。俞,表同意。吁,表不同意。咈,表反对。本以表示尧、舜、禹等讨论政事时发言的语气,后用以赞美君臣论证问答,融洽雍睦。

⑮理数:道理,事理。

⑯箕子:也称“箕伯”,名胥余。商纣王的叔父。曾官至太师,纣王无道,屡谏不听,被囚,披发装狂。相传周灭商后,箕子向周武王陈述“天地之大法”,即《尚书·周书·洪范》中记载的九畴。《洪范》:《尚书》篇名。亦可称为“鸿范”。孔安国传:“洪,大。范,法也。言天地之大法。”《洪范》相传为箕子所作,实际上是后人伪造假托箕子之名而已。九畴:相传大禹治水成功后,“洛出书,神龟负文而出”,因有数至于九,大禹第次分为九类,后来遂将帝王治理国家需要遵循的根本原则称为“九畴”。

⑰修德立功:修养德行、行善积德、建立功绩。

⑱六府三事:语出《尚书·虞书·大禹谟》:“地平天成,六府三事允治,万世永赖。”六府,指水、火、金、木、土、谷六者,为财货聚敛之

所,古人以为人养生之本。三事,即正德、利用、厚生。唐孔颖达正义曰:“正身之德、利民之用、厚民之生,此三事惟当谐和之。”

⑲“欲为君尽君道”几句:语出《孟子·离娄上》。这里是借孟子之语来说明:无论是作为帝王还是臣子,都要学习《尚书》,以便能够从尧、舜身上学到为君、为臣的道理。

⑳大贤希圣:指即使已经非常有德有才的贤人也要效法圣人,以期望达到圣人的要求。大贤,指非常有道德才能的人。希圣,仰慕、效法圣人,希望能到达圣人的境界。

㉑兢业:“兢兢业业”的缩写。形容谨慎戒惧,做事认真刻苦。自勉:即自我勉励。

㉒体诸身心:体之于身心,是指身体力行,用心去体会。

㉓措诸政治:错之于政治,是指筹划办理政务,认真治理天下。

㉔勿负乎“天佑下民,作君作师”之意:作为帝王,要不断修养德性,认真治理天下,不要辜负上天命其治国安民、教化百姓的心意。天佑下民,作君作师,语出《尚书·周书·泰誓》。原文为:“天佑下民,作之君,作之师,惟其克相上帝,宠绥四方。”意思为:上天佑助百姓,为之立君以治之,为其立师以教之,就是要他们帮助上天,安定天下。

【译文】

父皇训教说:《尚书》所记录的内容,是虞、夏、商、周等朝代圣王治理天下的根本法则。《书传序》中就说:“二帝三王治理国家基于道义,二帝三王之道又来自他们的仁心,因而只要明白了二帝三王的仁心,那么道义与治国理政就都可以谈谈了。”这是因为符合道德标准的心能够主宰人的各种意念,而君主修身养性的方法又是治国之法的本源。《尚书》中所讲的“精一执中”就是尧、舜、禹相传授的修心方法,其中的“建中建极”也是商汤、周武王相传承的修心之法。书中有时称这种方法为德,有时称其为仁,有时称作敬与诚。名称虽异而其道理则是一样的,都是用来说明此心的微妙。《尚书》是生在帝王家的子弟必须要学习的，因此我教育你们要多读《尚书》。虽然《尚书》主要是讲古圣王治国理政之事，但上自天道，下至地理，中及人事，书中无所不具备，实际上可以称其为贯通天地人、横亘古今。讲天道运行的，《虞书》中关于尧帝制定历法、明确时间的记载可以证明；讲地理变化的，《禹贡》中关于各地行政区划、山川土壤、物产贡赋可以查考；讲为君之道的，典、谟、训、诰等篇章记载圣王治国的精微之言可以具体参考；讲为臣之道的，表现君主与大臣讨论中告诫、陈述忠诚时使用的语气之辞可以见证；讲天数道理的，箕子所撰《洪范》中列举的帝王治国中的九种原则可以列举；讲修德建功的，《大禹谟》中所言的六府三事、礼乐兵农等事务可以清楚地看到。这样来看，帝王之家固然要诵读《尚书》，就是那些仕宦之家有志于辅佐君主、治理百姓的人也一定要学习《尚书》。孟子就曾说过："作为君主，就要尽到君主的责任；作为臣子，就要尽到为臣的职责。这二者，只要效法尧、舜就可以做到了。"如果一个希望成为圣人的贤能之人，那么他说话一定要称赞学习尧、舜。我兢兢业业以成为像尧、舜那样的帝王来不断勉励自己，心中经常思考如何在自己的身心上体现出尧、舜之德，如何在自己处理政务的过程中实践尧、舜之政，不辜负上天让我作为帝王治国安民、教化百姓的心意。

4 训曰：朕幼年习射，耆旧人教射者[①]，断不以朕射为善，诸人皆称曰"善"，彼独以为否，故朕能骑射精熟[②]。尔等甚不可被虚意承顺赞美之言所欺[③]。诸凡学问，皆应以此存心可也。

【注释】

①耆（qí）旧：年高而有才德的人。

②精熟：精湛纯熟，精通熟悉。

③承顺：遵奉顺从，敬奉恭顺。

【译文】

父皇训教说：我幼年学习射箭，那个教我的老年人，绝不会认为我的箭射得好，即使其他人都称赞说“好”，唯独他不会说我射得好，因此我能将骑马射箭的技艺练得很精通。你们断不能被那些虚情假意、奉承顺从称赞的话欺骗。一切学问，都应存此自知自戒之心才行。

5　训曰：朕自幼读书，间有一字未明[①]，必加寻绎[②]，务至明惬于心而后已[③]。不特读书为然[④]，治天下国家亦不外是也[⑤]。

【注释】

①间有：或有，偶有。

②寻绎：反复探索、推究。《汉书·循吏传·黄霸传》：“吏民见者，语次寻绎，问它阴伏，以相参考。”

③明惬（qiè）：意为因弄清楚了某个问题而心里感到满足和畅快。

④不特：不仅，不只是。为然：是这样。

⑤不外是：指不超出某种范围之外。

【译文】

父皇训教说：我从小读书，偶有一字一句未能明了，必定要认真推究，务必弄明白之后心里才会高兴满意。不单单读书应这样，治理天下国家也应该有这种寻根问底的精神。

6　训曰：读古人书，当审其大义之所在[①]，所谓“一以贯之”也[②]。若其字句之间，即古人亦互有异同，不必指摘辩驳[③]，以自伸一偏之说[④]。

【注释】

①审：指仔细思考、反复分析。大义：指古人经书中的精要之处或要义。

②一以贯之：指一种思想或理论在事物中贯通始终。语出《论语·里仁》："参乎！吾道一以贯之。"

③指摘：指出错误。辩驳：争辩驳斥。

④一偏之说：亦称"一偏之见""一偏之论"。是指偏于一面的学说、观点。

【译文】

父皇训教说：读古人的书，应当仔细思考其中蕴含的要义，即其中贯穿始终的思想。至于书中的字词、语句，古人相互之间也可能存在着不同，对这些细小的差异就没必要去指出错误、争辩驳斥，以此来伸张自己偏于一面的说法。

7　训曰：读书以明理为要①。理既明，则中心有主②，而是非邪正自判矣③。遇有疑难事，但据理直行④，得失俱可无愧。《书》云："学于古训，乃有获⑤。"凡圣贤经书，一言一事俱有至理，读书时便宜留心体会："此可以为我法"，"此可以为我戒"。久久贯通⑥，则事至物来⑦，随感即应⑧，而不待思索矣。

【注释】

①明理：通达事理，懂道理。要：要务。

②中心：这里指内心。有主：有了对事物的意见。这里是指有了判断是非的标准。

③邪正：即邪恶与正直。判：区别，分辨，辨别。

④直行：按照道理去做，按照正道行事。《管子·法法》："人主不周密，则正言直行之士危。"

⑤学于古训，乃有获：语出《尚书·商书·说命下》。古训，古代流传下来的典籍或可以作为准绳的话。

⑥贯通：全部彻底地了解。

⑦事至物来：指有事情发生，需要处理。

⑧随感即应：原意为随着感受到外界的变化，而做出随机的回应。这里指不论什么事情发生，都会随机应对。

【译文】

父皇训教说：读书以懂道理为要务。道理已经明白，则心中就会有主见了，是非正邪自然就会做出区别判断。遇到疑难之事，只要按照道理行事，不论得失都会问心无愧。《尚书》中说："学习古训，就会有所收获。"凡是古圣贤经书中所记载的每一句话每一件事，都包含有深刻的道理，读书时便要留心体会："这个我可以效法去做"，"这个可以作为我的鉴戒"。经过长时间思考实践就可彻底了解掌握，再遇到需要处理的事情就会随机应对，而不用再去思考了。

8　训曰：古圣人所道之言即经，所行之事即史，开卷即有益于身①。尔等平日诵读及教子弟，惟以经史为要。夫吟诗作赋，虽文人之事，然熟读经史，自然次第能之②。幼学断不可令看小说，小说之事，皆敷演而成③，无实在之处，令人观之，或信为真，而不肖之徒④，竟有效法行之者。彼焉知作小说者譬喻指点之本心哉⑤！是皆训子要道，尔等其切记之。

【注释】

①开卷：本意是翻开书本，后引申为读书。

②次第：依次。此处是指随着、接着。

③敷（fū）演：陈述而加以发挥。

④不肖之徒：即指品行不良的人。

⑤譬喻指点：比喻、议论。这里是指小说作者写作的两种方式。

【译文】

父皇训教说：古代圣人所说的话流传到今天的就成为经书，所做过的事记载下来的就成为史书，经常阅读经书和史书都会对自身有好处。你们平日阅读和教育子弟，应该以经书和史书为首选。吟诗作赋虽然是文人们做的事情，但是只要熟读经史，那些事情自然就会了。年幼的儿童不可以让他们看小说，小说中所讲之事，都是作者自己发挥演绎出来的，没有多少是真实的，让那些孩子们看小说，他们或许会信以为真，有些品行不良的甚至会模仿其中的行为。他们哪里会知道作者比喻、议论的真实目的呢？这是教育子女的重要道理，你们一定要牢记。

9　训曰：诗之为教也①，所从来远矣。昔在虞庭②，命夔为典乐之官③，以教胄子④，曰"诗言志⑤"。盖人性情之发，不能无所寄托，而诗则触于境而宣于言者也。自夫子删定而后，《三百篇》之旨⑥，粲然可睹⑦。采之里巷者为《风》⑧，陈之朝廷者为《雅》，荐之郊庙者为《颂》⑨。观其美刺⑩，而善恶之鉴昭矣；观其正变⑪，而隆替之治判矣⑫；观其升歌、下管、间歌、合乐之所咏叹⑬，而祖功宗德之实著矣⑭。千载而下，因言识心⑮，故曰可兴、可观、可群、可怨也⑯。夫子雅言之教⑰，称引诵说⑱，惟《诗》最多，如《大学》《中庸》《孝经》，篇末必引《诗》以咏叹之，亦以见古人之斯须不离乎诗也。思夫伯鱼过庭之训⑲，"小子何莫学夫诗"之教，则凡有志于学者，岂可不以学诗为要乎？

【注释】

①为教：即作为教育学生的材料。诗歌是古代重要的教学内容。

②庭：通“廷”。朝廷。

③夔（kuí）：人名。相传为尧、舜时乐官。典乐：古代的官名。主要掌管朝廷的音乐事务。

④胄子：古代称帝王或贵族的长子。

⑤诗言志：即指诗歌是用来描写表达人的志意的。“诗言志”是中国古人对诗歌本质的深刻认识，已成为中国诗歌理论的总纲。语出《尚书·虞书·尧典》：“教胄子，直而温，宽而栗，刚而无虐，简而无傲。诗言志，歌永言，声依永，律和声。八音克谐，无相夺伦，神人以和。”

⑥夫子删定而后，《三百篇》：古人认为孔子对先秦时期各地流传众多的诗歌进行了删订，仅剩下三〇五篇，即今天我们所见到的《诗经》。《史记·孔子世家》记载：“古者《诗》三千余篇，及至孔子，去其重，取可施于礼义，上采契、后稷，中述殷、周之盛，至幽、厉之缺，始于衽席，故曰‘《关雎》之乱以为《风》始，《鹿鸣》为《小雅》始，《文王》为《大雅》始，《清庙》为《颂》始’。三百五篇孔子皆弦歌之，以求合《韶》《武》《雅》《颂》之音。”

⑦粲然可睹：亦称“粲然可观”。形容表现卓越，成绩斐然，极有可观者。南朝梁萧统《文选序》：“故风雅之道，粲然可观。”

⑧里巷：即街巷。《风》：与下文《雅》《颂》，是《诗经》的三个组成部分，其各有不同的作用。《风》又称《国风》，主要采集自各地的民歌，是用于教化、讽刺的作品；《雅》分《小雅》《大雅》，主要是描写周天子宴饮生活的作品；《颂》是周天子及各诸侯祭祀祖先时的赞颂之词。

⑨郊庙：古代帝王祭天地的郊宫和祭祖先的宗庙。

⑩美刺：赞美与讽恶。是自《诗经》开始中国古代关于诗歌社会功

能的一种说法。

⑪正变：指《诗经》中的正风、正雅和变风、变雅及遵循其创作原则的作品。

⑫隆替：指王朝、政权的盛衰或兴废。

⑬升歌：古代祭祀、宴会登堂时演奏乐歌。下管：古代举行大祭等仪式时，因奏管乐者在堂下，故称管乐器为“下管”。间歌：即间带着演唱。合乐：是指众乐同时合奏。这几种都是《诗经》中的演唱形式。《仪礼·燕礼》：“升歌《鹿鸣》，下管《新宫》，笙入三成。”《礼记·乡饮酒义》：“工入，升歌三终，主人献之。笙入三终，主人献之；间歌三终，合乐三终，工告‘乐备’，遂出。”孔颖达疏：“升堂歌《鹿鸣》《四牡》《皇皇者华》，每一篇而一终也。”

⑭祖功宗德：意即祖有功而宗有德。古代王朝尊始祖或开国之君为祖，有开创之功，其后有德之君则尊为宗。《孔子家语·庙制》：“古者祖有功而宗有德，谓之祖宗者，其庙皆不毁。”

⑮因言识心：意指根据流传下来的古代诗歌，可以认识到古人的心意。

⑯可兴、可观、可群、可怨：是孔子对《诗经》社会作用的总结。《论语·阳货》：“子曰：小子何莫学夫《诗》？《诗》可以兴，可以观，可以群，可以怨。”意思是：孔子说：你为什么不学习《诗》呢？《诗》可以激发志意，可以考察得失，可以合群而不流入俗套，可以怨而不怒。

⑰雅言：正确合理的言论。

⑱称引：援举，引证。诵说：传述解说。

⑲伯鱼：即孔子儿子孔鲤。过庭之训：孔子对孔鲤的教训，后形容父亲对子女的教育。语出《论语·季氏》。

【译文】

父皇训教说：以诗歌作为教育内容，已经很长时间了。早在虞舜的朝廷中，舜就任命夔作为掌管音乐的官员，用诗歌来教育贵族子弟，就说过“诗歌是用来表达人们志意的”。大概是因为人们情感的抒发，不能不寄托于某物，而诗歌就是人们触景生情在语言上的表现。经过孔夫子的删定，《诗经》的主题就很突出了。里面有从民间采集加工而成的《国风》，有在朝廷上表演的《大雅》《小雅》，有专门用于宗庙祭祀的《颂》。从《国风》中可以看到百姓对朝政的称赞与批评，那么国家行政的好与坏就显现出来了；阅读《诗经》中的正雅、正风和变雅、变风，那么政治的兴盛与衰落就能够判别出来了；观看升歌、下管、间歌、合乐咏唱和赞叹的内容，那么祖宗的功德就表现得很显著了。数千年以来，我们能够通过《诗经》中的描写来理解古人心中所想，因而说，诗歌可以激发人的志意，可以考察政治的得失，可以使人合群而不入俗套，可以使百姓怨而不会迁怒于君主。在孔子所教授的正确合理的言论中，用来解说自己观点所引证的例证，引自《诗经》的最多，例如《大学》《中庸》《孝经》中每一篇末尾都会引用《诗经》中的话来歌咏赞叹一番，由此可见古人做学问片刻都离不开诗。想到孔子教训其子伯鱼说的“你为何不学诗”，就知道凡是立志于做学问的人，怎么能不以学习诗为要务呢？

10　训曰：我朝清字①，各国语音俱可以叶②。太宗皇帝时③，曾借蒙古字以代清文。后来奉敕谕学士达海修饰蒙古字④，加以圈、点而撰清文。朕虑将来或有授受之讹⑤，故特与高年人等搜辑旧语，制为《清文鉴》⑥，颁行之。既有此书，则我朝清字必不至于遗漏矣。

【注释】

①清字：即满文，是用来拼写满语的文字。1599年，清太祖努尔哈赤命额尔德尼和噶盖二人参照蒙古文字母创制满文，称为无圈点满文，俗称老满文，与蒙古文字头数目和形体大致相同；1632年，

清太宗皇太极令达海对其加以改进,从而使满文有了比较完善的字母体系和正字法,具有明显区别于蒙古文字母的特征,俗称有圈点满文。清朝入关后,满文作为法定文字得到推广和使用,形成了大量的满文古籍文献,包括图书、档案、碑刻、谱牒、舆图等,这在中国古代少数民族古籍文献中,无论是数量,还是种类,都属于最多的,具有重要的历史文化价值。

②叶:同"协"。这里是拼写的意思。

③太宗皇帝:即清太宗爱新觉罗·皇太极。皇太极是清太祖爱新觉罗·努尔哈赤第八子,努尔哈赤去世后,皇太极袭承汗位。1635年,皇太极定族名为满洲,1636年在沈阳称帝,改国号为大清。

④达海:觉尔察氏。达海自幼聪敏,九岁即通满汉文义。天聪三年(1629),皇太极始设文馆,达海为文馆总领袖,长期从事文馆工作。天聪六年(1632),皇太极命达海改进满文。达海从五个方面对老满文进行了优化:1.编制了"十二字头",2.字旁加圈、点,3.固定字形,4.确定音义,5.创制特定字母。

⑤授受:交付和接受。

⑥《清文鉴》:清代编撰的第一部满文辞典。康熙十二年(1673),康熙帝下敕特谕翰林院学士傅达礼等主持编撰此书,至康熙四十七年(1708)最终完成,共二十卷。订立条目,首列满文词语,下列满文注解,再下附古书例句。确定部、类体系,共三十六部,下分二百八十类,约收一万二千余条词语,后附按满文字母顺序编排的满文词语"总纲"四卷。

【译文】

父皇训教说:我朝的满文,各国的语音都可以拼写。太宗皇帝时,曾经用蒙古文字来代替满文。后来,敕令学士达海改进蒙古文字,加上圈、点而创制成今天的满文。我担心将来满文在传承教授中可能发生错误,所以特地与一些年纪大的人,搜集、整理以前的满语,编纂成《清文鉴》这本书颁布发行。有了这本书，那么我朝的文字将来必定不至于有遗漏。

11　训曰：《易》云[①]："天在山中，大畜。君子以多识前言往行，以畜其德[②]。"夫多识前言往行，要在读书。天人之蕴奥在《易》[③]，帝王之政事在《书》，性情之理在《诗》，节文之详在《礼》[④]，圣人之褒贬在《春秋》[⑤]。至于传、记、子、史[⑥]，皆所以羽翼圣经[⑦]，记载往迹[⑧]。展卷诵读，则日闻所未闻，智识精明，涵养深厚，故谓之"畜德"，非徒博闻强记[⑨]，夸多斗靡已也[⑩]。学者各随分量所及，审其先后，而致功焉[⑪]。其芜秽不经之书[⑫]，浅陋之文[⑬]，非徒无益，而反有损，勿令入目，以误聪明可也。

【注释】

①《易》：即《周易》。

②"天在山中"几句：语出《周易·大畜》。案：大畜卦为"䷙"，乾下艮上，乾为天，艮为山，故曰"天在山中"，有大畜积之象。意思是：乾卦在下和艮卦在上，组成大畜的卦体。君子应该效法大畜卦的精神，通过读书，多了解前贤的品德与言行，以此来提高自身修养，积累自己的德行。

③蕴奥：即精深的涵义。

④节文：礼节，仪式。《礼记·乡饮酒礼》："宾出，主人拜送，节文终遂。"

⑤《春秋》：编年体史书名。相传孔子据鲁史修订而成。所记起于鲁隐公元年，止于鲁哀公十四年。叙事极简，用字寓褒贬。

⑥传、记、子、史：传和记都是解释经的文字。如《春秋左传》是解释《春秋》的一部书，《礼记》是解释《礼》的一部书。子是子部的书籍。按照我国古代的书籍分类法，将先秦以来的诸子百家、释道

宗教及一些科技文献等归为子部。史即史部典籍,是各类历史典籍的总称。

⑦羽翼:原指鸟类的翅膀,后用来比喻辅助的力量。圣经:这里指儒家圣人所遗留下来的经书。

⑧往迹:前人或过去的事迹。

⑨博闻强记:亦称“博闻强识”。意指见闻广博,记忆力特强。

⑩夸多斗靡:指以学识丰富、辞藻华丽相夸耀。唐韩愈《送陈秀才彤序》:“读书以为学,缵言以为文,非以夸多而斗靡也。”

⑪致功:指一个人把精力和功夫专用于某一方面。

⑫荒秽不经:杂乱而无根据的,不符合情理的。

⑬浅陋:指见闻少而粗浅鄙陋。《汉书·儒林传·孔安国传》:“篇或数简,文意浅陋。”

【译文】

父皇训教说:《周易》说:“乾在下而艮在上,是为大畜。君子应该多了解前贤的品德与言行,以此来积累自己的德行。”要想多了解前贤的品德与言行,要点在于多读书。天人之间的精深涵义都体现在《周易》中,上古帝王处理政事的方法原则都体现在《尚书》中,人类性情的抒发都体现在《诗经》中,礼仪的详细记载都体现在《礼》中,孔子对人和事的赞扬和贬斥都体现在《春秋》中。至于那些传、记、子、史等书籍,都是用来帮助理解圣人所遗留经书、记载古代圣人事迹的。如果打开这些书籍来阅读,就会每天获得以前不懂的东西,自己的智力和见识会变得精深明达,内心修养会变得深邃厚重,因此称为“畜德”,而不仅仅是为了扩充见闻、增长记忆,也不是向别人夸耀自己的学识丰富、辞藻华丽。读书学习的人要根据自己能够完成的分量,审查一下阅读的先后次序,把自己的精力集中在一个方面来求得成功。其他那些杂乱而无根据的书、粗浅鄙陋的文章,不但对人毫无益处,反而会使人有所损失,就不要看这些书了,以免贻误了自己的聪明。

12　训曰：圣贤之书，所载皆天地古今万事万物之理。能因书以知理，则理有实用。由一理之微，可以包六合之大[①]；由一日之近，可以尽千古之远。世之读书者，生乎百世之后，而欲知百世之前；处乎一室之间，而欲悉天下之理，非书曷以致之[②]？书之在天下，"五经"而下[③]，若传若史，诸子百家[④]，上而天，下而地，中而人与物，固无一事之不具，亦无一理之不该[⑤]。学者诚即事而求之，则可以通三才，而兼备乎万事万物之理矣。虽然书不贵多而贵精，学必由博而致约。果能精而约之，以贯其多与博，合其大而极于无余，会其全而备于有用[⑪]，圣贤之道，岂外是哉！

【注释】

①六合：中国古人将上下和东西南北四方称为六合，泛指天地、宇宙或人世间。《庄子·齐物论》："六合之外，圣人存而不论；六合之内，圣人论而不议。"

②曷（hé）：怎么，如何。

③"五经"：儒家的五部经典书籍，即《诗》《书》《易》《礼》《春秋》。

④诸子百家：先秦至汉初学术思想流派的总称。诸子指孔子、老子、墨子等，百家举成数而言，主要有儒、墨、道、法等。这里是指诸子百家的典籍。

⑤该：包括，包含。

【译文】

父皇训教说：古代圣贤遗留下来的书籍，记载的都是关于天地之间、古往今来万事万物的道理。一个人如果能够借助读书获知道理，这些道理才有实际的用处。凭借一个细小的道理就可以包含天地四方的广大，借助眼前的一天就可以推究千古以前之远。世上读书之人，生长在百世之后而想要知道百代之前的事情，处在一间屋子内而想了解天下间的道理，不读书怎么能办到呢？天下的书，“五经”之后，像传、史以及诸子百家之书，上记天文，下载地理，中间记录天地之间的人和物，故而没有一件事情是不记载的，没有一个道理是不包含的。读书之人若真能就事求理，就可以贯通天地人，同时掌握万事万物的道理了。虽然读书不在于求多而在于精读，但是学者读书必须先由广博而然后做到精深。如果一个人读书真能够达到精深而又简约，以贯通广博与量多，包含广大而几乎无遗漏，融合全面而兼备实际的用途，圣贤之道，还会超出这些吗？

13　训曰：朕自幼好看书，今虽年高①，万机之暇②，犹手不释卷③。诚以天下事繁，日有万机，为君者一身处九重之内④，所知岂能尽乎？时常看书，知古人事，庶可以寡过⑤。故朕理天下事五十余年，无甚差忒者，亦看书之益也。

【注释】

①年高：年纪大，年老。

②万机：亦作“万几”。指当政者处理的各种重要事务。《三国志·魏书·杜畿传》：“陛下忧劳万机，或亲灯火，而庶事不康。”

③手不释卷：即手中一直拿着书籍片刻不放。形容勤勉好学或读书入迷。三国魏曹丕《典论·自叙》：“上雅好诗文书籍，虽在军旅，手不释卷。”释，即放下。卷，泛指书籍。

④九重：即九层，九道，概指多层。后多用来形容朝廷、帝王居住的宫禁。

⑤寡过：少犯错误。语出《论语·宪问》：“夫子欲寡其过而未能也。”

【译文】

父皇训教说：我从小爱好看书，现在虽然年纪大了，在处理政事的闲暇时间，仍然会不断地读书。实在是因为天下的事情纷繁复杂，每天都会有成百上千件事情发生，君主一个人居住在宫廷内，怎么能够全都了解这些呢？经常看书，就知道古人的事情，或许可以少犯错误。因此，我治理天下五十余年了，没有出现过大的差错，这也是看书的好处啊！

14　训曰：人承祖父之遗，衣食无缺，此为大幸，便当读书乐志[①]，安分修为[②]。若家贫亦惟勤学力行[③]，为乡党所重[④]。孔子曰："素富贵行乎富贵，素贫贱行乎贫贱[⑤]。"孟子曰："富贵不能淫，贫贱不能移[⑥]。"此是圣贤立志之根本，操存之要道也[⑦]。

【注释】

①乐志：娱悦心志。

②安分修为：安守自己的本分，修养自己的行为。

③力行：竭力实践，勉力去做。《中庸》："好学近乎知，力行近乎仁，知耻近乎勇。"

④乡党：乡和党是古代乡村社会中的基层组织，五家为比，五比为闾，四闾为族，五族为党，五党为州，五州为乡。后来引申为乡里、家乡。《论语·乡党》："孔子于乡党，恂恂如也，似不能言者。"

⑤素富贵行乎富贵，素贫贱行乎贫贱：语出《中庸》。意思是：君子平日是富贵之家就按富贵的条件行事，平素是贫贱之家就按贫贱的条件行事。表示人要安于其素常所处的地位，行事不可超越本分。

⑥富贵不能淫，贫贱不能移：语出《孟子·滕文公下》。意思是：富贵不能扰乱其内心，贫贱不能改变其行为。淫，即扰乱其心。移，即变易其行为。

⑦操存：执持心志，不使丧失。语出《孟子·告子上》："孔子曰：'操则存，舍则亡，出入无时，莫知其乡，惟心之谓与！'"

【译文】

父皇训教说：人能够承继祖上父辈遗留下来的产业，吃穿不缺，这就是极大的幸事，就应当读书娱悦心志，安守本分修养身心。如果家里贫穷，也应当勤奋学习，努力践行圣人之教，以赢得乡里的尊重。孔子说："平日是富贵之人就按富贵的条件行事，平素是贫贱之人就按贫贱的条件行事。"孟子说："富贵不能扰乱其内心，贫贱不能改变其行为。"这是圣贤确立志向的根本，也是执持志向的重要方法。

15 训曰：凡人读书或学艺[①]，每自谓不能者，乃自误其身也。《中庸》有云[②]："有弗学，学之弗能，弗措也[③]。""人一能之，己百之；人十能之，己千之。果能此道矣，虽愚必明，虽柔必强。"实为学最有益之言也。

【注释】

①学艺：学习技艺。

②《中庸》：儒家经典之一。本是《礼记》中的一篇，在南宋前从未单独刊印。朱熹将其与《大学》《论语》《孟子》合称"四书"。

③"有弗学"几句：是说自身有事，不能常学习，或是学了却未能理解掌握，不应措置休废，当须勤力学之。措，即放置，安放。

【译文】

父皇训教说：凡是人们读书或者学习某种技艺，每当对自己说不行的时候，那是自己贻误自己。《中庸》中说："自身有事不能常学习，或是学了却未能理解掌握，不应措置休废，当须勤力学之。""别人性识聪明，学一遍就知道的，自己就去学十遍；别人学习十遍就知道的，自己去学千遍。如果真能这样做了，即使愚笨的人也一定会变聪明，即使是柔弱的人也一定会变坚强。"这实在是对学习最有好处的话了。

16　训曰：朱子云[①]："读书之法，当循序而有常[②]，致一而不懈[③]，从容乎句读文义之间[④]，而体验乎操存践履之实[⑤]，然后心静理明，渐见意味[⑥]。不然，则虽广求博取，日诵五车[⑦]，亦奚益于学哉！"此言乃读书之至要也。人之读书，本欲存诸心，体诸身，而求实得于己也。如不然，将书泛然读之何用[⑧]？凡读书人皆宜奉此以为训也。

【注释】

①朱子：即朱熹。字元晦，号晦庵，谥文，世称朱文公。祖籍徽州婺源（今属江西），出生于南剑州尤溪（今属福建）。宋朝著名的理学家、教育家、诗人。朱熹著述甚多，有《四书章句集注》《太极图说解》《通书解说》《周易读本》《楚辞集注》，后人辑有《朱子大全》《朱子集语象》等。其中《四书章句集注》成为明、清科举取士的题库和标准答案。朱熹总结了以往的理学思想，建立了庞大的理学体系。他的哲学体系以二程兄弟的理本论为基础，并吸取周敦颐太极说、张载的气本论以及佛教、道教的思想而形成。朱熹的思想被元明清三代尊奉为官学，其本身也被置于与孔子并列的地位，称为"朱子"。

②循序而有常：即按照一定的顺序，而有一定的常规。

③致一而不懈：致力于专一而不懈怠。

④从容：舒缓悠闲的样子。句读文义：指书或文章的语句、意义。

⑤践履：实行，实践。

⑥意味：意境趣味。

⑦五车：即五车书，形容书多。语出《庄子・天下》："惠施多方，其书五车。"后比喻博学。

⑧泛然：空泛，浮浅，不深入。

【译文】

父皇训教说：朱熹说："读书的方法，循序渐进而有常规，专一致志而不懈怠，从容悠闲地在语言、文意上下功夫，并操持圣贤之道而仿效实行，然后就会内心宁静，道理明了，渐渐地就能理解书中的意境趣味了。如果不这样做的话，那么即使广泛求寻博览群书，每天诵读很多书，又对学业有何好处呢？"这句话真的对读书至关重要啊。人读书，本来就是为了存在心里，加以实践，然后求得实实在在的知识。如果不是这样，那么肤浅地读书又有什么用处呢？凡是读书人都应该将这句话奉为准则。

17　训曰：朱子云："读书须读到不忍舍处，方是得书真味①。若读之数过②，略晓其义即厌之，欲别求书者，则是于此一卷书犹未得趣也③。"此言极是④。朕自幼亦尝发愤读书、看书，当其读某一经之时⑤，固讲论而切记之。年来翻阅⑥，其中复有宜详解者。朱子斯言，凡读书者皆宜知之。

【注释】

①真味：即指书中的真实意旨或意味。

②过：这里有次、回、遍之意。

③得趣：获得乐趣、趣味，领会情趣。

④极是：非常正确，确实是。

⑤某一经：指儒家经籍中的某一部经书。

⑥年来：近年以来，或一年以来。

【译文】

父皇训教说：朱熹说："读书必须要读到不舍得放下书本的时候，方才是真正理解到了书中的意旨。如果读书只是读了几遍，粗略地理解了其中的意义就厌倦了，想着另外找书看，那么对于这一卷书仍是没有获得其中的情趣。”这句话是非常正确的。我从小就发愤读书、看书，在阅读某一经书的过程中，固然会认真研究它并牢牢记住。近年来再次翻看这些书，发现其中又有许多需要认真解读的内容。朱熹这句话，凡是读书人都应该知道。

18　训曰：凡人进德修业①，事事从读书起。多读书则嗜欲澹②，嗜欲澹则费用省，费用省则营求少③，营求少则立品高④。读书之法，以经为主。苟经术深邃⑤，然后观史。观史则能知人之贤愚，遇事得失亦易明了。故凡事可论贵贱老少，惟读书不问贵贱老少。读书一卷，则有一卷之益；读书一日，则有一日之益。此夫子所以发愤忘食⑥，学如不及也⑦。

【注释】

①进德修业：增进品德，修习学业。《周易·乾卦》：“君子进德修业，忠信所以进德也。”

②嗜欲：即人耳、目、口、鼻等感官所产生的贪欲。《吕氏春秋·五月纪·仲夏》：“退嗜欲，定心气。”澹（dàn）：减轻，消除。

③营求：谋求，寻求。

④立品：培养品德，自修其品行。

⑤经术：以经书为主要研究对象的学术。《汉书·宣帝纪》：“及故掖庭令张贺辅导朕躬，修文学经术。”深邃（suì）：幽深，精深广大。

⑥夫子：即孔子。发愤忘食：指专心学习或工作以致忘记吃饭。形容十分勤奋。语出《论语·述而》：“其为人也，发愤忘食，乐以忘忧，不知老之将至云尔。”

⑦学如不及：形容学习勤奋，进取心强。语出《论语·泰伯》：“子曰：‘学如不及，犹恐失之。’”

【译文】

父皇训教说：凡是人增进品德、修习学业，所有的事情都要从读书开始。多读书那么人的欲望就会变少，欲望变少那么所需费用也会减少，费用减少了就不用去追求更多的钱财，追求的钱财少了那么人的品德就高尚了。读书的方法，要以研究经书为主。经书研究得精深广大了，然后就可以阅读史书。阅读史书能使人知道前人的贤明与愚笨，遇到事情也容易明白其中的得失。故而很多事情都可以分贵贱老少，只有读书不分贵贱老少。只要读一卷书，就能获得一卷的好处；只要读一天的书，就能获得一天的好处。这就是孔子之所以废寝忘食地读书，唯恐自己赶不上的原因。

19　训曰：劝戒之词，古今名论亹亹[①]，书记中无处不有[②]。其殷勤痛切[③]，反覆丁宁[④]，要之欲人听信遵行而已[⑤]。夫千百年以下之人，与千百年以上之人，何所关切，而谆谆训戒若此？盖欲一句名言，提醒千百年以下之人，使知前车之覆，而为后车之戒也[⑥]。后学读圣贤书[⑦]，看古人如此血诚教人念头[⑧]，岂可草草略过[⑨]？是故朕常教人看古人书，须念作者苦心，甚勿负前人接引后学之至意也。

【注释】

①亹亹（wěi）：如流水一样连绵不绝的样子，连续而不倦怠。

②书记：即指书籍。《后汉书·仲长统传》："少好学，博涉书记，赡于文辞。"

③殷勤：关注，急切。痛切：沉痛迫切。《汉书·楚元王传》："向自见得信于上，故常显讼宗室，讥刺王氏及在位大臣，其言多痛切，发于至诚。"

④反覆：一次又一次地。丁宁：叮咛，反复地嘱咐。

⑤要之：表示下文是总括性的话，要而言之、总之。遵行：遵照执行。

⑥前车之覆，而为后车之戒：意为前面的车子翻了，后面的车子接受教训，不蹈覆辙。比喻先前的失败，可以作为以后的教训。汉桓宽《盐铁论·结和》："周谨小而得大，秦欲大而亡小。语曰：'前车覆，后车戒。''殷鉴不远，在夏后之世'矣。"

⑦后学：后进的学者。这里指后来的学者。《后汉书·徐防传》："以五经久远，圣意难明，宜为章句，以悟后学。"

⑧血诚：犹赤诚。言极其真诚的心意。

⑨草草：粗率，不认真，不细腻。

【译文】

父皇训教说：劝诫人的话，古今名论连绵不绝，书籍中处处都有。其用心殷切迫切，反复地嘱咐，总之，就是想让人们听信遵照执行而已。那些千百年以后的人，与千百年以前的人，为什么会如此关心而不厌其烦地劝诫呢？大概是想用一句名言来提醒千百年以后的人，使他们知道前面车子翻覆的原因，从而成为后来车子的鉴戒。后来的学者阅读圣贤的书，看到古人如此真诚地教育后人的心意，怎么可以随便忽略不学呢？因此，我经常教人看古人书，要知道作者的苦心，千万不要辜负了前人引导后来学者的深意啊。

20　训曰：人多强不知以为知①，乃大非善事。是故孔子云："知之为知之，不知为不知②。"朕自幼即如此，每见高年人③，必问其已往经历之事，而切记于心，决不自以为知而不访于人也。

【注释】

①强不知以为知：自己不知道而硬说知道。强，牵强，勉强。

②知之为知之，不知为不知：语出《论语·为政》。这是孔子告诫子路的话，意思是知道的就说知道，不知道的就说不知道，这是智慧的表现。

③高年：年纪大的人，老年人。

【译文】

父皇训教说：人们都有自己不知道而硬说知道的毛病，这绝对不是什么好事。因此，孔子说："知道的就说知道，不知道的就说不知道。"我从小就是这样，每当遇到年纪大的人，必定会询问他们以前经历过的事情，牢记于心，绝不会自以为自己什么都知道而不向他人询问。

21　训曰：人心虚则所学进[①]，盈则所学退[②]。朕生性好问，虽极粗鄙之夫[③]，彼亦有中理之言[④]，朕于此等决不遗弃，必搜其源而切记之[⑤]，并不以为自知自能而弃人之善也。

【注释】

①心虚：这里指谦虚不自满。《列子·仲尼》："南郭子貌充心虚，耳无闻，目无见，口无言，心无知，形无惕。往将奚为？"

②盈：满，自满。

③粗鄙之夫：指粗俗、鄙陋、没有知识的人。

④中理：切中道理。

⑤搜其源：这里是指探索其来龙去脉。

【译文】

父皇训教说：人谦虚好问，其学业就会有进步；骄傲自满，其学业就会退步。我生性谦虚好问，即使是那些粗俗、鄙陋之人，他们也有切中道理的话，我从不会放弃这样的话，一定会弄清其来龙去脉牢牢记于心里，并不认为自己懂得多、会得多就放弃学习别人的长处。

22 训曰:《易》云:“日新之谓盛德[①]。”学者一日必进一步,方不虚度时日。大凡世间一技一艺,其始学也,不胜其难,似万不可成者,因置而不学[②],则终无成矣。所以初学贵有决定不移之志,又贵有勇猛精进之心,尤贵有贞常永固不退转之念[③]。人苟能有决定不移之志,勇猛精进,而又贞常永固,毫不退转,则凡技艺焉有不成者哉?

【注释】

①日新之谓盛德:语出《周易·系辞上》。日新,日日更新,天天进步。盛德,盛大的德行。

②置:搁置一旁,不予理会。

③贞常永固:即贞固,是指固守正道,坚贞不移。《易经·乾卦·文言》:“利物,足以和义;贞固,足以干事。”

【译文】

父皇训教说:《周易》说:“每天都能够进步是一种很大的德行。”做学问的人,每天都要有所收获,有所进步,才能说没有虚度时光。大凡世间每一种技巧,每一种才艺,在开始学习的时候,都会觉得非常难,好像根本学不成似的,因此搁置不学,这样永远不会有所成就。所以初学者贵在有确定不可动摇的意志,还要有刻苦学习勇猛不已的进取之心,更要有长期坚持永不退却的信念。如果人有坚定不移的志向,刻苦勇猛地进取,而又能长期坚持永不退却,那么所有的技能才能怎么会有学不会的呢?

23 训曰:子曰:“吾十有五而志于学[①]。”圣人一生,只在“志学”一言[②],又实能“学而不厌”[③],此圣人之所以为圣也。千古圣贤与我同类,人何为甘于自弃而不学?苟志于学，希贤希圣[④]，孰能御之[⑤]？是故志学乃作圣之第一义也。

【注释】

①吾十有五而志于学：语出《论语·为政上》。古人以十五岁开始入小学学习。《尚书》周传："王子、公卿大夫元士之適子十五入小学，二十入大学。"

②志学：即立志学习。

③学而不厌：出自《论语·述而》。学习而不知厌倦。

④希贤希圣：谓仰慕贤者、圣人，希望效法他们。

⑤御：抵挡，阻拦。

【译文】

父皇训教说：孔子说："我十五岁的时候就立志于学习。"孔子的一生，可以用"立志于学"来概括，并且实在能够做到"学习而不知厌倦"，这就是圣人之所以成为圣人的原因。千年前的圣人与我们同样为人类，我们为什么要甘心自我放弃而不学习呢？如果我们能够立志于学，仰慕圣人，效法圣人，又有什么能够阻挡我们成为圣贤呢？因此，立志于学是成为圣人的关键。

24　训曰：道理之载于典籍者[①]，一定而有限，而天下事千变万化，其端无穷。故世之苦读书者，往往遇事有执泥处[②]；而经历事故多者，又每逐事圆融而无定见[③]。此皆一偏之见。朕则谓当读书时须要体认世务[④]，而应事时又当据书理而审其事宜。如此方免二者之弊。

【注释】

①典籍：指法典图籍等重要文献。

②执泥：执拗拘泥，不知变通。

③圆融：本是佛教用语，意为没有矛盾、障碍的境界。《大佛顶首楞严经》："又如来说地、水、火、风，本性圆融，周遍法界，湛然常住。"后有不执一定见、圆满通融之意。

④体认：体会，体察，认识。世务：世情，时势。

【译文】

父皇训教说：记载在书上的道理是范围一定而有限度的，然而天下的事情却是千变万化、无穷无尽的。因而世上那些苦读书的人，遇到事情往往有拘泥的地方；而那些已经历过很多事故的人，又经常会随时应变而没有自己确定的见解。这两者都是一种偏执一端之见。我认为：读书时，要体察现实之事务；而应付事务时，又要根据书中的道理来审查处理事情的正确方法。只有这样才能避免以上两种缺点。

25　训曰：《易》为四圣之书[①]，其立象设卦系辞[②]，广大悉备[③]。言其理则无所不该[④]，言其用则自昔伏羲、神农、黄帝、尧、舜王天下之道咸取诸此[⑤]。然而深探作《易》之旨，大抵不外阴阳[⑥]；而配诸人事，则有吉凶、悔吝之别[⑦]。运数所由盛衰[⑧]，风俗所由治乱，君子小人所由进退消长，鲜不于奇偶二画、屈伸变易之间见之[⑨]。朕惟经学为治法之要[⑩]，而《诗》《书》之文[⑪]，《礼》《乐》之具，《春秋》之行事，罔不于《易》会通[⑫]，故朕研求《易》理[⑬]，玩索精蕴[⑭]，前命儒臣，参考诸儒注、疏、传、义[⑮]，撰为《日讲易经解义》[⑯]，又命大学士李光地纂修《周易折中》[⑰]。乙夜披览[⑱]，一字一画斟酌无忽[⑲]。诚以《易》之为书，有观民设教之方[⑳]，有通德类情之用[㉑]，恐惧修省以治身[㉒]，思患豫防以维世[㉓]。所以极天人，穷性命[24]，开物前民[25]，通变尽利者[26]，其理莫详于《易》。故孔子尝曰：“加我数年，五十以学《易》[27]。”盖言凡为学者，不可以不学，而学又不可易视之也[28]。

【注释】

①四圣之书：即指《周易》演变发展的四个阶段。传说伏羲创立先天八卦，后又“更三圣”，周文王姬昌又推演为后天六十四卦，并作卦辞；周公旦又进一步发扬补充，作了爻辞；孔子又作“十翼”。这四人都是儒家推崇的圣人，故而将《周易》称为“四圣之书”。

②立象：取法万物形象。设卦：即伏羲创设八卦，周文王重设六十四卦。《周易·系辞下》记载：伏羲初创八卦，“仰则观象于天，俯则观法于地，观鸟兽之文，与地之宜。近取诸身，远取诸物。于是始作八卦，以通神明之德，以类万物之情”。系辞：即附在卦象下面的卦辞。立象设卦系辞都是《周易》的主要内容。《周易·系辞上》曰：“圣人立象以尽意，设卦以尽情伪，系辞焉以尽其言。”意思是圣人观察世界万事万物，建立卦象，以象征的方式来表达无尽的深意；创设六十四卦，将宇宙间万事万物复杂变化的真伪尽情地展示出来；再附上文辞，来表述想说的话。

③广大悉备：范围广泛，内容齐备。《周易·系辞下》：“《易》之为书也，广大悉备。有天道焉，有人道焉，有地道焉。”

④无所不该：即没有什么不具备的，形容包含范围广泛。该，具备，拥有。

⑤伏羲、神农、黄帝、尧、舜：都是上古时期的圣王。伏羲，传说教民佃渔畜牧，创画八卦，造书契。神农，又称炎帝，传说“神农尝百草”，教人医药，又教民农耕，种植谷物。黄帝，是上古时期华夏部落联盟的著名首领，五帝之首，因有土德之瑞，故号黄帝。在原始社会末期，黄帝统一华夏部落，征服东夷、九黎族。同时黄帝在位

期间，播百谷草木，大力发展生产，始制衣冠、建舟车等，被尊为中华“人文初祖”。尧、舜也都是上古时期华夏部落联盟的首领，详见上文。

⑥阴阳：是中国古代哲学中一对对立的哲学概念。古代朴素的唯物主义把矛盾运动中的万事万物概括为“阴”“阳”两个对立的范畴，并将阴、阳作为生成万事万物的两种最基本的元素。《周易》中用“阴”“阳”双方变化的原理来说明自然界和人类社会运动的规律。《系辞上》曰：“一阴一阳之谓道。”

⑦吉凶、悔吝（lìn）：《周易·系辞上》：“吉凶者，言乎其失得也；悔吝者，言乎其小疵也。”吉凶，得阴阳正位曰吉，失之曰凶，泛指人的福祸、得失。悔吝，即小病，或追悔顾惜。

⑧运数：命运气数。

⑨奇偶二画：即《周易》中的阳爻（—）、阴爻（--），阳爻一画为奇，阴爻二画为偶。屈伸变易：即进退、消长的变化，是就卦象变化而言的。阳爻或阴爻的减少是屈，是消；阳爻或阴爻的增加是伸，是长。譬如由坤卦（䷁）变为泰卦（䷊），即是阳爻增长（伸、长），阴爻减少（屈、消）。阳代表君子，而阴则代表小人，故曰：“内阳而外阴，内健而外顺，内君子而外小人，君子道长，小人道消也。”

⑩经学：研究儒家经传的训诂与阐扬义理的学问。《后汉书·刘瑜传》：“瑜少好经学，尤善图谶、天文、历算之术。”治法：治理国家的法则。

⑪《诗》《书》：与下文的《礼》《乐》《春秋》《易》，是儒家的六部重要经书典籍，相传都经过孔子整理。《诗》《书》《礼》《易》《春秋》详见前文。《乐》，即《乐经》。先秦儒家典籍之一，早已失传，仅在传世文献《庄子》以及出土文献郭店楚简中有所记载。郭店简《六德》：“观诸《诗》《书》则亦载矣，观诸《礼》《乐》则亦载矣，观诸《易》《春秋》则亦载矣。”《庄子·天运》记载：孔子曾对老

子说："丘治《诗》《书》《礼》《乐》《易》《春秋》六经。"

⑫会通：融会贯通。《周易·系辞上》："圣人有以见天下之动，而观其会通，以行其典礼，系辞焉以断其吉凶，是故谓之爻。"

⑬研求《易》理：研究探求《周易》中的道理。

⑭玩索精蕴：体味探求《周易》包含的精深含义。

⑮注、疏、传、义：古代文人对书籍进行注释的四种形式。解释字句的文字，谓之注；阐释经书及其旧注的文字谓之疏；注释或阐释经义的文字，谓之传；会同群书，阐释发明道理的，谓之义。

⑯《日讲易经解义》：康熙二十二年（1683），牛钮等儒士奉敕编撰的讲解《周易》的讲义，共十八卷。该书概括了历史上诸儒对《周易》的解释，综合了卦、爻的变化理论，探讨了易理宗旨及其与社会现象的联系，作为日常讲课的材料，语言比较浅近。

⑰李光地：字晋卿，福建泉州府安溪（今属福建）人。康熙年间，中进士，历任翰林院编修、翰林学士、兵部右侍郎、直隶巡抚，协助康熙帝平定三藩之乱、收复台湾，康熙四十四年（1705）拜文渊阁大学士兼吏部尚书。清初理学名臣，著有《历像要义》《四书解》《性理精义》等。《周易折中》：李光地于康熙五十四年（1715）奉敕所撰，该书采集古今阐述《易》理之说编纂而成，共二十二卷。

⑱乙夜：古代二更时候，约为夜间十时。唐苏鹗《杜阳杂编》卷中记载：唐文宗曾对左右说："若不甲夜视事，乙夜观书，何以为人君耶？"后来称皇帝夜里读书为"乙览"。

⑲斟酌（zhēn zhuó）：反复考虑以后决定取舍。

⑳观民设教：观察民风，实施教化。《周易·观卦》："先王以省方观民设教。"

㉑通德类情：贯通道德，模拟情状。《周易·系辞下》："作八卦，以通神明之德，以类万物之情。"

㉒恐惧修省：因害怕敬畏而修持省察。《周易·震卦》："洊雷，震。

君子以恐惧修省。”

㉓思患豫防：想到会发生祸患，事先采取预防措施。《周易·既济卦》：“水在火上，既济。君子以思患而豫防之。”

㉔极天人，穷性命：深入探究天与人的关系以及万物的秉性。《周易·乾卦》：“乾道变化，各正性命。”认为天道变化，万物各有其秉性。天人，天和人，天象和人事。性命，本指生命，这里指万物的秉性天赋。

㉕开物前民：通晓万物的道理，引导人民。《周易·系辞上》：“夫《易》何为者也？夫《易》开物成务，冒天下之道，如斯而已者也。”又曰：“是以明于天之道，而察于民之故，是兴神物以前民用。”

㉖通变尽利：变通趋时，以利尽天下之民。《周易·系辞上》：“极数知来之谓占，通变之谓事，阴阳不测之谓神。”

㉗加我数年，五十以学《易》：语出《论语·述而》：“加我数年，五十以学《易》，可以无大过矣。”意思是再过几年我就五十岁了，到了知天命的年纪，就可以学习《周易》，这样就不会在理解上出现大的过错。

㉘易视：轻视。

【译文】

父皇训教说：《周易》是经历四位圣人持续撰写完成的一部著作，它取法万物形象，创设八卦，并附上撰写的解说卦辞，从而使它内容广泛、无所不包。讲到它的易理，世界上各种道理都包含在其中；讲到它的应用，从前伏羲、神农、黄帝到尧帝、舜帝这些圣王统治天下的方法都是从它这里学到的。然而，深入探究四圣撰写《周易》的主要内容，大概不超出一阴、一阳的变化；而与之相应的人类社会的事情，则主要是关于人们的福祸、得失、追悔的差别。人的命运气数之所以有兴盛与衰落，社会风俗之所以有安定与动乱，君子与小人之所以有进退消长，这些很少有不能在阳爻与阴爻的增长与减少的变化之间反映出来。我因为经学是治理国家的纲要，而其中《诗》《书》的文采，《礼》《乐》记载的方法，《春秋》记载的往事，这些无不与《周易》会通，所以我认真探究《易》中的道理，仔细体味《易》包含的精深意蕴，先命儒臣参考历代儒者们为《易》所作的注、疏、传、义，撰写了《日讲易经解义》一书，后来又命大学士李光地纂修了《周易折中》。每天夜里我都会阅读，对其中的一字一画都反复思考斟酌而不忽视。因为《易》这本书，其中有观察民风、实施教化的方法，有贯通道德、模拟万物情状的用途，因害怕敬畏而自省时可以修身养性，想到祸患的发生可以提前采取预防措施时可以治理天下。因此，要深入探究天与人的关系以及万物的秉性，要通晓道理、引导人民，要变通趋时，有利于天下之民，讲述这些道理没有哪本书比《易》更详细的了。所以孔子说："再过几年我就五十岁了，就可以学习《易》了。"这就是说，凡是学习不可不学习《易》，既然要学，就不能掉以轻心。

26　训曰：凡事只空谈，若不眼见，终属无用。《诗》云："伯氏吹埙[①]，仲氏吹篪[②]。"然而实见埙、篪者有几人？一岁除日[③]，乾清宫正陈设乐器[④]，朕召南书房汉大臣、翰林等[⑤]，降旨云："尔等凡作诗赋，多以埙、篪比兄弟。问尔埙、篪之形如何？"皆云不知，因命内监将乐器中埙、篪取与伊等观看[⑥]。伊等看毕，欣然称奇，以为臣等惟于书中见之，即随口空谈，谁人实见埙、篪，今日方得明白也。凡事皆如此，必亲见亲历，始得确实。若闻之他人，或书中偶见，即据以为言，必贻笑于有识之人矣[⑦]。

【注释】

①伯氏：即大哥。埙（xūn）：一种吹奏乐器。多为平底卵形，大小不一，吹孔在顶端，音孔或五或六，双手捧之而吹；有石制、骨制，然

以陶制为主，相传为伏羲所创。

②仲氏：即二哥。篪（chí）：一种用竹管制成像笛子一样的乐器，有八孔。

③除日：农历十二月最后一天，即除夕。

④乾清宫：明清时期紫禁城内的宫殿名。建于明代，清康熙以前是皇帝居住和处理政事的主要宫殿。

⑤南书房：清康熙时设置的内廷机构，在乾清宫乾清门西侧。本是康熙帝读书处，俗称南斋。康熙十六年（1677），命侍讲学士张英、内阁学士衔高士奇入值，这是以翰林文人入值南书房之始。翰林入值南书房，初为文学侍从，随时应召侍读、侍讲，常侍皇帝左右，备顾问、论经史、谈诗文；之后，逐渐代皇帝撰拟诏令谕旨，参预机务。后来，随着军机处的设置，南书房之权减弱，但一直保留，直到光绪二十四年（1898）撤销。

⑥伊：他。

⑦贻（yí）笑：遗留笑柄，见笑。

【译文】

父皇训教说：凡事只是听别人空口说，而不亲眼看到，终究对增长才识没有什么作用。《诗经》中说："大哥吹埙，二哥吹篪。"然而真正见过埙、篪实物的有几个人呢？一年除夕，乾清宫正在摆设乐器，我就将南书房的汉大臣和翰林院学士召来，降下谕旨问他们："你们吟诗作赋，经常用埙、篪来比喻兄弟。我问你们埙、篪的形状是怎样的？"他们都回答说不知道，我因此让太监把乐器中的埙、篪拿来给他们观看。他们看完后，非常高兴地称赞其中的奇妙，还说我们以前都只是在书中见过，就随口引用，谁又真正见过埙、篪呢？今天才真正明白了埙、篪是什么样子。所有的事情都是这样的，必须亲眼看见或者亲身经历了才能确保真实。如果只是听他人所说或者在书中偶然看到，就立即引以为证据，一定会被有识之人取笑的。

27 训曰：朕自幼留心典籍，比年以来所编定书约有数十种[①]，皆已次第告成[②]。至于字学[③]，所关尤切。《字汇》失之简略[④]，《正字通》涉于泛滥[⑤]。兼之各方风土不同，语音各异。司马光之《类篇》[⑥]，分部或有未明；沈约之《声韵》[⑦]，后人不无訾议[⑧]；《洪武正韵》[⑨]，多所驳辩[⑩]，迄不能行，仍依沈韵。朕参阅诸家，究心考证[⑪]。如我朝清文，以及蒙古、西域、洋外诸国，多从字母而来。音虽由地而殊，而字莫不寄于点画[⑫]。两字合作一字，二韵切为一音。因知天地之元音发于人声[⑬]，人声之形象寄于字体。故朕酌订一书[⑭]，命曰《康熙字典》[⑮]，增《字汇》之阙遗[⑯]，删《正字通》之繁冗[⑰]，务使详略得中[⑱]，归于至当[⑲]，庶可垂示永久云。

【注释】

①比年：近年。《后汉书·皇甫规传》："臣比年以来，数陈便宜。"

②次第：依次，一个接一个的。告成：事情宣告完成。《诗经·大雅·江汉》："经营四方，告成于王。"

③字学：即文字学。

④《字汇》：明代梅膺祚编撰的一部字典。《字汇》共十四卷，正文十二卷，按子、丑、寅、卯、辰、巳、午、未、申、酉、戌、亥十二地支分集，收字三万三千一百七十九个。《字汇》首创按笔画多寡排列部首和单字，使该书更加实用，便于检索，是明代至清初最为通行的字典。简略：内容简单而粗略。

⑤《正字通》：旧题明末清初张自烈编撰的一部按汉字形体分部编排的字典。该书依十二地支排列，共十二卷，收字超过三万余字，保存了大量俗字、异体字；每字之下先注音，再旁征博引进行释

义，资料甚详，修正了《字汇》中的许多错误，但征引过于庞杂。泛滥：形容内容过多。

⑥司马光：字君实，陕州夏县（今山西夏县）涑水乡人。北宋时期著名的政治家、史学家、文学家。《类篇》：是北宋司马光等编纂的一部按部首编排的字典。全书分为十五卷，而每卷又分上、中、下，故实际上为四十五卷，末一卷为目录。该书使用《说文解字》体裁，分五百四十四部，收字三万一千三百一十九个，重音二万一千八百四十六字，共五万三千一百六十五字。

⑦沈约：字休文，吴兴郡武康县（今浙江德清）人。南朝著名政治家、文学家、史学家。沈约学识渊博，精通音律，创“四声八病”之说，要求以平、上、去、入四声相互调节的方法应用于诗文，避免八病，为当时的韵文创作开辟了新境界；其诗注重声律、对仗，时号“永明体”，是中国古代诗歌从比较自由的古体诗走向格律严整的近体诗的一个重要过渡阶段。沈约撰有《四声谱》一书，惜已失传。

⑧訾（zǐ）议：指出、评论别人的缺点。

⑨《洪武正韵》即洪武年间乐韶凤、宋濂等人奉敕编撰的一部字典。该书按韵分类，分韵七十六部，然不适合当时的中原音韵，故此书早已失传。

⑩驳辩：即相互争辩。

⑪究心：专心研究。

⑫点画：指汉字书写的点、横、直、撇等笔画。

⑬元音：指发音气流在口腔通过不受阻碍而发出的声音，可自成音，是相较于辅音而言。

⑭酌订：斟酌编订。

⑮《康熙字典》：是清代康熙年间编纂的一部字典。康熙四十九年（1710）三月，康熙帝下诏令陈廷敬等人模仿《字汇》和《正字通》

体例编纂的一部字典，至康熙五十五年（1716）成书。这是我国古代字书的集大成者，第一部以皇帝命名、第一次用字典命名的字书。

⑯阙遗：缺少，遗漏。

⑰繁冗：繁杂纷多。

⑱得中：合适，正好。

⑲至当：极为适当，恰当。

【译文】

父皇训教说：我从小就留心古代的典籍，近年以来所编纂的书籍有数十种，都已经相继完成了。我对于文字学，尤其关注。《字汇》失败的地方在于太简单粗略，《正字通》征引的内容太庞杂。再加上各地的风土各异，说话语音也不相同。司马光的《类编》，分类不是太明确；沈约的《声韵》，后人也不是没有批评；《洪武正韵》，虽然对前代的书多有辨析，但现在已经不再流行，而仍然实行的是沈约所作的声韵分类。我参考前代字学诸家的观点，专心研究声韵。像我朝的满文，以及蒙古、西域和外洋诸国的文字，大多是由字母拼写而成的。发音虽然因地域差异而有所不同，但文字无不表现为点、画的组合。或者由两个字的偏旁组成一个字，或者由两个声韵组合成一个发音。因而我知道天下所有的元音都是人口直接发出的，人们发音的外形则表现在字体上。故而我下令斟酌编订了一部书，命名为《康熙字典》。这部书增补了《字汇》中所遗漏的，删除了《正字通》中繁杂纷乱的内容，尽力使书的内容详略合适，归于至当，或许可以流传永久。

28　训曰：子平、六壬、奇门等学①，俱系后世人按五行生克互相敷演而成②。其取义也，虽极巧极精，然其神煞名号③，尽是人之所定。揆之正理④，实难信也。世人习某件即偏于某件，以为甚深且奥，以夸耀于人。朕于暇时，亦曾究心此等杂学，以考其根源，一一洞彻，知其不能确准，又焉能及古圣所传之大道耶？

【注释】

①子平：古代的星命之学，即一种根据星象或人的生辰八字推算人的命运的迷信方法。相传宋代徐居易，字子平，精于星象、命算，后人遂以“子平”称呼利用星象或生辰八字替人算命的方法。六壬：利用阴阳五行进行占卜凶吉的方法之一。五行（水、火、木、金、土）以水为首，天干（甲、乙、丙、丁、戊、己、庚、辛、壬、癸）中壬、癸属水，壬为阳水，癸为阴水，舍阴取阳，故名壬；六十甲子中，壬有六个（壬申、壬午、壬辰、壬寅、壬子、壬戌），故名六壬。六壬共七百二十课，一般总括为六十四课。其占法：用两木盘，上有天上十二辰分野，谓之天盘，下有地上十二辰方位，谓之地盘。两盘相叠，转动天盘，得出所占之干支与时辰的部位，以判吉凶。《隋书·经籍志》中就收录有《六壬释兆》《六壬式经杂占》，此后历代书志，收录颇多。奇门：术数用语。古人称十天干中的乙、丙、丁为“三奇”，称八卦变相中的休、生、伤、杜、景、死、惊、开为“八门”，故合称为“奇门”。后泛指一种隐秘的法术，可隐身、推算吉凶等。

②五行生克：我国古代五行说所谓水、火、金、木、土五者互相生发、互相克制的关系。敷（fū）演：陈述而加以发挥。

③神煞：古人推测命运中使用的吉神和凶煞概念。古代星命家研究命理，推论运气，涉及吉、凶星煞。认为带“神”者吉，带“煞”者凶。吉者，曰星曰神，有天德、月德、天喜等；凶者，曰杀曰煞，有勾绞、羊刃、十恶大败等。遇吉则更吉，遇凶则更凶。

④揆（kuí）：揣测，审度。

【译文】

父皇训教说：子平、六壬、奇门等术数之学，都是后世的人们按照五行相生相克的原理推演而成的。其中的原理，虽然非常精巧，但是其神煞名号，都是由人来定的。若用正理来揣度验证，实在让人难以相信。世人练习某件就会偏向于某件，认为其中的道理很深邃奥妙，并以此来向别人炫耀。我在闲暇时也曾经认真研究过这些杂学，以考证它的根源，一一彻底明白其中的道理，知道它不准确，更比不上古代圣人们传下来的大道。

29　训曰：《河图》顺转而相生①，《洛书》逆转而相克。盖生者所以成其体，而克者所以弘其用。《大禹谟》②："水、火、金、木、土、谷，惟修③。"以五行相克为次第。可见，相克是五行作用处。今数术家或以相克取财官④，或以相克取发用⑤。亦此理也。

【注释】

①《河图》：与下文《洛书》，为古代儒家关于《周易》卦形来源及《尚书·周书·洪范》"九畴"创作过程的传说。《周易·系辞上》："河出图，洛出书，圣人则之。"相传上古时期，龙马负《河图》出于黄河，伏羲氏见而据以演画八卦，称为《河图》；夏禹时，有神龟出于洛水，背负《洛书》，禹取法而作《洪范》"九畴"。后世将《河图》《洛书》都视为圣王受命、治世的祥瑞征兆。

②《大禹谟》：是《尚书·虞书》中的一篇，主要记述了大禹治国的方略。

③水、火、金、木、土、谷，惟修：语出《大禹谟》。原文为："德惟善政，政在养民。水、火、金、木、土、谷，惟修；正德、利用、厚生，惟和。"

意思是说：德政才是好的政治，要点在于养育人民。养民之本，在先修水、火、金、木、土、谷六府；正德以率下，利用以阜财，厚生以养民，只有三者相互协调和谐，才能说是善政。

④数术家：古代专门从事天文、历法、占卜的人。财官：即财富和官禄。

⑤发用：即使用，运用。这里是指数术家们用五行相克的原理来推理命数。

【译文】

父皇训教说：《河图》按顺时针旋转就会相互生出，《洛书》按逆时针旋转则会相互克制。大概生成它的会生出它的形体，而克制它的就会广大它的用处。《大禹谟》中记载有："水、火、金、木、土、谷，惟修。"就是以五行相互克制为顺序排列的。可见，相互克制是五行相互作用的要点。今天的数术家或者以五行相克来推测人们的财运和官禄，或者用五行相克来推理命数。也是这样的道理。

30　训曰：尔等惟知朕算术之精[①]，却不知我学算之故。朕幼时钦天监汉官与西洋人不睦[②]，互相参劾[③]，几至大辟[④]。杨光先、汤若望于午门外九卿前[⑤]，当面赌测日影[⑥]，奈九卿中无一知其法者。朕思己不知，焉能断人之是非？因自愤而学焉。今凡入算之法，累辑成书，条分缕析[⑦]，后之学此者视此甚易，谁知朕当日苦心研究之难也。

【注释】

①算术：数学的一个分支，从事研究数的性质，以及它们之间的相互关系和运算规则（主要包括加、减、乘、除）。中国古代将全部数学都称之为算术。

②钦天监：明清时期设置掌管天文、历法的官署。秦汉以来，历代王朝都设置有专门管理天文历算的机构，唐代称司天台，宋代称司天监，明清改称钦天监，设监正、副监，掌天文、历数、占候、推步之事。不睦（mù）：感情不和谐，相处不融洽。

③参劾（hé）：帝制时期，上奏章揭发官吏的罪状，弹劾。

④大辟（pì）：即死刑，古代五刑之一。《礼记·文王世子》："公族无宫刑，狱成，有司谳于公。其死罪，则曰'某之罪在大辟'。"

⑤杨光先：字长公，江南歙县（今属安徽）人。清朝天文官。清康熙三年（1664），上书反对汤若望、南怀仁用新法治历，清政府罢西法，任用杨光先为钦天监监正。康熙七年（1668），清政府启用南怀仁，南怀仁提出要以实证证明西洋历法的准确度，并在推算比赛中战胜了杨光先。杨光先被夺官，遣回原籍，死于路上。汤若望：德国天文学家、天主教耶稣会传教士。明清之际来华传教。清顺治帝授为钦天监监正。康熙初被诬告下狱。不久死于京城。午门：指明清紫禁城的南面正门，为群臣待朝候旨的地方。九卿：古代中央政府的九个高级官职。周代就设有九卿：少师、少傅、少保、冢宰、司徒、宗伯、司马、司寇、司空；秦朝改周制，以奉常、郎中令、卫尉、太仆、廷尉、典客、宗正、治粟内史、少府为九卿，具体掌管中央事务；此后历代中央均设有九卿，唯名称、司职多所变更。

⑥日影：日光照射物体所成的阴影。古代常用圭表测定正午的日影长度以定节令，定回归年。测日影是中国古代制定历法的重要步骤之一。

⑦条分缕析：形容分析得条理分明，极为严谨。

【译文】

父皇训教说：你们只知道我算术精深，但不知道我学习算术的原因。我小的时候，钦天监内的中国官员与西洋人关系不好，相互指责弹劾对方，几乎闹到就要判处他们大辟之罪的程度。杨光先与汤若望在午门外九卿面前赌谁测日影准确，奈何九卿中没有一个人知道其中的方法道理。我想自己要是不知道其中的道理，又怎么能够判断谁是谁非呢？因而发愤学习算术。现在已经将所有的解题方法，都积累编辑成书，条理清晰，以后学习这些的人看这些书就会非常容易了，谁又知道我当日苦心研究算术的艰难呢？

31　训曰：音律之学[①]，朕尝留心，爰知不制器[②]，无以审音；不准今，无以考古。音由器发，律自数生[③]。是故不得其数，律无自生；不考以律，音不得正。雅俗固分，而声协则一。器虽代革，而音调则同。故曰："以六律正五音[④]。"今之乐由古之乐也。朕考核诸音律谱[⑤]，按《性理》内《律吕新书》[⑥]，黄钟律分围径长短[⑦]，准以古尺，损益相生十二律吕[⑧]，制为管而审其音，复以黄钟之积加分、减分，制诸乐器，而和其调。实以黍而数合，播诸乐而音协。因著为书，辨其疑，阐其义，正律审音[⑨]，和声定乐，条分缕析，一一详明。盖天地之元声，亘古今而莫易[⑩]，联中外以大同[⑪]，六合之内，四海之外，此音同，此理同也。百世之上，百世之下，此理同，此音同也。是故不知古乐而溺于今，非特不知古，并不知今也；必复古乐而不屑于今，非特不知今，终亦无从复古也。

【注释】

①音律：指古代音乐上的律吕、宫调等，也叫"乐律"。后代指音乐。

②制器：制造器物。这里是指制造乐器。

③数：即律数。进行律学计算时所采用的振动体（管或弦）的长度

数值。

④以六律正五音：语出《孟子·离娄上》。六律，古乐十二律中的阳律，即黄钟、太簇、姑洗、蕤宾、夷则、无射。五音，中国五声音阶上的五个音级，即宫、商、角、徵（zhǐ）、羽。《尚书·虞书·皋陶谟》："予欲闻六律、五声、八音，在治忽，以出纳五言，汝听。"

⑤音律谱：又称"吕律谱"。即是古代的乐谱。

⑥《性理》：即《性理大全》。明初胡广等奉敕编辑的宋代理学著作与理学家言论汇编。全书共七十卷，成书于永乐十三年（1415）。《律吕新书》：宋代蔡元定所撰的音乐论著。此书探讨了音律中的旋宫问题，首次提出了十八律的理论，用以解决古代十二律旋宫后的音程关系与黄钟官调不尽相同的问题。这一理论，又被称作蔡氏律。此书为我国古代乐学理论贡献颇多，对宋以后乐学的发展有很大影响。

⑦黄钟：古代音乐十二律中六阳律的第一律，亦为六律、六吕的基本音。

⑧损益：即增加和减少。律吕：古代校正乐律的器具。用竹管或金属管制成，共十二管，管径相等，以管的长短来确定音的不同高度。从低音管算起，成奇数的六个管叫作"律"，包括黄钟、太簇、姑洗、蕤宾、夷则、无射；成偶数的六个管叫作"吕"，包括大吕、夹钟、中吕、林钟、南吕、应钟，合称"律吕"。后亦用以指乐律或音律。

⑨正律审音：即辨别、纠正音律中的错误。

⑩亘（gèn）：贯穿。

⑪大同：基本相同，在大的方面一致。《汉书·西域传上·大宛国传》："自宛以西至安息国，虽颇异言，然大同，自相晓知也。"

【译文】

父皇训教说：音乐这门学问，我曾经留心研究过，因此知道不制造出乐器就无法审定音调,不确定今天的音调就不能考证古代的音调。音乐是由乐器发出的,律管是根据度数制成的。所以不了解律数,律管就无法自我制成;不对律管进行考校,发出的音调就不准确。雅乐与俗音固然有区分,然而声音协和的要求是一样的。乐器虽然历代都有改革,然而音调则是相同的。因此说:“要用六律来校正五音。”今天的音乐是由古代的音乐发展而来的。我考察审核各种乐谱,按照《性理大全》中收录的《律吕新书》中记载的,黄钟律管的直径长短,按照古代的尺寸,增加和减少相互生成十二种音律,制成律管以便审定乐器的音调,又以黄钟之累积加分或减分,制造各种乐器并调和它们的音调。实际上是按照黍的数量来使乐器的长度与律数相符合,演奏出各种音乐而音调协调。因此著成书,辨清其中有疑问的地方,阐明其中的原理,纠正音律,审定音调,和声定乐,条理清晰,一一详细叙述清楚。大概天地之间的基本音律,古今以来都没有变化,中外也基本相同,国内外的音调相同,道理也都一样。百世之前,百世之后,其中的道理相同,音调也相同。因此,只是沉溺于今天的音乐中,而不知道古代的音乐,不但不知道古代的音乐,而且也不能了解今天的音乐;只是复原古代的音乐而不屑于了解今天的音乐,不但不知道今天的音乐,最终也无法复原古代的音乐。

32　训曰:朱子云:“大率古人作诗,与今人一般,其间亦自有感物道情,吟咏情性,几时尽是讥刺他人?只缘序者立例,篇篇作美刺说,将诗人意思尽穿凿坏矣。即如唐人工于诗者,应制赋诗,后人解之,以为讥刺朝廷,其于前人不太冤耶[1]?”朱子此言最公,深得诗人之意。

【注释】

①“大率古人作诗”几句:语出朱熹《诗序辨说》。大率,大概。感物道情,即指诗人在感受事物的过程中生情,以诗来表达自己的

这种感情。穿凿,勉强解释,牵强附会。应制赋诗,由皇帝下诏命而作文赋诗。

【译文】

父皇训教说:朱熹说:“大概古人作诗,和今天的人一样,其中也有因感物而生情,以诗来表达自己的感情,吟咏情性,哪里都是讥讽他人的?只因为作序的人立下了例子,每一篇都按赞美或讽刺来解说,将诗人原本的意思全都附会理解错了。就像唐代善于作诗的人应皇帝之命来作诗,后来的人在解释时,就以为是在讽刺朝廷,这对于前人不是太冤枉了吗?”朱熹这话最公道,深刻地理解了诗人的心意。

33 训曰:唐人诗命意高远①,用事清新②。吟咏再三③,意味不穷。近代人诗虽工,然英华外露④,终乏唐人深厚雄浑之气⑤。

【注释】

①命意:确定诗文、绘画等的主题。高远:高尚远大。

②用事:指写作诗文时引用典故。唐释皎然《诗式·用事》:“诗人皆以征古为用事,不必尽然也。”清新:清爽新颖。

③吟咏再三:指反复吟诵,好好品味诗歌。

④英华:指诗的神采。

⑤雄浑:雄壮浑厚。

【译文】

父皇训教说:唐代人写诗确定主题都非常高尚远大,用典也清爽新颖。我反复地吟咏唐诗,其中的意义回味无穷。近代人写诗虽然韵律非常工整,但是文采过于表现在外面,终究缺乏唐人作诗那种浑厚雄壮的气质。

34 训曰：书法为六艺之一[①]，而游艺为圣学之成功[②]，以其为心体所寓也。朕自幼嗜书法，凡见古人墨迹[③]，必临一过。所临之条幅、手卷将及万余[④]，赏赐人者不下数千。天下有名庙宇禅林[⑤]，无一处无朕御书匾额[⑥]，约计其数亦有千余。大概书法，心正则笔正[⑦]，书大字如小字。此正古人所谓心正气和[⑧]，掌虚指实[⑨]，得之于心，而应之于手也。

【注释】

①六艺：古代教育学生的六种科目，即指礼、乐、射、御、书、数。《史记·孔子世家》记载："孔子以诗书礼乐教，弟子盖三千焉，身通六艺者七十有二人。"书法即属于书类，故称"六艺之一"。

②游艺：优游于六艺之学。《论语·述而》："依于仁，游于艺。"

③墨迹：即指某人亲手写的字或画的画。

④条幅：长条状的字画挂轴。手卷：横幅的书画卷，因便于用手卷舒，故称为"手卷"。

⑤禅林：禅宗寺院。后泛指佛教寺院。

⑥匾（biǎn）额：上面题着作为标记或表示赞扬文字的长方形横牌。

⑦心正则笔正：古人认为心中保持正直，写字就会端正。《旧唐书·柳公权传》记载：柳公权曾向唐穆宗说："用笔在心，心正则笔正。"

⑧心正气和：内心纯正不偏，心气平和。这也是书法练习的要领之一。

⑨掌虚指实：即人在写字时，掌心虚握，手指用力。这也是练字握笔的要领之一。

【译文】

父皇训教说：书法属于六艺之一，而六艺修养是圣人之学的一种收获，因为这可以使人将身心寄托于此。我从小就喜欢书法，只要看到古人的书法遗迹，一定要临摹一遍。所临摹的条幅、手卷快要超过一万幅了，赏赐给人的也不下数千幅。天下各地有名的庙宇佛寺，没有一处没有我亲自题写的匾额，约略统计其数量也有一千多。大概书法，心正则笔法就正，书写大字就像写小字一样。这正是古人所说的心意纯正、心气平和，掌心虚握、手指用力，书写的诀窍从内心体会到，应用在手上。

35　训曰：善书法者，虽多出天性，大半尤恃勤学[①]。朕自幼好书，今年老虽极匆忙时，必书几行字，一日亦未间断，是故犹未至于荒废。人勤习一事，则身增一艺；若荒疏，即废弃也。

【注释】

①恃（shì）：依靠，依赖，依仗。

【译文】

父皇训教说：善于书法的人，虽然大多出于天赋，但大半更需要依靠勤奋练习。我从小喜好书法，现在年纪大了，即使非常忙碌，也一定会写几行字，没有一日中断过，因此至今也没有荒废。人勤奋学习一件事情，那么就会增加一门技艺；如果荒疏不练，就会废弃丢失了。

36　训曰：朱子云："圣贤立言本自平易，而平易之中其旨无穷[①]。"今必推之使高，凿之使深。是未必真能高深，而已离其本指[②]，丧其平易无穷之味矣。此最要处也。自汉以来，儒者世出，将圣人经书多般讲解，愈解而愈难解矣。至宋时朱子辈注"四书""五经"，发出一定不易之理，故便于后人。朱子辈有功于圣人经书者可谓大矣。是以朕训尔等但以经书为要者,亦此故也。

【注释】

①圣贤立言本自平易,而平易之中其旨无穷:语出朱熹《晦庵集·答刘子澄》。平易,指著作、文章浅近易懂。

②本指:亦作"本旨"。指原有的或主要的宗旨、意向。

【译文】

父皇训教说:朱熹说:"圣贤创立的学说,本来是浅近易懂的,而这种浅近易懂的文字蕴含着无穷的道理。"现在的人却非要把它推向很高深的境地,使它显得很深奥莫测。这未必就真的能使圣人之言变得高深,并且偏离了圣人本来的意思,丧失了圣贤学说浅近易懂、含义无穷的意味了。这是最重要的地方。自从汉代以来,每个时代都会出现儒学者,将圣人遗留下来的经书进行多种解释,越解释反而越难理解。到了宋代,朱熹等人注解"四书""五经",给出了一定不可改变的解释,故而方便了后人学习。朱熹这些人对于传承圣人经书的功劳可以说是很大了。因此我告诫你们以学习经书为要,也是这个原因。

37 训曰:凡人学艺,即如百工习业[①],必始于易,而步步循序渐进焉[②],心志不可急遽也[③]。《中庸》云:"譬如行远,必自迩[④];譬如登高,必自卑[⑤]。"人之学艺,亦当以此言为训也[⑥]。

【注释】

①百工:古代指各种手工业工匠。《孟子·滕文公上》:"百工之事,固不可耕且为也。"

②循序渐进：按一定的顺序、步骤逐渐进步。

③急遽（jù）：快速，匆忙，仓促。

④迩（ěr）：近，近处。

⑤卑：低。

⑥训：准则。

【译文】

父皇训教说：凡人学习某种才艺，就像百工学习技艺，必须从最容易的开始，而一步步逐渐进步，心里不要过于着急。《中庸》说："譬如走远路，必定要从近处开始；譬如登高，必定要从低处开始。"人们学习才艺，也应当以这句话作为准则。

38 训曰：《论语》云："子贡问为仁[①]。子曰：'工欲善其事，必先利其器[②]。'"此言实为学制事之要也[③]。即如今之读书人欲应试也[④]，必平日所学渊深[⑤]，所记广博[⑥]，自然写得出。凡遇一事经历多者，按则例而理之[⑦]，则失者少。此即器利而事自善之理也。

【注释】

①子贡：复姓端木，本名赐，字子贡，以字行。孔子的得意弟子，孔门十哲之一，"受业身通"。子贡富有干济才，办事通达，曾任鲁、卫两国之相；他还善于经商，曾经商于曹、鲁两国之间，富致千金，为孔子弟子中首富。

②工欲善其事，必先利其器：工匠要想做好事情，一定要先在砺石上磨利斧子等工具。工，即指工匠。器，即斧子、刀等工具。

③制事：裁断事务，处理政治、军事等重大事件。

④应试：应考，参加科举考试。

⑤渊深：深厚，深邃。

⑥广博：指人的学识、胸怀等宽广博大。

⑦则例：成规，定例。

【译文】

父皇训教说：《论语》中记载："子贡向孔子询问怎样培养仁德。孔子回答说：'工匠要想做好他的工作，就必须先磨好他的工具。'"这句话实在是做学问和处理政事的要领。就像今天的读书人，要想参加科举考试，那他平日学习的就要渊博而精深，记忆的就要广泛而博大，自然就能够写得出文章来。凡是遇到一件事情，经历多的人如果能按照成例来处理，那么就会少犯错误。这就是器利而事自然就处理得好的道理。

39　训曰：从来有生知[①]，有学知，有困知，及其成功则一。未有下学既久[②]，而不可以上达者，但工夫不可躐等[③]，而进尤不可半途而废。《书》云："为山九仞，功亏一篑[④]。"正为半途而废者惜也。

【注释】

①生知：与下文"学知""困知"，语出《论语·季氏》："孔子曰：'生而知之者上也，学而知之者次也。困而学之，又其次也。困而不学，民斯为下矣。'"生知，即天生而自有知识。学知，即通过学习而获得知识。困知，即遇到了困惑不懂而去学习获得。

②下学：与下文"上达"，语出《论语·宪问》："子曰：'不怨天，不尤人，下学而上达，知我者其天乎？'"下学，谓学习人情事理的基本常识。上达，即上知天命。

③工夫：经过训练学到的胜任工作的能力，培养的或学到的才能。躐（liè）等：超越等级，不循次序。《礼记·学记》："幼者听而弗

问,学不躐等也。”

④为山九仞(rèn),功亏一篑(kuì):堆山堆得已经很高了,就差一筐土而没有达到要求的高度。后常形容仅仅缺少再坚持一下的努力而告失败。为山,即堆土成山。仞,为古代计量单位,一仞约等于周尺八尺或七尺,一尺约合今二十三厘米,九仞即六十三尺或七十二尺。常用以形容极高。亏,欠缺。篑,盛土的筐子。

【译文】

父皇训教说:自古以来,人有生来就带有知识的,有通过学习掌握知识的,有因困惑而学习获得知识的,但成功后的结果都是一样的。没有长期学习人情事理的基本常识而不能上知天命的,但学习的工夫不能超越等级,跳过中间环节,尤其不能半途而废。《尚书》说:“堆起土山已有九仞之高,就因差一篑土没能达到要求的高度。”正是替那些半途而废的人感到惋惜。

40 训曰:为学之功,不在日用之外①。检身则谨言慎行②,居家则事亲敬长③,穷理则读书讲义④。至近至易,即今便可用力;至急至切,即今便当用力。用一日之力,便有一日之效。至有所疑,寻人问难⑤,则长进通达⑥,自不可量。若即今全不用力,蹉过少壮时光⑦,即便他日得圣贤而师之,亦未必能有益也。

【注释】

①日用:日常生活应用的。

②检身:检点自身,进行自我检查反省。谨言慎行:语出《礼记·缁衣》:“故言必虑其所终,而行必稽其所敝,则民谨于言而慎于行。”指言谈小心,行事谨慎。

③居家：本意为居住在家里，后引申为家居生活。

④穷理：深究事物中蕴含的道理。《后汉书·胡广传》："探赜穷理，六经典奥，旧章宪式，无所不览。"

⑤问难：辩论诘难。

⑥长进：在学业、技艺、品德等方面有进步。通达：明白事理。

⑦蹉（cuō）过：错失，错过。少壮时光：年轻力强的时候。

【译文】

父皇训教说：做学问的功夫，不在日常生活应用之外。检点自身就要严谨言论、审慎行为，在家就要侍奉亲人、尊敬长辈，探究事物的道理就要读书讲论道义。最近最容易的事，今天就可努力实行的；最急最迫切的事，也是今天就要努力实行的。付出一天的努力，就会有一天的收效。遇到有疑问的地方，可以找人请教辩论，那么长进通达，自不可限量。如果今天不努力学习，错过了年轻时的好时光，即使他日得以以圣贤为师，也未必会有大的收获。

41　训曰：人在幼稚①，精神专一通利②；长成以后，则思虑散逸外驰③。是故应须早学，勿失机会。朕七八岁所读之经书，至今五六十年犹不遗忘；至于二十以外所读之经书，数月不温即至荒疏矣④。然人或有幼年遭逢坎壈⑤，失于早学，则于盛年尤当励志⑥。盖幼而学者如日出之光，壮而学者如炳烛之光⑦。虽学之迟者，亦犹贤乎始终不学者也⑧。

【注释】

①幼稚（zhì）：此指年纪小。

②通利：通畅，无阻碍。

③散逸外驰：向外四处散开、流失。

④荒疏：即指因缺乏练习而生疏。

⑤坎壈（lǎn）：意为困顿，不顺利。

⑥盛年：青壮年，年轻壮盛的时期。励志：集中心思致力于某种事业，激励志节、奋发向上。

⑦炳烛：亦作“秉烛”。即持烛。汉刘向《说苑·建本》：“晋平公问于师旷曰：‘吾年七十，欲学，恐已暮矣。’师旷曰：‘暮何不炳烛乎？’”比喻好学不倦。

⑧贤：胜过，胜于。

【译文】

父皇训教说：人在幼年的时候，能够精力集中专心学习，通畅无碍；长大以后，精神就不容易集中了。所以应该趁早抓紧学习，不要错过了好的机会。我七八岁时读过的经书，到今天已经五六十年了，仍然没有遗忘；至于二十岁以后读过的经书，几个月不温习，就会变得生疏。然而，人在幼年时可能会遭遇坎坷，失去早学的机会，那么在青壮年时尤其要致力于学习。大概是因为幼年学习的人，就像太阳初升时的光芒万丈；壮年学习的人，就像蜡烛点燃时的点点之光。虽然学习比较迟，但总是胜过那些始终不学习的人。

42　训曰：为学之功有三等焉。汲汲然者[①]，上也；悠悠然者[②]，次也；懵懵然者[③]，又其次也。然而懵懵者，非不向学，心未达也。诱而达之，安知懵懵者之不为汲汲也？惟悠悠者，最为害道，因循苟且[④]，一暴十寒[⑤]，以至皓首没世[⑥]，亦犹夫人而已[⑦]。古之圣人进修贵勇[⑧]，如汤之盘铭曰[⑨]：“苟日新，日日新，又日新[⑩]。”夫岂有瞬息悠悠之意哉？孔子曰：“有能一日用其力于仁矣乎[⑪]？”盖深悯学者之悠悠，而冀其奋然用力也[⑫]。学而能日新，则缉熙不已[⑬]，造次无忘旧习[14],渐渐而消,至趣循循而入[15],欲罢不能[16],莫知所以然而然。故诗人美汤曰"圣敬日跻"也[17]。

【注释】

①汲汲(jí):心情急切的样子。《礼记·问丧》:"其往送也,望望然,汲汲然,如有追而弗及也。"

②悠悠:悠闲自在,从容不迫。

③懵懵(měng):模糊不清,糊里糊涂,无知的样子。唐岑参《感旧赋》:"上帝懵懵,莫知我冤。"

④因循苟且:沿续旧习,敷衍草率,不思改革。

⑤一暴(pù)十寒:晒一天,冷十天。《孟子·告子上》:"虽有天下易生之物也,一日暴之,十日寒之,未有能生者也。"比喻人做事缺乏恒心,时常中断。

⑥皓(hào)首:即头发白了,指年老。《文选·重报苏武书》:"丁年奉使,皓首而归。"没世:即去世,死了。

⑦犹夫人:还是那个人,还是那个样子。这里指没有进步。

⑧进修:进一步研究学习。唐韩愈《通解》:"夫古人之进修或几乎圣人;今之人行不出乎中人,而耻乎力一行为独行?"

⑨汤:即商汤,商王朝的创立者。盘铭:古代刻在盥洗用具上警醒自己的箴言。

⑩"苟日新"几句:语出《大学》。意思是:如果能够使自己每天有进步,就应保持天天进步,还要继续追求进步。

⑪有能一日用其力于仁矣乎:语出《论语·里仁》。意思是:有谁能在一天内把他的力量都用在仁德上呢?

⑫奋然:奋发、振起的样子。

⑬缉熙:光明。又引申为光辉。《诗经·大雅·文王》:"穆穆文王,于缉熙敬止。"

⑭造次：慌忙，仓促，轻率。

⑮趣：趋向。

⑯欲罢不能：想罢手也不行。指已形成某种局面，无法改变。《论语·子罕》："夫子循循然善诱人，博我以文，约我以礼，欲罢不能。"

⑰圣敬日跻（jī）：语出《诗经·商颂·长发》："汤降不迟，圣敬日跻。"圣，聪明智慧。敬，谨慎。跻，登，上升。

【译文】

父皇训教说：为学之功有三等。主动努力地学习，这是上等；从容悠闲地学习，这是次等；糊里糊涂地学习，这又低一等。然而，那些糊里糊涂学习的人并不是不好好学，而是心里未能通达。循循诱导就可以使他内心通达，又怎么知道那些糊里糊涂学习的人不能达到主动努力学习的境界呢？只有不紧不慢地学习才是危害最大的，他们因循苟且，学习经常中断，缺乏恒心，以至于到了头发都白了，要去世时，仍然没有明显的进步。古代的圣人进修学业贵在勇于进取，譬如商汤的盘铭中就说："如果能够使自己每天有进步，就应保持天天进步，还要继续追求进步。"哪里还会有片刻时间享有悠闲自得之意呢？孔子说："有谁能在一天内把他的力量都用在仁德上呢？"这是在深深地怜惜那些悠然自得的学者，希望他们能够奋发努力学习。学习一天就有一天的进步，就能发扬光大，轻易不敢忘记学习，渐渐地旧有的坏习惯就会消失，直到趋向于能够按步骤学习，这个时候就是想停也停不下来了，不知道为什么会这样做。因此，诗人们赞美商汤"聪明智慧、谨慎小心的品德每天都会有进步"。

43　训曰：先儒有言："穷理非一端，所得非一处。或在读书上得之，或在讲论上得之，或在思虑上得之，或在行事上得之。读书得之虽多，讲论得之尤速，思虑得之最深，行事得之最实[1]。"此语极为切当[2],有志于格物致知之学者[3],其宜知之。

【注释】

①"穷理非一端"几句:语出明胡居仁《居贡录》。思虑,思索考虑。

②切当:贴切恰当。

③格物致知:亦作"格致"。推究事物的道理以获得知识。语出《大学》:"欲诚其意者,先致其知,致知在格物。"格物致知是古代儒家思想中的一个重要概念,乃儒家专门研究事物道理的一个理论。格,推究。致,求得。

【译文】

父皇训教说:前代的儒学者说过:"探究学问并非只有一种方法,获得知识的地方也并不是只有一个。或者通过读书而获得,或者在讲学辩论中而获得,或者经过自己的思索考虑而获得,或者在日常生活的实践中获得。读书获得知识最多,讲论获得知识最快,思考获得知识最深刻,实践中获得的知识最切合实际。"这句话非常的恰当,有志于推究事理、获得知识的人,都应该知道。

44 训曰:字乃天地间之至宝[1],大而传古圣欲传之心法[2],小而记人心难记之琐事。能令古今人隔千百年觌面共语[3],能使天下士隔千万里携手谈心。成人功名,佐人事业,开人识见,为人凭据。不思而得,不言而喻[4],岂非天地间之至宝与?以天地间之至宝而不惜之,糊窗粘壁,裹物衬衣,甚至委弃沟渠[5],不知禁戒[6],岂不可叹!故凡读书者,一见字纸,必当收而归之箧笥[7],异日投诸水火,使人不得作践可也[8]。尔等切记。

【注释】

①至宝：极其珍贵的宝物。《后汉书·陈元传》："至音不合众听，故伯牙绝弦；至宝不同众好，故卞和泣血。"

②心法：本指佛教经典以外传受之法。以心相印证，故名。后泛指授受的重要心得和方法。宋代理学家特指传心养性的方法。

③觌（dí）面：当面，迎面，见面。

④不言而喻：事理浅显，不待说明，即可晓悟。《孟子·尽心上》："君子所性，仁义礼智根于心，其生色也。睟然见于面，盎于背，施于四体，四体不言而喻。"

⑤委弃：丢弃，抛弃。

⑥禁戒：亦作"禁诫"。本指佛教的禁条戒律，这里是指禁止。

⑦箧笥（qiè sì）：竹编的箱子。汉班婕妤《怨歌行》："弃捐箧笥中，恩情中道绝。"

⑧作践：糟蹋，浪费，摧残。

【译文】

父皇训教说：文字乃是天地之间最珍贵的宝物，其作用大到可以传承古代圣人希望传授下去的修心养性的方法，小到可以记录人心难以记住的琐碎小事。而且还能使古人和今人相隔千年而如面对面地对话，能使天下的士人相距千万里而握手谈心。成就人的功名，辅助人的事业，开拓人的见识，成为人们所依凭的东西。不用思考就能获得，不用说就能明白，难道它不是天地之间最珍贵的宝物吗？作为天地之间最珍贵的宝物却不被爱惜，被用来糊窗户贴墙壁，用来包东西衬衣服，甚至被丢在沟渠内，不知道应该禁止这种行为，难道不令人叹息吗？故而只要是读书人，一看见有带字的纸，一定要立马收起来放在竹箱内，他日投到火中或水中，使人不能糟蹋文字才可以。你们一定要牢记啊。

45　训曰：孟子云："大人者，不失其赤子之心者也[①]。"

赤子之心者，乃人生之真性，即上古之淳朴处也。我朝满洲制度亦然。满洲故制，看来虽似鄙陋，其一种真诚处，又岂易得者哉！我等读书宜达书中之理，穷究古人立言之意也。

【注释】

①大人者，不失其赤子之心者也：语出《孟子·离娄下》。赤子之心，即赤子般善良、纯洁、真诚的心地。赤子，即刚出生的婴儿。

【译文】

父皇训教说：孟子说："道德高尚的人，就是那些不失去他们天真淳朴之心的人。"赤子之心，是人生而就有的真性情，就是上古时期人们所拥有的那种淳朴。我们满洲的制度也是这样的。满洲原来的制度虽然表面看起来好像是粗鄙浅陋的，其实其中真诚的地方，又怎么会是能轻易得到的呢？我们读书，应该明白书中的道理，探究古人写作这书的用意。

46　训曰：古人有言："反经合理谓之权①。"先儒亦有论其非者。盖天下止有一经常不易之理，时有推迁②，世有变易，随时斟酌③，权衡轻重，而不失其经，此即所谓权也。岂有反经而谓之行权者乎？

【注释】

①反经合理谓之权：语出《春秋公羊传·桓公十一年》："权者何？权者反于经，然后有善者也。"经，常道，常理，常规。权，即指权变、变通。《孟子·离娄上》："男女授受不亲，礼也。嫂溺援之以手者，权也。"后世儒家据此主张"执中行权"，即在执行礼的过程中要根据实际情况而有所变通，以适宜为原则。

②推迁：推移变迁。语出晋陶渊明《荣木并序》："荣木，念将老也。

日月推迁，已复九夏。”

③斟酌（zhēn zhuó）：本意为倒酒以饮，后引申为反复考虑以后决定取舍。

【译文】

父皇训教说：古人曾经说过：“不合常规却合理，这称为权变。”但是也有前代儒士认为这话是不对的。大概天下只有一种经常不变的道理，时代有变迁，世势有变化，需要随着时间的推移而反复考虑，比较轻重，做出取舍，而又不违反这种不变的道理，这就是所谓的权变。难道还有违反常规道理而称其为行权的吗？

47　训曰：我朝先辈老者，虽未深通书史[①]，然所行奇处极多。即如古有结绳之政[②]，我朝先辈奏事亦尝结带为记。古用木简、竹简书字[③]，我朝今用绿头牌、木牌[④]。由此观之，凡圣人应运而兴者[⑤]，所行自暗与古合。诚足异也[⑥]。

【注释】

①书史：指经书和史书一类书籍。

②结绳之政：即结绳记事。上古时期，人类尚未发明文字，故用结绳的方法来记事。《周易·系辞下》：“上古结绳而治，后世圣人易之以书契。”

③木简、竹简：在纸张发明之前，人们将竹子和木材制成细长的薄片，在上面刻写文字，这些称为竹简、木简。

④绿头牌：清代膳牌的一种。所谓的“膳牌”就是官员向皇帝进呈的衔名牌。清制：凡文武官员值班，奏事或被召见，引见之日，均应按照品级，分别用红头牌或绿头牌写明官衔、姓名，由奏事处递呈皇帝。宗室王公用红头牌，文职副都御使以上或武职副都统以上用绿头牌，都要在御膳前递呈，故称膳牌。所有牌子均用木材

做成，顶上分别涂上红漆或绿漆。

⑤应运而兴：顺应天命或时运而兴起。

⑥异：令人感到惊奇的。

【译文】

父皇训教说：我朝的前辈老人虽然不精通经书和史书，但是其所行之事奇绝之处极多。例如古代有结绳记事的做法，我朝的前辈老人在奏事时也曾用结带的方式来记事。古人用木简、竹简写字，我朝现在也使用绿头牌、木牌。由此来看，凡是圣人顺应时运而兴起的，所行之事自然与古人相合。真是使人惊奇。

48　训曰：漆器之中[①]，洋漆最佳，故人皆以洋人为巧，所作为佳，却不知漆之为物，宜潮湿而不易干燥。中国地燥尘多，所以漆器之色最暗，观之似粗鄙；洋地在海中潮湿无尘，所以漆器之色极其华美。此皆各处水土使然，并非洋人所作之佳，中国人所作之不及也。

【注释】

①漆器：一种表面涂漆的器物。古代漆器所使用多为生漆，是从漆树割取的天然液汁，主要由漆酚、漆酶、树胶质及水分构成，用它作涂料，有耐潮、耐高温、耐腐蚀等特殊功能。漆器上还可以绘画、雕刻、镶嵌加以美化，色彩绚丽，优美动人。

【译文】

父皇训教说：在所有的漆器中，洋漆最好，所以人们都以为洋人灵巧，制作的漆器最好，却不知道漆这种东西，适宜放在潮湿的地方而不适合干燥的环境。中国土地干燥、尘土比较多，所以漆器的颜色显得比较暗淡，看起来好像很粗劣底下；而洋人的地方在海洋中，环境潮湿又没有尘土，所以漆器的颜色看起来都很华美。这都是由各地的水土差异决定的，并不是说洋人制作的漆器就好，中国人做的就不如洋人的好。

49　训曰：古昔征战，尝用弩箭[①]，至我朝时弓矢甚利[②]，故弃弩箭而不用。今苗蛮人尚用弩箭者[③]，彼处尽大山深涧[④]，伊等鸟枪少而弓矢又不能远射，故仍用弩箭。朕近日制弩试之，所至固远，然不得准，贯革力亦微[⑤]。上弩而又加箭，亦不甚便，但平日作玩具可耳。实在应用之处，则不可恃。如我朝之弓矢，连射不误，贯革力大，应敌者如何对立[⑥]？是故自古以来，各种兵器，能如我朝之弓矢者，断未之有也。

【注释】

①弩（nǔ）箭：弓弩所用的箭。

②弓矢（shǐ）：即弓与箭。

③苗蛮：民族名。苗即苗族，蛮是古代对南方少数民族的统称。

④深涧：两山之间幽深的流水。

⑤贯革：射箭时贯穿甲革。《礼记·乐记》："左射貍首，右射驺虞，而贯革之射息也。"

⑥对立：对抗。

【译文】

父皇训教说：古时征伐作战曾经使用弩箭，到了我朝时因为弓箭非常锐利，所以就放弃弩箭不用了。现在苗蛮人尚且还在使用弩箭，他们那个地方到处都是大山深壑，他们拥有的鸟枪比较少，而且弓箭又不能射得很远，故而仍使用弩箭。我近日制造了一把弓弩试了试，所射到的距离固然很远，但是却不能射得很准，箭头贯穿甲革的力道也很微弱。上了弩机又要加箭，也不是非常方便，只是在平日里作为玩具使用就可以了。在实际作战应用的时候，就不能依靠了。像我朝的弓箭，连射也不会失误，贯穿甲革的力道也非常大，对面站立的敌人如何抵抗呢？所以自古以来，各种兵器，能够比得上我朝弓箭的，绝对没有过。

50　训曰：声音之道以和为本。故《书》曰："八音克谐，无相夺伦，神人以和[①]。"尝见近世之人事儒学者，空谈理数[②]，拘守旧闻，而于声字之义鄙而不讲；工师则专肄声音[③]，熟谙字谱[④]，而于音律之原茫然无知[⑤]。殊不知工、尺等字即宫、商之省文也[⑥]。工、凡、六、五、乙、上、尺七字，而五声二变亦七音[⑦]。工尺七字有出调，而五声二变亦旋宫[⑧]，旋宫则转调，而当二变者，则出调。古圣立法原自简易，而后之人反从难处探索奥理[⑨]，却不知说愈繁而理愈晦。古之雅乐[⑩]，惟用五正声，而间以二变，谓之七音。今之南曲亦止用五字[⑪]，而出调二字不用；北曲则杂以出调二字[⑫]，名曰"北调"。然则古乐今曲，何尝不以正变之声而为宫调之准则耶[⑬]？要之，乐以太和为本[⑭]，是以古圣王惟得中声以定大乐[⑮]。故与天地同和，荐之郊庙而鬼神享[⑯]，奏之朝廷而人心风俗以淳也。

【注释】

①"八音克谐"几句：语出《尚书·虞书·尧典》。八音，中国古代根据制作材料对乐器的分类。指金（如钟、铃）、石（如磬）、土（如埙）、革（如鼓）、丝（如琴）、木（如柷、敔）、匏（如笙）、竹（如笛）八类。谐，协调，调和。伦，即理。

②理数：道理，天理，天数。

③工师：即乐师。肄（yì）：学习，练习。

④熟谙(ān):熟悉,清楚地了解。字谱:亦称“七字谱”。是器乐演奏用的一种曲谱,以吴语星、汤、蒲、大、各、句、同七字状乐器之声。

⑤茫然无知:无所知,什么也不知道。

⑥工、尺:俱为工尺谱中的音名之一。宫、商:俱为古代五声之一。

⑦五声:指古代音乐中的五种音阶,即宫、商、角、徵(zhǐ)、羽。七音:又称“七声”。是中国古代七声音阶中的七个级,即宫、商、角、变徵(比角高半音)、徵、羽和变宫(比羽高半音),相当于现行简谱中的Do、Re、Mi、Fa、Sol、La、Si。

⑧旋宫:是中国古代乐理术语,亦称“旋宫转调”。我国古代以十二律配七音,宫音在十二律上的位置有所移动,每律均可作为宫音,商、角、徵、羽各阶在十二律上的位置当然也随之相应移动,旋相为宫。

⑨奥理:深奥的义理。

⑩雅乐:又称“正乐”。是古代帝王朝会、祭祀天地等大典所用的音乐。

⑪南曲:元、明、清时,流行于南方的戏曲、散曲所用的音乐。

⑫北曲:宋元以来北方诸宫调、散曲、戏曲所用的各种曲调的统称。

⑬宫调:古代乐曲的调式。唐代规定二十八调,即琵琶的四根弦上每根七调。最低的一根弦(宫弦)上的调式叫宫,其余的叫调。后来宫调的数目逐渐减少。

⑭太和:亦作“大和”。非常和谐。

⑮大乐:古代指典雅庄重的音乐,主要用于帝王祭祀、朝贺、燕享等典礼。《礼记·乐记》:“大乐与天地同和,大礼与天地同节。”

⑯荐:进献,祭献。郊庙:古帝王祭天地的郊宫和祭祖先的宗庙。

【译文】

父皇训教说:声音之道以和谐为根本。所以《尚书》中就说:“只要八种乐器发出的声音能够和谐，不相互干扰，天和人之间的关系也就会和谐了。”我曾经见到过近世学习儒学的人，空谈天理，拘泥于前人所说的，而对于声律的意义，鄙视而不讲究；那些乐师则专门学习声音，熟悉乐谱，然而对于音律的原理则一无所知。岂不知工、尺等字，就是宫、商等字的简写。工、凡、六、五、乙、上、尺七个字，而宫、商、角、徵、羽五声，再加上变宫、变徵二变音，也是七音。工尺七个字中有出调，五声中的二变就是旋宫，旋宫即转换音调，而二变实际上就是出调。古代圣人设立法则，原来是很简单的，而后代人反而从难懂的地方中去探索其中深奥的义理，却不知道解释越繁琐而道理越晦涩难懂。古代的雅乐，只用五个正音而夹杂变宫、变徵，称作七音。现在南曲也只用宫、商、角、徵、羽五个字，而不用变宫、变徵两个出调；北曲中则夹杂使用变宫、变徵二出调，称为“北调”。然而，古代的雅乐和今天的南曲、北曲，何曾不是用五正音和二变调来作为宫调的准则呢？总之，音乐以和谐为本，所以古代的圣王只用切中声律来确定大乐。因此所演奏的音乐可以和天地相和谐，祭祀宗庙、郊宫，享祭逝去的祖先和神灵时都演奏这样的音乐，在朝廷上演奏这样的音乐会使人心风俗也都变得淳朴厚实了。

51　训曰：中华城池地里图样①，虽载于直省志书②，但取其大概，而地里之远近，俱不得其准。朕以治历之法，按天上之度，以准地里之远近，故毫无差忒③。曾分道遣人尽山川城郭而量其形势，南至沔国④，北至俄罗斯，东至海滨，西至冈底斯⑤，俱入度内⑥，名为《皇舆全图》⑦。又命善于丹青者⑧，精心绘出，刊刻成图，颁赐尔等。观此图，方知我朝地舆之广大⑨。祖宗累积，岂可轻视耶？既知创业之维艰⑩，应虑守成之不易⑪。朕惟祝告上天，俾天下苍生⑫，永乐此升平之世界耳⑬。

【注释】

①地里:即地理。指山川土地的环境形势。图样:即地图。

②直省:即指各省,因直属中央,故称直省。清方苞《狱中杂记》:“部中老胥,家藏伪章,文书下行直省,多潜易之增减要语,奉行者莫辨也。”

③差忒(tè):差错,误差。

④沔国:或即指今缅甸,清代称为缅国。

⑤冈底斯:即冈底斯山脉,在今西藏自治区西南部。

⑥度内:计虑之内或意料之中。这里是指度量的范围之内。

⑦《皇舆全图》:又称《皇舆全览图》。为清康熙年间绘制的全国地图。

⑧丹青:丹和青是我国古代绘画常用的两种颜色,后借指绘画。

⑨地舆:大地,土地。《淮南子·原道训》:“故以天为盖,则无不覆也;以地为舆,则无不载也。”地载万物,故将其比喻为车舆,因称大地为地舆。

⑩维艰:形容非常艰难困苦。

⑪守成:保持前人的成就和业绩,不使失坠。《汉书·公孙弘传》:“古者赏有功,褒有德,守成尚文,遭遇右武,未有易此者也。”

⑫俾(bǐ):使,把。苍生:本指草木生长之处,后借指百姓。

⑬升平之世界:即太平世界。

【译文】

父皇训教说:中国的城池、地理地图,虽然都记载在各省方志中,但都只是记载其大概,地理形势的距离远近,都非常不准确。我用制定历法的方法,按照天上星象的度数,以准确测量地理距离的远近,因此几乎没有一点差错。我曾派人分成几路,到各地勘查山川城郭,测量其地势高低远近,南到沔国,北到俄罗斯,东到海边,西到冈底斯山,全都纳入测量的范围内,命名为《皇舆全图》。又命善于绘画的人精心绘制,刊刻成地图,颁发赏赐给你们。你们看到这幅地图,才知道我朝的疆域是多么的广大。祖先积累下如此基业，怎么可以轻视呢？既然知道祖先创业的艰难，就应该想到守护这份基业的不易。我只有祝告上天，使天下的百姓，都永远享有这太平世界的快乐。

卷三

修身齐家

【题解】

人生在世，应当有担当，有作为。而要做到这一点，就必须首先在修身齐家方面多下功夫。修身，就是要陶冶情操，涵养德性。齐家，就是要经营家业，和睦家庭。康熙皇帝比较重视对子孙的教育，特别强调个人的修养。他说：父母都是爱护儿女的，但不可以娇生惯养；学习可以养心，也可以养身；忠臣孝子，弃利己之心以求义之所安；人的命运虽说是由天定的，但实际掌握在自己手中；忌人有，笑人无，把别人的残疾当笑柄，骂人暴粗，都是不可取的；人不能无好恶，但可以战胜私心；要说好话，行善事，致良知。在他看来，只有加强个人修养，才能使家庭和睦，才会得到长足的发展。

1　训曰：凡人孰能无过，但人有过多不自任为过[①]。朕则不然。于闲言中偶有遗忘而误怪他人者[②]，必自任其过，而曰："此朕之误也。"惟其如此，使令人等竟至为所感动[③]，而自觉不安者有之。大凡能自任过者，大人居多也[④]。

【注释】

①自任为过：自己主动承认错误。

②闲言：指私下里、非正式的讲话。

③使令人等：供其使唤指令的人。这里是指康熙皇帝身边执行杂役、服侍的宫女、内侍等人员。

④大人：原指在高位者或王公贵族，后用为对父母叔伯等长辈和德行高尚、志趣高远之人的敬称。

【译文】

父皇训教说：凡是人谁能没有过错呢？但常人有了错，大多不愿主动承认错误。我则不是这样的。在平日闲谈中偶然忘记了什么事情而错怪他人时，我一定会自己承认过错，说："这是我的错。"正因为这样，我身边的那些做杂役的人有的竟然被我感动得内心不自安。大凡能主动承认错误的人，都是品德高尚的人。

2　训曰：人心一念之微[①]，不在天理[②]，便在人欲[③]。是故心存私便是放[④]，不必逐物驰骛[⑤]，然后为放也。心一放便是私，不待纵情肆欲[⑥]，然后为私也。惟心不为耳目口鼻所役[⑦]，始得泰然[⑧]。故孟子曰："耳目之官不思而蔽于物，物交物，则引之而已矣；心之官则思，思则得之，不思则不得也。此天之所以与我者。先立乎其大者，则其小者不能夺也。此为大人而已矣[⑨]。"

【注释】

①微：小，细小。这里是指人心中微小不易被察觉的念头。

②天理：这里是指仁义礼智信等儒家提倡的伦理纲常。

③人欲：是指与天理对立的个人私欲。

④放:放弃,丢弃。这里是指放弃善良的本心。《孟子·告子上》:"仁,人心也。义,人路也。舍其路而弗由,放其心而不知求,哀哉!人有鸡犬放,则知求之,有放心而不知求,学问之道无他,求其放心而已矣。"

⑤逐物:指追求外物。语出《庄子·天下》:"惜乎惠施之才,骀荡而不得,逐万物而不反。"驰骛(wù):指奔走趋赴、奔驰。战国屈原《离骚》:"忽驰骛以追逐兮,非余心之所急。"

⑥纵情:即任凭自己的感情,尽情放纵。肆欲:极欲,任情。

⑦耳目口鼻:本是人的四种器官,这里代指耳目口鼻所闻所见所尝所嗅到的外界的各种诱惑。役:役使,驱使。

⑧泰然:安然,不以为意,闲适自若的样子。

⑨"耳目之官不思而蔽于物"几句:语出《孟子·告子上》。官,指人的耳目口鼻等器官。物,指外界的各种事物。物交物,即指人的耳目口鼻等器官本身也是一种物,与外界的事物相接触。引之,即指人的耳目口鼻在与外物接触时容易被引诱、诱惑。心之官则思,意指人心的职能在于思考。古人认为心脏是控制人体的中枢,具有思考的功能。天之所以与我者,是指上天赋予人类善良的本心。先立乎其大者,即指人先天所具有的善良本性。小者,指人后天经历的各种情欲诱惑。不能夺,即指人只要善于思考、反省耳目口鼻所经之各种外界的诱惑,就能保持善良的本性而不被诱惑所侵夺。

【译文】

父皇训教说:人心一念之微,如果不能合乎天理,就容易被人的私欲所占据。因而心中只要存有私念就是放弃了自己的本心,而不一定是为了满足个人物欲而奔走然后才丢失的。善良的本心放弃之后就会被私欲所控制,而不是等到任情放纵自己的私欲之后才被控制的。只有不被耳目口鼻所受的各种诱惑所役使,人们的心才能得到安宁。故而孟子说："人的耳目等器官是不会思考的，所以就容易被外物所蒙蔽，这些器官与外物接触就容易被引诱；而心这样的器它是会思考的，人心经常思考就会保持自己的善良本心，反之就会失去。这种善良的本心是上天赋予人们的。如果人们能够经常思考，保有这种先天所具有的本心，就不会被外界的各种诱惑私欲所侵夺。这样就成了品德高尚的人了。"

3 训曰：《大学》《中庸》俱以"慎独"为训[①]，是为圣贤第一要节[②]。后人广其说曰"暗室不欺[③]。"所谓"暗室"有二义焉：一在私居独处之时，一在心曲隐微之地[④]。夫私居独处，则人不及见；心曲隐微，则人不及知。惟君子谓此时指视必严也[⑤]，战战栗栗[⑥]，兢兢业业[⑦]，不动而敬，不言而信[⑧]，斯诚不愧于屋漏[⑨]，而为正人也夫[⑩]。

【注释】

①《大学》《中庸》：原本都是《礼记》中的篇章。后宋儒朱熹将之与《论语》《孟子》合在一起作注，合称"四书"，是后世儒士学习的必读典籍。慎独：指独处中谨慎不苟且，是古代文人士大夫修身的重要方式。《大学》："此谓诚于中，形于外，故君子必慎其独也。"《中庸》："莫见乎隐，莫显乎微，故君子慎其独也。"

②要节：立节。谓自身按照节义的要求去做。

③暗室不欺：意指虽在别人看不见的地方，也不做亏心事，形容人做事光明磊落。唐骆宾王《萤火赋》："类君子之有道，入暗室而不欺。"

④心曲：指人内心深处。《诗经・秦风・小戎》："言念君子，温其如玉；在其板屋，乱我心曲。"隐微：指隐约细微，幽暗不明显。《史记・司马相如列传》："盖明者远见于未萌而智者避危于无形，祸固多藏于隐微而发于人之所忽者也。"

⑤指视:意指以手指示,或手指着看。《大学》:"十目所视,十手所指,其严乎!"

⑥战战栗栗(lì):敬畏戒惧的样子。《晋书·段灼传》:"恒战战栗栗,不忘戒惧,所以欲永终天禄,恐为将来贤圣之驱除也。"

⑦兢兢(jīng)业业:形容做事谨慎,勤奋刻苦,认真负责。《尚书·虞书·皋陶谟》:"无教逸欲有邦,兢兢业业,一日二日万几。"

⑧不言而信:不用说明就能取信于人。语出《周易·系辞上》:"默而成,不言而信,存乎德行。"

⑨屋漏:原本是指古代室内西北隅施设的小帐,用来安藏神主,为人所不见,称作"屋漏"。《诗经·大雅·抑》:"相在尔室,尚不愧于屋漏。"毛传云:"西北隅谓之屋漏。"郑玄笺亦曰:"屋,小帐也;漏,隐也。"后即用以泛指屋之深暗处。

⑩正人:正直的人,中正的人。《尚书·周书·冏命》:"其侍御仆从,罔匪正人。"

【译文】

父皇训教说:《大学》《中庸》中都以"慎独"来训诫后世之人,将之作为圣人最重要的操守。后人发展、弘扬这种精神,称其为"不欺暗室"。所谓"暗室"主要有两层意思:一是指在家独处的时候,一是指人内心深处隐幽不明之处。一个人独处家中,别人就看不到他在做什么;一个人内心的隐幽不明之处,别人不容易看清。在这种时候,只有君子才能在一目一指的瞬间都能做到严正以待,敬畏戒惧,认真谨慎,从而不用做什么就能获得别人的尊敬,不用说什么就能得到别人的信任,这样确实能够无愧于独处暗室,是正直的人。

4　训曰:凡人存善念,天必绥之福禄[①],以善报之。今人日持念珠念佛[②],欲行善之故也。苟恶念不除,即持念珠何益?

【注释】

①绥:安抚。福禄:即指幸福与官禄。

②念珠:佛教徒诵经时用来计算次数的成串珠子。多用菩提子,或将香木制成小圆粒,串成一圈,也有琥珀、水晶、玉石的制品,其珠子数有十四颗、十八颗、二十一颗、二十七颗、三十六颗、四十二颗、五十四颗、一百零八颗和一千零八十颗之分。

【译文】

父皇训教说:大凡人内心存有善念,上天必定会以幸福和官禄来安抚他,来报答他的善。今天人们每日手持佛珠念诵佛经,是因为他们想做善事的缘故。如果心中恶念不除,即使手持念珠又有什么用呢?

5 训曰:人之一生,多由习气而成①。盖自孩提以至十余岁,此数年间,浑然天理②,知识未判③。一习学业,则有近朱近墨之分④。及至成人,士农工商,各随其习,习以成风,虽父兄之于子弟,亦不能令其习好同也。故孔子曰:“性相近也,习相远也⑤。”有必然者。

【注释】

①习气:长期养成的习惯。

②浑然:有完全、全然之意。这里是指浑厚质朴的状态。天理:这里指人的本性。

③知识:这里指人对周围的人或物的认知。判:分辨。

④近朱近墨之分:即俗语“近朱者赤,近墨者黑”。出自晋傅玄《太子少傅箴》。

⑤性相近也,习相远也:语出《论语·阳货上》。性,即指人先天具有的纯真本性。习,即人后天习染积久养成的习性。

【译文】

父皇训教说：人的一生，大多是由平日养成的习惯气质来决定的。大概从婴儿到十几岁，在这几年间，人表现出浑厚质朴的本性，对周围的人或事物还不能很好地做出辨别。一经学习之后，就会有近朱、近墨的区分。到了成人，士农工商，由于他们的职业不同，同一职业之间相互影响就形成一定的风气，即使是父亲对于儿子、哥哥对于弟弟都不能让他们的习惯与自己相同。所以孔子说："人们生来的性情是相近的，但后天养成的习惯却差别很大。"这是有其必然性的。

6　训曰：近世之人以不食肉为持斋①，岂知古人之斋必与戒并行。《易·系辞》曰："斋戒以神明其德。"所谓斋者，齐也，齐其心之所不齐也。所谓戒者，戒其非心妄念也②。古人无一日不斋，无一日不戒；而今之人以每月之某日某日持斋，已与古人有间③。然持斋固为善事，可以感发人之善念④，第不知其戒心何如耳⑤。

【注释】

①持斋：佛教习俗，指持守戒律、不吃荤腥之食。

②非心妄念：即邪心杂念。

③有间：即指有别、不同。

④感发：意指感动启发。

⑤第：只是。

【译文】

父皇训教说：近代以来人们常以不吃肉食为持斋，却不知古人持斋是与持戒同时进行的。《周易·系辞》说："进行斋戒祭祀神灵来增长自己的德行。"所谓斋，即齐的意思，是指整齐人们内心中不整齐严肃的事情。所谓戒，就是要戒除内心中的邪心杂念。古时人们没有一日不持斋，没有一日不持戒的；而今天人们只在每月之某日某日持斋，已与古人的斋戒有所不同了。然而，持斋本来是一件好事，能感动启发心中的善念，只是不知道其自我警惕之心怎么样。

7　训曰：世上人心不一①，有一种人不记人之善，专记人之恶。视人有丑恶事转以为快乐②，如自得奇物者。然此等幸灾乐祸之人，不知其心之何以生而怪异如是也。汝等当以此为戒。

【注释】

①不一：不一致，不统一，不相同。

②转以为：反倒以为。

【译文】

父皇训教说：世上每个人的心都不一样，有一种人不记别人的好，专门记别人的恶。看到别人有丑恶之事反倒以为快乐，如同自己得到了稀奇之物一样。然而这种看到别人遭遇灾祸而感到快乐的人，不知道他们的内心怎么长得如此怪异。你们应当以这种人为戒。

8　训曰：人惟一心，起为念虑①。念虑之正与不正，只在顷刻之间。若一念之不正，顷刻而知之，即从而正之，自不至离道之远。《书》曰："惟圣罔念作狂②，惟狂克念作圣③。"一念之微，静以存之，动则察之，必使俯仰无愧④，方是实在工夫。是故古人治心⑤，防于念之初生，情之未起，所以用力甚微而收功甚巨也⑥。

【注释】

①念虑:念头,想法。《汉书·公孙弘传》:"今事少闲,君其存精神,止念虑,辅助医药以自持。"

②罔:无,没有。

③克:能够。

④俯仰无愧:是指立身端正,上对天、下对人,都能够问心无愧。语出《孟子·尽心上》:"君子有三乐……仰不愧于天,俯不怍于人,二乐也。"

⑤治心:修养自身的思想品德。

⑥收功:收获的功效。

【译文】

父皇训教说:人只有一颗心,会产生各种念头、想法。念头正确与不正确之间的转变,都发生在一瞬间。如果心中产生的邪恶念头,能够在很短时间发现,及时纠正,就不至于偏离正道太远。《尚书》也说:"如果圣人不念于善则会变成狂人,狂人若能够念于善也能够成为圣人。"心中的一个小小念头,静心时保持着它,思虑动的时候要审查它是否正确,确保内心无愧于天地,这才是修身的实在工夫。因而古人修身,防范于邪念产生之初、情欲未发之时,所以他们修身时用很少的精力就会收到很大的功效。

9 训曰:人之为圣贤者,非生而然也[①],盖有积累之功焉。由有恒而至于善人[②],由善人而至于君子[③],由君子而至于圣人[④],阶次之分[⑤],视乎学力之浅深[⑥]。孟子曰:"夫仁亦在乎熟之而已矣[⑦]。"积德累功者,亦当求其熟也。是故有志为善者,始则充长之[⑧],继则保全之,终生不敢退,然后有日增月益之效。故至诚无息[⑨],不息则久,久则征[⑩],征则悠远，悠远则博厚⑪，博厚则高明⑫，其功用岂可量哉？

【注释】

①然：如此，这样。

②有恒：指坚持一定的操守、品行。《孟子·梁惠王上》："无恒产而有恒心者，惟士为能；若民，则无恒产，因无恒心。苟无恒心，放辟邪侈，无不为已。"善人：有道德的人，善良的人。《论语·述而》："善人，吾不得而见之矣；得见有恒者，斯可矣。"可见，有恒者可以通过道德修养从而成为善人。

③君子：指才德出众之人。

④圣人：指品德最高尚、智慧最高超的人。《论语·述而》："圣人，吾不得而见之矣；得见君子者，斯可矣。"

⑤阶次：即等级次序。

⑥学力：学问上的造诣，学问上达到的水平。

⑦夫仁亦在乎熟之而已矣：语出《孟子·告子上》："五谷者，种之美者也。苟为不熟，不如荑稗。夫仁亦在乎熟之而已矣。"意思是：五谷虽然是良种，但种植不成，就不如荑稗成熟的果实可以食用。仁也就是要使它成熟罢了。

⑧充长：扩张发展，使之成长壮大。

⑨至诚无息：是指心中真诚无假，修身就不会间断。

⑩征：验证于外界。

⑪博厚：广博而深厚。

⑫高明：高大而光明。

【译文】

父皇训教说：那些成为圣贤的人，并不是天生就是圣贤，而是经过不断地修养长期积累而最终成为圣贤的。那些有恒心的人逐渐成为道德高尚的人，这些人再经过修养而成为德才出众的君子，君子又经过长期修养最后才能成为圣人,这种修养等级的区分,在于学力的深浅。孟子说:“仁也就是要使它成熟罢了。”积功累德也应当追求积累到一定程度。所以,有志成为道德高尚的人,最初则要扩张发展善心,使之不断积累壮大,接着就要保全它,终身修养不敢使其衰退,然后就会在逐日逐月的积累中有更进一步的发展。所以保持内心的真诚,修身就不会间断,不间断则会坚持长久,在长久的坚持中不断得到外界的验证,通过验证就能行之长远,行之长远就会广博而深厚,广博而深厚就会达到高大而光明的境界。这中间所积累的功德岂可估量啊!

10 训曰:今外边之无赖小人及太监等惯詈骂人[①],且动辄发誓亦如骂人之语皆出自口[②]。我等为人上者,断乎不可。或使令之辈有过[③],小则责之,大则扑之[④],詈骂之亦奚为?污秽之言轻出自口[⑤],所损大矣。尔等切记之。

【注释】

①无赖小人:蛮不讲理、刁滑强横的人。詈(lì)骂:恶言辱骂。

②动辄(zhé):动不动就,常常。

③或:这里表示假设,有倘若、假使之意。使令之辈:供人使唤、驱使的人,即仆人、随从。

④扑:古代的一种刑罚,即扑罚,以鞭子抽打。

⑤污秽之言:肮脏的话,侮辱的话。

【译文】

父皇训教说:如今外边那些蛮不讲理的小人和宫内的太监等习惯辱骂别人,而且常常发誓时就如同骂人一样,脏话随之从嘴里发出。我们为上等人,绝不能这样。假使那些仆人犯了过错,小错则口头责备,大错就用鞭子抽打,何必辱骂他。肮脏、侮辱的话一旦轻易说出去,就对自身有很大的损害。你们一定要记住这一点。

11　训曰：凡人不能无好恶，但能胜其私心则善。诚见善而好之，见恶而恶之，则不能牵累吾心矣[①]。人于喜怒亦然，喜时不能不遇可怒之事，怒时不能不遇可喜之事。是故《大学》云“忿懥好乐[②]，皆难得其正”者，此之谓也。

【注释】

①牵累：牵挂拖累，牵涉连累。

②忿懥（fèn zhì）：发怒。好乐：喜好，嗜好。

【译文】

父皇训教说：凡是人不能没有喜好与厌恶，但要能够战胜自己好恶的私心就是好的。如果能做到看见好的就喜欢，看到邪恶的就厌恶，个人好恶就不会牵累我的心了。人对个人喜怒也是这样的，高兴时不可能不会碰到令人愤怒的事，发怒时也不可能不会遇到令人高兴的事。因此《大学》中说：“人有所愤怒或喜好，心中就不能做到公平正直。”说的就是这种情况。

12　训曰：凡大人度量生成[①]，与小人之心志迥异[②]。有等小人满口恶言讲论大人[③]，或者背面毁谤[④]，日后必遭罪谴[⑤]。朕所见最多，可见天道虽隐，而其应实不爽也[⑥]。

【注释】

①大人：指在高位的王公贵族或德行高尚、志趣高远的人。度量：器量，涵养。《史记·司马相如列传》：“人之度量相越，岂不远哉！”

②迥（jiǒng）异：迥然不同，完全不同。

③有等：有些，有的。

④毁谤：以夸大不实的言论对人进行诋毁、中伤。汉王充《论

衡·累害》:“仕宦有三害,身完全者谓之洁,被毁谤者谓之辱,官升进者谓之善,位废退者谓之恶。”

⑤罪谴:犯罪而受谴,罪责。

⑥不爽:不差,没有差错。《诗经·小雅·蓼萧》:“其德不爽,寿考不忘。”

【译文】

父皇训教说:道德高尚之人的度量的生成,与小人的心胸迥然不同。有一类小人,满嘴恶言秽语谈论大人,或者背后诋毁别人,日后必定会遭到惩罚的。我见过的这类事例很多了,可见上天的意志虽然隐晦不显,但是其报应从没有差错。

13 训曰:凡人行住坐卧,不可回顾斜视。《论语》曰:“车中不内顾[①]。”《礼》曰[②]:“目容端。”所谓内顾即回顾也,不端即斜视也。此等处不但关于德容[③],亦且有犯忌讳。我朝先辈老人亦以行走回顾之人为大忌讳,时常言之,以为戒也。

【注释】

①内顾:回头看。

②《礼》:即《礼记》。

③德容:敬辞。指有道者的仪容,有德者的气象。

【译文】

父皇训教说:一个人在走路、停住、坐下以及躺卧时,不能回头看或者斜视别人。《论语》中说:“在车内不要回头看他人。”《礼记》说:“人的目光要端正,不斜视别人。”所谓的内顾就是回顾,不端就是斜视。这些地方不仅关系到人的仪容,而且也犯忌讳。我朝的前辈老人也常以走路回头看的人为大忌讳,经常讲起这些,要我们引以为戒。

14　训曰：孟子言良知、良能[①]，盖举此心本然之善端[②]，以明性之善也。又云："大人者，不失其赤子之心者也。"非谓自孩提以至终身[③]，从吾心，纵吾知，任吾能，自莫非天理之流行也。即如孔子"从心所欲不逾矩"[④]，尚言于志学、而立、不惑、知命、耳顺之后[⑤]。故古人童蒙而教[⑥]，八岁即入小学[⑦]，十五而入大学[⑧]，所以正其禀习之偏[⑨]，防其物欲之诱，开扩其聪明，保全其忠信者，无所不至。即孔子之圣，其求道之心，乾乾不息[⑩]，有"不知老之将至"[⑪]。故凡有志于圣人之学者，其"择善""固执"[⑫]，"克己复礼"[⑬]，循循勉勉[⑭]，无有一毫忽易于其间[⑮]，始能日进也[⑯]。

【注释】

①良知、良能：语出《孟子·尽心上》："人之所不学而能者，其良能也。所不虑而知者，其良知也。"良能，天赋之能。良知，儒家谓人类先天具有的道德意识。

②本然：指本当如此。善端：善言善行的开端。孟子认为人性本善，他从良知、良能出发来论证人性本善，指出人人生来具有恻隐之心、羞恶之心、辞让之心、是非之心，其分别为仁义礼智之端，称为"四端"，即所谓的"善端"。

③孩提：即需人提携、怀抱的幼儿。

④从心所欲不逾矩：语出《论语·为政》。矩，法度，常规。

⑤志学、而立、不惑、知命、耳顺：语出《论语·为政》。志学，专心求学。而立，指学有成就。不惑，通达，不疑惑。知命，懂得事物生灭变化都由天命决定的道理。耳顺，听到别人的话，就能深刻理解其中的意思。

⑥童蒙：年幼无知的儿童。

⑦小学：对儿童、少年实施初等教育的学校。古代的小学主要学习礼、乐、射、御、书、数六艺。

⑧大学：即太学。主要学习经术及治国之术。

⑨禀习：即禀性习惯。

⑩乾乾：自强不息的样子。《周易·乾卦》："君子终日乾乾，夕惕若厉，无咎。"

⑪不知老之将至：语出《论语·述而》。

⑫择善、固执：语出《中庸》："诚之者，择善而固执之者也。"意思是说：选择善事，坚持执行，行之不已，终能达到至诚。

⑬克己复礼：语出《论语·颜渊》。即克服自己的欲望，约束自身，从而使自己的言行符合礼的要求。

⑭循循：按一定的顺序去学习，即循序渐进。勉勉：即勤恳不懈的样子。

⑮忽易：忽视，忽略。

⑯日进：每日都有进步。

【译文】

父皇训教说：孟子讲的良知、良能，这是用人心天生善良的开端来证明人性之善的。孟子又说："所谓的大人，就是能专一保持初心，保有善端的那些人。"并不是说从幼童到老年，一切都顺从我的心意，听从我的心智，任凭我的能力，就会自然达到符合天理的要求。就像孔子所言"随心所欲而不违犯规矩"，也是说在立志于学、经业有所成就、对学问不感到困惑、已知天命之始终、听其言而知其旨之后的。因此古人在幼童时就开始启蒙教育，八岁就入小学，十五岁进入太学，就是为了纠正人禀性习惯的偏执，防止人心受到物质欲望的诱惑，开拓扩展其智力，保全其忠信之德，没有什么不能达到的。即使孔子是圣人，他求学的心也是持续不断、自强不息的，他甚至说过"不感觉自己已经老了"。所以凡是有志于学习圣人之学问的人，就要选择善事，坚持执行，行之不已，就要克服自己的欲望,约束自身,使自己的言行符合礼的要求,还要循序渐进地学习,在学习的过程中不要有一丝一毫的疏忽轻视,这样才能每日都有进步。

15　训曰:大凡残疾之人不可取笑。即如跌蹼之人[①],亦不可哂[②]。盖残疾之人见之,宜生怜悯。或有无知之辈[③],见残疾者,每取笑之。其人非自招斯疾[④],即招及子孙。即如哂人跌蹼,不旋踵间或失足[⑤]。是故我朝先辈老人,常言勿轻取笑于人,取笑必然自招,正谓此也。

【注释】

①跌蹼(pǔ):跌倒,摔跟头。

②哂(shěn):讥笑,嘲笑,戏谑。

③无知之辈:没有知识、不明事理的人。

④自招:自取,自致。

⑤旋踵(zhǒng)间:形容时间极短。旋踵,掉转脚跟。踵,即脚后跟。

【译文】

父皇训教说:大凡残疾人都不可以取笑他们。就像失足摔倒之人,也不可以讥笑他们。看到残疾人了,应该有怜悯之心。有些无知之辈,每次看到残疾人,就会取笑他们。这样的人不是自己招致这样的残疾,就是子孙后代会招致这样的残疾。就像嘲笑别人跌倒,很快嘲笑的人就会失足跌倒。因此我朝的前辈老人,经常告诫不要轻易取笑别人,取笑别人一定会自取其辱,说的正是这样的道理啊。

16　训曰:凡人平日必当涵养此心[①]。朕昔足痛之时,转身艰难。足欲稍动,必赖两傍侍御人那移[②],少着手,即不胜其痛。虽至于如此,朕但念自罹之灾[③],与左右近侍谈笑自若，并无一毫躁性生忿[4]，以至于苛责人也。二阿哥在德州病时[5]，朕一日视之，正值其含怒与近侍之人生忿，朕宽解之[6]，曰："我等为人上者，罹疾却有许多人扶持任使，心犹不足。如彼内监[7]，或是穷人，一遇疾病，谁为任使？虽有气忿向谁出耶？"彼时左右侍立之人，听朕斯言，无有不流涕者。凡此等处，汝等宜切记于心。

【注释】

①涵养：滋润养育。

②侍御人：身边侍奉之人，即近侍之人。那移：转移，移动。宋欧阳修《论乞赈救饥民札子》："只闻朝旨令那移近边兵马，及于有官米处出粜，此外未闻别行赈救。"

③罹（lí）：遭受。

④生忿（fèn）：生气，发怒。

⑤二阿哥：即康熙皇帝次子爱新觉罗·胤礽，康熙十四年（1675）立为皇太子，后被废。阿哥，清朝对皇帝诸子的称呼。

⑥宽解：即宽慰劝说。

⑦内监：即宫内太监。

【译文】

父皇训教说：所有的人平日里都应当修养自己的心性。我以前脚痛的时候，连转身都非常困难。脚想稍微动动，必须依靠身边侍奉的人来移动，稍微用手碰一下，就会痛不可忍。虽然都痛到了这种地步，我心里只是想着这是自己生病造成的，仍然与身边的人像往常一样谈话说笑，并没有一点的暴躁发怒，去苛责身边的人。二阿哥在德州生病时，我有一天去看望他，正碰到他在发怒，与身边服侍的人生气，我劝慰他说："我们作为上等人，生病时还有下人服侍我们、供我们使唤，你心里仍然还不满足。像那些太监或者是穷苦人家，一旦生病了，哪有人供他们使唤？虽然心里很生气，但又能向谁发泄呢？”当时左右站立着服侍的人听了我的话，没有不感动得流泪哭泣的。凡是这些事情，你们都应该牢记于心。

17　训曰：人之一生，虽云命定[①]，然而命由心造[②]，福自己求。如子平、五星[③]，推人妻财子禄及流年月建[④]，日后试之，多有不验。盖因人事未尽[⑤]，天道难知[⑥]。譬如推命者言当显达[⑦]，则自谓必得功名[⑧]，而诗书不必诵读乎？言当富饶，则自谓坐致丰亨[⑨]，而经营不必谋计乎？至谓一生无祸，则竟放心行险，恃以无恐乎？谓终身少病，则遂恣意荒淫，可保无虞乎？是皆徒听禄命，反令人堕志失业，不加修省[⑩]，愚昧不明，莫此为甚。以朕之见，人若日行善事，命运虽凶而可必其转吉；日行恶事，命运纵吉而可必其反凶。是故命之一字，孔子罕言之也[⑪]。

【注释】

①命定：命中注定或必然发生的。

②心造：佛教语。意为由心所生。

③五星：即金、木、水、火、土五星。古代星命术士以人的生辰所值五星之位来推算人的禄命。

④流年：亦称“小运”。为古代术数用语，星象命理家称人一年的运气为“流年”。月建：本指旧历每月所建之辰，古代以北斗七星斗柄的运转作为定季节的标准，将十二地支和十二个月份相配，用以纪月，以通常冬至所在的十一月（夏历）配子，称建子之月，类推，十二月建丑、正月建寅、二月建卯，直到十月建亥，如此周而复始。后来星相术士在推算命运时，也经常利用这种方法和术语，

称阳建之神。正月建寅,顺行十二辰,又称阳建,术者因月建以定凶吉。此处指每月的运气。

⑤人事:指人的作为。

⑥天道:天理,自然的法则。

⑦推命:推算命运。显达:指位尊而有声望。

⑧功名:功绩和名位。科举时代指科第或官职。

⑨丰亨:语出《周易·丰卦》:"丰:亨,王假之。"孔颖达疏:"丰者,多大之名,盈足之意,财多德大,故谓之为丰;德大则无所不容,财多则无所不齐。无所拥碍谓之为'亨',故曰'丰,亨'。"后即用以表示富厚顺达。

⑩修省:修持省察。

⑪孔子罕言之:语出《论语·子罕》:"子罕言利与命与仁。"罕言,即很少言及,很少说到。

【译文】

父皇训教说:人的一生,虽然说命运已经由上天注定了,然而人的命运实际上是由人心的善恶造就的,福禄是要靠自己努力来争取的。像子平、五星这类术数,推算人的妻、子、财禄以及一年中一月中的运气,日后验证,大多都是不准的。大概是因为人们还不够努力,而天意又很难知道。譬如推算命理的人说某人会显达,他就认为自己一定会科举中第,而诗书就没必要读了吗?说某人会富于钱财,他就自认为坐在家里就会财源通达,而经营产业的事就不用谋划了吗?至于说一个人一生没有灾祸,那么竟然放心做危险的事情,有恃无恐了吗?说某人终生少疾病,那么就随意荒淫,可以不用担忧吗?这些都是只听凭命定,反而使人志向堕落、丧失本业,不加以修身自省,愚昧无知不明事理,没有比这更严重的了。在我看来,人如果每日多行善事,命运即使是凶的,也一定会转化为吉的;如果每天都做坏事,那么命运纵然是吉的,也一定会反转为凶的。因此命这一个字,孔子很少说。

18 训曰：凡人有训人治人之职者[1]，必身先之可也。《大学》有云："君子有诸己而后求诸人，无诸己而后非诸人。"特为身先而言也。

【注释】

①训人：教育人，训导人。治人：管理人民。

【译文】

父皇训教说：凡是有教育人、管理人的职责的人，一定要自己率先示范才行。《大学》中说："君子自己有了优点，而后才以此来要求别人；自己没有某一缺点，而后才以此来责备别人。"这是特地为以身作则说的。

19 训曰：程子云[1]："有实则有名，名实一物也。若夫好名者，则徇名为虚矣。如'君子疾没世而名不称'，谓无善可称耳，非徇名也[2]。"看来有一等好名之人，惟名是务，不着一毫诚实之处。只管行去，不惟无分毫之实，究至于名亦不能保。程子此言，可谓力行之要道也[3]。

【注释】

①程子：即宋代著名理学家程颐、程颢，二人合称"二程"，后世尊称"程子"。程颢，字伯淳，又称明道先生，为兄。程颐，字正叔，又称伊川先生，为弟。二人都曾就学于周敦颐，立志于孔孟之道，又泛览诸家，为宋明理学的奠基者。

②"有实则有名"几句：语出《程氏遗书·师训》。徇名，即舍身以求名。

③要道：即重要的道理、方法。

【译文】

父皇训教说：程子说："有实际就会有名分，名和实其实是同一个东西。那些好名的人不顾性命地去追求名声,结果却什么也得不到。譬如'君子害怕自己死后名声不能显于后世',这是说自己没有好的品德、行为可值得别人称赞的,而不是说舍身以求名。"看来是有一类好名的人,只是以追求名声为事务,没有一丝一毫诚实的地方。只顾自己去做,不仅没有一分一毫的实在,到最后连名声也不能保全。程子这句话,可以说讲出了努力做事的重要道理。

20 训曰:程子云:"所谓利者,不独财利之利,凡有利心便不可。如作一事,但寻自己稳便处,皆利心也。圣人以义为利,义安处便是利[①]。"凡人惟弃利己之心以求义之所安,则为忠臣者亦此道,为孝子者亦此道。人人皆当以此语为至教而奉行之也。

【注释】

①"所谓利者"几句:语出《程氏遗书·己巳冬所闻》。

【译文】

父皇训教说:程子说:"所谓的利,不仅仅是指钱财利益的利,只要是有利己之心就不可。比如说做一件事情时,只是寻求自己稳妥方便的地方,都是利己之心。圣人把拥有道义作为利,只要是道义安放的地方便是利之所在。"凡是人能够放弃利己之心来追求义之所安,那么成为忠臣的方法是这个,成为孝子的方法也是这个。每个人都应当以这句话来作为最好的教诲而遵奉实行。

21 训曰:朱子云[①]:"人作不好底事,心却不安,此是良心。但被私欲蔽锢,虽有端倪,无力争得出。须是着力与他战,不可输与他。知得此事不好,立定脚跟硬地行,从好路去，待得熟时，私欲自住不得[②]。”此一节语，乃人立心之最要处。良心能胜私欲，为圣为贤，皆此路也。欲立身心者，当详究斯言[③]。

【注释】

①朱子：即朱熹。

②“人作不好底事”几句：语出《晦庵集·答陈师德》。蔽锢（gù），禁锢蔽塞。

③详究：详细探究，审查研究。

【译文】

父皇训教说：朱熹说：“一个人做了坏事，内心却感到不安，这就是人的良心。但这时是良心被私欲所遮蔽，虽然内心还会感到不安，却无力从个人私欲中挣脱出来。这就需要努力与私欲进行斗争，并且不能输给它。知道一件事不好，就要坚定立场，坚持走下去，向好路上走，等到时机成熟了，私欲就自然会从内心中消失。”这一段话，讲出了人坚定自己心志最重要的方法。良心能战胜私欲，成为圣人和贤人，就得从这条路走过来。想要立心修身的人，应当认真研究这句话。

22　训曰：学以养心，亦所以养身。盖杂念不起[①]，则灵府清明[②]，血气和平[③]，疾莫之撄[④]，善端油然而生[⑤]。是内外交相养也[⑥]。

【注释】

①杂念：纷杂不纯的念头。

②灵府：指心或脑。《庄子·德充符》：“故不足以滑和，不可入于灵府。”

③血气：这里指人的感情、情绪。

④撄（yīng）：接触，触犯。

⑤油然而生：自然而然地产生。

⑥内外：即内心与身体。交相：即互相。《诗经·小雅·角弓》："不令兄弟，交相为愈。"

【译文】

父皇训教说：学习可以培养心性，也可以养护身体。大概是因为纷杂不纯的念头不产生，内心就会清爽明亮，情绪就会和谐平缓，疾病也就不会侵害身体，善言善行就会自然而然地产生。这是内心和身体相互滋养的表现。

23　训曰：庄子曰："毋劳汝形，毋摇汝精[①]。"又引庚桑子之言曰[②]："毋使汝思虑营营[③]。"盖寡思虑所以养神，寡嗜欲所以养精，寡言语所以养气，知乎此可以养生。是故形者生之器也，心者形之主也，神者心之会也。神静而心和，心和而形全。恬静养神则自安于内，清虚栖心则不诱于外[④]，神静心清则形无所累矣[⑤]。

【注释】

①毋劳汝形，毋摇汝精：语出《庄子·在宥》。形，即形体，身体。精，即精神。

②庚桑子：为《庄子》一书中虚构的人物，名庚桑楚，老子的弟子。

③思虑：即思索考虑。营营：往来频繁的样子，追求奔逐。

④栖心：犹寄心。

⑤神静心清：指心境平静，神情清爽。

【译文】

父皇训教说：庄子说："不要使你的身体劳累，不要干扰你的精神。"

又引庚桑子的话说："不要使你的思想处于追求奔逐的忙碌中。"这是因为少思索考虑就可以养护你的心神，少喜好欲望就可以增养精血，少说话就可以存养你的气息，知道这些道理就可以养生了。这是因为身体是生命的器皿，心是身体的主宰，精神是心灵的聚汇。精神宁静了，内心就会保持平和；内心平和了，身体就会保全。恬静养神，那么精神自然会安于内；清虚栖心，那么内心就不会被外界所诱惑；精神安静心情清爽，那么身体就不会被外物所连累。

24　训曰：为人上者，教子必自幼严饬之始善①。看来有一等王公之子，幼失父母，或人惟有一子，而爱恤过甚②，其家下仆人多方引诱，百计奉承。若如此娇养长大成人，不至痴呆无知，即多任性狂恶，此非爱之，而反害之也。汝等各宜留心。

【注释】

①严饬（chì）：严加整治，严肃告诫。

②爱恤：爱护怜惜。

【译文】

父皇训教说：作为上层王公贵族，你们教育子女一定从小就要严肃告诫使之向善才好。我曾看到一些王公之子，因幼年失去父母或仅有一个孩子，因而就宠爱纵容过甚，他们家的下人也都千方百计地引诱奉承。若是这样娇养着长大成人，不是呆傻愚笨无知，就是任性狂傲作恶，这不是爱孩子，反而是害了他。你们都要留心教育子女啊。

25　训曰：尔等平日当时常拘管下人①，莫令妄干外事②，留心敬慎为善③，断不可听信下贱小人之语。彼小人遇便宜处但顾利己[④],不恤恶名归于尔等也。一时不谨可乎?

【注释】

①拘管:管束,监督。

②干:干涉,干扰。外事:朝廷政事。与宫内之事称内事相对。

③敬慎:恭敬而谨慎小心。《诗经·大雅·抑》:"敬慎威仪,维民之则。"

④便(biàn)宜:好处。

【译文】

父皇训教说:你们应当平日里多管束家中下人,不要让他们妄自干涉国家的事务,而注意自身,恭敬而谨慎小心多做好事,绝不可听信那些地位低下之人的话。那些小人遇到一些好处就只顾自己的利益,而不惜将恶名归之于你们。你们不时刻谨慎小心能行吗?

26 训曰:吾人燕居之时[①],惟宜言古人善行、善言。朕每对尔等多教以善,尔等回家各告尔之妻子,尔之妻子亦莫不乐于听也。事之美岂有逾此者乎?

【注释】

①燕居:亦作"宴居"。即闲居。《礼记·仲尼燕居》:"仲尼燕居,子张、子贡、言游侍,纵言至于礼。"汉郑玄注:"退朝而处曰燕居。"

【译文】

父皇训教说:我们这些人闲居时,最应该讲些古人的善行、善言。我每次对你们大多是用古人的善言、善行来教育,你们回到家后,又各自告诉你们的妻子和儿女,你们的妻子和儿女也都乐于听。天下的美事,难道还有超过这个的吗?

27　训曰：父母之于儿女，谁不怜爱？然亦不可过于娇养。若小儿过于娇养，不但饮食之失节[①]，亦且不耐寒暑之相侵，即长大成人非愚则痴。尝见王公大臣子弟中，每有痴呆软弱，皆其父母过于娇养之所致也。

【注释】

①失节：失去调节，失去控制，节序失常。《吕氏春秋·恃君览·知分》："晏子援绥而乘，其仆将驰，晏子抚其仆之手曰：'安之，勿失节。疾不必生，徐不必死。'"

【译文】

父皇训教说：父母对于子女，哪一个不怜惜疼爱呢？然而也不可以过于娇生惯养。如果小孩过于娇生惯养，不但饮食失节，而且身体也不会耐受冷暖的侵袭，长大成人后不是愚笨就是痴呆。我曾见到王公大臣的子弟中，只要有呆傻愚蠢、身体虚弱的，都是因为父母从小娇生惯养导致的。

28　训曰：朕自幼登极，迄今六十余年，偶遇地震、水旱，必深自儆省[①]，故灾变即时消灭。大凡天变灾异[②]，不必惊惶失措[③]，惟反躬自省[④]，忏悔改过，自然转祸为福。《书》云："惠迪吉，从逆凶，惟影响[⑤]。"固理之必然也。

【注释】

①儆省（jǐng xǐng）：使人觉悟，反省。

②天变灾异：天象出现变异，发生异常的自然灾害。

③惊惶失措：因惊慌而举止失常，不知所措。

④反躬自省：反过来检查自身的缺点过错。

⑤“惠迪吉”几句:语出《尚书·虞书·大禹谟》。惠,即顺。迪,即道。

【译文】

父皇训教说:我从小登基做皇帝,到今天已经六十多年了,偶尔遇到有地方发生地震、水灾、旱灾,我一定要深刻地反省自己,故而灾害就会立即消失。大凡天象出现变异,发生自然灾害,不必惊惶失措,只要认真检查自身,忏悔改过,自然就会转祸为福。《尚书》说:“顺道就能得吉,从逆就会遇凶,如影随形,响之应声。”这是自然之理的必然。

29 训曰:春至时和[①],百花尚铺一段锦绣[②],好鸟且啭无数佳音[③],何况为人在世,幸遇升平,安居乐业,自当立一番好言,行一番好事,使无愧于今生,方为从化之良民[④],而无憾于盛世矣。朕深望之[⑤]。

【注释】

①时和:天气和顺。

②锦绣:本指色彩鲜艳、质地精美的丝织品,后比喻美好的事物。

③啭(zhuàn):鸟婉转地鸣叫。

④从化:归化,归顺。

⑤深望:寄以深切的期望。

【译文】

父皇训教说:春天天气和顺的时候,百花尚且铺开一段锦绣,鸟儿也会婉转地发出无数美好的声音,何况是为人在世,又非常幸运地遇到太平盛世,安居乐业,自然应当树立一番好的言论,做出一番好的事业,使自己无愧于今生,这才是归顺了教化的合格百姓,在盛世中没有什么遗憾。我深切地期望你们能够做到。

30 训曰:子曰:“吾非斯人之徒与而谁与[①]?”人生斯

世[②]，自少而壮，自壮而老，孰能一日不与斯世斯人相周旋耶[③]？顾应之得其道，我与世相安；应之不得其道，则世与我相违。庄子曰[④]："人能虚己以游世，其孰能害之[⑤]？"此言善矣。

【注释】

①吾非斯人之徒与而谁与：语出《论语·微子》。

②斯世：此世，今世。

③周旋：应酬，应付。

④庄子：名周。战国时期著名思想家，道家代表人物。

⑤人能虚己以游世，其孰能害之：语出《庄子·山木》。虚己，即虚心不自满。游世，优游于世，经历世事，参与社会活动。

【译文】

父皇训教说：孔子说："我不与世人交往而跟什么交往呢？"人生活在世界上，从少年到壮年，从壮年到老年，谁能有一天不与这个世界、这些人交往呢？如果应对的合乎道义，我与世界就会相安无事；应对的不符合道义了，那么世道就会与我背离。庄子说："人只要能虚心优游于世上，有谁能伤害到我呢？"这句话非常好。

31　训曰：满洲人最忌令人扶掖[①]。是故朕至如是之年尚且不令人扶掖，不持拄杖[②]。起坐时人但少助而已[③]，一立即不用扶矣。闲坐亦不凭倚。今之少年，反令人扶掖，两手搀臂，观之甚是可厌。既无病，又无故，如此举动，诚为怪异，亦特无福之态耳。又有一等人，年纪不相称，即用拄杖，复何心哉？此等处，朕实不解。尔等仍当以我朝前辈所忌讳处，戒之可也。

【注释】

①扶掖（yè）：搀扶，扶助。

②拄杖：手杖，拐杖。

③少助：少许帮助。

【译文】

父皇训教说：满洲人最忌讳让人搀扶。因此，我到了这样的年纪尚且不让人搀扶，不柱拐杖。坐着站起来时只是让人稍微帮助一下，一站起来后就不让人再扶了。闲坐时也不依靠什么东西。现在的少年，反而让人搀扶，用两只手搀扶着双臂，看起来非常让人讨厌。既没有病，也没有什么原因，如此举动，实在是很怪异，也是特别无福的样子罢了。还有一种人，不到拄拐杖的年纪，就已经用拐杖了，这又是什么心思呢？这些做法，我实在是不理解。你们仍然应当把我朝前辈所忌讳的事给予戒除才可以。

卷四

立德树仁

【题解】

修身齐家是一个人的基本修养，要治国平天下，还需要立德树仁。立德，意为建立德业。古人认为立德、立功、立言是“三不朽”的事业，其中立德最为重要。树仁，意为树立仁爱之风。“仁”是儒家礼乐文明的核心。康熙皇帝受儒家思想影响甚深，在对其子孙的谈话中多次讲到立德树仁的问题。他指出：人生于世，最要者惟行善；一心笃于行善，则天必眷佑，报之以祥；若徒口言善，而心存奸邪，决不为天所佑；仁者以万物为一体，只做有利于人的事，不做不利于人的事。像孔子所说的那样“志于道”，就会朝着圣贤的方向发展了。

1 训曰：子曰：“志于道[①]。”夫志者，心之用也。性无不善，故心无不正[②]，而其用则有正、不正之分，此不可不察也。夫子以天纵之圣[③]，犹必十五而志于学，盖志为进德之基[④]。昔圣昔贤，莫不发轫乎此[⑤]。志之所趋，无远弗届[⑥]；志之所向，无坚不入。志于道，则义理为之主[⑦]，而物欲不能移[8]。由是而据于德，而依于仁，而游于艺[9]，自不失其先后之序、轻重之伦[10]，本末兼该[11]，内外交养[12]，涵泳从容[13]，不自知其入于圣贤之域矣。

【注释】

①志于道：语出《论语·述而》。志，专一而向往。

②正：这里是指合于道理、纯正的、正确的。

③天纵：指上天所赋予的，才智超群，多用作对帝王、圣人的赞誉。

④进德：使品德精进。

⑤发轫：本义为拿掉支住车轮的木头使车前进，后来比喻新事物或某种局面开始出现，事情的开端。语出屈原《离骚》："朝发轫于苍梧兮，夕余至乎县圃。"轫，指支住车轮转动的木头。

⑥无远弗届：指不管多远之处，没有不到的。语出《尚书·虞书·大禹谟》："惟德动天，无远弗届。"届，到达。

⑦义理：合于一定的伦理道德的行事准则，或指道德公理。这里是指儒家的经义、道理。

⑧物欲：对物质享受的欲望。

⑨艺：指礼、乐、射、御、书、数六艺。

⑩自不失其先后之序、轻重之伦：指道、德、仁、艺的先后顺序和轻重，不能颠倒错乱。

⑪本末：原指树木的根和梢，这里的本是指道，末是指艺。兼该：亦作"兼赅"。是兼备、包括各方面之意。

⑫内外交养：内指内在修养的道德品性，外指外在表现出的仁和艺。交养是指相互促进。

⑬涵泳：本意是指潜游，后引申为浸润、沉浸、深入领会。

【译文】

父皇训教说：孔子说："要立志于求道。"这个志，就是内心所向往的。人的本心都是善良的，所以没有不合乎道的，而人所向往的则有合乎道和不合道之分，这一点不能不认真区分。孔夫子以天赋圣人之资，仍然十五岁就立志于学习，大概是因为志向是增进道德的基础。以前圣贤的养成没有不是从立志开始的。只要确立了志向，即使再远的地方也会到达；只要确定了志向，无论多么坚固的东西都能够进入。立志于求道，就要以义理作为内心的主宰，这样任何外界的物欲诱惑都不能动摇你的志向。由此可以倚仗于道德，凭恃于仁义，游憩于礼、乐、射、御、书、数六艺之中，这样德、仁、艺的先后轻重顺序自然不会颠倒错乱，德与艺都会包含，内在修养和外在的技艺都会得到增进，我们就会沉浸在圣人之道中，不知不觉中达到圣贤的境界。

2　训曰：学问无他，惟在存天理去人欲而已①。天理乃本然之善，有生之初，天之所赋畀也②。人欲是有生之后，因气禀之偏③，动于物、纵于情，乃人之所为，非人之固有也。是故闲邪存诚④，所以持养天理⑤，堤防人欲⑥，省察克治⑦，所以辨明天理，决去人欲⑧。若能操存涵养，愈精愈密，则天理常存，而物欲尽去矣。

【注释】

①存天理去人欲：亦称“存天理灭人欲”。是宋代理学的主要观点。朱熹在《朱子语类·学六·持守》中说：“孔子所谓‘克己复礼’……只是教人明天理，灭人欲。”《学七·力行》中又云：“学者须是革尽人欲，复尽天理，方始是学。”宋代理学家将天理作为至善不变的道德准则，人欲是人们对物质生活的追求，它是一切恶的根源，会损害人原来保持的天理，所以应该“损有欲以复天理”。

②赋畀(bì):给予。特指天赋的权利。

③气禀(bǐng):指人生来对气的禀受。

④闲邪存诚:指防止邪恶,保持诚敬笃实。语出《周易·乾卦》:"庸言之信,庸行之谨,闲邪存其诚。"闲,防止,限制。

⑤持养:保持养育。《墨子·天志中》:"内有以食饥息劳,持养其万民,则君臣上下惠忠,父子弟兄慈孝。"

⑥堤防:本指在岸边为防水患而建筑的堤坝,后引申为提防、防备。

⑦省察克治:意思是进行自我省察,以克制自己的私欲。语出明代王守仁《传习录》:"省察克治之功,则无时而可闲。"

⑧决去:辞别离去。

【译文】

父皇训教说:学问没有别的,主要是讲存天理灭人欲的道理而已。天理是人先天就有的善性,是人出生时上天就赋予人们的。而人欲则是后天因气质禀赋不正,再加上外在的物欲所动摇本性而产生情,而情又没有得到有效的约束而放纵,是人为影响,不是人所固有的。因此要防止邪恶,保持内心的诚敬笃实,以此来保持和养护天理,预防人欲的泛滥;以内心的自我省察,克制自己的私欲,以此来辨明天理,远离内心的私欲。如果能操持存守涵育天理,学问就能越做越精密,就会长久保持天理、尽去物欲。

3 训曰:人生于世,最要者惟行善。圣人经书所遗如许言语[①],惟欲人之善。神佛之教[②],亦惟以善引人。后世之学,每每各向一偏[③],故尔彼此如仇敌也。有自谓道学,入神佛寺庙而不拜,自以为得真传正道,此皆学未至而心有偏。以正理度之[④],神佛者皆古之至人[⑤],我等礼敬之乃理之当然也。即今天下至大,神佛寺庙不可胜数,何寺庙而无僧道,若以此辈皆为异端[⑥],使尽还俗,不但一时不能,而许多人将何以聊其生耶[⑦]?

【注释】

①如许:如此多,那样多。

②神佛之教:此处是指道教与佛教。

③一偏:某一方面或某一部分,片面的,偏于一个方面的。《朱子语类·论知行》:"务反求者,以博观为外驰;务博观者,以内省为狭隘,堕于一偏。此皆学者之大病也!"

④正理:正确的道理,正当的事理。度(duó):推测,揣度。

⑤至人:本指道家中那些超凡脱俗、达到无我境界的人,后来引申为思想或道德修养最高超的人。

⑥异端:这里是指儒家以外的其他学说、学派。《论语·为政》:"攻乎异端,斯害也已。"朱熹集注曰:"异端,非圣人之道,而别为一端。"

⑦聊其生:指赖以生活。聊,依靠,依赖。

【译文】

父皇训教说:人生在世,最重要的事情就是要行善。圣人经书上所留下那么多的话,都是想劝人行善的。道教和佛教,也都是以善引导人们。后来做学问的人,每每各自偏重于经书的某一个方面,因此他们彼此之间就像仇敌一样对立。有自我宣称道学的人,进入道观、佛寺中不礼拜神佛,自以为得到真传正道,这都是因为此类人学问不到、偏执一面。如果以正确的道理来推测,神佛都应该是古代那些道德修养很高的人,我们礼拜尊敬他们,是理所应当的。当今天下非常广大,道观寺庙的数量不可胜数,哪一座寺庙中没有僧人道士呢?如果将这些人都看作是异端,因此而使他们全部还俗,不仅短时间内不可能做到,而且这许多人将依靠什么来生活?

4　训曰：古人一年四季出猎，若此则人劳，而禽兽亦不得遂其生[①]。朕一年两季行幸，春日水猎[②]，欲人之习于舟楫也[③]；秋日出哨[④]，欲人之习于弓马也。若此则人不劳，而禽兽亦得遂其生。是故我朝之兵甚强健，所向无敌者，实朕使之以时，而养之以节之所致也。

【注释】

①遂其生：顺遂自然，养护生命。

②水猎：即指捕鱼。满族人起源于东北的黑龙江、松花江流域，渔猎是早期满族人主要的经济活动之一。入关以后，清朝皇室仍然保持着渔猎传统，每年都会前往东北进行捕鱼活动，称之为“水猎”。

③舟楫（jí）：船和桨。

④出哨：巡逻放哨。这里是指康熙帝借外出狩猎而进行的军事训练。

【译文】

父皇训教说：古人一年四季都外出打猎，如果这样就会使百姓疲劳，而且禽兽也会得不到遂性生长。我一年只在两个季节外出打猎，春季去水猎，想使人练习驾船；秋天外出打猎，想让人练习弓马。像这样百姓就不会疲劳，而禽兽也会顺遂其性成长。所以我朝的士兵都非常强壮，所向无敌，实在是因为我使用他们有时间限制，养活他们有节制所造成的。

5　训曰：凡人最要者[①]，惟力行善道[②]。能尽五伦[③]，而一心笃于行善[④]，则天必眷佑[⑤]，报之以祥；若徒口言善，而心存奸邪，决不为天所佑。是以古圣人惟欲人之止于至善也[⑥]。

【注释】

①最要：最重要的，最紧要的。

②力行：竭力而行，努力实行。

③五伦：指古代中国的五种伦理关系，即所谓的君臣、父子、兄弟、夫妇、朋友之间的关系。

④笃（dǔ）：诚实，专心，一心一意。

⑤眷佑：意指眷顾保佑。

⑥止于至善：达到或处于德行最完善的境界。《大学》："大学之道，在明明德，在亲民，在止于至善。"

【译文】

父皇训教说：作为人最重要的事情，只是努力实行善道。如果一个人能够处理好君臣、父子、兄弟、夫妇、朋友之间的关系，而且一心一意地做好事，那么上天一定会眷顾保佑他的，回报给他以吉祥；如果一个人只是口说好话，而内心充满奸诈邪念，这种人绝不会被上天所庇佑的。所以古代的圣人想让人们达到德行最完善的境界。

6　训曰：古史书载出宫女三千，以为大德[①]。明时宫女至数千，脂粉钱至百万[②]。今朕宫中计使女恰才三百[③]，况朕未近使之宫女，年近三十者，即出与其父母，令婚配。汝等皆系朕子，如此等处，宜效法行之。

【注释】

①大德：大功德，大恩。

②脂粉钱：指古代妇女买胭脂、香粉的钱。

③恰才：刚刚才。

【译文】

父皇训教说：古代史书中记载有放出宫女三千人，就认为是皇帝的大功德。明代宫廷中有宫女多达数千人，每年宫女的脂粉钱就高达百万钱。现在我宫中供使唤的宫女刚刚才三百人，况且我没有直接使唤的宫女，年龄只要快到三十了，就放出宫去，送还给她的父母，让她们结婚嫁人。你们都是我的儿子，像这样的事，应该效法我的做法。

7　训曰：仁者以万物为一体[1]，恻隐之心[2]，触处发现[3]。故极其量[4]，则民胞物与[5]，无所不周[6]。而语其心，则慈祥、恺悌[7]，随感而应[8]。凡有利于人者，则为之；凡有不利于人者，则去之。事无大小，心自无穷，尽我心力，随分各得也[9]。

【注释】

①一体：有机的整体。

②恻隐之心：指对不幸之人产生的同情怜悯之心。《孟子·公孙丑上》："恻隐之心，仁之端也。羞恶之心，义之端也。辞让之心，礼之端也。是非之心，智之端也。"

③触处：到处，处处。唐白居易《春尽日宴罢感事独吟》："闲听莺语移时立，思逐杨花触处飞。"

④极其量：这里是指将恻隐之心发展到极致。

⑤民胞物与：视人民如同胞，视物如同类。语出北宋张载《西铭》："民吾同胞，物吾与也。"比喻博爱，泛爱一切人和物。

⑥无所不周：没有什么是没有关照到的。

⑦恺悌（kǎi tì）：亦作"恺弟"。指和乐平易。《左传·僖公十二年》："恺悌君子，神所劳矣。"

⑧随感而应：本指随着感受到外界的变化，而人随机做出反应。这里指具有仁爱之心的人随着接触到的人或事物的不同，所给予的仁爱也会不同。

⑨随分：按照力量或条件所许可。

【译文】

父皇训教说：具有仁德的人会将万物看作一个整体，一视同仁，同情怜悯之心到处都会发生出现。他们视天下所有人为同胞，视万物为同类，将仁爱之心发挥到最大限度，不会有什么关爱不到的。说到他们的心就是慈祥和悦的，随着接触到的人或物的不同，都会给予不同的爱。凡是有利于他人的事，就积极去做；凡是不利于他人的事，就主动除掉。不论事情大小，内心所施给的仁爱是无穷的，都会竭尽我的心力，使每一个人都能得到所应得的爱。

8　训曰：仁者无不爱，凡爱人、爱物皆爱也。故其所感甚深，所及甚广。在上则人咸戴焉①，在下则人咸亲焉。己逸而必念人之劳②，己安而必思人之苦。万物一体③，恫瘝切身④，斯为德之盛、仁之至。

【注释】

①在上：指位居社会上层的人。戴：拥戴。

②逸：安逸，安闲。

③万物一体：古代儒家认为天下万物应该是一体的，天地不仅是人类的父母，也是其他万物的父母。

④恫瘝（tōng guān）：病痛，疾苦。切身：关系到自身。

【译文】

父皇训教说：仁德之人是无所不爱的，凡是爱他人、爱万物都是仁爱。因而他们的仁爱所感甚深，所及甚广。位居上层的人因爱会受到人们的拥戴，身居底层的人因爱会得到人们的亲近。他们自己处于安闲时，一定会想到他人的辛劳；他们自己处于安逸时，一定会想到他人的痛苦。他们将万物视为一体，别人得病时，他会感同身受，这才是盛大、至高的仁德之心。

9　训曰：曩者三逆未叛之先[①]，朕与议政诸王大臣议迁藩之事[②]，内中有言当迁者，有言不可迁者。然在当日之势，迁之亦叛，即不迁亦叛，遂定迁藩之议。三逆既叛，大学士索额图奏曰[③]："前议三藩当迁者，皆宜正以国法。"朕曰："不可。廷议之时，言三藩当迁者，朕实主之。今事至此，岂可归过于他人。"时在廷诸臣，一闻朕旨，莫不感激涕零，心悦诚服。朕从来诸事不肯委罪于人[④]，矧军国大事而肯卸过于诸大臣乎[⑤]？

【注释】

①三逆：指清初起兵叛乱的吴三桂、尚之信、耿精忠三位藩王。三藩是清朝入关、进居中原的重要助力。清朝定都北京后，清廷将三人分封到朝廷力量尚不足以直接控制的南方各省。三藩在所镇守的省份权力甚大，远超过当地地方官员，并可掌控当地军队、税赋等；随着全国政局的稳定，三藩拥兵自重已经严重威胁到国家的统一稳定。康熙十二年（1673），平南王尚可喜疏请归老辽东，留其子尚之信继续镇守广东，康熙趁机做出撤藩的决定。平西王吴三桂表面上奉旨撤藩，暗地里却积极准备叛乱。是年十一月，吴三桂起兵叛乱，随后耿精忠叛于福建，尚之信叛于广东，三藩之乱由此开始。对于三藩之乱，康熙坚决镇压，经过八年的斗争，至康熙二十年（1681）十月吴三桂之孙吴世璠自杀，清军进入昆明，三藩之乱终告平定。

②议政诸王大臣：清代前期满族参与处理国政的上层贵族。清太祖努尔哈赤筹建后金政权时，特置议政大臣佐理国事。清朝统一全国后，随着君主专制集权的加强，象征着亲贵权力的议政王大臣会议必然与皇权产生矛盾，皇帝开始逐渐削弱议政王大臣会议的

实权。康熙十六年(1677)设立南书房,由皇帝亲自挑选某些经过精审确定的亲信文人入南书房办事,组成自己直接控制的机要秘书班子,许多重大政务已不再交付议政王大臣会议讨论,改为直接由南书房传谕或遵旨起草上谕,甚至收纳各地的密奏,直接行使皇权。雍正七年(1729)又设立军机处,作为赞襄皇帝决策的机构,议政王大臣会议虽仍然存在,但所议之政只限于军务、皇帝出巡、旗务、少数民族事务及重大刑审案件等,议政王大臣会议变成一些无实权的贵胄世爵或是大臣例兼虚衔的部门。至乾隆五十六年(1791)正式撤销。

③大学士:中国古代职官名。始见于唐,此后历代都有设置。清初,朝廷设内三院,置大学士四人,即内国史院大学士、内弘文院大学士各一人,内秘书院大学士二人。顺治年间,定大学士为正二品,与诸部尚书同。后又改内三院为内阁,大学士成为内阁主官,分别称中和殿大学士、保和殿大学士、文华殿大学士、武英殿大学士、文渊阁大学士、东阁大学士,大学士例兼各部尚书。索额图:赫舍里氏,满洲正黄旗人,清代康熙年间权臣。

④委罪:把罪责推给别人。

⑤矧(shěn):另外,况且,也。卸过:推卸过失。

【译文】

父皇训教说:以前,三藩尚未叛乱之前,我和议政王大臣商议迁藩之事时,其中有大臣主张迁藩的,有认为不能迁的。然而,在当时的形势下,迁藩他们反叛,即使不迁他们也反叛,于是最终确定了迁藩的政策。三藩叛乱后,大学士索额图奏请说:“先前商议迁藩时,主张迁藩的人都应该以国法惩处。”我说:“不可。当初廷议的时候,赞同迁藩实际上是我的主张。如今事情发展到这个地步,岂可将过错罪责归咎于他人呢?”当时在朝的大臣们,一听到我的这些话,没有人不感动流泪,对我也由衷地佩服。对于一切事情,我从来不肯把过错推给其他人,更何况是军国大事，反倒要把我的过错推卸给大臣吗？

10　训曰：天道好生[①]。人一心行善，则福履自至[②]。观我朝及古行兵之王公大臣[③]，内中颇有建立功业而行军时曾多杀人者，其子孙必不昌盛，渐至衰败。由是观之，仁者诚为人之本与。

【注释】

①天道：本指天理、自然的法则，这里是指上天的意志。好生：即爱惜生命而不嗜杀。古时儒家经常以好生恶杀来宣扬其仁政思想。

②福履：犹福禄。《诗经·周南·樛木》："乐只君子，福履将之。"

③行兵：领兵，用兵。

【译文】

父皇训教说：上天爱惜生命而厌恶嗜杀。人们只要一心行善，福禄就自然会降临其身。从我朝和古代那些领兵打仗的王公大臣来看，其中有许多建立功勋业绩而在行军打仗时杀过很多人的，其子孙后代必定不会昌盛，逐渐走向衰败。由此来看，仁心实在是做人的根本啊！

11　训曰：凡人持身处世，惟当以恕存心[①]。见人有得意事便当生欢喜心，见人有失意事便当生怜悯心[②]，此皆自己实受用处[③]。若夫忌人之成，乐人之败，何与人事[④]？徒自坏心术耳。古语云："见人之得，如己之得；见人之失，如己之失[⑤]。"如是存心，天必佑之。

【注释】

①恕：指以自己的心推想别人的心，是儒家提倡的忠恕之道。

②怜悯(mǐn):对遭受痛苦的人或者对不幸的人表示同情。

③受用:得到益处、好处。《朱子语类·论知行》:“今只是要理会道理。若理会得一分,便有一分受用。”

④与:帮助。

⑤“见人之得”几句:语出唐贯休《续姚梁公座右铭》。原文为:“见人之得,如己之得,则美无不克。见人之失,如已之失,是亨贞吉。”

【译文】

父皇训教说:凡是人们立身处世,只应当以推己及人为怀。看见别人有得意的事情,自己也应该感到高兴;看到别人有失意的事情,自己心中应该同情他们,这都会使自己得到实际的好处。如果忌恨别人的成功,庆幸别人的失败,对你又有什么帮助呢?只不过使自己的心术败坏罢了。古人说:“看到别人得到了,就像自己得到一样高兴;看到别人失去了,就像自己失去一样难过。”如果有这样的心思,上天一定会保佑你的。

12　训曰:朕自幼登极,生性最忌杀戮[①]。历年以来,惟欲人善而又善。即位至今,公卿大臣保全者不记其数[②]。即如幼年间于田猎之时[③],但以多戮禽兽为能。今渐渐年老,围中所圈乏力之兽,尚不忍于射杀。观此则圣人所言“我欲仁,斯仁至矣”之语[④],诚至言也[⑤]。

【注释】

①杀戮(lù):屠杀,杀害。

②保全:保护安全,使免受损害、伤害和毁坏。不记其数:亦作“不计其数”。无法计算或记不清楚,形容数目众多。

③田猎:即打猎。《礼记·王制》:“大夫杀,则止佐车;佐车止,则百

姓田猎。”

④我欲仁,斯仁至矣:语出《论语·述而》。

⑤至言:指富有哲理而合情合理的话,最合宜的道理。《庄子·天地》:“至言不出,俗言胜也。”

【译文】

父皇训教说:我从小登极,生性最忌讳杀戮。历年以来,我只想人们越来越善良。即位至今,朝廷里的公卿大臣得以保全的已经多得不知道有多少了。就像我幼年时期打猎的时候,只以多射杀禽兽为能事,现在渐渐年纪大了,对围场中那些没有力气的禽兽,尚且不忍心射杀。据此,孔子所说的“我想实行仁道,这个仁就到我身边了”,实在是至理名言啊!

13　训曰:饮食之制,义取诸鼎[①],圣人颐养之道也[②]。是故古者大烹[③],为祭祀则用之[④],为宾客则用之,为养老则用之,岂以恣口腹为哉[⑤]?《礼·王制》曰:“诸侯无故不杀牛[⑥],大夫无故不杀羊,士无故不杀犬豕,庶人无故不食珍。”《论语》曰:“子钓而不网,弋不射宿[⑦]。”古之圣贤,其于牺牲禽鱼之类[⑧],取之也以时,用之也以节。是故朕之万寿与夫年节有备宴恭进者[⑨],即谕令少杀牲[⑩],正以天地好生,万物各具性情而乐其天[⑪],人不得以口腹之甘而肆情炰脍也[⑫]。

【注释】

①鼎:古代烹煮用的器物,又为盛熟牲之器。一般是三足两耳。

②颐(yí)养:安养,保护调养。

③大烹(pēng):丰盛的菜肴。

④祭祀：与下文的“宾客”“养老”，这里是指古代的三种礼制。祭祀礼，即吉礼，是古代祭祀祖先、天地时的礼节。宾客礼，即宾礼，古代指接待宾客的礼节。养老礼即古代对年高德劭的老者按时饷以酒食而敬礼之的礼节。

⑤恣：放纵，无拘束。口腹：指饮食。《孟子·告子上》：“饮食之人则人贱之矣，为其养小以失大也；饮食之人无有失也，则口腹岂适为尺寸之肤哉？”

⑥无故：这里指没有祭飨之事。

⑦弋（yì）：指以绳子系箭而射。宿：意指归巢的鸟。

⑧牺牲：古代祭祀用的牲畜。《礼记·月令》：“命祀山林川泽，牺牲毋用牝。”

⑨万寿：本指长寿，为祝福之词，后用来指皇帝、皇太后的生日。

⑩谕令：即上级对下级的命令、指示。

⑪性情：禀性和气质。天：天性，自然之性。

⑫炰脍（fǒu kuài）：指烹饪食物。

【译文】

父皇训教说：饮食的礼仪，其道理取之于作为礼器的鼎，这是圣人保护调养身体的方法。古人准备丰盛的美味佳肴，是用来祭祀祖先、神灵的，是用来招待宾客的，是用来敬老的，怎么会是用来满足自己对美食的欲望？《礼记·王制》中就说：“诸侯如果不是祭飨不得杀牛，大夫如果不是祭飨不得杀羊，士如果不是祭飨不得杀狗和猪，庶人如果不是祭飨不能食用美味菜肴。”《论语》中也说：“孔子钓鱼不用网捕鱼，不射杀已归巢的鸟。”古代的圣贤对于牺牲禽兽鱼鸟等动物，猎取是按照时令的，使用是有节制的。所以我的生日与节日有设宴进呈菜肴的，我就会指示他们少杀生，正是因为天地都有好生之德，万物都有自己的性情，乐于顺从天命而活着，人们不能为了满足自己对美味的追求就任意屠杀他们烹食。

14 训曰：王师之平蜀也，大破逆贼王平藩于保宁[①]，获苗人三千，皆释而归之。及进兵滇中[②]，吴世璠穷蹙[③]，遣苗人济师以拒我[④]，苗不肯行，曰："天朝活我，恩德至厚，我安忍以兵刃相加遗耶[⑤]？"夫苗之犷悍[⑥]，不可以礼义驯束[⑦]，宜若天性然者。一旦感恩怀德，不忍轻倍主上[⑧]。有内地士民所未易能者，而苗顾能之，是可取也。子舆氏不云乎[⑨]："以力服人者，非心服也，力不赡也。以德服人者，中心悦而诚服也[⑩]。"宁谓苗异乎人而不可以德服也耶？

【注释】

①王平藩：即王屏藩，原为吴三桂部将，驻守汉中，三藩之乱时，响应吴三桂叛乱，清军攻占汉中后，又退守广元，清军再下广元，他退至保宁，再次兵败而自杀。保宁：即今四川阆中。

②滇中：即云南。

③吴世璠：吴三桂之孙。吴三桂死后，部将拥立吴世璠即位。康熙二十年（1681），清军攻占叛军最后据点昆明，吴世璠自杀，三藩之乱最终被平定。穷蹙（cù）：窘迫，困厄。

④济师：增援军队。

⑤加遗：即相加之意。《左传·成公十二年》："子反曰：'如天之福，两君相见，无亦唯是一矢以相加遗，焉用乐？'"后来代指两军发生战斗。

⑥犷（guǎng）悍：粗野强悍。

⑦驯束：驯服约束。

⑧倍：通"背"。背弃，背叛。

⑨子舆氏：即孟子，名轲，字子舆。

⑩"以力服人者"几句：语出《孟子·公孙丑上》。不赡（shàn），即

不足。中心，即内心。《诗经·王风·黍离》：“行迈靡靡，中心摇摇。”

【译文】

父皇训教说：我们的军队平定四川的时候，大败逆贼王屏藩于保宁，俘获三千苗族人，都释放让他们回家了。到了我军进击云南，吴世璠窘迫时，派苗族人抵抗我军，苗族人不肯，说：“清朝不杀我们，这种恩德非常厚重，我们怎么忍心与他们刀兵相见呢？”那些苗族人本来都是粗野强悍，不是能够用礼仪来驯服约束的，这是他们的天性。但是，一旦他们感恩怀德，那么就不会轻易背叛主人。有些内地士民都不能轻易做到忠心事主，而苗族人却能做到，这是他们的可取之处。孟子不是说过：“以武力威服别人的人，他们并不是内心服从你，只是由于力量不足。以德行使人信服的，才是从内心对你真正信服。”难道说苗族人与别人不同，就不能以恩德感化使他们归服吗？

15　训曰：昔时大臣久经军旅者[①]，多以人命为轻。朕自出兵以后，每反诸己[②]，或有此心乎？思之而益加敬谨焉[③]。

【注释】

①军旅：军队。引申为指有关军队及军队作战的事情。语出《周礼·地官·小司徒》：“乃会万民之卒伍而用之。五人为伍，五伍为两，四两为卒，五卒为旅，五旅为师，五师为军。以起军旅，以作田役，以比追胥，以令贡赋。”

②反诸己：即反求诸己。指反省自己的过失，加以改正，而不责怪别人。《礼记·射义》：“射者，仁之道也。射求正诸己，己正而后发，发而不中，则不怨胜己者，反求诸己而已矣。”

③敬谨：恭敬慎重。汉董仲舒《春秋繁露·郊事对》：“陛下祭躬亲，

斋戒沐浴，以承宗庙，甚敬谨。”

【译文】

父皇训教说：过去那些久经战场的大臣，大多把人命看得很轻。我自从亲征出兵以后，每次都要进行自我反省：自己是不是也有看轻人命的想法？想过之后，我心中就会对人命更加敬畏谨慎了。

16 （一日指案上所置贺阑国铁尺）训曰[1]：此铁尺既不曲，且无铁绣气味[2]，尔等其知此乎？乃琢贺阑国刀而为之者。夫改兵器而设于书案，亦偃武修文之意也[3]。曩者西洋人安多见之[4]，曾谓：“刀者兵器，人人见而畏之；今设于书案，人人见而喜持焉，亦极吉祥之事。”斯言最得理也[5]。

【注释】

①贺阑国：即荷兰国。

②绣：一本作“锈”。此处应为此字。

③偃武修文：偃息武备，提倡文教。《尚书·周书·武成》：“王来自商，至于丰。乃偃武修文。”

④安多：比利时传教士。康熙年间来华传教，从事天文历法工作。

⑤得理：有理，占理。

【译文】

（一天，父皇指着桌案上放着的荷兰国铁尺）训教说：这把铁尺，既不会轻易弯曲，也没有铁锈的气味，你们知道这些吗？这是因为它是用荷兰国的刀琢磨而制成的。将兵器改制成铁尺放置在书案上，有偃息武备、提倡文教的意思。以前西洋人安多见到这把铁尺，曾经说过：“刀作为兵器，每个人看见了都会害怕；现在将它改制成铁尺放在书案上，每个人看见了都喜欢拿着它，这也是非常吉祥的事情。”这句话说得非常有道理。

17 训曰：荀子云[①]：“身劳而心安者，为之；利少而义多者，为之[②]。”此二语简而要。人之一世，能依此二语行之，过差何由而生[③]？

【注释】

①荀子：名况。战国末思想家、教育家。荀子批判和总结了先秦以来的学术思想，发展了唯物主义，认为：“天行有常，不为尧存，不为桀亡。”认为自然运行的法则是不以人们的意志为转移的，并提出“制天命而用之”的思想；首创性恶论，重视环境和教育对人的影响。著有《荀子》一书。

②“身劳而心安者”几句：语出《荀子·修身》。

③过差：过失，差错。

【译文】

父皇训教说：荀子说：“身体辛劳而内心安然的事，就去做；利益得到得少而道义获得得多的事，也要去做。”这两句话简明而扼要。一个人的一生，能够按照这两句话来做事，还怎么会犯错呢？

卷五

守法尚礼

【题解】

人生活在社会上，需要遵守社会规范。社会规范主要包括行为规范和道德规范。行为规范以法为大，道德规范以礼为尊。法包括法律、法令、法规等，是国家意志的体现。礼包括礼制、礼仪、礼敬等等，蕴含着国家意志和风俗习惯。中国是文明古国，具有礼法并重的传统。康熙皇帝在对其子孙的训诫中，多次谈及礼法问题，要求他们遵守法制、崇尚礼仪。他指出：要实行法制，执法者首先要遵纪守法。犯人只要能真心改过，就要给他自新的机会。赏罚是治国行政的重要手段，一定要处以公心，赏善罚恶，才会起到积极的作用。礼对每个人来说都很重要，不学礼，很难在社会上立足。凡事均要分辨吉凶，只有趋吉避凶，才会有好的结果。

1　训曰：如朕为人上者[①]，欲法令之行，惟身先之，而人自从。即如吃烟一节[②]，虽不甚关系，然火烛之起[③]，多由于此，故朕时时禁止。然朕非不会吃烟，幼时在养母家[④]，颇善于吃烟。今禁人而己用之，将何以服人？因而永不用也。

【注释】

①人上：指在众人之上，旧指最高统治地位。《贞观政要·论诚信》："为人上者，可不勉乎？"

②吃烟：即指抽烟。一节：意指一项。

③火烛：本指灯火蜡烛，泛指能引起火灾的易燃物。这里是清人对火灾的避讳说法。

④养母：本指收养他人子女为自己子女的女人，这里应指顺治帝的第二任皇后孝惠章皇后。康熙皇帝即位时只有八岁，康熙二年（1663）生母孝康章皇后佟佳氏崩逝，由孝惠章皇后养育成人。

【译文】

父皇训教说：像我作为位居众人之上的帝王，想要法令得到执行贯彻，就必须身先士卒，这样别人自然就会跟着遵从。譬如吸烟一项，虽然不是关系重大，但火灾多由此而引起，所以我常常禁止吸烟。然而我并不是不会吸烟，年幼时在养母家里，我就非常善于吸烟。如今若是禁止别人而自己吸烟，那么如何令人信服？所以我以后永不再吸烟。

2　训曰：尔等荷蒙朕恩，作王、贝勒、贝子[①]，各自分家异居矣。但当谨遵国法，守尔等本分度日可也。尔等王职，惟朝会大典[②]，除此凡外边诸事不可干预。朕若命以事务，当视朕之所命尽心竭意，方不负朕之所用而贻人讥笑也。

【注释】

①贝勒："多罗贝勒"的简称。清代贵族的世袭封爵称号，地位次于亲王、郡王。崇德元年（1636），定宗室封爵为和硕亲王、多罗郡王、多罗贝勒、固山贝子等九等。贝子："固山贝子的简称"。也是清代贵族封爵称号。

②朝会：即古代诸侯、群臣或外国使者朝谒君主。

【译文】

父皇训教说：你们蒙受我的恩惠，成为王、贝勒、贝子，各自都分家异居了。但是，你们应当小心遵守国家法令，持守你们的本分过日子。你们的职责，只是参加朝会大典，除此以外外边的各种事情都不可以干涉。我如果命你们办某种差事，你们应当根据我的任命尽心竭力地去办，只有这样才不会辜负我对你们的任命，也不会遭到别人的讥笑。

3　训曰：《书》云："同律度量衡[①]。"《论语》曰："谨权量[②]。"盖为禁贪风，除欺诈，所以平物价而一人情也。今市廛之上[③]，闾阎之中[④]，日用最切者，无过于丈尺升斗平法[⑤]，其间长短大小，亦或有不同，而要皆以部颁度量衡法为准[⑥]，通融合算[⑦]，均归画一[⑧]，则不同而实同也。盖以大同者定制度，而随俗者便民情，斯为善政[⑨]。自上古以迄于今，几千百年，度量权衡，改易非一，苟一旦必欲强而同之，非惟无益于民[⑩]，抑且有妨于治道[⑪]。此又不可不留心讲究者也[⑫]。

【注释】

①同律度量衡：语出《尚书·虞书·尧典》。同，统一。律，音律。度，丈尺。量，斗斛。衡，斤两。

②谨权量：语出《论语·尧曰》。谨，有谨严、严格之意。权，秤。

③市廛（chán）：市中的商店，亦指商店云集之地。

④闾（lǘ）阎：里巷内外的门，后多借指里巷。

⑤平法：指古代官府进行的平抑物价的经济措施。

⑥部：指户部。

⑦通融：即变通。合算：总合计算。

⑧画一：亦作"划一"。指整齐、一致。

⑨善政：良善的政策法令，也指清明的政治、良好的政绩、良好的管理。《孟子·公孙丑上》："其故家遗俗，流风善政，犹有存者。"

⑩民：一本作"民生"。即指民众的生计。译文从之。

⑪治道：治理国家的方针、政策、措施等。

⑫讲究：研究，探究。

【译文】

父皇训教说：《尚书》说："统一音律以及度量衡。"《论语》说："谨慎检验审定度量衡。"这是为了禁止贪婪的社会风气，消除社会上的欺诈行为，以便平抑物价而统一人心。今天的市场、乡里，日常最重要的事情，没有超过用丈尺升斗平准物价的。它们的长短、大小，或许有所不同，而都要以户部颁布的度量衡器为标准，变通总合，都要整齐划一，这样市场上使用的度量衡器虽然不同，但实际上标准是相同的。大概是用大的相同的标准来确定制度，而又能适应各地民众日常使用的实际，方便百姓生活，这才是好的政策。从上古到现在已经几千年了，度量权衡的改变不止一次，如果要强行统一所有的度量衡，不仅对民众的生计没有好处，也会妨碍国家治理。这又不能不留心认真研究啊。

4　训曰：元旦乃履端令节[①]，生日为载诞昌期[②]，皆系喜庆之辰，宜心平气和，言语吉祥，所以朕于此等日，必欣悦以酬令节[③]。

【注释】

①元旦：新年第一天。履端：年历的推算始于正月朔日，谓之履端。《左传·文公元年》："先王之正时也，履端于始，举正于中，归余于终。"令节：即指各种佳节，如元旦、中秋等。

②载诞：记载诞辰。昌期：本意为兴隆昌盛的时期，这里指喜庆美好的日子。

③欣悦:欢欣喜悦。

【译文】

父皇训教说:元旦是一年开始的佳节,生日是记载诞辰的吉日,都是值得高兴和庆贺的日子。每当这个时候,应当心情平静,态度温和,说话和气吉利,所以我在这类喜庆的日子里,必定会以欢欣喜悦的心情度过。

5　训曰:冠帽乃元服[①],最尊。今或有下贱无知之人,将冠帽置之靴袜一处,最不合礼。满洲从来旧规,亦最忌此。

【注释】

①元服:即指冠帽,古称行冠礼为加元服。《汉书·昭帝纪》:"(元凤)四年春正月丁亥,帝加元服,见于高庙。"

【译文】

父皇训教说:冠帽是元服,在服饰中最尊贵。现在有下等贫贱无知的人,经常将冠帽与靴袜放置在一起,这最不符合古礼的要求。我们满洲人从来的旧规矩,也是最忌讳这样的。

6　训曰:礼之系于人也大矣[①],诚为范身之具[②],而兴行起化之原也[③]。礼仪三百,威仪三千[④],大而冠昏丧祭、朝聘射飨之规[⑤],小而揖让进退、饮食起居之节。君臣上下赖之以序,夫妇内外赖之以辨,父子兄弟、婚媾姻娅赖之以顺而成[⑥],故曰:"动容中礼,而天德备矣[⑦];治定制礼,而王道成矣[⑧]。"《礼》经传之者十三家[⑨],而戴德、戴圣为尤著[⑩]。圣所传四十九篇,即今之《礼记》是也[⑪]。其余四十七篇虽杂出于汉儒之说,亦皆传述圣门格言[⑫],有切于身心之要旨。尔等所习本经既熟[⑬],正当学礼。孔子曰:"不学礼,无以立。”其宜勉之。

【注释】

①系于人：这里指对人的影响。

②范身之具：指规范人们行为的工具。

③兴行：因受感发起而实行。这里指修养品行。起化：改变社会风尚。《后汉书·刘宽传》：“每行县止息亭传，辄引学官祭酒及处士诸生执经对讲。见父老慰以农里之言，少年勉以孝悌之训。人感德兴行，日有所化。”

④礼仪三百，威仪三千：语出《中庸》。指《周礼》礼文有三百，各种事仪有三千。极言古代礼仪之繁琐。《礼记·礼器》：“《经礼》三百，《曲礼》三千。”郑玄注：“《经礼》谓《周礼》也。《周礼》六篇，其官有三百六十。曲，犹事也。事礼，谓今《礼》也。《礼》篇多亡，本数未闻。其中事仪三千。”礼仪，指《周礼》的礼文。三百，与“三千”对举，表示一少一多。威仪，古代祭享等典礼中的动作仪节及待人接物的礼仪。

⑤冠：即古代男子成人加冠的冠礼。昏：结婚时所行之礼。丧：古代丧葬活动遵循的礼节。祭：即祭祀祖先、天地神灵时所用之礼。朝聘：古代诸侯朝见天子，或诸侯间互相访问的礼节。射飨：即古代的射礼和飨礼。射礼，古代重武习射，常举行射礼。射礼有大射、宾射、燕射、乡射四种。将祭择士为大射；诸侯来朝或诸侯相朝而射为宾射；宴饮之射为燕射；卿大夫举士后所行之射为乡射。飨礼，古代一种隆重的宴饮宾客之礼。

⑥婚媾（gòu）：这里指有婚姻关系的亲戚。姻娅：古代称女婿的父亲为姻，两婿互称为娅，今泛指姻亲。顺而成：和顺，成就。

⑦动容中礼，而天德备矣：语出《孟子·尽心下》。原文为：“动容周旋中礼者，盛德之至也。”动容中礼，即指动作和容貌合于礼仪。

天德备矣，是指具备最高的美德。

⑧治定制礼，而王道成矣：语出《礼记·乐记》。原文为："王者功成作乐，治定制礼。"治定，是指国家安定。制礼，即制定礼仪。王道，是儒家以仁政为特征的理想政治，与霸道相对。

⑨《礼》经：古代讲礼节的经书。常指《仪礼》。十三家：指汉代《礼》的传承中的十三个著名人物，即高堂生、肖奋、孟卿、后仓、闾丘卿、徐生、徐延、徐襄、公户满意、桓生、单次、戴德、戴圣。

⑩戴德：汉代礼学家，是今文礼学"大戴学"的开创者。代表作《大戴礼记》。戴圣：汉代礼学家。著作有《小戴礼记》，即今传世之《礼记》。与其叔父戴德被后人合称为"大小戴"。

⑪《礼记》：儒家经典之一。由战国时期至汉初儒家著作选录而成，大约为孔子及其再传弟子讲习礼仪的著作。西汉时，刘向编次时为一百三十一篇，戴德删其繁重，选定八十五篇，即《大戴礼记》；戴圣又选定四十九篇，成为《小戴礼记》，即今人所见《礼记》四十九篇。

⑫圣门：谓孔子的门下。亦泛指传孔子之道者。

⑬本经：古代文人研读儒家经书，常以某一经为主，称所主之经为本经。

【译文】

父皇训教说：礼对于人的影响太大了，实在是规范人们行为的重要工具，修养品行、改良社会风俗的原则。《周礼》中礼文有三百，各种事仪有三千，大到关于人们加冠、婚丧、祭祀、朝聘、射飨之时礼仪的规定，小到关于人们迎宾送客、饮食起居的每一个细节都有规定。君臣之间及上下级间要靠礼来排序，夫妇之间内外之分要靠礼来区别，父子、兄弟及各种姻亲关系要靠礼来理顺成就，因而说："行为和容貌合于礼了，就能达到最高的道德标准；社会安定后又制定了礼仪，也就建成了政治上的王道。"传授《礼》经的有十三家，其中以戴德、戴圣成绩最为显著。戴圣所传的四十九篇，就是今天流传下来的《礼记》。其余的四十七篇虽说是夹杂有汉代儒生的学说，但是这些也都是对儒学道理的传承和叙述，其中包含有关系身心修养的重要道理。你们专门学习的经书熟悉之后，正应当学习礼。孔子说："不学礼，就没办法在社会中立身。"应该以这句话来勉励自己。

7 训曰：朕于凡事必存心分别吉凶[①]，如简用大臣、升转职官本章[②]，必置之于案，或置之于床。若夫刑部人命事件暂留中细阅者[③]，必别置一处，决不与吉事相参。朕于此等处如此留心者，吉凶异道，不得相干故也。

【注释】

①存心：用心，专心。

②简用：简选任用。本章：指古代大臣向皇帝上奏的奏本、奏章等。

③留中：明清时期大臣给皇帝所上奏章，皇帝未立即批阅发还，而留在宫禁中，不交议也不批答，称为"留中"。

【译文】

父皇训教说：我对所有的事情都会有意地将它们分为吉事和凶事，像关于选用大臣、升迁职官的奏章，一定放在桌案上或放在床上，而像刑部呈上审核的人命案件需要留下细看的就另外放在一处，绝不和吉事的奏章杂放在一起。我在这些事情上如此留心，是因为吉事和凶事的处理方法不同，不得相互干扰。

8 训曰：我朝满洲旧风，凡饮食必甚均平，不拘多寡，必人人遍及，使尝其味。朕用膳时[①]，使人有所往，必留以待其回而与之食。青海台吉来时[②]，朕闲话中间问伊等旧风，亦云如是。由是观之,古昔所行之典礼,其规模皆一[3],殆无内外远近之分也[4]。

【注释】

①用膳(shàn):即吃饭。

②台吉:历史上蒙古贵族的称名。清朝建立后,用以作爵号。分四等,用以封赠蒙古及西部边疆某些少数民族的首领。

③规模:指格局、制度。

④殆(dài)无:几乎没有。

【译文】

父皇训教说:我朝满洲的旧风俗,凡是饮食一定要很平均,不论多少,一定会使每个人都有,所有人都能品尝到食物的味道。如果我吃饭时,派人出去,一定会给他留着等着他回来再给他吃。青海的台吉来朝见我,我与他闲谈中间,问他们当地的传统风俗,他说也是这样的。由此可见,古代实行的典礼,其制度都是一样的,几乎没有内外、远近之分。

9 训曰:我朝旧制多合经书古典。满洲例,带马必以右手,牵犬必以左手。《礼记》即然。如斯类者尽有。

【译文】

父皇训教说:我朝的旧制度大多都符合经书和古代典章制度。满洲惯例,牵马一定要用右手,牵狗一定要用左手。《礼记》中就是这样要求的。像这样的事情还有很多。

10 训曰:吉、凶、军、宾、嘉五礼之期[1],必选择日时者[2],乃古人趋吉避凶之义[3]。《诗》曰“吉日维戊”[4],“吉日庚午”。《礼》曰：“外事用刚日，内事用柔日[⑤]。”朱子注《孟子》曰：“天时者，时日支干、孤虚、王相之属也[⑥]。”要以五行之生克为用，干支之刑冲合会为断耳[⑦]。世俗相沿已久，而吉凶之理推原于《易》。是故我等尊贵之人，凡有出行移徙之类，自宜选择日时。然而，既用选择之日，则尤当用其选择之时，甚勿以日之吉而忽于时之吉也。选择家云：“选日必当选时，吉日不如吉时。”正谓此也。

【注释】

①五礼：古代的五种礼制，即吉礼、凶礼、军礼、宾礼、嘉礼。以祭祀之事为吉礼，丧葬之事为凶礼，军旅之事为军礼，宾客之事为宾礼，冠婚之事为嘉礼，合称五礼。《周礼·春官·小宗伯》：“掌五礼之禁令与其用等。”郑玄注曰：“五礼，吉、凶、军、宾、嘉。”

②日时：即日期与时辰。

③趋吉避凶：趋向吉利，避开凶险。

④吉日维戊：与下文的“吉日庚午”，语出《诗经·小雅·吉日》。吉日，好日子，吉利的日子。戊，古人以天干、地支相配计日，这里指戊辰日。庚午，戊辰的次日为己巳，又次日为庚午。这两日在古人看来都是吉利的好日子。

⑤外事用刚日，内事用柔日：语出《礼记·表记》。外事，外交事务，涉外事务，家庭以外的事务。内事，是指宗庙祭祀之事、国内的事、朝廷内的事、宫内的事、家内的事。刚日，犹单日。甲、丙、戊、庚、壬五日居奇位，属阳刚，故称为“刚日”。柔日，也称偶日。乙、丁、己、辛、癸等日称为“柔日”。

⑥天时者，时日支干、孤虚、王相之属也：语出朱熹《四书章句集注·孟子·公孙丑下》。孟子曰：“天时不如地利，地利不如人

和。”朱熹注曰:“天时,谓时日支干、孤虚、王相之属也。”支干,即天干地支,古代用来纪年纪月纪日纪时。孤虚,古代方术用语。主要是计日时,以十天干顺次与十二地支相配为一旬,所余的两地支戌、亥称之为“孤”,与孤相对的辰、巳为“虚”。古时常用以推算吉凶祸福及事之成败,传说中这个日子不利嫁娶。王相,占卜用语。

⑦刑冲:星相术语。指地支中相妨害的两类情况。刑即子刑卯、卯刑子、丑刑戌、戌刑未、未刑丑、寅刑巳、巳刑申、申刑寅、辰午酉亥自刑;冲是指子午、丑未、寅申、卯酉、辰戌、巳亥。合会:聚合,组合。

【译文】

父皇训教说:举行吉礼、凶礼、军礼、宾礼、嘉礼这五种礼仪时,必须要选择好日子、好时辰,这是古人趋吉避凶的主要用意。《诗经》中说戊辰、庚午都是好日子。《礼记》说:“对外的事要在刚日举行,对内的事要在柔日举行。”朱熹在给《孟子》作注时说:“天时,就是指时日支干、孤虚、王相之类。”总之,时日要按照五行相生相克的原则来选择,天干地支的相妨害组合来判断。民间已经沿用很久了,而吉凶之理来自《周易》。因此我们这些地位尊贵的人,凡是要出行迁徙的,自然应该选择日子、时辰。既然已经选择了日子,就尤其要应用选择的时辰,千万不要以为选择了吉日就忽视了吉时的选用。选择家说:“选择吉日必须选择吉时,吉日不如吉时好。”正是说的这种情况。

11 训曰:我朝旧典断不可失。朕幼时所见老先辈极多,故服食器用皆按我朝古制①,毫未变更。今住京师已七十余年,居此汉地,八旗满洲后生②,微微染于汉习者,未免有之。惟在我等在上之人,常念及此,时时训戒。在昔金、元二代后世君长,因居汉地年久,渐入汉俗,竟如汉人者有之。朕深鉴此而屡训尔等者,诚为我朝之首务,命尔等人人紧记,着意谨遵故也[3]。

【注释】

①服食:即衣服与饮食。器用:指器皿用具。

②八旗:清代满族的军队组织和户口编制制度,以旗为号,分正黄、正白、正红、正蓝、镶黄、镶白、镶红、镶蓝八旗,后又增建蒙古八旗和汉军八旗。后生:青年男子,小伙子。

③着意:用心,留心。

【译文】

父皇训教说:我朝那些传统的典章制度一定不能丢失。我小时候所见到的老前辈非常多,因此服饰饮食、使用的器皿等都按照我们的古制,丝毫没有更改。如今我们满洲人已经住在北京城七十多年了,居住在汉人的地方,八旗满洲的后辈,稍微沾染汉人习俗的,未免会有一些人。只是我们上等之人,经常想起这些要时时告诫自己。在以前金代、元代,后来的君主因为长期居住在汉人的地方,而渐渐地融入汉人的习俗中,就像汉人一样的也有。我深鉴于此,多次训诫你们,实在是我朝的首要任务,命你们人人都牢牢地记着,并着意谨慎地遵循去做。

12　训曰:《虞书》云:"宥过无大[1]。"孔子云:"过而不改,是谓过矣[2]。"凡人孰能无过,若过而能改,即自新迁善之机[3],故人以改过为贵。其实能改过者,无论所犯事之大小,皆不当罪之也。

【注释】

①宥过无大:语出《尚书·虞书·大禹谟》。

②过而不改,是谓过矣:语出《论语·卫灵公》。

③自新:自我改过更新。迁善:改过从善。机:机缘,机会,指事情发生变化的缘由。

【译文】

父皇训教说:《虞书》讲:"无意犯的过错,虽大也一定会宽恕。"孔子说:"犯了错而不去改正,就是真正的过错了。"凡人谁能不犯过错,但若犯错后能及时改正,就是自新从善的机会,因此人们以改正错误为可贵。其实只要能主动改过,无论所犯过错大小,都不应当处罚他。

13 训曰:有子曰[①]:"礼之用,和为贵。先王之道,斯为美,小大由之。有所不行,知和而和,不以礼节之,亦不可行也[②]。"盖礼以严分[③],而和以通情[④]。分严则尊卑贵贱不逾,情通则是非利害易达。齐家、治国、平天下[⑤],何一不由于斯?

【注释】

①有子:姓有,名若。孔子的学生。《论语》中记载孔子的学生一般称字,只有有若和曾参称"子",可见其在孔子弟子中的地位不一般。

②"礼之用"几句:语出《论语·学而》。和,即指中和。

③严分:严格区别。中国古代作为等级社会,礼的作用就是使上下贵贱有序,维护这种等级制度的。

④通情:沟通感情。

⑤齐家、治国、平天下:语出《中庸》。

【译文】

父皇训教说:有子说:"礼之运用,以处理事情中和恰当为可贵。古代圣王治理天下之道，其好的地方也在于此，不论大事小事都这样来处理。有行不通的地方，为求和而求和，不用礼去节制规范，也是不可行的。”这是因为礼就是用来严格区分上下贵贱等级的，而和则是用来沟通感情的。严格区分上下等级就会使尊卑贵贱之间不相互逾越，情意相通就会使是非利害关系得以沟通畅达。齐家、治国、平天下，哪一个不是从和为贵出发的？

卷六

勤政务本

【题解】

人生在世，要想成就一番事业，就要抓住一个“本”字，一个“勤”字。不忘初心，方得始终。本，是指根本、核心、本业。勤，则是指勤奋、勤恳、勤勉。只有抱定目标，干自己该干的事，勤奋努力，才有可能取得成功。好逸恶劳，偷奸耍滑，是不会有好结果的。康熙皇帝是一个勤政务本的政治家。他告诫子孙：民生本务在勤，勤则不匮。圣人以劳为福，以逸为祸。尽管人们都向往逸乐，但逸乐过节则不可。凡人处世，从事政事者以政事为务，管理家计者以家计为务，商人以经营为务，农民以农业为务，而读书人以读书为务，无事务者亦当以一艺一业而消遣岁月，绝不能染上赌博等恶习。一切事务，都不可稍有懈慢之心。勤修不敢惰，制欲不敢纵，节乐不敢极，惜福不敢侈，守分不敢僭，就可以安康福乐。

1　训曰：世人皆好逸而恶劳[①]，朕心则谓人恒劳而知逸。若安于逸则不惟不知逸，而遇劳即不能堪矣。故《易》有云：“天行健，君子以自强不息[②]。”由是观之，圣人以劳为福，以逸为祸也。

【注释】

①好逸而恶劳：指贪图安逸，憎恶劳动。《后汉书·郭玉传》："其为疗也，有四难焉：……好逸恶劳，四难也。"

②天行健，君子以自强不息：语出《周易·乾卦》。

【译文】

父皇训教说：世人都喜好安逸而厌恶辛劳，我心里却认为人经常辛劳才能知道安逸的好处。如果过于安于闲逸不仅体会不到安逸的好处，而且一旦遇到辛劳就会受不了。所以《周易》有云："天道运行不停，刚健有力，君子也应该效法，自强奋斗不息。"由此可见，圣人是以辛劳为福，而以安逸为祸的。

2　训曰：民生本务在勤[①]，勤则不匮[②]。一夫不耕，或受之饥；一妇不蚕，或受之寒。是勤可以免饥寒也。至于人生衣食财禄，皆有定数[③]。若俭约不贪，则可以养福，亦可以致寿；若夫为官者，俭则可以养廉[④]。居官居乡，只缘不俭，宅舍欲美，妻妾欲奉，仆隶欲多[⑤]，交游欲广，不贪何从给之？与其寡廉，孰若寡欲[⑥]。语云："俭以成廉，侈以成贪。"此乃理之必然者。

【注释】

①本务：根本的事务。《吕氏春秋·孝行览》："夫孝，三皇五帝之本务，而万事之纪也。"

②匮（kuì）：匮乏，缺乏。这里是指缺少衣食等生活资料。

③定数：运命为天所定，不能改易。

④养廉：培养并保持廉洁的美德。

⑤仆隶：即奴仆。

⑥寡欲：减少私欲，节欲。《孟子·尽心下》："养心莫善于寡欲。其为人也寡欲，虽有不存焉者，寡矣。"

【译文】

父皇训教说：平民百姓最根本的事务在于辛勤劳动，能做到勤劳衣食就不会匮乏。一个农夫不耕地种植，就会有人因此忍受饥饿；一个妇女不养蚕缫丝，就会有人因此遭受寒冷。这是说辛勤劳动可以免除人们挨饿受冻。至于一个人的衣食生活、发财做官，这些都是为天所定的。如果能做到勤俭节约不贪财，就可以增养福气，也可以增加寿命；如果做官勤俭，就可以养成廉洁的品德。居于官位或者居住在乡下，只因为不俭朴，只想宅院华美，只想拥有娇妻美妾侍奉，只想奴仆众多，只想交友广泛，不贪这些东西从哪供给呢？与其不廉洁，不如减少欲望。古语说："俭约可以养成廉洁的品德，奢侈可以造成贪污。"这在道理上是必然的。

3　训曰：尝谓："四肢之于安佚也，性也[①]。"天下宁有不好逸乐者[②]？但逸乐过节则不可[③]。故君子者，勤修不敢惰，制欲不敢纵，节乐不敢极[④]，惜福不敢侈[⑤]，守分不敢僭[⑥]，是以身安而泽长也[⑦]。《书》曰："君子所其无逸。"《诗》曰："好乐无荒，良士瞿瞿[⑧]。"至哉斯言乎？

【注释】

①四肢之于安佚（yì）也，性也：语出《孟子·尽心下》。安佚，安乐舒适。

②逸乐：安逸享乐。

③过节：超过礼节。

④极：这里是指尽情娱乐，非常快乐。

⑤侈：浪费，奢侈。

⑥僭（jiàn）：超过自己应该的本分、等级。

⑦泽长：福泽绵长。

⑧好乐无荒，良士瞿瞿：语出《诗经·唐风·蟋蟀》。意思是说：爱好享乐而不要荒废政事，应该像良士那样时时告诫自己。好，爱好。乐，寻欢作乐。无，不要。荒，荒废。良士，即指作者心目中的贤人榜样。瞿瞿，警顾的样子。

【译文】

父皇训教说：有句话说："人的四肢贪图安逸，这是人的本性。"天底下难道还有不喜好安逸享乐的人？但是安逸享乐超过礼节就不可以了。因此，君子终身勤勉修身而不敢懒惰，控制自己的欲望而不敢放纵，约束自己的娱乐而不敢纵情，珍惜福分而不敢浪费，坚守自己的本分而不敢超越，因此能够使自身平安和子孙福泽绵长。《尚书》说："君子之德不贪图享受安逸。"《诗经》说："爱好享乐而不要荒废政事，应该像良士那样时时告诫自己。"这些话说得很对啊！

4　训曰：外边水土肥美[①]，本处人惟种穈、黍、稗、稷等类[②]，总不知种别样之谷。因朕驻跸边外[③]，备知土脉情形[④]，教本处人树艺各种之谷[⑤]。历年以来，各种之谷皆获丰收。垦田亦多，各方聚集之人甚众，即各山壑中皆成大村落矣[⑥]。上天爱人，凡水陆之地无一处不可以养人，惟患人之不勤不勉尔。诚能勤勉，到处皆可耕凿以给妻子也[⑦]。

【注释】

①外边：这里是指长城以北的边疆地区。

②穈（méi）：一种幼苗为赤红色的谷类。黍（shǔ）：一年生草本植

物，子实淡黄色，去皮后称黄米，比小米稍大，煮熟后有黏性，可以酿酒、做糕等。稗（bài）：一年生草本植物，长在稻田里或低湿的地方，形状像稻，而实粒微小，可酿酒、做饲料。在清代，稗已被穷人食用，是一种粮食作物，并非完全是杂草。稷（jì）：我国古老的粮食作物，即粟；一说为不黏的黍，又说为高粱。

③驻跸（bì）：指古代帝王出巡时，沿途停留暂住。

④备知：周知，尽知。土脉：本指春季土壤开冻松化，生气勃发，如人身上的血脉之动，后泛指土壤。语出《国语·周语上》："土气震发，农祥晨正，日月底于天庙，土乃脉发。"韦昭注："脉，理也。"

⑤树艺：即种植。《孟子·滕文公上》："后稷教民稼穑，树艺五谷。"

⑥山壑（hè）：即山谷。

⑦耕凿：本指耕田凿井。语出汉伏胜《尚书大传》："民击壤而歌，凿井而饮，耕田而食，帝力何有？"后常用来形容人民辛勤劳动，耕种务农。妻子：即妻子和儿女。

【译文】

父皇训教说：塞外的土地都很肥沃美好，但是当地人却只种了些糜、黍、稗、稷等作物，不知道种植其他种类的谷物。因为我到塞外巡幸，在当地短暂停留过，详细了解到当地土壤的情形，教导当地人种植其他谷物。经过多年的种植，当地种植的粮食都获得了丰收，开垦的土地也更多了，各地聚集到当地的人也很多，即使山谷中也都形成了大的村落。上天爱护百姓，凡是有水有土的地方，没有一处不可以供养人们的，只怕人不勤劳不努力罢了。如果确实能够勤劳努力，到处都可以耕种生产，以供养妻儿。

5　训曰：顷因刑部汇题内有一字错误[①]，朕以朱笔改正发出[②]。各部院本章[③]，朕皆一一全览。外人谓朕未必通览，每多疏忽，故朕于一应本章见有错字，必行改正，翻译不堪者，亦改削之。当用兵时，一日三四百本章，朕悉亲览无遗。今一日中仅四五十本而已，览之何难？一切事务，总不可稍有懈慢之心也[④]。

【注释】

①汇题：即汇总一起上奏。《六部成语·吏部成语·汇题》："凡无关紧要之事，不必一一具奏，可以俟集有数件汇齐题奏。"康熙时，曾明确规定每十天或十五天题奏。

②朱笔：指蘸朱墨的毛笔，一般用以批点或校阅文稿等。宋赵彦卫《云麓漫钞》："宋景文公修《唐书》，稿用表纸朱界，贴界以墨笔书旧文，傍以朱笔改之。"明清时期，对来自全国各方面的奏章，在送呈皇帝批示以前，先由内阁代皇帝批答臣僚奏章，先将拟定之辞书写于票签，附本进呈皇帝。然后再由皇帝以朱笔亲自书写，称为朱笔御批。

③部院：清代各省巡抚多兼兵部侍郎和都察院右副都御史衔，故称巡抚为部院；或指中央六部和都察院的合称。

④懈慢：懈怠而傲慢，怠慢。《后汉书·锺离意传》："过误之失，常人所容。若以懈慢为愆，则臣位大，罪重。"

【译文】

父皇训教说：近来我在审阅刑部的汇题中发现一个字写错了，就用红笔改正后才发出去了。各部院呈送的奏章，我一一全都看过。外面的人认为我未必会将奏章看完，因而每次写奏章时马马虎虎，所以我在阅览奏章时，看见有错字，一定会改正；满文和汉文翻译不好的，我也会对其进行修改删削。每当用兵打仗时，一天有三四百本奏章，我全都亲自阅览而无遗漏。现在每天中仅有四五十本奏章，全看又有什么困难的？所有的事务，总不要有一点儿松懈怠慢之心。

6　训曰：朕自幼喜观稼穑[①]，所得各方五谷菜蔬之种[②]，必种之以观其收获，诚欲广布，于民生或有裨益也。朕丰泽园所种之稻[③]，偶得一穗，较他穗先熟，因种之，遂比别稻早收。若南方和暖之地，可望一年两获。即如外国之卉、各省之花，凡所得种，种之即生，而且花开极盛。观此则花木之各遂其性也可知矣。今塞外之野茧[④]，大似山东之山茧，朕因织为蚕绸制衣衣之。此皆农桑之要务。至于花木皆天地生意所发[⑤]，故朕心深惬焉[⑥]。

【注释】

①稼穑（jià sè）：春耕为稼，秋收为穑，即播种与收获，后用“稼穑”泛指农业劳动。

②五谷：五种谷物，所指不一。比较常见的说法以稻、黍、稷、麦、菽为五谷。《孟子·滕文公上》：“后稷教民稼穑，树艺五谷，五谷熟而民人育。”后以五谷为谷物的通称。

③丰泽园：在北京西城区南海西北面。为清帝行演耕礼之地。

④野茧：产于山野的蚕茧。

⑤生意：这里是指生命力、生长发育的活力。

⑥深惬（qiè）：非常的高兴、满意。

【译文】

父皇训教说：我从小就喜欢观看农业劳动，所得到各地的粮食和蔬菜种子，都一定会种植，以便观察它们的收获情况，这样做是希望能广泛推广，对于民生或许会有好处。我在丰泽园种的水稻，偶尔发现有一穗比其他的稻穗先熟了，就将其再种植，于是这些就比其他的稻谷早收获。若是在南方温暖的地方，就有希望一年收获两次。又例如外国和各省的花卉，凡是得到种子，种下了就会生根发芽，而且花开得极为茂盛。看到这些，就可以知道花木种植要顺遂它们的本性。现在塞外的野茧，非常像山东等地的山茧，我用这些野茧织成绸子，制成衣服，穿在身上。这些都是农业、蚕桑业的主要事务。至于花木生产，都是天地生机所发，所以我心里非常喜欢。

7 训曰：朕初次南巡阅河①，各样船俱试坐之，皆不甚妥。厥后朕亲指示作黄船②，尽善尽美，极其坚固，虽遇大风浪，坐此船毫无可虑也。朕于大小事务必搜其本原，复谘于众，然后行之。

【注释】

①阅河：观河，视察河流。

②黄船：即专门在黄河上运行的船只。

【译文】

父皇训教说：我初次南巡黄河时，各种各样的船只都试坐了，全都觉得不是很稳妥。后来，我亲自指导制造了黄船，这种船尽善尽美，非常坚固，即使遇到很大的风浪，坐在这种船上也不用担心。我对于大小事务，一定要探寻其本原，再向大家咨询，然后才施行。

8 训曰：黄、淮两河关系漕运民生①，最为重要，故朕不惮勤劳②，屡亲巡阅，察其险易之形势，审其疏导之机宜③，缓急次第④，具有成画⑤。大修工程，费以数百万计；岁修帑金⑥，亦以数十万计。乃康熙三十七年，黄、淮并涨，总河董安国不坚筑堤堰⑦，疏通海口，因而河身垫高，以致倒灌洪泽湖口⑧，湖水从六坝旁泄，由运河入下河，淹没民田。于是罢董安国而以于成龙代之⑨，授以治河方略⑩。三十八年，亲往阅视，驻跸清口河干[11]，面谕于成龙：清口宜筑挑水坝[12]，挑黄河使趋北岸，始免倒灌清口之患。而于成龙未获成功。继用张鹏翮为总河[13]，又令大臣官员往高堰筑堤，坚闭六坝，使洪泽湖水畅出清口。仍谕张鹏翮清口筑挑水坝尤为紧要，此坝不筑则黄水顶冲[14]，断不能使向北岸，湖水必不得畅流。张鹏翮遵奉朕言，坝功筑成，黄流遂直趋陶庄，清水因以畅流。叠经伏秋大涨[15]，并无倒灌之事。又命浚张福口等引河[16]，筑归仁堤，疏人字芒、稻泾涧等河，开大通口[17]，皆一一告竣[18]。曩时，黄水泛涨，或与岸平，或漫溢四出。今黄河深通河岸，距水面数十余丈，纵遇大涨，亦可无虞[19]。此皆由朕深念河工国家大事[20]，夙夜廑怀[21]，未尝少释[22]；且简命河臣[23]，倚任甚切，所属官吏俱听选用；凡在河工大小官员，并皆勉力赴工，共襄河务之所致也[24]。此系朕治河始末，语尔等识之。

【注释】

①漕运：旧指由水路运输粮食，供应京城或军需。

②不惮（dàn）：不怕。

③机宜：事理，时宜。指依据当时情况处理事务的方针、办法等。

④次第：次序，顺序。

⑤成画：确定的谋划，成熟的计划。

⑥帑（tǎng）金：即钱币。多指国库所藏。

⑦总河：明清总理河道的官名。清初称河道总督。

⑧洪泽湖：在今江苏西北部。明清以来，黄河、淮河、运河在洪泽湖交汇，湖底不断抬升，形成“悬湖”，排水不畅，大堤失修，水患严重。

⑨于成龙:字北溟,山西永宁州(今山西吕梁离石区)人。清代名臣。

⑩方略:方针和策略,方法与谋略。

⑪清口:即清河口,在今江苏淮安淮阴区西南马头镇西北。河干:即河边,河岸。

⑫挑水坝:是河防工程中用以分水势的堤坝。土堤只能防止洪水溢出河槽,要将大水溜挑离本岸,保护下游堤防和险工安全,则必须修建挑水坝、开挖引河、实施裁弯工程。挑水坝有保护堤岸的作用,被保护的挑水坝下游将形成回流,也有助于淤滩固堤。按《东华录》记载:于成龙在康熙三十八年(1699)的奏议称:"以清口自河之下流,沿武家墩由清江浦之北,另行改移,中间河身留八九十丈空地,两旁坚筑石堤,俾清水畅达。"即应是挑水坝。

⑬张鹏翮:字运青,四川遂宁人。清代治河专家、理学名臣。康熙三十九年(1700)任河道总督,主持治理黄河,治清口,塞六坝,筑归仁堤,采用逢弯取直、助黄刷沙的办法整治黄河,为著名河臣,著有《治河记》十卷。

⑭黄水:即黄河水。

⑮叠经:即经历过多次。伏秋:即伏汛和秋汛的合称。夏季河水盛涨称为伏汛。立秋至霜降之间发生的河水暴涨叫秋汛。

⑯引河:用于灌溉、分洪等引水的河渠。

⑰大通口:康熙三十九年六月,河道总督张鹏翮奏:已将黄河入海口的拦黄坝拆去,开浚河身,冲刷泥沙,河水大通,康熙帝赐名大通口。

⑱告竣:宣告事情完成或结束(多指大的工程)。

⑲无虞:没有忧患、顾虑。

⑳河工:即修筑河堤、疏浚河道等治河工程。

㉑夙(sù)夜:从早到晚,日夜。廑(jǐn)怀:殷切挂念。廑,古同"厪"。

㉒未尝:不曾。少释:少许释怀,稍微松懈。

㉓简命:简任,选派任命。

㉔襄:即襄助、辅助。河务:清代指疏治河道、修筑堤岸等治水事务,多指治理黄河。

【译文】

父皇训教说:黄河和淮河两条河流,关系着漕粮的运输和人民的生计,最为重要。所以我不怕辛劳,多次亲自前往巡视察看,勘察河道的险易形势,审视疏导河道的合适办法,事务的缓急和先后顺序,都有了成熟的计划。大的修理工程,费用高达数百万;每年修筑河堤花费的钱款,也达到数十万。在康熙三十七年,黄河和淮河河水同时上涨,总河董安国不加固堤坝、河堰,不疏通河流入海河道,因而使河床抬升,导致河水倒灌进入洪泽湖口,湖水又从六坝旁泄,由运河河道进入下河,淹没百姓耕地。于是罢免董安国而以于成龙代替他担任总河,教授给他治河的方针和策略。康熙三十八年,我又亲自前往视察,住在清河口的岸边,当面告诉于成龙:清河口应该修筑一道挑水坝,使黄河水向北流,才能避免清河口倒灌的水患。然而,于成龙修筑挑水坝没有获得成功。继而以张鹏翮任总河,又命令随从的大臣官员亲自前往堤坝高处参与筑堤,坚闭了六坝,使洪泽湖水顺畅地从清口流出。同时,我仍然告诉张鹏翮:在清河口修筑挑水坝尤其重要,这道坝不修筑,黄河水就会顶冲,断然不能使其向北流,洪泽湖的水也一定不会顺畅地流出。张鹏翮遵照我的话,修筑挑水坝成功,黄河水于是向北流直达陶庄,清河水也因此得以畅流。经过多次的伏秋大汛,并没有再发生过黄水倒灌的事情。又命人疏浚张福口等引水河道,修筑归仁堤,疏通人字芒、稻泾涧等河流,开凿大通口,这些工程都先后一一完成。以前,黄河水泛滥上涨时,有时河水与堤岸持平,有时漫出河道四散流出。而现在黄河河道深通,河两岸的堤坝距离水面达数十丈,纵然遇到河水大涨,也不用担心河水泛滥。这都是由于我深知治河工程是国家的大事,每天在心里考虑如何治理好黄河,没有一刻懈怠过；而且我还认真选任治河官员，非常倚重信任他，其所属的官员，都听任他选拔任用；所有在治河工程中的大小官员，都努力工作，共同参与治河事务的结果。这些是我治理黄河的始末，告诉你们知道。

9　训曰：言治河者，谓宜顺其入海之性，不宜障塞以与之争①，此但言其理耳。今河决在七里沟②，去海止四十余里，若听其顺流入海，既可不劳人功，亦且永无河患，岂不甚便。但淮以北二百里之运道③，遂成枯渠，国计所关④，故不得不使其迂回而入淮河之故道，此由时势与古不同也。

【注释】

①障塞：阻塞不通，障碍。这里是指通过修筑堤坝，阻挡河水。

②七里沟：在今江苏扬州。据史载：康熙三十八年七月十七日，黄河决口维、扬，即当在此。

③运道：这里指大运河运输漕粮的水道。

④国计：国家的经济，国家的财富。

【译文】

父皇训教说：那些谈论治河的人，都说应该顺应黄河东流入海的本性，不应该堵塞它与它争道，这只是说了治河的道理罢了。现在黄河在七里沟决口，这个地方距离海口只有四十余里，如果听任它顺流入海，既可以不劳动人力，又可永无河水泛滥之患，岂不是很方便吗？但是，若是这样，淮河以北的二百里长的运河河道，就会因为无水而干枯，关系国家财政，因此不得不使黄河水迂回进入淮河故道，这是由于今天的形势与古代不同啊。

10　训曰：孟子云："为政者，每人而悦之，日亦不足矣[①]。”是言也，诚得为政之要道。即如近河居民，地势洼下，阴雨稍多，即觉水涝；近山居民，地势高阜[②]，数日不雨，即觉亢旱[③]。天道尚然[④]，何况人事[⑤]？故为政者应持大体，府事允治[⑥]，自然万世永赖久安。长治之道，未有以政徇人者也[⑦]。孟子此言深切政体[⑧]，特语尔等知之。

【注释】

①“为政者”几句：语出《孟子·离娄下》。

②高阜（fù）：本是高的土山，此处是指地势高起。

③亢（kàng）旱：即为长久不下雨，干旱情形严重。

④天道：自然规律、法则。

⑤人事：指人世间的事。

⑥府事：官事，公事，国家政事。允：公允，允当。

⑦徇（xùn）人：即依从他人，曲从他人。

⑧政体：施政的要领、方针。《后汉书·光武帝纪下》：“虽身济大业，兢兢如不及，故能明慎政体，总揽权纲。”

【译文】

父皇训教说：孟子说：“执政者，要想给每个人都加恩，使所有人都高兴，那么即使是每天来做这些时间都不够用。”这句话，实在是施政的重要道理呀。就像是住在靠近河岸的居民，地势低洼，雨稍微下得多点就觉得发生了涝灾；而住在靠近山坡的居民，地势高起，几天不下雨，就觉得非常干旱。大自然尚且不能使所有的人满意，何况人世间的事情呢？因此执政的人应该掌握主要的方面，国家政事要公允处理，自然能使社会万世得以长期安定。长治久安的办法，没有拿国家政令来顺从所有人的。孟子的这句话深刻切中施政的要领，特地告诉你们知道。

11　训曰：兹者一两年间，春夏之交稍旱，外边无知之人即妄言以为大旱。朕少时曾经正月至于六月不雨，朕于交泰殿前圈席墙[①]，在内三昼夜虔祷[②]，虽盐酱小菜一毫不食，步至天坛祈雨[③]，去时天尚晴明，礼毕将回，即降细雨。及出坛门则大雨倾盆，田亩尽濡泽矣[④]。今年未至若彼之旱，且朕年高不能如彼时之斋戒步祷[⑤]。身诚不能，乌用欺众为哉！此亦朕生性不务虚饰之一端也。

【注释】

①交泰殿：明清宫殿名。在乾清宫与坤宁宫之间。

②虔祷：虔诚祈祷。

③天坛：即今北京天坛。清代帝王用以祭天和祈祷丰年的建筑。

④濡泽：本指沾润，比喻获得恩惠。这里指土地受到雨水滋润。

⑤斋戒：古人在祭祀或举行重要典礼之前，沐浴更衣，不饮酒，不吃荤，夫妻不同房，严守戒律，以示虔诚庄敬。步祷：指帝王祭天时进行的禹步祷告。

【译文】

父皇训教说：这一两年间，春天和夏天之交，天气稍微有点干旱，外边无知之人就胡说，以为发生了大旱。我少年时曾经发生过从正月到六月一直不下雨，我在交泰殿前用席子围成墙，我在里面斋戒三天三夜，虔诚祈祷，即使是一点盐酱小菜也不吃。又步行至天坛祈求上天降雨，去的时候天气尚且晴朗，礼毕将要回来时，就开始下起小雨了。等到刚走出天坛门，就下了倾盆大雨，土地庄稼都得到了滋润。今年还没有到达那时候干旱的程度，而且我也年纪大了，不能像当时那样斋戒祈祷了。身体确实不能了，何用欺骗大家呢？这也是我生性不追求虚假不实的一种表现。

12　训曰：古之圣人平水土[①]，教稼穑，辨其所宜，导民耕种，而五谷成熟。孟子曰：“五谷熟而民人育[②]。”则人之赖于五谷者甚众。尝思夫天地之生成，农民之力作[③]，风雨雷露之长养[④]，耕耘收获之勤劳，五谷之熟，其易易耶[⑤]？《礼·月令》曰：“天子以元日祈谷于上帝[⑥]。”凡为民生粒食计者至切矣，而人何得而轻亵之乎[⑦]？奈何世之人惟知贵金玉而不知重五谷，或狼藉于场圃[⑧]，或委弃于道路，甚至有污秽于粪土者。轻亵如此，岂所以敬天乎？夫歉岁谷少[⑨]，固当珍重[⑩]；而稔岁谷多[⑪]，尤当爱惜。《诗》曰：“粒我蒸民，莫匪尔极。贻我来牟，帝命率育[⑫]。”噫嘻[⑬]，重哉！

【注释】

①平水土：指疏导低洼地方的积水，平整土地。

②五谷熟而民人育：语出《孟子·滕文公上》。

③力作：这里指农民努力劳作。

④长养：抚育培养。

⑤易易：容易。

⑥元日：即一年第一天。祈谷：古代祈求谷物丰熟的祭礼。上帝：中国古代指天帝，天上主宰一切的神。

⑦轻亵（xiè）：轻视怠慢。

⑧狼藉：乱七八糟，散乱，零散。场圃（pǔ）：农家种蔬果或收放农作物的地方。

⑨歉岁：收获不好的年份。

⑩珍重：重视，爱惜。

⑪稔（rěn）岁：丰收的年岁。

⑫“粒我蒸民”几句：语出《诗经·周颂·思文》：“立我烝民，莫匪尔极。贻我来牟，帝命率育。”“立”通“粒”。指种粮养人。烝

民，即众民。匪，同“非”。极，指最大。贻，即遗留。来牟，古时对大小麦的统称。来即小麦，牟即大麦。率，即普遍。育，即养育。

⑬噫嘻：叹词。表示悲哀或赞叹。

【译文】

父皇训教说：古代的圣人率领人民排水平地，教人们从事农业生产，辨别土地适合种植的作物，教导人民耕地种植，使得五谷成熟。孟子说：“五谷成熟了，人民就能得到养育了。”则人们对于五谷是非常依赖的。我曾经思考：天地生成，农民努力耕作，风雷雨露滋长养育，还有农民耕地除草收获付出辛勤劳动，五谷才能够成熟，难道是轻而易举的吗？《礼记·月令》中说：“天子要在元旦这一天向上天祈祷今年五谷丰收。”凡是为人民吃饭考虑到极致了，而人们怎么可以轻视粮食呢？奈何世人都只知道金玉的珍贵，而不知重视五谷，或者是散乱地扔在谷场里，或者是丢弃在道路上，甚至有被粪土污染的。如此轻视怠慢，难道这就是敬天的做法吗？收获不好的年份粮食少，固然应当珍惜；即使在丰收的年岁里粮食多，尤其应当爱惜。《诗经》里说：“种粮养育民众，莫非不是你最大的功德吗？上帝遗留给我麦子，让我养育所有的百姓。”啊！五谷粮食对人实在是太重要了。

13　训曰：每岁自南方漕运米粮，一石费银数两①，盖因地远难致之故②。不肖兵丁③，不知运粮之艰，既得粮米，因暂时有余，遂卖银钱，以供几次饱餐醉饮。及米不继之时④，妻子又皆不免饥饿。此等处，朕知之甚悉，故放米之时，屡降严旨于管辖人等，严禁奢费与卖米者，特为兵丁之生计也。无知之人，以兵丁卖米为小事，不知米者养人之本，为人上者不留心省察⑤，可乎？

【注释】

①石（dàn）：中国古代容量单位，十斗为一石。

②盖：连词。承接上文，表示原因或理由。

③不肖：即品行不好，没有出息，品行不良。

④不继：不能接续。

⑤省察：反省检查自己。

【译文】

父皇训教说：每年从南方通过运河向北京运送粮食，一石粮食要花费数两银子，是因为距离远运输困难的缘故。有些品行不良的士兵，不知道运输粮食的艰难，得到粮米之后，因为暂时有一点余粮了，于是就卖掉粮米换成银钱，用来满足自己几顿饱餐醉饮。等到了米不能接续的时候，妻儿又都不免挨饿。这些事情，我都知道得非常清楚，故而每当发放粮米的时候，屡屡降下严厉的旨意给管理发放粮米的人，严厉禁止浪费和卖米，这也是为士兵的生计考虑的。不明白事理的人，以为士兵卖米是小事，不知道粮米是养活人的根本，作为上层统治者能够不反省检查吗？

14　训曰：凡人处世，有政事者政事为务，有家计者家计为务，有经营者经营为务，有农业者农业为务，而读书者读书为务，即无事务者亦当以一艺一业而消遣岁月[①]。奈何好赌博之人，身家不计，性命不顾，愚痴如是之甚[②]。假赌博之名以攘人财[③]，与盗无异。利人之失以为己得，始而贪人所有，陷入坑阱[④]，既而吝惜情生，妄想复本[⑤]，苦恋局内[⑥]，囊罄产尽[⑦]，以致无食无居，荡家败业。虽密友至戚，一入赌场，顷刻反颜[⑧]。一钱得失，怒詈旋兴[⑨]。雅道俱伤[⑩]，结怨结仇，莫此为甚。且好赌博者，名利两失。齿虽少人即料其无成[⑪]，家正殷人决知其必败[⑫]。沉溺不返[⑬]，污下同群[⑭]，骨肉轻贱[15]，亲朋笑耻。种种败害，相因而起。果何乐何利而为之哉？朕是以严赌博之禁，凡有犯者，必加倍治罪，断不轻恕。

【注释】

①消遣：寻找感兴趣的事来打发时间。

②愚痴：愚昧痴呆。

③攘（rǎng）：侵夺，偷窃。

④坑阱：陷阱。

⑤本：赌资，本钱。

⑥局：赌局。

⑦囊罄（qìng）产尽：囊中钱资输光，家中产业荡尽。罄，尽，竭。

⑧反颜：即翻脸，因事而相交恶。

⑨怒詈（lì）：怒骂。旋兴：很快兴起，迅速发生。

⑩雅道：正道，忠厚之道。

⑪齿：因幼儿每岁生一齿，故以齿计算人的年龄。齿少即年龄小。

⑫殷：富裕，富足。决知：审知辨识。

⑬沉溺：意为无节制地沉湎，积习太深。

⑭污下：卑下，鄙陋。

⑮骨肉：本指骨和肉，后用以比喻至亲。轻贱：轻视，瞧不起。

【译文】

父皇训教说：凡是人生活在世上，从政的人就要以处理政事为要务，有家业的人就要以料理家业为要务，经商的人就要以做买卖为要务，从事农业生产的人就要以农业耕作为要务，读书人就要以读书为要务。即使是没有事务的人，也要学一门技艺来消遣时光。无奈那些喜好赌博的人，不顾身家性命，愚昧痴呆这么严重。以赌博的名义来侵夺他人的钱财，这与偷盗没有什么区别。利用别人的损失作为自己的收获，刚开始贪图别人所拥有的财物从而掉进赌博的陷阱，等到输了钱物后就会吝惜自己的钱财，妄想赢回自己的本钱，苦苦地留恋在赌局内而不能自拔，直到输光资产，以至于没有住处，没有饭吃，荡家败业。即使是关系非常好的朋友或者亲戚，一旦进入赌场，就会立刻翻脸。因一个钱的输赢，马上就会怒骂起来。忠厚之道损伤殆尽，相互之间结怨结仇，没有比这更严重的了。而且，爱好赌博的人，名利两失。年龄虽小人们就会预料到他将事业无成；家里虽很富裕，人们也能知道他必定要破败。这些人沉溺于赌场而不知悔改，和那些卑鄙下流的人为伍，甚至至亲之人也会看不起他们，亲戚朋友也会耻笑他们。各种弊事也会一件接着一件出现。到底有什么快乐、有什么好处要去赌博呢？我因此严厉禁止赌博，凡是有犯禁赌博之人一定会加倍治罪，断然不会轻易宽恕的。

15　训曰：孔子云："民可使由之，不可使知之[①]。"诚为政之至要。朕居位六十余年，何政未行？看来凡有益于人之事，我知之确，即当行之。在彼小人[②]，惟知目前侥幸[③]，而不念日后久远之计也。凡圣人一言一语，皆至道存焉。

【注释】

①民可使由之，不可使知之：语出《论语・泰伯》。由，用也，即遵照道理去做。知，知道为什么去做。

②小人：即小民。

③侥幸：企求非分，意外获得成功或免除灾害。

【译文】

父皇训教说：孔子说："百姓可以使他们知道遵照道理去做就行了，但不要让他们知道为什么要那样去做。"这实在是治国理政最重要的一点。我在位六十多年了，什么政事没有实行过？看到有益于百姓的事，我了解确凿了，就立马去做。那些小民，只知道追求眼前的侥幸而不考虑长久的计划。只要是圣人的一言一语，都包含有深刻的道理。

16　训曰：孟子云："或劳心，或劳力。劳心者治人，劳力者治于人[1]。"朕即位多年，虽一时一刻，此心不放。为人君者，但能为天下民生忧心，则天自祐之。

【注释】

①"或劳心"几句：语出《孟子·滕文公上》。劳心，用脑力工作。劳力，从事体力工作。

【译文】

父皇训教说：孟子说："有人用脑力工作，有人从事体力工作。脑力工作者管理别人，体力工作者被人管理。"我已经即位多年了，即使一时一刻，也没有放下为民操劳之心。作为君主，只要能为天下百姓的生计操心，那么上天自然会庇佑他。

17　训曰：兵书云："为将之道，当身先士卒。"前者噶尔丹以追喀尔喀为名阑入边界[1]。朕计安藩服[2]，亲统六师[3]，由中路进兵，逐日侵晨起行[4]，日中驻营。又虑大兵远讨，粮米为要，传令诸营将士每日一餐，朕亦每日进膳一次。未驻营时，必先令人详审水草。或有乏水处，则凿井开泉，蓄积澄流，务使人马给足。竟有原无水处，忽尔清泉流出，导之可致数里，人马资用不竭。一近克鲁伦河[5]，即身率侍卫前锋直捣其巢，大兵随后依次而进。噶尔丹闻朕亲统大兵忽自天临，魂胆俱丧，即行逃窜，恰遇西师于昭木多[6]，一战而大破之。此皆由朕上得天心[7]，出师有名，故尔新泉涌出，山川灵应[8]，以致数十万士卒车马，各各安全。三月之间，振旅凯旋[9]，而成兹大功也。

【注释】

①噶尔丹：清初厄鲁特蒙古准噶尔部首领。清初，在他的领导下，准噶尔部逐渐强大起来，开始向外扩张，兼并蒙古许多部落。康熙二十九年（1690），噶尔丹进攻漠北喀尔喀部，以追击喀尔喀残部为名，进军至内蒙古，威逼北京。康熙帝曾三次亲征噶尔丹。康熙三十五年，噶尔丹主力军被清军击溃，部众叛离。三十六年卒。阑（lán）入：擅自进入不该进去的地方。

②藩服：本是古九服之一。先秦时期，天子将王畿以外之地分为九服，其中距离王畿最远的称“藩服”。《周礼·夏官·职方氏》：“乃辨九服之邦国……又其（镇服）外方五百里曰藩服。”贾公彦疏曰：“言藩者，以其最在外为藩篱，故以藩为称。”后多用以指中原王朝的藩国或藩臣。

③六师：本指周天子所统六军之师。《尚书·周书·康王之诰》：“张皇六师，无坏我高祖寡命。”后以为天子军队之称。

④侵晨：黎明，早晨初现光亮，天刚亮的时候。

⑤克鲁伦河：黑龙江上源额尔古纳河水系呼伦湖的支流。

⑥昭木多：即昭莫多。在今蒙古国乌兰巴托东南。

⑦天心：上天的心意。

⑧灵应：本指灵验。这里是指山脉和河流都感应到而帮助我们。

⑨振旅凯旋：指军队取得战争胜利后回师。

【译文】

父皇训教说：兵书中讲道：“作为将军，应当身先士卒。”以前，噶尔丹以追击喀尔喀为名，擅自侵入边界。我谋划安定边疆诸藩部，亲自率领大军，由中路进兵，每天天刚亮就出发，中午驻扎大营。我又考虑到大军远距离征讨，粮食供应最为紧要，于是传令全军将士每天只吃一顿饭，我自己也每天进一次餐。每天行军尚未扎营时，就派人先去查勘水草。如果遇到缺水的地方，就要凿井开泉，蓄积澄清的水供军中饮用，一定要保障人、马供给充足。一些原本没有水的地方，在大军到的时候竟然忽然有清泉流出，疏导之后水流可流至数里远，人马饮水因此可以用之不竭。一接近克鲁伦河，我就亲自率领侍卫前锋直接冲向敌军巢穴，大军随后依次进击。噶尔丹听说我亲自统率大军突然从天而降，害怕得魂魄胆量都丢失了，立刻逃窜，刚好在昭木多遇到西路军，一战而大败噶尔丹。这都是因为我所做的上符天的心意，出兵有正当的理由，所以才会有新泉涌现出来，山脉和河流也有所显灵，以致数十万士卒车马都安全。三个月后，军队凯旋，成就了巨大的功绩。

18　训曰：兵丁不可令习安逸①，惟当教之以劳，时常训练，使步伐严明，部伍熟习②，管子所谓"昼则目相视而相识，夜则声相闻而不乖也"③。如是则战胜攻取，有勇知方④。故劳之适所以爱之，教之以劳乃真爱兵之道也。不但将兵如是，教民亦然。故《国语》曰⑤："夫民劳则思，思则善心生；逸则淫，淫则忘善，忘善则恶心生。沃土之民不材，淫也；瘠土之民莫不向义，劳也⑥。"

【注释】

①兵丁：对下层士兵的旧称。

②部伍：泛指军队。

③管子：即管仲，名夷吾，字仲。春秋时齐国著名政治家，曾任齐相，进行改革，富国强兵，帮助齐桓公成为春秋第一霸主，后人尊称为管子。管仲治国的一些言论、经验被集结成为《管子》一书，实际上是战国时齐国学者们托名管仲所写的论文集，包含了哲学、天文、地理、经济、管理、农业等多方面的知识与思想，是一部保留了先秦时期文化思想精华的重要论著。昼则目相视而相识，夜则声

相闻而不乖也：语见《国语·齐语》。原文为："世同居，少同游。故夜战声相闻，足以不乖，昼战目相见，足以相识。"

④有勇知方：即有勇气且知道义。语出《论语·先进下》。原文为："比及三年，可使有勇，且知方也。"何晏集解曰："方，义方也。"

⑤《国语》：是中国最早的一部国别体史书。相传为春秋时期左丘明作。该书记载上起周穆王、下至智伯被灭的各国史实，分周、鲁、齐、晋、郑、楚、吴、越八国记事，包括各诸侯国贵族间朝聘、宴飨、讽谏、辩说、应对之辞以及部分历史事件与传说。《国语》记录了春秋时期的经济、财政、军事、兵法、外交、教育、法律、婚姻等各种内容，是研究先秦历史非常重要的史料。

⑥"夫民劳则思"几句：语出《国语·鲁语下》。思，这里是指思考俭约。淫，这里是指贪婪、享乐、浪费。不材，指不思进取、不成材、无用。

【译文】

父皇训教说：士兵不可使他们习惯于安逸的生活，应当以劳动去教训他们，时常加以训练，使部队的步伐齐整，纪律严明，同一部队的人相互熟悉，正如管子所说的"士兵之间白天因相互看得到而相互认识，夜晚因能听得到彼此的声音而不会不守规矩"。如果能做到这样，军队就能够战胜敌人，攻取城池阵地，有勇气且知道义。因此，适当的使士卒辛劳是爱他们的表现，以辛劳教育训练他们，是真正爱兵的方式。不仅训练军队如此，教育百姓也是这样的。所以《国语》中说："百姓辛劳就会想着节俭，想着节俭就容易产生善的想法；生活安逸就会耽于享乐，耽于享乐就容易忘掉善，忘掉善就会产生邪恶的想法。土地肥沃的人们没有什么技艺，是因为他们耽于享乐；土地贫瘠的人们无不向往正义，那是由于他们始终需要辛勤劳动。"

19　训曰：我朝祖宗开创以来，弧矢之利以威天下[①]，伐虣安民[2]，平定海内。今朕上荷祖宗庇荫[3]，坐致升平[4]，岂可一日不事讲习[5]。故朕日率尔诸皇子及近御侍卫人等射侯射鹄[6]，备仪备典[7]。八旗官兵，以时试肄。朕常临御教场[8]，历观兵卒，等其优劣，赏赐褒嘉[9]，黜陟劝勉[10]。故尔旗分佐领，各各娴习弓马[11]，武备足观[12]。《礼》曰："男子生，桑弧，蓬矢六，以射天地四方。天地四方者，男子所有事也，故必先志于其所有事[13]。"又曰："射者，进退周旋必中礼。内志正，外体直[14]。"又曰："立德行者，莫如射[15]。"而"射者，所以观德也[16]"。故"孔子射于矍相之圃，盖观者如堵墙[17]"。《易》曰"射隼""射雉"[18]。《诗》曰："决拾既佽，弓矢既调[19]。""角弓其觩，束矢其搜[20]。""敦弓既坚，四鍭既钧。舍矢既均，序宾以贤[21]。"《书》曰："若射之有志[22]。"子曰："射不主皮，为力不同科[23]。""射有似乎君子，失诸正鹄，反求诸其身[24]。"《周礼》[25]："以射法治射仪[26]。"然则古圣经书，射以垂训[27]，历历可监[28]，习射上功[29]，宾兴择士[30]。况我国家立德立功[31]，振兴要务，自当严加训练，多方教谕[32]，不可一刻废懈也[33]。

【注释】

①弧矢（hú shǐ）：弓和箭。

②虣（bào）：古同"暴"。

③庇荫：庇护。

④升平：即太平。

⑤讲习：讲授研习。《后汉书·冯衍传》："然后阖门讲习道德，观览乎孔老之论，庶几乎松乔之福。"

⑥侯：用兽皮或布做成的靶子。鹄（gǔ）：箭靶的中心。

⑦备仪备典：准备射礼的仪式和典制，即按照古代的射礼进行。

⑧教场：古时操练兵马或检阅军队的场所。

⑨褒嘉：即褒奖。

⑩黜陟（chù zhì）：官职的升迁或降黜。劝勉：劝慰勉励。

⑪娴（xián）习：练习纯熟。弓马：泛指骑马射箭，武事。

⑫武备：军备，军事设施。足观：值得看。

⑬"男子生"几句：语出《礼记·射仪》。桑弧，用桑木做成的弓。蓬矢，蓬草茎制成的箭。

⑭"射者"几句：语出《礼记·射仪》。中礼，即合乎礼仪。内志，指心中所想之事。外体，身体的外部，即身形。

⑮立德行者，莫如射：语出《礼记·射仪》。

⑯射者，所以观德也：语出《礼记·射仪》。

⑰孔子射于矍相之圃，盖观者如堵墙：语出《礼记·射仪》。矍相，古地名。在今山东曲阜城内阙里西。

⑱射隼（sǔn）：出自《周易·解卦》。隼，一种禽鸟。饲养驯熟后，可以帮助打猎。射雉（zhì）：出自《周易·旅卦》。雉，即一种野鸡，雄的羽毛很美，尾长；雌的淡黄褐色，尾较短。善走，不能久飞，肉可食，羽毛可做装饰品。

⑲决拾既佽（cì），弓矢既调：语出《诗经·小雅·车攻》。决，通"抉"。即射箭拉弦时套在手指上的扳指，以便钩弦，多用象牙或兽骨制成。拾，即射箭时的护臂，用皮制成，套在右臂上。佽，排列有序。

⑳角弓其觩（qiú），束矢其搜：语出《诗经·鲁颂·泮水》。角弓，即用兽角装饰两端的弓。觩，形容弦撑得很紧的样子。束矢，即一束箭。其搜，即搜搜，指很多箭射出时发出的密集的声音。

㉑"敦弓既坚"几句：语出《诗经·大雅·行苇》。敦弓，即雕弓，在弓干上画上五彩以装饰。既，完全，尽。坚，指弓硬。镞（hóu），

泛指箭。钧,即调和,指箭头和箭尾重量调和。舍矢,即发箭。既,意为已经。均,即射中。序,按次序区分、排列。贤,即贤才。这里指在射箭比赛中射中最多的人。

㉒若射之有志:语出《尚书·商书·盘庚上》。

㉓射不主皮,为力不同科:语出《论语·八佾》。射不主皮,谓射重在中与不中,不以穿破皮侯为主。皮,即皮侯。古代用兽皮制的射靶。为,即因为。同科,即同等。

㉔"射有似乎君子"几句:语出《中庸》。正鹄,即箭靶的中心。

㉕《周礼》:亦称《周官》或《周官经》。儒家经典之一,搜集周王室官制和战国时代各国制度,添附儒家政治理想,增减排比而成的汇编,主要分为《天官冢宰》《地官司徒》《春官宗伯》《夏官司马》《秋官司寇》《冬官司空》六篇。《冬官司空》早佚,汉时补入《考工记》一篇。

㉖以射法治射仪:语出《周礼·夏官·射人》。射仪,即大射的礼仪。

㉗垂训:即垂示教训。

㉘历历:清楚明白,分明可数。监:古同"鉴"。借鉴,参考。

㉙习射上功:语出《礼记·王制》。习射,即进行射礼。上功,即指重视射的成绩。上,通"尚"。

㉚宾兴:是周代举贤之法,乡大夫从乡小学选出贤能的人,以上宾之礼升于国学。《周礼·地官·大司徒》:"以乡三物,教万民而宾兴之。一曰六德:知、仁、圣、义、忠、和。二曰六行:孝、友、睦、姻、任、恤。三曰六艺:礼、乐、射、御、书、数。"汉代郑玄注曰:"兴,犹举也。"射即为六艺之一,是选士荐贤的标准之一。

㉛立德立功:树立圣人之德,建立功业。《左传·襄公二十四年》:"太上有立德,其次有立功,其次有立言。"

㉜教谕:教导训诫。

㉝废懈:荒废懈怠。

【译文】

父皇训教说：我朝从祖先开创立国以来，以弓箭的锐利威慑天下，讨伐暴虐、安抚百姓，平定了全国。现在我承蒙祖先的庇护资助，实现了天下太平，怎么可以一日不研究演练射箭呢？所以我率领你们诸位皇子以及身边的侍卫，按照古代射礼的仪式，竖起箭靶练习射箭。八旗官兵也按时校试练习。我经常亲自到教场观看兵卒们练习射箭，分出他们的优劣等级，或赏赐褒奖，或晋升降职，以鼓励士兵勤加练习。故此各旗下佐领，人人都熟习弓马，军备是值得观看的。《礼记》说："男子生下来，就让人抱着拿起桑木弓和六支蓬箭，替他射向天地、东西南北六个方向。天地四方都是男人以后所要经营的地方，所以必须一生下来就要确立他经营天地四方的志向。"又说："射箭的人，进退周旋都要符合礼法。内心要正，身姿要直。"又说："要想确立德行，没有比射箭更好的了。"而且"射箭，可以看出一个人的德行"。所以"孔子在矍相的空地上射箭，周围观看的人多得就像围成了一堵墙"。《周易》中也记载"射鹰""射雉"。《诗经》中也说："扳指、护臂都已经套好了，弓和箭也都调试好了。""角弓的弦拉得满满的，箭矢射出去时嗖嗖响。""天子的雕弓很有力，四箭也已经调好了。射出去的箭都中了箭靶，宾客们的次序也按照射箭的优劣来排列。"《尚书》中说："就像射箭一定要射中。"孔子说："比试射箭，并不一定都要穿透箭靶，因为个人的力气大小不同。""射箭就像君子的德行，没有射中靶心，就要从自己身上找原因。"《周礼》上说："根据射箭的规则来确定射礼的礼仪。"古代圣人遗留下来的经书中，用射箭来垂示教训后人，写得清清楚楚，可以用来借鉴，练习射箭是因为重视射的成绩，射箭是选拔贤士的方式。况且我们国家还要建立功德，实现振兴，自然应当严加训练，多方面加以教导训诫，不可以有一刻的荒废懈怠。

20　训曰：射御居六艺之中[①]，二者相资为用。古人御车虽见于经史，然其法不可得而详。而我朝满洲骑射，其功用则有不可胜言者。盖骑射之道，必自幼习成，方得精熟[②]。未有不善于驭马而能精于骑射者也，抑且乘骑不惮，方克善驭。如我朝满洲并外藩诸蒙古以及索伦、达呼里等[③]，俱娴于骑射者，盖因自幼乘马，十余岁即能驰骋，故尔马上纯熟[④]，善于控御也[⑤]。当狝狩之时[⑥]，猎骑云屯[⑦]，风生电发[⑧]。其中精于骑射者，人马相得[⑨]，上下如飞，磬控追禽[⑩]，发矢必获[⑪]，观之令人心目俱爽，诚所谓“不失其驰，舍矢如破”也[⑫]。夫善驭马者之逐兽也，驰驱应范[⑬]，远近合宜。即马之调习者，亦知人意之所向，兽远而就之使近，兽合而开之如法。恰当发矢之时，另有一番努力之状，是惟良骥为然也[⑭]。复有人精于驭马者，不择优劣，乘之惟见其佳。盖人能显马，而马亦能显人也。

【注释】

①六艺：古代儒家学校教育的六种科目，即礼、乐、射、御、书、数。

②精熟：精深熟练。

③索伦：我国少数民族名，即鄂温克族。主要分布在黑龙江、嫩江流域。民风刚劲，勇敢善战。达呼里：即达斡尔，也是东北地区少数民族之一。

④纯熟：熟练。

⑤控御：控制，驾驭。

⑥狝狩（xiǎn shòu）：即打猎。

⑦猎骑云屯：骑马行猎者像云之聚集，形容打猎的人群非常多。

⑧风生电发：风起，雷电发作。这里形容打猎时骑马、射箭行动迅速。

⑨相得：相处得很好，契合，投机。

⑩磬控：纵马和止马，泛指驭马。

⑪发矢：即射箭。

⑫不失其驰，舍矢如破：语出《诗经·小雅·车攻》。舍矢，即放箭。破，射中，射穿。

⑬应范：符合规范。

⑭良骥（jì）：骏马，良马。

【译文】

父皇训教说：射箭和驾车都是古代六艺中的一项，二者相互辅助应用。古人驾车虽然见于经书和史书的记载中，然而其具体的方法却不能够详细知道。而我朝的骑射，则有说不完的作用。大概骑马射箭，必须从小就要练习，才能达到精准熟练。没有人不善于骑马而善于骑马射箭的，并且只有骑马不害怕，才能善于驾驭马。就像我们满洲人和蒙古各部、索伦、达呼里等外藩各部族的人，都娴熟于骑马射箭，因为他们从小就骑马，十几岁就能够骑马驰骋，所以马上功夫非常熟练，善于控制马。当打猎时，骑马打猎的人就像云一样多，飞奔起来呼呼生风，如同闪电一样快。其中精熟于骑射的人，人马相互配合，上上下下像飞一样，驭马追击野兽，拉弓射箭必定能射中，看到这就会使人心情和眼睛都非常舒畅爽朗，确实就是所说的“骑马者不失驾驭马的方法，就能射中”。那些善于控制马的人追逐野兽，驱马奔驰都符合规范，距离野兽远近合适。就是那些经过调教训练有素的马也能理解骑马人的意向，野兽离得远了，就靠近它使与它的距离近些，野兽合群了就用一定的方法冲开它们。在放箭的关键时刻，会有另一番努力的样子，只有良马才能做到这样。又有人精通于控制马，不管选择的马优劣，他骑上就是好马。大概人精于骑射就能显示出马的精良，而马的精良也能彰显出人的技艺之精湛。

21　训曰：人君以天下之耳目为耳目①，以天下之心思为心思，何患闻见之不广？舜惟好问、好察，故能明四目，达四聪②，所以称大智也③。

【注释】

①人君：即指古代的国君、皇帝等最高统治者。《孟子·梁惠王上》："望之不似人君，就之而不见所畏焉。"

②故能明四目，达四聪：语出《尚书·虞书·尧典》。四目，能观察四方的眼睛。四聪，指能远闻四方的听觉。

③大智：大智慧。

【译文】

父皇训教说：作为君主，应该以天下人的耳目为自己耳目，以天下人心里所想为自己所想，哪里还用得着担心自己的所见所闻不能广博？舜帝正是因为喜好询问，善于观察，从而能够广开四方之视听，洞察天下各地的消息，所以才被后人称为拥有大智慧的圣王。

22 训曰：人生凡事固有定数[①]，然而其中以人力夺天工者有之[②]，如取火镜、指南针[③]。一物之微，能参造化[④]。至于推步七政之运行[⑤]，寒暑之节候[⑥]，日月之交蚀[⑦]，皆时刻不爽[⑧]；又若春耕夏耘，乃致西成秋获[⑨]，苟徒恃天工，不尽人力，何以发造化之机，而时亮天工乎[⑩]？

【注释】

①定数：一定的气数，运命为天所定。

②人力：人的力量。天工：天然形成的工巧。

③取火镜：当指凸透镜，中央厚而周围薄的透镜，能聚敛日光引火，故称为取火镜。

④造化：古代中国人对化育万物的大自然的称呼。

⑤推步：指推算天象历法。古人认为日月转运于天，犹如人之行步，可推算而知。七政：古天文术语，但说法不一。一种是指日、月和金、木、水、火、土五星。《尚书·虞书·尧典》："在璇玑玉衡，以齐

七政。”孔传曰：“七政，日月五星各异政。”孔颖达疏亦曰：“七政，谓日月与五星也。”另一种认为是指天、地、人和四时。《尚书大传》：“七政者，谓春、秋、冬、夏、天文、地理、人道，所以为政也。”还有将北斗七星称为七政，以七星各主日、月、五星，故曰七政。《史记·天官书》：“北斗七星，所谓‘旋、玑、玉衡以齐七政’。”司马贞索隐引马融注《尚书》云：“七政者，北斗七星，各有所主：第一曰正日；第二曰主月法；第三曰命火，谓荧惑也；第四曰煞土，谓填星也；第五曰伐水，谓辰星也；第六曰危木，谓岁星也；第七曰剽金，谓太白也。日、月、五星各异，故曰七政也。”另外，古代兵家所谓的七政则是指人、正、辞、巧、火、水、兵七者。

⑥节候：即季节和气候。

⑦交蚀：即指日、月的亏蚀。

⑧不爽：不差，没有差错。

⑨西成：是指秋天庄稼已熟，收割完成，农事告成。

⑩亮：辅助。

【译文】

父皇训教说：人生中所有的事情固然都由天命所定，然而以人为的力量达到自然天成的事情也是有的，例如取火镜、指南针。一件微小的器物，都能够参透大自然的规律。至于推算天文历法、日月五星的运行，冷暖季节的变化，日食和月食交相出现的时间，都不会出现一时一刻的差错；又像春天耕地播种，夏天除草，乃至于秋天收获庄稼，如果仅仅依靠自然的力量，不发挥人的主观能动性，那么如何发扬自然的生机，辅助上天成就大功呢？

23　训曰：朕于各处行伍中效力行走之人[①]，时常唤来与之谈论者。盖因我朝太平已久，今之少年于行兵之道[②]，未尝经历。若问此等行军之旧人，则功臣之子孙得闻伊祖父效力行走之处亦欢喜鼓舞，循其祖父之迹，而黾勉力行之也[③]。

【注释】

①行伍：本指军队的行列，古代以五人为伍，二十五人为行，后泛指军队。《史记·田单列传》："田单知士卒之可用，乃身操版插，与士卒分功，妻妾编于行伍之间，尽散饮食飨士。"效力：效劳，服务，为…出力。行走：清代把不设专官的机构或非专任的官职称为行走，如章京上行走、军机处上行走等。

②行兵：即用兵。

③黾（mǐn）勉：勉力，努力。《诗经·邶风·谷风》："黾勉同心，不宜有怒。"

【译文】

父皇训教说：我经常会从在各地军队中效力或者临时派去的士兵中，叫来一些人与他们谈论。因为我朝太平时间已经很久了，现在的少年没有经历过行军打仗的事。如果问问这些经历过行军打仗的旧人，那些功臣的子孙听到他们祖父、父辈效力军中时的事迹，就会变得高兴而振奋，从而学习他们祖父、父辈的事迹，发奋努力去做。

24　训曰：古人云："尽人事以听天命[①]。"至哉是言乎！盖人事尽而天理见。犹治农业者，耕垦宜常勤，而丰歉所不可必也。不尽人事者，是舍其田而弗芸也[②]；不安于静听者[③]，是揠苗而助之长者也[④]。孔子进以礼，退以义，所以尽人事也；得之不得，曰"有命"，是听天命也[⑤]。

【注释】

①尽人事以听天命：语出《宋史·李刚传下》。人事，即人的主观努力。

②芸:通“耘”。除草。

③静听:安静地听着。这里是指安心听从。

④揠(yà)苗而助之长:即揠苗助长,又称“拔苗助长”。语出《孟子·公孙丑上》。

⑤“孔子进以礼”几句:事见《孟子·万章上》。文载:孔子在卫国住在颜雠由家,弥子瑕的妻子与子路妻子是姐妹,他去对子路说:“孔子若住到我家,我就能得到卫国卿相的位置。”子路告诉孔子后,孔子说:“有命。”意为弥子瑕能不能得到卿相之位,那是由他的命决定的,与孔子是否住在他家无关。孟子评论此事时说:“孔子进以礼,退以义,得之不得曰有命。”

【译文】

父皇训教说:古人说:“尽人最大的努力,然后就可以听从天命了。”这是多么好的话呀。大概只要人尽自己最大的努力了,天理自然就会显现出来。犹如从事农业生产的人,应该经常勤劳耕作,而收成的好坏是不一定的。不尽自己最大努力的,就是放弃土地而不耕种除草;不安心听从天命的,就如同拔苗助长。孔子前进根据礼,后退根据义,这样做就是尽人事;能得到或者得不到,他都说“有命”,就是听从天命啊!

卷七

知人善任

【题解】

人生活在社会上，必然要与人交往。所以需要提升自我认知的能力、认识他人的能力和与人交往的能力。如果是领导者，还需要做到知人善任。康熙皇帝比较关注知人用人的问题。他指出：人各有短长，弃其所短而取其所长，才能尽人之材。用人虽宜信任，但也不可遽信。喜欢怀疑别人不是什么好事。因为你怀疑他，他对你的疑心也会加重。人们对自己喜欢的人，往往只看到其善，而不见其恶；对于所恶之人，则惟见其恶，而不见其善。这种情况要注意避免。人的秉性差别很大。有一种拗性之人，别人认为好的，他偏认为不好；别人说是，他就说非。这种人看似忠直，实际上不可重用。

1　训曰：为人上者[①]，用人虽宜信，然亦不可遽信[②]。在下者，常视上意所向而巧以投之，一有偏好则下必投其所好以诱之[③]。朕于诸艺无所不能，尔等曾见我偏好一艺乎？是故凡艺，俱不能溺我[④]。

【注释】

①为人上者：居上位之人。

②遽（jù）：立刻，马上。

③投其所好：故意迎合他人的爱好。

④溺：本意为没入水中，这里用作动词，指使沉迷。

【译文】

父皇训教说：居上位者，在用人时虽然应该相信所用之人，但不能贸然相信他。因为下面的人常常会观察上司的喜好，故意巧妙地迎合他；上司一旦表现出某种偏好，他们立马就迎合他的意向来诱导他。我对各种游戏技艺无所不能，但你们可曾见过我偏好哪一种活动吗？所以所有的技艺，都不能使我沉迷。

2　训曰：今天下承平[①]，朕犹时刻不倦，勤修政事。前三孽作乱时，因朕主见专诚[②]，以致成功。惟大兵永兴被困之际[③]，至信息不通，朕心忧之现于词色[④]。一日，议政王大臣入内议军旅事，奏毕，佥出[⑤]，有都统毕力克图独留[⑥]，向朕云："臣观陛下近日天颜稍有忧色。上试思之，我朝满洲兵将若五百人合队谁能抵御，不日永兴之师捷音必至。陛下独不观太祖、太宗乎[⑦]？为军旅之事，臣未见眉颦一次[⑧]。皇上若如此，则懦怯，不及祖宗矣，何必以此为忧也？"朕甚是之。不日永兴捷音果至。所以朕从不敢轻量人[⑨]，谓其无知，凡人各有识见。常与诸大臣言，但有所知所见，即以奏闻。言合乎理，朕即嘉纳[⑩]。都统毕力克图，汉仗好[⑪]，且极其诚实人也。

【注释】

①承平:持续相承的太平盛世。《汉书·成帝纪》:“遭世承平,上下和睦。”

②专诚:诚心诚意,一心一意。《淮南子·主术训》:“心不专一,不能专诚。”

③永兴被困:是指康熙十七年(1678),清兵在征讨吴三桂叛军时,虽连克十余城,攻占永兴,当时吴三桂于湖南衡州称帝,而永兴为衡州门户,故吴三桂调集大军围攻清前锋大军于永兴城,清外围军队不敢增援。直到后来吴三桂死,叛军撤退,永兴之围才得以解除。

④词色:指人的言语和神态。

⑤佥(qiān):全,都。

⑥都统:是清朝八旗组织中一旗的最高统领。毕力克图:清初蒙古族将领。

⑦太祖、太宗:指清太祖努尔哈赤和清太宗皇太极。

⑧眉颦(pín):皱眉,形容忧愁。

⑨轻量:轻视,小看,轻易估量。

⑩嘉纳:赞许并采纳,多为上对下而言。

⑪汉仗:指体貌雄伟,相貌堂堂。

【译文】

父皇训教说:现在虽然天下太平,但是我仍然时刻不敢倦怠,勤勤恳恳处理国家政务。先前三藩叛乱之时,因为我的坚定平叛的立场,因而取得了成功。只有在大军被围困在永兴城的时候,军情消息不通,我心里的担忧才显现在语言和脸上。一天,议政王大臣到宫中商讨军务,讨论完后,其他人都出去了,只有都统毕力克图留下来,对我说:“我观察到陛下您连日来脸上都表现出忧愁之色。您可以试想一下,我们满洲兵将如果五百人编成一队的话,在战场上冲杀,哪个对手能够抵挡?过不了几天，永兴的军队必定会有捷报传来。而且陛下您难道没看到太祖、太宗吗？他们在行军打仗、处理军务时，我从未见过他们因担忧而皱过一次眉头。陛下您这样，那是怯懦的表现，就明显不如祖宗了，陛下您何必为这事而担忧呢？”我非常赞同他的话。没过几天，永兴军队的捷报果然就传来了。所以我从不轻视别人，说他们无知，凡人都有自己独特的见识。我经常告诉大臣们，他们有什么所见所闻都要及时报告给我。只要他们说得合情合理，我就赞许并采纳。都统毕力克图，这个人相貌魁梧伟岸，而且也是一个非常诚实的人。

3　训曰：世人秉性何等无之[①]。有一等拗性人[②]，人以为好者，彼以为不好；人以为是者，彼反以为非。此等人似乎忠直，如或用之，必然偾事[③]。故古人云“好人之所恶，恶人之所好，是谓拂人之性，菑必逮夫身”者[④]，此等人之谓也。

【注释】

①秉性：天赋的性情，本性。

②拗（niù）性：性情固执，不顺从。

③偾（fèn）事：把事情搞坏，败事。《大学》：“一家仁，一国兴仁；一家让，一国兴让；一人贪戾，一国作乱。其机如此。此谓一言偾事，一人定国。”郑玄注曰：“偾，覆败也。”

④“好人之所恶”几句：语出《大学》。拂（fú），意指违背、不顺从。菑（zāi），同“灾”。逮（dài），到，及，赶上。

【译文】

父皇训教说：世上之人的性格哪一类的没有呢？有一类人性格固执，别人以为好的，他认为不好；别人以为是对的，他却认为是错的。这类人看似忠诚正直，但如果用他，就必然会坏事。因而古人说“喜好人们所讨厌的,讨厌人们所喜好的,这就是所谓的违背众人的性格,灾祸必然会降之他们身上”,正是这一类人。

4　训曰:人之才行[①],当辨其大小。在大位者称其清廉可矣,若使役人等,亦可加以清廉之名乎?朕曾于护军骁骑中问其人如何[②],而侍卫有以端密对者[③],军卒人等岂堪当此?端密乃居大位之美称,军卒止可言其朴实耳。

【注释】

①才行:即才能和德行。

②护军:指清代皇帝的禁卫军,主要是由满洲和蒙古之八旗兵的精锐组成,负责宫门守卫、巡幸侍从宿卫等。骁(xiāo)骑:本是古时武官的一种名号,这里指护军营中骑兵,都是勇猛的骑兵精锐。

③端密:为人端正而严密。

【译文】

父皇训教说:人的才能德行,应当辨别其是属于大人还是小人。在重要位置上的人称赞其清正廉洁是可以的,若是那些供使唤服杂役的人难道也可以给他们加上清廉之名吗?我曾经于护军骁骑中问其中一个人如何,有侍卫以端密回答我,军中士卒等难道也能用端密这样的词来评价吗?端密乃是对那些居于重要位置之人的赞美称呼,军中士卒只可以称其朴实。

5　训曰:为人上者使令小人[①],固不可过于严厉,而亦不可过于宽纵。如小过误,可以宽者,即宽宥之[②];罪不可宽者,彼时即惩责训导之[③],不可记恨。若当下不惩责,时常琐屑蹂践[④],则小人恐惧,无益事也。此亦使人之要,汝等留心记之。

【注释】

①小人:这里是指服杂役的仆人、佣人。

②宽宥(yòu):宽容,饶恕。

③惩责:惩罚、责备。

④琐屑蹂(róu)践:指经常借小事反复地对其进行侮辱责骂。琐屑,指细小、琐碎的事情。蹂践,踩踏,践踏。

【译文】

父皇训教说:作为上等人,我们在使唤仆人时,固然不能太过严厉,也不能过于宽容放纵。如果他们犯了小错误,可以宽恕的就饶恕他们;如果他们犯的罪过不可原谅,当时就要惩罚责备教训,不能记恨他们。如果当时没有惩罚,过后却经常借小事反复地对他们进行侮辱责骂,就会使他们害怕,对做事情也没有好处。这也是使唤下人的要点,你们要留心记着。

6 训曰:孔子云:"惟女子与小人为难养也,近之则不孙,远之则怨①。"此言极是。朕恒见宫院内贱辈,因稍有勤劳,些须施恩②,伊必狂妄放纵③,生一事故,将前所行是处尽弃而后已④。及远置之,伊又背地含怨⑤。古圣何以知之而为是言耶?凡使人者,皆宜深省此言也。

【注释】

①"惟女子与小人为难养也"几句:语出《论语·阳货》。孙,通"逊"。恭敬的意思。

②些须:少许,一点儿。

③伊:第三人称代词,相当于彼、他、她。狂妄放纵:胆大妄为,不守规矩。

④是处：指正确或值得肯定的地方。

⑤含怨：心怀怨恨。

【译文】

父皇训教说：孔子说："唯独女子和小人是最难相处的，亲近他们，他们就会不恭敬；疏远他们，他们又会心生怨恨。"这句话说得非常正确。我常见宫中那些卑贱的下人，因为稍微有点勤劳，我给予一点恩惠，他必定会胆大妄为，生出一些事故，把他前面所做的好事全都抵消了才算完。等到你把他安置在远的地方，他又会在背地里心怀怨恨。古代的圣人是怎么知道这些而说出这样的话来的呢？凡是使唤人的人都应该好好思考孔子的这句话。

7　训曰：太监原为宫中使令，以备洒扫而已，断不可使其干预外事①。朕宫中之太监，总不令在外行走。有告假者，日中出去，晚必进内②。即朕御前近侍之太监等，不过左右使令，家常闲谈笑语，从不与言国家之政事也。

【注释】

①外事：这里是指外朝政事。古代宫廷一般分为内廷与外朝，内廷是皇帝及其嫔妃等家人居住生活的地方，不经批准外人不得进入；外朝是皇帝与朝臣处理国家政务的地方。清初，鉴于明代太监专权的弊端，对太监进行整治，严禁太监干预政事。

②内：即指宫中。

【译文】

父皇训教说：太监原本就是在宫中以供驱使的，主要用来做一些打扫卫生等事务，绝不能让他们干预外朝政事。我宫中的那些太监，一直不让他们到宫外去。有请假的，中午出去，晚上必定要回到宫中。即使是那些贴身服侍我的太监，不过是让他们侍奉左右，说一些家常闲话，从来不与他们谈论国家政事。

8 训曰：尔等见朕时常所使新满洲数百[①]，勿易视之也[②]。昔者太祖、太宗之时，得东省一二人[③]，即如珍宝，爱惜眷养[④]。朕自登极以来，新满洲等各带其佐领或合族来归顺者[⑤]，太皇太后闻之，向朕曰："此虽尔祖上所遗之福，亦由尔抚柔远人[⑥]，教化普遍[⑦]，方能令此辈倾心归顺也，岂可易视之？"圣祖母因喜极，降是旨也。

【注释】

①新满洲：满族八旗组成部分。皇太极时用兵黑龙江流域，曾把当地部分索伦、达斡尔、赫哲、鄂伦春等族人编入满洲八旗，通称为新满洲。旋因其分散编入八旗各佐领，入关后同其他满族成员均被称为旧满洲。又，顺治、康熙年间，续有在东北招抚壮丁，编佐领隶旗籍者，则以新满洲名之。

②易视：即轻视。

③东省：明清指山东省。

④眷养：器重供养。

⑤佐领：清代八旗组织基本单位名称。是满语"牛录"的汉译。掌管所属户口、田宅、兵籍、诉讼等。初时一佐领统辖三百人，后改定为二百人。其长亦称佐领，世袭者称为世管佐领，选任者称为公中佐领。

⑥抚柔远人：安抚异族之人。

⑦教化：即教导感化。

【译文】

父皇训教说：你们见我经常使唤的新满洲人有数百人，你们不要轻视他们。以前，太祖、太宗的时候，得到山东的一两个人，就像获得珍宝一样器重供养。自从我即位以来，新满洲等各带其佐领或者全族前来归顺，太皇太后听说后，告诉我说："这些虽然是你祖先遗留给你的福，但也是你能够安抚远方的异族之人，教化普及广大，才使这些人倾心前来归顺，你怎么能轻视他们呢？"这是我祖母太高兴了，才降下这样的懿旨。

9　训曰：孟子云："存乎人者，莫良于眸子，眸子不能掩其恶。胸中正，则眸子瞭焉。胸中不正，则眸子眊焉[①]。"此诚然也。看来人之善恶系于目者甚显，非止眸子之明暗。有人焉，其视人也，常有一种彷徨不定之态[②]，则其人必不正。我朝满洲耆旧亦甚贱此等人[③]。

【注释】

①"存乎人者"几句：语出《孟子·离娄上》。存，鉴察，省察。眸（móu）子，泛指眼睛。瞭，即指眼珠明亮。眊（mào），眼睛看不清楚，眼睛失神。

②彷徨不定：徘徊不前，不确定往哪里走好，犹疑不决。

③耆旧：年高而有才德的人。贱：轻视。

【译文】

父皇训教说：孟子说："对人的观察，没有什么比眼睛更好的了，眼睛不会掩饰人的善恶。心中充满正义，眼睛就会显得明亮清澈。心中没有正义，眼睛就会失神。"确实是这样的。看来一个人是善还是恶可以明显地反映在眼睛上，不仅仅是眼睛的明亮或昏暗。有的人，看人时，眼中常有一种恍惚不定的神态，这种人一定不正直。我朝那些年高而有才德的人也非常看不起这类人。

10　训曰：孔子云："先行其言而后从之[①]。"如宋周、程、张、朱诸儒[②]，皆能勉行道学之实[③]，其议论皆发明先圣先贤之奥旨[④]。又若司马光乃宋朝名相[⑤]，观其编辑《资治通鉴》[⑥]，论断古今，尽得其当，可谓言行相符，然自未尝博道学之名也。今人讲道学者，徒尚语言文字，而尤好非议人[⑦]，非惟言行不符，而言之有实者盖亦寡矣。朕不尚空言，惟务实行，尤不肯非议人。盖以人各有短长，弃其所短而取其所长，始能尽人之材。若必求全责备[⑧]，稍有欠缺，即行指摘[⑨]，非忠恕之道也[⑩]。

【注释】

①先行其言而后从之：语出《论语·为政》。

②周、程、张、朱：即北宋的周敦颐、程颐、程颢、张载和南宋的朱熹，他们都是宋代著名的理学家。

③勉力：努力实行。道学：又称“理学”。指宋明时期盛行的一种性命义理之学。在两宋时期，以周敦颐、程颢、程颐、朱熹为代表的客观唯心主义，认为理是永恒的，先于世界而存在的精神实体，世界万物只能由理派生；以南宋陆九渊和明代王守仁为代表的主观唯心主义，提出“心外无物，心外无理”，认为主观意识是派生世界万物的本原。

④发明：创造性地阐发、发挥。奥旨：深奥的含义，主旨。

⑤司马光：字君实，陕州夏县（今山西夏县）涑水乡人。世称涑水先生。北宋时期著名的政治家、史学家、文学家。

⑥《资治通鉴》：是北宋司马光主持编撰的一部编年体通史。宋神宗认为该书“鉴于往事，有资于治道”，故赐名为《资治通鉴》。全书以时间为纲，事件为目，纪事上起周威烈王二十三年（前403）三家分晋，下迄五代后周世宗显德六年（959）征淮南，涵盖

一千三百多年的历史。内容涉及政治、军事和民族关系，兼及经济、文化和历史人物评价。全书体例严谨，脉络清晰，网罗宏大，史料充实，考证稽详，叙事详明，繁简得宜，将中国的编年体史书编纂推进到了新的水平上，对中国古代史学发展产生了深远的影响。

⑦非议：批评，责难，或指反对、毁谤人的议论。

⑧求全责备：指对人或事要求完美无缺。

⑨指摘：指责，指出错误，给以批评。

⑩忠恕之道：儒家的一种道德规范。忠，即尽心为人。恕，指推己及人，仁爱待物。

【译文】

父皇训教说：孔子说："凡事君子先做，而后才将自己的实践经验说出来。"例如宋代的周敦颐、程颐、程颢和张载以及朱熹这些大儒，都能够努力践行他们所提倡的道学，他们的议论都是创造性地阐述了先代圣贤们深奥的道理。又如司马光是宋朝著名的宰相，阅读他编撰的《资治通鉴》一书，他对古今事实和人物所做的判断和评论，全都是非常恰当的，可以说他是言行相符合的，然而他却没有博得道学家的名声。今天那些讲论道学的人，只是崇尚前代圣贤的文字语言，尤其是喜好批评他人，不仅仅是言行不一，而且他们的言论有实际内容的也非常少。我不提倡空发议论，只是努力实行，尤其是不肯责难别人。大概因为每个人都有长处和短处，用人时避开他的短处而使用他的长处，这样才能充分发挥一个人的才能。如果对人要求过于苛刻，稍微有欠缺，就立即进行批评责备，这是不符合忠恕之道的。

11　训曰：凡人能量己之能与不能[①]，然后知人之艰难。朕自幼行走固多，征剿噶尔丹，三次行师，虽未对敌交战，自料犹可以立在人前。但念越城勇将[②]，则知朕断不能为。何则？朕自幼未尝登墙一次[3]，每自高崖下视[4]，头犹眩晕，如彼高城何能上登？自己决不能之事，岂可易视？所以朕每见越城勇将，心实怜之，且甚服之。

【注释】

①量：估量，衡量。

②越城：即翻越城墙。

③登墙：攀登墙头。

④下视：由高处往下看。这里是指从悬崖上往下看。

【译文】

父皇训教说：凡是一个人能够估量出自己能做到的和不能做到的，然后就能知道做人的艰难了。我从小走过的地方固然已经很多了，征讨噶尔丹前后三次出兵，我虽然没有直接与敌人交战，但我自认为仍然可以毫无畏惧地站在阵前。但想到那些翻越城墙的勇猛将士，我就知道自己绝不能做到。为什么这么说呢？我从小没有攀爬过一次墙，每次从悬崖上向下看的时候，就会头晕目眩；像那样高的城墙，我怎么能够攀爬上去呢？自己不能做到的事情，怎么能够轻视呢？所以我每次看到那些翻越城墙的将士，心里必定会替他们担心，但更多的是佩服他们。

12　训曰：好疑惑人非好事[1]。我疑彼，彼之疑心益增[2]。前者丹济拉来降之时[3]，众皆谏朕宜防备之，朕心以为丹济拉既已来降，即我之臣，何必疑焉。初至之日，即以朕之衣冠赐之[4]，使进朕帐幄内近坐[5]，赐食，旁无一人，与伊刀切肉食。彼时丹济拉因朕之诚心相待，感激涕零，终身奋勉尽力[6]。又先时台湾贼叛[7]，朕欲遣施琅[8]，举朝大臣以为不可遣，去必叛。彼时朕召施琅至，面谕曰："举国人俱云汝至台湾必叛，朕意汝若不去，台湾断不能定，汝之不叛。”朕力保之[9]，卒遣之，不日而台湾果定。此非不疑人之验乎？凡事开诚布公为善[10]，防疑无用也[11]。

【注释】

①疑惑：怀疑，不相信。

②益增：进一步增加。

③丹济拉：清代卫拉特蒙古准噶尔部台吉。噶尔丹弟温春子。康熙三十五年（1696），追随噶尔丹参加昭莫多战役，为清军击败，逃库伦伯勒齐尔。后又被清副都统祖良壁击败。三十六年，噶尔丹死后，向清军告降，得到康熙帝的赦免，授内大臣，隶察哈尔正黄旗。

④衣冠：即衣服和帽子。

⑤帐幄（wò）：即帷帐。

⑥奋勉：振作勤勉。

⑦台湾贼：指清初割据台湾岛的郑成功后人郑克塽。

⑧施琅：清初著名将领。早年是郑芝龙的部将，后成为郑成功的得力助手。后因故获罪于郑成功，父亲与兄弟皆被诛杀，施琅遂投降清朝。施琅投降清朝后，先后被任命为清军同安副将、同安总兵。康熙二十年（1681），康熙帝授施琅福建水师提督，积极进行攻讨台湾的部署准备。次年，康熙帝命施琅与福建总督姚启圣一起进取台湾。康熙二十二年（1683）六月，施琅指挥清军水师在澎湖海战中大胜台湾水师，上疏吁请清廷在台湾屯兵镇守、设府管理，力主保留台湾、守卫台湾，使中国疆土再次得以统一。

⑨力保：竭力推荐。

⑩开诚布公：坦率诚恳，真心相待。语出《三国志·蜀书·诸葛亮传》：“诸葛亮之为相国也，抚百姓，示仪轨，约官职，从权制，开诚心，布公道。”

⑪防疑：防范猜疑。

【译文】

父皇训教说：喜欢怀疑别人不是什么好事。我怀疑他，他的疑心也会增加。以前，丹济拉前来归降的时候，众人都劝我应该防备他，我心里认为丹济拉既然已经投降就是我的臣子了，何必要怀疑他吗？丹济拉最初到的时候，我就把自己的衣冠赏赐给他，让他进入我的帷帐内，靠近我就坐，赏赐食物，旁边没有一个人，给他刀让他切肉吃。那个时候丹济拉因我以诚相待，感激涕零，他终身振作勤勉努力效忠朝廷。又以前台湾郑氏叛乱，我想派施琅前去平定，满朝大臣都以为不可，认为派施琅去了以后他一定会反叛的。当时，我将施琅召到跟前，当面告诉他："全国之人都说你到台湾一定会反叛，我认为如果不派你去，台湾必定不能平定，你不会反叛的。"我竭力推荐他，最终派遣他去了，没几天台湾果然平定。这不是不怀疑人的验证吗？凡事以坦率诚恳、真心相待为好事，防范、怀疑别人没有什么用处。

13　训曰：人于好恶之心[①]，难得其正[②]。我所喜之人，惟见其善，而不见其恶；若所恶之人，惟见其恶，而不见其善。是故《大学》有云："好而知其恶，恶而知其美者，天下鲜矣[③]。"诚至言也。

【注释】

①好恶（wù）：喜好和憎恶。《礼记·王制》："命市纳贾，以观民之所好恶，志淫好辟。"

②正：中正，不偏不倚，没有偏颇。

③鲜：罕见，少见。

【译文】

父皇训教说：人由于有好恶之心，很难做到公正。对我所喜欢的人，只会看到他的好处，而看不到他的坏处；若是对我所厌恶的人，就只看见他的坏处，而看不见他的好处。所以《大学》中就说："喜好一个人而又知道他的坏处，厌恶一个人而又知道他的好处，这种人天下都非常少见。"这确实是至理之言啊。

14 训曰：凡事暂时易，久则难。故凡人有说奇异事者，朕则曰："且待日久再看。"朕自八岁登极，理万几五十余年，何事未经？虚诈之徒一时所行之事[1]，日后丑态毕露者甚多[2]。此等纤细之伪，朕亦不即宣出，日久令自败露。一时之诈，实无益也。

【注释】

①虚诈：虚伪狡诈。

②丑态毕露：不雅观、有失身份体面的形态全部暴露出来。

【译文】

父皇训教说：所有的事情保持一时容易，而长期坚持则非常困难。所以只要有人对我说一些奇异的事情，我就会说："且等日子长了再看吧。"我从八岁即位，处理繁重的朝政已经五十多年了，什么事情没有经历过？那些虚伪狡诈的人一时所做的事情，日后丑态毕露的很多。这些细小的欺诈，我也不立马揭发它，日子长了让它自然败露。一时的欺骗，实在是没有好处的。

卷八

处事审慎

【题解】

人生在世必须处理许多事情。处事是一门学问，需要格外上心。天下事林林总总，对待大事一定要有审慎的态度。审即审问、审察、审思，慎有慎重、慎密之意。康熙皇帝在《庭训格言》中多次谈处事的原则和方法。他指出：凡天下事皆当以慎重处之，审之又审，方无遗虑。当无事时，敬以自持；有事时，敬以应事。无事之时，常如有事而防范；若有事之时，却如无事以定其虑。天下事虽有一定之理，但处理方法不能简单划一。没有什么事情是过不去的。立好言，行好事，自然无愧今生。

1　训曰：凡人于事务之来[①]，无论大小，必审之又审[②]，方无遗虑[③]。故孔子云："不曰'如之何，如之何'者，吾末如之何也已矣[④]。"诚至言也。

【注释】

①来：到来，发生。这里是指遇到事情。

②审之又审：引申为一遍一遍地审查，尽可能考虑周全。审，仔细思

考，反复分析、推究。

③遗虑：谓指遗忘、没有考虑到的地方。遗，遗落、漏掉、遗忘。虑，即思虑。

④“不曰‘如之何’”几句：出自《论语·卫灵公》。

【译文】

父皇训教说：凡是人遇到事务的时候，无论事大事小，都要一遍一遍地审查，反复地思考，才能做到考虑周全，没有遗漏。因此孔子才说：“一个人不说‘怎么办，怎么办’，不去认真思考，对这种不勤于动脑的人，我也无可奈何，不知道该怎么办了。”这实在是最有道理的话了。

2　训曰：凡天下事不可轻忽[①]，虽至微至易者，皆当以慎重处之[②]。慎重者，敬也。当无事时，敬以自持[③]；而有事时，即敬以应事[④]。务必谨终如始[⑤]，慎修思永[⑥]。习而安焉[⑦]，自无废事。盖敬以存心，则心体湛然居中[⑧]，即如主人在家，自能整饬家务[⑨]。此古人所谓“敬以直内”也[⑩]。《礼记》篇首以“毋不敬”冠之[⑪]，圣人一言，至理备焉。

【注释】

①轻忽：轻视疏忽，不认真对待。

②慎重：谨慎持重，谨慎认真。《东观汉记·阴识传》：“与宾客语，不及国家。其慎重如此。”

③自持：自我控制、约束，保持自己的操守、准则。

④应事：处理世务，应付人事。

⑤谨终如始：又作“慎终如始”。指在最后也要像开始一样谨慎，即小心谨慎，始终如一。《道德经》：“慎终如始，则无败事。”

⑥慎修思永：语出《尚书·虞书·皋陶谟》：“都！慎厥身，修思永。”

⑦习而安：此处意为习惯、适应。

⑧湛然：清醒貌。

⑨整饬（chì）：整顿使有条理。

⑩敬以直内：语出《周易·坤卦》。

⑪《礼记》篇首以“毋不敬”冠之：《礼记》第一篇《曲礼上》有：“曲礼曰：毋不敬，俨若思，安定辞，安民哉！”故云《礼记》篇首以“毋不敬”冠之。

【译文】

父皇训教说：天下所有的事情都不可轻视疏忽，即使是非常细小和容易的事情，都应当以慎重的态度认真对待。所谓慎重，就是要恭敬认真。在没有事的时候，以恭敬的态度自我约束，保持自己的操守；而有事之时，则以认真的态度积极处理事务。务必要做到慎始慎终，始终如一，谨行修身，思考长治久安之道。只要能够长期坚持，养成一种谨慎持重的良好习惯，自然就不会因自己的疏忽而耽误事情。大概只要人内心中保持恭敬认真的态度，那么他的身心就会处于清醒的状态，就像主人在自己家中一样，自然能将家中事务整顿得非常有条理。这就是古人所说的：只要持有恭敬谨慎的态度，就能使自己内心得以正直。所以《礼记》第一篇就以“毋不敬”开宗明义，古圣人的这句话，太有道理了！

3　训曰：凡理大小事务，皆当一体留心[①]。古人所谓“防微杜渐”者[②]，以事虽小而不防之，则必渐大；渐而不杜，必至于不可杜也。

【注释】

①一体：一律，一样。

②防微杜渐：比喻当坏事刚刚出现时，就加以制止，不让它发展下去。微，即指微小。杜，是指堵住。渐，意指事物的开端。

【译文】

父皇训教说：无论处理大事还是小事，都应当一样的留心认真。古人说“防微杜渐”的意思，就是指事情虽小，但若不及时防备制止，就容易逐渐发展到大；开始萌芽时不严加杜绝，就会发展到不可杜绝的地步。

4　训曰：世间事甚不如意者，莫过于决断秋审一事[①]。夫杀人之人理应偿命，但为人君者，于杀人之事必以哀矜之心处之[②]。故朕每理秋审之事，无一不竭尽心力而详审之也。

【注释】

①秋审：古代在秋季复审各省死刑案件的一种制度，由司法部门审核案件，奏请皇帝裁决。

②哀矜：哀怜体恤。《尚书·周书·吕刑》：“皇帝哀矜庶戮之不辜，报虐以威，遏绝苗民，无世在下。”

【译文】

父皇训教说：世界上最不让人顺心的事情，没有什么超过秋天审核决断死罪的事了。杀人的人理应偿命，但是作为天下百姓的君主，对于杀人的事情，一定要以哀怜同情之心来处理。所以每当审核秋天处决死囚的事情，没有一件我不是尽心竭力详细审核的。

5　训曰：国家赏罚，治理之柄，自上操之[①]。是故转移人心[②]，维持风化[③]，善者知劝，恶者知惩，所以代天宣教[④]，时亮天功也[⑤]。故爵曰天职，刑曰天罚。明乎赏罚之事，皆奉天而行，非操柄者所得私也[⑥]。韩非子曰[⑦]：“赏有功，罚有罪，而不失其当，乃能生功止过也[⑧]。”《书》曰：“天命有德，五服五章哉！天讨有罪，五刑五用哉！政事懋哉！懋哉[⑨]！”

盖言爵赏刑罚，乃人君之政事，当公慎而不可忽者也⑩。

【注释】

①柄：权柄，权力。操之：掌握。

②转移人心：指改变人心。

③风化：风俗教化。

④宣教：宣导教化。

⑤时亮天功：语出《尚书·虞书·尧典》："帝曰：'咨！汝二十有二人，钦哉，惟时亮天功。'"时，通"承"。顺承。亮，辅助。天功，天下之功，大功。

⑥操柄者：掌握权力的人。这里是指最高统治者皇帝。

⑦韩非子：战国时期韩国人。师从著名学者荀子，却"喜刑名法术之学"，继承和总结了战国时期法家的思想和实践，成为法家思想的集大成者。著有《韩非子》一书，提出了君主专制中央集权的理论，主张变法，以富国强兵。

⑧"赏有功"几句：语出《韩非子·说疑》。原文为："赏有功，罚有罪，而不失其人，方在于人者也，非能生功止过者也。"

⑨"天命有德"几句：语出《尚书·虞书·皋陶谟》。五服，先秦时期的天子、诸侯、卿、大夫、士五等爵位之服。五章，指服装上的五种不同文采。以别尊卑。五刑，我国古代五种轻重不等的刑法，但不同时代，五刑的具体内容也有变化。先秦时期，为墨、劓、剕、宫、大辟；秦汉时为黥、劓、斩左右趾、枭首、菹其骨肉；隋唐以后，为死、流、徒、杖、笞。懋（mào），勤奋努力。

⑩公慎：公正谨慎。忽：轻忽，掉以轻心。

【译文】

父皇训教说：国家赏罚治理之权要掌握在君主手里。君主借助赏罚，可以改造人心，维持社会风俗教化，使行善的人得到劝勉，使作恶的人知道有所惩戒，这是要代替上天来宣扬教化，辅助上天建立大功业。所以爵位称作天爵，刑罚称为天罚。说明赏罚的事情，都是奉上天之命来行使的，而不是掌握权力的君主私人的事情。韩非子说："赏赐有功之人，惩罚有罪之人，要不失妥当，才能使人建立功业、防止出现过错。"《尚书》说："上天为了使有德的人各称其职，便制定了五种服装制度，以分别表彰他们的不同德行！上天为了惩罚有罪之人，便制定了五种刑罚，分别用来惩罚五种罪人。这些都应当认真执行啊！"这是说爵位的奖赏和刑法的惩罚，是君主的政事，应当公平慎重而不可以掉以轻心。

6　训曰：曩者三孽作乱，朕料理军务，日昃不遑[①]，持心坚定，而外则示以暇豫[②]，每日出游景山骑射[③]。彼时满洲兵俱已出征，余者尽系老弱，遂有不法之人投帖于景山路旁，云："今三孽及察哈尔叛乱[④]，诸路征讨，当此危殆之时，何心每日出游景山？"如此造言生事[⑤]，朕置若罔闻[⑥]。不久，三孽及察哈尔俱已剿灭。当时朕若稍有疑惧之意[⑦]，则人心摇动，或致意外，未可知也。此皆上天垂佑，祖宗神明加护，令朕能坚心筹画，成此大功，国已至甚危而护复安也。自古帝王，如朕自幼阅历艰难者甚少。今海内承平，回思前者，数年之间如何阅历，转觉悚然可惧矣[⑧]。古人云"居安思危"[⑨]，正此之谓也。

【注释】

①日昃（zè）：指太阳西斜，大约在下午二时左右的时间。不遑（huáng）：无暇，没有时间，顾不得。《诗经·小雅·小弁》："心之忧矣，不遑假寐。"

②暇豫：亦作"暇誉"。意指悠闲逸乐。汉马融《长笛赋》："于是游

闲公子，暇豫王孙，心乐五声之和，耳比八音之调。”

③景山：位于今北京西城景山前街，西临北海，南与故宫神武门隔街相望，是明、清两代的皇家御苑。

④察哈尔：即清代生活于今山西、河北北部和内蒙古东南部的蒙古族察哈尔部。三藩之乱时，其首领布尔尼起兵反清，康熙帝以八旗家奴编练成军，平定了察哈尔之乱。

⑤造言生事：捏造谣言，以挑起事端。

⑥置若罔闻：放在一边，好像没有听见似的。这里指不予理睬或不重视。

⑦疑惧：疑虑恐惧。

⑧悚然：害怕的样子。

⑨居安思危：指虽处于安乐之境，但要想到可能出现的危险、困难。《左传·襄公十一年》：“《书》曰：‘居安思危。’思则有备，有备无患。”

【译文】

父皇训教说：以前三藩作乱期间，我处理军务，直到太阳西斜落山，没有闲暇的时间，我内心坚定不移，表面上表现出闲逸无忧的样子，每天到景山游玩打猎。那时候满洲兵都已南下平叛，京城中剩下的都是一些老弱兵卒，于是就有不法之徒在景山路旁投递书帖，写道：“现在三藩和察哈尔都已叛乱，各路大军都出征讨伐，当今正处于国家形势危急的时刻，你为何每天还有心思到景山游猎呢？”对这些企图捏造谣言，引起京城内惶恐的情况，我不予理睬。不久，三藩之乱和察哈尔叛乱都被平定了。当时我若表现出疑虑害怕的样子，是否会使人心动摇或者导致意外的事情发生就不得而知了。这都是因为上天的保佑，祖宗神明的庇护，才使我能坚定信心冷静筹划，平定叛乱，成就这样大的功劳，国家也从非常危险的境地恢复到安全稳定的状态。自古以来的帝王中，像我自幼有这么多经历的不是很多。如今天下太平无事，回想起前几年自己是如何经历过来的，反而觉得悚然可怕。古人说的“居安思危”，就是这个意思。

7 训曰：天下事物之来不同[①]，而人之识见亦异[②]。有事理当前，是非如睹，出平日学力之所至[③]，不待拟议而后得之[④]，此素定之识也[⑤]；有事变倏来[⑥]，一时未能骤断[⑦]，必待深思而后得之，此徐出之识也[⑧]；有虽深思而不能得，合众人之心思，其间必有一当者，择其是而用之，此取资之识也[⑨]。此三者，虽圣人亦然。故周公有继日之思[⑩]，而尧舜亦曰“畴咨”“稽众”[⑪]。惟能竭其心思，能取于众，所以为圣人耳。

【注释】

①来：即来源。

②识见：见解，见识。

③学力：学问上的造诣，学问上达到的水平。

④拟议：行动之前的计划、筹划。

⑤素定之识：预先已经形成的见识。

⑥倏（shū）来：疾速、快速地来。

⑦骤断：迅速决断。

⑧徐出之识：逐渐得出的见识。

⑨取资之识：从别人那里获得的见识。

⑩周公有继日之思：语出《孟子·离娄下》。原文为：“周公思兼三王，以施四事，其有不合者，仰而思之，夜以继日，幸而得之，坐以待旦。”继日，连日，一天接着一天。

⑪畴咨：语出《尚书·虞书·尧典》：“帝曰：‘畴咨若时？登庸。’”畴，即谁之意。咨，是感叹语气词。稽众：语出《尚书·虞书·大禹谟》：“稽于众，舍己从人，不虐无告，不废困穷，惟帝时克。”

【译文】

父皇训教说：天下的事物来源不同，人们的见识也存在差异。有的事理摆在面前，是非就像亲眼看到的一样清楚，这种见识超出自己平日学问的水平，不用考虑筹划就能决定，这是预先已经形成的见识；有事情忽然发生，一时未能迅速做出决断，一定要等到深思熟虑后才能决断，这是逐渐得出的见识；有些事情即使经过深思熟虑也不能决断，就要集合众人的认识，其中必定有一个是合适的，选择其中正确的采用，这是从别人那里获得的见识。这三种，即使是圣人也是这样的。所以周公有时夜以继日地去思考，尧舜则向臣下询问“谁呀”“考察众人说的意见”。只因为他们能竭尽自己的心思去考虑事情，又能采用众人的意见，所以成为圣人。

8　训曰：凡人于无事之时，常如有事而防范其未然[①]，则自然事不生；若有事之时，却如无事以定其虑[②]，则其事亦自然消灭矣[③]。古人云：“心欲小而胆欲大[④]。”遇事当如此处之。

【注释】

①防范其未然：即防患于未然。意思是在事故或灾害发生之前就加以防备、防范。未然，指尚未发生、形成。

②虑：思想，意念。

③消灭：消失，消除。

④心欲小而胆欲大：语出《新唐书·孙思邈传》：“心为之君，君尚恭，故欲小。诗曰：‘如临深渊，如履薄冰。’小之谓也。胆为之将，以果决为务，故欲大。诗曰：‘赳赳武夫，公侯干城。’大之谓也。”

【译文】

父皇训教说：凡是人们在事故没有发生的时候，经常像有事一样做好防范，那么事故就自然不会发生了；如果事故发生了以后，能够像平时无事时一样保持自己内心的镇定冷静，那么事故自然很快就会消除。古人说："平时小心谨慎，认真防范；遇事时要冷静果断，积极处理。"遇到事情就应当这样应付。

9　训曰：舜好问而好察迩言[①]。不自用而好问固美矣[②]，然不可不察其是否也，故又继之以好察。孟子论用人、用刑则曰："询之左右及诸大夫及国人。"可谓不自用，不偏听，而谋之广矣。然终必继之以察，而实见其可否，然后信之。至若舜又曰："官占，惟先蔽志，昆命于元龟。朕志先定，询谋佥同，鬼神其依，龟筮协从[③]。"箕子亦曰："汝则有大疑，谋及乃心，谋及卿士，谋及庶人，谋及卜筮[④]。"此则又先断之以己意，然后参之于人与鬼神。可见古之圣人，或先参众论而后审之以独断[⑤]，或先定己见而后稽之于人神[⑥]，其慎重不苟如此。盖众谋、独断，不容偏废，但先后异用，而随事因时可耳。

【注释】

①舜好问而好察迩（ěr）言：语出《中庸》。迩，即近。

②自用：凭主观意图行事，自以为是。

③"官占"几句：语出《尚书·虞书·大禹谟》。官占，帝王所立占卜之官，其所进行的占卜即为官占。蔽，断定。昆命于元龟，然后再用龟甲占卜。昆，即后。佥（qiān），全，都。龟筮（shì），占卦。古人占卜用龟，筮用蓍，视其象与数以定吉凶。

④"汝则有大疑"几句：语出《尚书·周书·洪范》。卜筮，占卜。卿士，卿大夫、士的通称，后泛指官吏。

⑤独断：独自一个人做的决定。

⑥稽：考察，参考。

【译文】

父皇训教说：舜喜好向别人询问并且喜欢考察身边的人说的话。不凭自己的主观意志来决断而喜好向别人询问，固然是美好的品德，然而也不能不考察这些人说的话是否正确，因而接着还要喜好考察。孟子论述用人、用刑时说过："要询问左右之人、各位大夫以及国人的看法。"可以说是不自以为是，不偏听其他人的话，而是广泛听取意见。然而，最终还是要接着进行考察，从而真正看到其是否可以实行，然后才能相信它。而像舜，他又说："卜筮之官占卜，我首先断定我的想法是正确的，然后再用龟甲占卜。我先确定自己的意志，征询众人的意见也都相同，在此基础上才依从鬼神的启示、占卜的结果。"箕子也说："你如果有大的疑问，先在自己心中思考，然后和大臣们商量，接着再与平民谋议，最后才根据卜筮的结果来做出决定。"这些说法都是先根据自己的认识来决断，然后再参考众人的意见和卜筮结果。可见古代圣人，或者先参考众人的意见，而后根据这些意见去审查自己的认识；或者先确定自己的看法，然后再考察别人的意见和鬼神的启示，他们是这样慎重认真。大概是因为，听取众人的意见和自己的独立决断，都是不可偏废的，只是根据事情、形势的不同有先有后罢了。

10　训曰：朕虽于谈笑小节[①]，亦必循理。先者大阿哥管养心殿营造事务时[②]，一日同西洋人徐日昇进内与朕闲谈，中间大阿哥与徐日昇戏曰："剃汝之须可乎？"徐日昇佯佯不采[③]，云："欲剃则剃之。"彼时朕即留意大阿哥原是悖乱之人[④]。设曰"我奏过皇父，剃徐日昇之须"[⑤]，欲剃则竟剃矣，外国之人谓朕因戏而剃其须，可乎？其时朕亦笑曰：

“阿哥若欲剃，亦必启奏，然后可剃。”徐日昇一闻朕言，凄然变色[6]，双目含泪，一言不出。既逾数日后，徐日昇独来见朕，涕泣而向朕曰：“皇上何如斯之神也！为皇子者即剃我外国人之须有何关系？皇上尚虑及，未然降此谕旨，实令臣难禁受也[7]。”厥后四十七年，朕不豫时，徐日昇听信外边乱语，以为朕疾难愈，到养心殿大哭，自怨其无造化[8]，随回至家身故[9]。夫一言可以得人心，而一言亦可以失人心也。

【注释】

①小节：无关大局的琐碎事情或问题。

②大阿哥：即康熙第一子胤禔。养心殿：明清北京紫禁城内宫殿之一。始建于明代嘉靖年间，位于内廷乾清宫西侧。清代成为皇帝主要的居所之一，先后有八位皇帝居住在养心殿。

③佯佯不采：这里指装作不在意的样子。

④悖（bèi）乱：惑乱，昏乱，叛乱。

⑤设：表示假设关系。

⑥凄然变色：因悲伤而脸色变得凄凉的样子。

⑦禁受：消受，忍受。

⑧造化：福气，幸运。

⑨身故：指人去世，身亡。

【译文】

父皇训教说：我即使对谈笑闲聊这样的小事，也一定会遵循天理。先前，大阿哥主管养心殿的修缮工程时，一天他和西洋人徐日昇进入内殿与我闲谈，中间大阿哥和徐日昇开玩笑说：“我要剃掉你的胡子，可以吗？”徐日昇装作不在意，回答说：“你要剃就剃吧。”那个时候我就注意到大阿哥是一个悖逆之人了，假如他说“我向父皇奏请过，获准剃掉徐日昇的胡子”,他想剃也就剃了,外国人就会说我因开玩笑就剃掉了他的胡子,这怎么行呢?当时我也笑着说:“大阿哥要想剃徐日昇的胡子,也必须向我奏明,然后才可以剃。”徐日昇一听我的话,脸色就变得悲伤凄凉,眼中含满泪水,一句话也不说。过了几天后,徐日昇单独前来见我,哭泣着告诉我说:“皇上您怎么这样神明呢?作为皇子他即使想剃我这一个外国人的胡子又有什么关系呢?皇上您都考虑到了,没有降下这样的谕旨,实在是使我感动啊。”之后到康熙四十七年,我生病时,徐日昇听到外面的胡乱传言,以为我的病难以治好了,他就到养心殿大哭,抱怨自己没有福气,随后回到家中就去世了。要知道一句话就可以得到一个人的真心,而一句话也可以失去一个人的真心。

11　训曰:凡人各有一惧怕之物。有怕蛇而不怕虾蟆者[①],亦有怕虾蟆而不怕蛇者。朕虽不怕诸样之物,然从来不以戏人[②],在怕虫之人见其所怕之虫,不顾身命,往往竟有拔刀者。如在大君之前,倘出锋刃[③],俱系重罪。明知此,故而因一戏以入人罪,亦复何味?尔等留心切记可也。

【注释】

①虾蟆:对青蛙和蟾蜍的通称。

②戏人:捉弄、戏弄别人。

③锋刃:本指刀剑等的尖端和刃口,后借指兵器。

【译文】

父皇训教说:凡是人都各有一害怕的东西。有的人怕蛇而不怕虾蟆,也有的人害怕虾蟆而不怕蛇。我虽然不怕各种东西,然而我从来不以此戏弄别人,怕虫之人见到所怕之虫时,就会不顾性命,甚至在急乱中拔出刀来。如果是在君主面前拔出兵器,都是重罪。明明知道这些,却故意以此来戏弄别人，使别人因此而犯罪，又有什么意思呢？你们都应该留心牢记这些啊！

12 训曰：凡书生颂扬君上[1]，或吟咏诗赋，欲称其善，必先举人之短而后方颂言之，每以媲三皇迈五帝[2]，超越百王为言[3]，此岂非太过乎？诗中有云："欲笑周文歌宴镐，还轻汉武乐横汾[4]。"譬之欲言此人之善，必先指他人之恶，朕意不然。彼亦善而我亦善，岂不美哉！总之，欲言人之善，但言某人之善而已，何必及他人之恶？是皆由度量窄狭[5]，而心不能平也。朕深不然之。

【注释】

①君上：即臣下对君主的尊称。

②三皇：传说中上古的三个帝王，说法不一，或指天皇、地皇与泰皇；或指伏羲、神农与女娲；或指伏羲、神农与黄帝。五帝：上古传说中的五位圣王，说法不尽相同，有认为是：黄帝、颛顼、帝喾、尧、舜。或以少昊、颛顼、帝喾、尧、舜为五帝。

③百王：历代的帝王。《汉书·董仲舒传》："盖闻五帝三王之道，改制作乐而天下洽和，百王同之。"

④欲笑周文歌宴镐，还轻汉武乐横汾：语出唐王维《大同殿生玉芝龙池上有庆云百官共睹圣恩便赐宴乐敢书即事》。歌宴镐，指周文王在镐京宴乐之事。《诗经·小雅·鱼藻》："王在在镐，岂乐饮酒？"镐京即西周都城，在今西安附近。按"歌宴镐"为武王事，盖为求偶对而易周武为周文。乐横汾，即汉武帝横渡汾水作《秋风辞》的事情。据《秋风辞·并序》："上行幸河东，祠后土，顾视帝京欣然，中流与群臣饮宴。上欢甚，乃自作《秋风辞》。"歌辞

中有“泛楼船兮济汾河，横中流兮扬素波”之语。因此，历代文人歌颂帝王宴乐游赏爱用这两个典故。

⑤度量：容忍、宽容他人的限度。

【译文】

父皇训教说：只要是书生颂扬君主，或吟咏诗赋，想要称赞一个人的善处，一定会先列举别人的短处，而后才歌颂言说这个人的善处，每每都会说可以媲美三皇、德超五帝，超越历代帝王，这难道不是太过分了吗？诗歌中有写道：“我想笑周文王在镐京宴饮群臣，还轻视汉武帝在汾河游乐。”譬如要说一个人的好处，一定会先指出其他人的坏处，我不认为这样是对的。他好我也好，这样岂不是很美吗？总之，要想说一个人的好，只要说这个人的好就可以了，又何必说到他人的恶呢？这都是由于个人度量狭小而心底不能平和呀。我很不同意这样子。

13　训曰：凡人彼此取与，在所不免。人之生辰①，或遇吉事，与之以物，必择其人所需用，或其平日所好之物赠之，始足以尽我之心。不然，但以人与我何物，而我亦以其物报之，是彼此易物名而已矣，毫无实意。此等处，凡人皆宜留心。

【注释】

①生辰：人出生的时辰，即生日。

【译文】

父皇训教说：凡是人彼此交往相互赠送与收取礼物，是在所难免的。人的生日或者遇到吉庆的事情，送给他礼物，一定要选择这个人所需要的，或者是他平时喜好的东西赠送给他，这样才能表达我的心意。不然，只是看他给我什么东西，我也用同样的东西回报给他，这只是彼此交换物品罢了,毫无实际意义。这些地方,每个人都应该留心。

14　训曰:天下事固有一定之理。然有一等事如此似乎可行,又有不可行之处;有一等事如此似乎不可行,又有可行之处。若此等事,在以义理揆之[①],决不可豫定一必如此[②],必不如此之心。是故孔子云:"君子之于天下也,无适也,无莫也,义之与比[③]。"

【注释】

①义理:合于一定的伦理道德的行事准则。揆(kuí):揣度,推测。

②豫定:亦作"预定"。预先设定。

③"君子之于天下也"几句:语出《论语·里仁》。适,指一定的主张。莫,表示否定。比,依附,附和。

【译文】

父皇训教说:天下的事固然各有一定的道理。然而,有一类事,这样做似乎可以,又有不可行的地方;有另外一类事情,这样做似乎不可以,但又有可行的地方。若遇到这样的事情,在于用义理去衡量判断,绝不可以在心中预先定下一个必定这样或必定不是这样。所以孔子说:"君子对于天下的事情,不会有预定的主张,也不会一定不怎么样,而是用道义来比较如何做。"

15　训曰:天下未有过不去之事,忍耐一时,便觉无事。即如乡党邻里间,每以鸡犬等类些微之事致起讼端[①],经官告理[②];或因一语戏谑[③],以致角口争斗[④]。此皆由不能忍一时之小忿[⑤],而成争讼之大端也[⑥]。孔子曰:"小不忍则乱大谋[⑦]。"圣人之言,至理存焉。

【注释】

①些微：极少，少许，一点儿。讼端：即诉讼之事端。

②经官：经过官府，一般形容诉讼、打官司。告理：告状，请求处理。

③戏谑：用诙谐有趣的话开玩笑。

④角口：即吵架、斗嘴之意。

⑤小忿（fèn）：即小的愤怒、怨恨。

⑥争讼：因争执而相互控告。《汉书·食货志上》："衣食足而知荣辱，廉让生而争讼息。"大端：主要的部分，事情的重要方面。《礼记·礼运》："故欲恶者，心之大端也。"孔颖达疏曰："端，谓头绪。"

⑦小不忍则乱大谋：语出《论语·卫灵公》。

【译文】

父皇训教说：天下没有什么事是过不去的，只要忍耐一时，就会觉得没有什么事情了。就像邻里之间因鸡犬之类的小事，就引起诉讼的事端，告到官府审理；或者因为一句开玩笑的话，就导致吵架打斗。这都是由于不能忍耐一时的微小的愤怒，而造成相互控告对方的大事端。孔子说："小事不能忍耐就会破坏全局大计。"孔子的话，存在着最深刻的道理。

16　训曰：吾人年岁老而经事多，则自轻易不为人所诱。每见道士自夸修养得法，大言不惭[①]，但多试几年，究竟如常人齿落须白，渐至老惫[②]。观此，凡世上之术士[③]，俱欺诳人而已矣[④]，神仙岂降临尘世哉！又有一等术士立地数十年，或坐小屋几载。然能久坐者不能久立，能久立者不能久坐，可知其所以能此，乃邪魅之术耳[⑤]。此皆朕历试之，而知其妄者也[⑥]。

【注释】

①大言不惭：不顾事实，妄言夸大，而不知羞惭。

②老惫（bèi）：指年老体衰。

③术士：指以占卜、星相等方术为职业的人。

④欺诳（kuáng）：欺骗迷惑。

⑤邪魅：作祟害人的鬼怪。

⑥妄：虚妄，荒诞不合理，不真实。

【译文】

父皇训教说：我们这些人年纪大，经历的事情也多，自然就不会轻易被人诱骗。每次看见有道士自夸修养得法，大言不惭，只要让他多试几年，到底也和平常人一样牙齿掉落、胡须头发变白，逐渐地年老体衰。由此看来，世上的术士，都是欺诈诳骗人的罢了，难道真的有神仙降临世间了吗？又有一类术士，站在地上数十年，或坐在小屋内几年。然而，那些能够长久地坐着的术士不能长久站立，能长久站立的术士又不能长久坐着，可见这些术士之所以能这样，乃是一种邪怪的法术。这都是我经过长期试验，知道他们都是荒诞虚假的。

卷九

崇俭戒盈

【题解】

社会上有些人喜欢过奢侈的生活。特别是某些有权有钱有地位的人，甚至从奢侈走向腐败。显然，奢侈之风是非常有害的。因此，有作为的政治家都崇俭戒盈。康熙皇帝就是如此。他不仅以身作则，提倡俭朴的生活，而且在《庭训格言》中告诉子孙知足不辱、知止不殆的道理。他说：祖宗相传家法，勤俭敦朴为风。世上的财物，是天地所生，能用来养人的十分有限，人如果节用，自可有余；若奢用，则很快就用完了。希望人们不要追求奢侈的生活，更不要染上酗酒等不良风气。

1　训曰：朕为天下君，何求而不得？现今朕之衣服有多年者，并无纤毫之玷①，里衣亦不至少污②，虽经月服之③，亦无汗迹，此朕天秉之洁净也④。若在下之人能如此，则凡衣服不可以长久服之乎？

【注释】

①纤毫：比喻非常微细的事物。玷（diàn）：原指白玉上面的斑点，这

里是指污点、污渍。

②里衣：即指贴身穿的内衣。

③经月：指太阴历月亮经历一次朔望的标准时间，后引申为整月。

④天秉：犹天禀、天赋。

【译文】

父皇训教说：我作为天下的君主，想要什么得不到呢？现在我的衣服有穿了好多年的，并没有一丝污点，内衣也一点不脏，即便是穿了一整个月的，也没有汗渍，这是我天生洁净啊。如果下面的人也能如此，那么所有的衣服不就可以长期穿了吗？

2　训曰：老子曰[①]：“知足者富[②]。”又曰：“知足不辱，知止不殆，可以长久[③]。”奈何世人衣不过被体[④]，而衣千金之裘犹以为不足[⑤]，不知鹑衣袍缊者[⑥]，固自若也；食不过充肠，罗万钱之食犹以为不足[⑦]，不知箪食瓢饮者[⑧]，固自乐也。朕念及于此，恒自知足。虽贵为天子，而衣服不过适体；富有四海，而每日常膳，除赏赐外，所用肴馔[⑨]，从不兼味[⑩]。此非朕勉强为之，实由天性自然。汝等见朕如此俭德[⑪]，其共勉之。

【注释】

①老子：姓李，名耳，字伯阳。春秋时期著名思想家，道家学派的创始人。著有《道德经》一书。

②知足者富：语出《道德经》。

③“知足不辱”几句：语出《道德经》。

④被体：即衣服穿在身上，掩盖身体。被，同“披”。

⑤千金之裘（qiú）：价值千金的皮衣。语出《史记·孟尝君列传》：

“此时孟尝君有一狐白裘，直千金，天下无双，入秦献之昭王，更无他裘。”

⑥鹑(chún)衣：也作“鹑服”。因鹑鸟尾巴光秃，似缝补的衣服，故以鹑衣比喻破烂不堪的衣服。唐杜甫《风疾舟中伏枕书怀三十六韵奉呈湖南亲友》诗曰：“乌几重重缚，鹑衣寸寸针。”袍缊(yùn)：一本作“缊袍”，当是。指以乱麻为絮的袍子，主要为贫者所服。《论语·子罕》：“衣敝缊袍，与衣狐貉者立，而不耻者，其由也与？”朱熹集注：“缊，枲着也；袍，衣有着者也。盖衣之贱者。”

⑦万钱之食：亦称“食日万钱”。每天的饮食耗费上万的钱。语出《晋书·何曾传》：“帷帐车服，穷极绮丽，厨膳滋味，过于王者……食日万钱，犹曰无下箸处。”形容生活极其奢侈。

⑧箪食瓢饮：用箪盛饭吃，用瓢舀水喝。语出《论语·雍也》：“贤哉！回也！一箪食，一瓢饮，在陋巷，人不堪其忧，回也不改其乐。”形容生活贫苦，饮食简陋。

⑨肴馔(yáo zhuàn)：指丰盛的饭菜。

⑩兼味：指两种以上的饭菜。《北史·长孙道生传》：“道生廉约，身为三司，而衣不华饰，食不兼味。”食不兼味形容生活俭朴。

⑪俭德：即俭约的品德。语出《周易·否卦》：“君子以俭德辟难，不可营以禄。”

【译文】

父皇训教说：老子说：“知足便能够富有。”又说：“知足就可以不被侮辱，知道适可而止就可以避免危险，这样就可以保持长久。”穿衣服不过是为了遮蔽身体，但有些人穿上了价值千金的皮衣仍不觉得满足，他们不知道古代的贤人身穿破旧的衣服，仍然十分自如；吃饭不过是为了充实肠胃，但是他们罗列了价值万钱的食物仍不觉得满足，他们不知道古代的贤人用箪吃饭用瓢饮水，仍然十分快乐。我每当想起这些，就经常感到满足。我虽贵为天子，而所穿衣服不过合身而已；我虽富有四海，而日常饮食,除了赏赐大臣们的菜肴酒馔以外,每次吃饭从来不超过两个菜。这些并不是我勉强自己这样做的,实在是出于天性自然而然。你们都看到我平时如此俭约的品德,希望你们能够以此勉励自己。

3 训曰:尝闻明代宫闱之中[①],食御浩繁[②],掖庭宫人[③],几至数千。小有营建,动费巨万。今以我朝各宫计之,尚不及当日妃嫔一宫之数。我朝外廷军国之需[④],与明代略相仿佛。至于宫闱中服用,则一年之用尚不及当日一月之多。盖深念民力惟艰[⑤],国储至重[⑥]。祖宗相传家法,勤俭敦朴为风[⑦]。古人有言:“以一人治天下,不以天下奉一人[⑧]。”以此为训[⑨],不敢过也。

【注释】

①宫闱:后妃所居的深宫。

②食御:指在宫中吃饭的宫女,即宫中供养的宫女。浩繁:浩大而繁多。

③掖庭:指古代皇宫中的旁舍,一般多为妃嫔、宫女的住所。《后汉书·窦武传》:“长女选入掖庭,桓帝以为贵人。”

④外廷:即外朝,是相对于皇宫内(内廷)而言,指朝臣上朝和办公议事的地方。

⑤民力:指百姓的财力、物力、劳力。维艰:形容非常艰难困苦。

⑥国储:指国家的储蓄。

⑦敦朴:敦厚朴实,忠厚朴实。

⑧以一人治天下,不以天下奉一人:语出三国魏李萧远《运命论》:“故古之王者,盖以一人治天下,不以天下奉一人也。”

⑨训:法则。

【译文】

父皇训教说：我曾经听说明朝宫中，供养的宫女众多，掖庭内的宫人几乎有数千人。一个小小的营造工程，动辄花费上万两银子。现在我朝各宫中的宫女总人数，尚不如明朝嫔妃一宫中宫女多。我朝外朝的军需国用的费用，与明朝大致相当。至于宫廷日常的费用，我朝一年的费用还没有明朝一个月的多。这是因为我朝考虑到民力的艰难，考虑到国家储备的重要。我们祖先传下来的家法是以勤俭淳朴为生活作风的。古人曾经说过："可以由君主一人来治理天下，但不能以天下的财物来供奉君主一人。"我们要以此为行事法则，不敢有所违背啊！

4　训曰：原夫酒之为用，所以祀神也①，所以养老也②，所以献宾也③，所以合欢也④，其用固不可少。然而沉酣湎溺⑤，不时不节则不可⑥。是故先王因为酒礼⑦，宾主交错⑧，揖让升降⑨，温温其恭⑩，威仪反反⑪，立监佐史⑫，常以三爵为限⑬，况敢多饮乎？此先王之所以戒酒失也⑭。奈何今之人无故而饮，饮必醉而后已。富家子弟败家破产，身罹疾厄⑮，皆由于此；而贫穷者，才得几文便沽饮尽醉，行凶遭祸，抑何比比⑯。故《周书》以酒为诰⑰，而曰："我民用大乱丧德，亦罔非酒惟行⑱。"

【注释】

①祀神：祭祀神灵。

②养老：一种古代的礼制。选择年老而贤能的人，按时供给酒食，并加以礼敬。《礼记·王制》："凡养老，有虞氏以燕礼，夏后氏以飨礼，殷人以食礼，周人修而兼用之。"

③献宾：古代向宾客敬酒的一种礼制。《北堂书钞·礼仪部·飨宴

篇》"上公九献"条注引《周礼》曰:"大行人职,上公之礼飨九献,侯伯之礼飨七献,子男之礼飨五献。郑玄注曰:'飨,设盛礼饮宾也。'"

④合欢:一同欢乐。《礼记·乐记》:"故酒食者,所以合欢也。"

⑤沉酣(hān):原指饮酒尽兴、酣畅,引申为沉醉、沉浸陶醉。湎(miǎn)溺:指沉迷,无节制。

⑥不时不节:指不分时间、不加节制地饮酒。

⑦酒礼:古代关于饮酒的礼仪,亦指宴客之礼。《礼记·乐记》:"夫豢豕为酒,非以为祸也,而狱讼益繁,则酒之流生祸也。是故先王因为酒礼。一献之礼,宾主百拜,终日饮酒而不得醉焉,此先王之所以备酒祸也。"

⑧交错:古时祭祀完成后举行宴会时互相敬酒的程序。东西正对面敬酒为交,斜对面敬酒为错。《仪礼·特牲馈食礼》:"众宾及众兄弟交错以辩,皆如初仪。"

⑨揖让:作揖谦让,为古代宾主相见的礼节。《周礼·秋官·司仪》:"司仪掌九仪之宾客摈相之礼,以诏仪容、辞令、揖让之节。"升降:即上升与下降。古代天子、诸侯宴会宾客多在宫殿,宾客进入宫殿要上台阶,称为升殿;而宴请完毕,宾客退出宫殿时则要下台阶,故称降阶。

⑩温温其恭:柔和、谦恭的样子。

⑪威仪反反:威仪即指古代享祭等典礼中的动作仪节及待人接物的礼仪,反反即慎重,二者合起来是指仪态庄重的样子。《诗经·周颂·执竞》:"降福简简,威仪反反。既醉既饱,福禄来反!"

⑫监佐史:即先秦时期贵族酒宴上设立的酒监和佐史官,主要负责监督、记录饮酒礼仪。

⑬爵:古代贵族的饮酒器。

⑭酒失:醉酒后引发的过失。

⑮厄：指灾厄。

⑯比比：每每，常常，到处，处处。

⑰《周书》：《尚书》的一部分，其中有《酒诰》篇，主要是周叔对康叔的告诫。

⑱我民用大乱丧德，亦罔非酒惟行：语出《酒诰》。

【译文】

父皇训教说：原来酒的作用，主要是用来祭祀神灵的，用来敬奉老人的，用来招待宾客的，用来使大家宴会娱乐的，其用途固然不少。但是沉迷于酒中，以至于不分时间、毫无节制地饮酒就是不可以的。因此前代君主制定了酒礼，宾主相互敬酒、迎来送往时按照礼仪要求，都要柔和谦恭、态度庄重，并设立了酒监、佐史来监督酒礼的实行，常常以三杯为饮酒的极限，这样还敢多喝吗？这是前代君主禁止人们酒后乱德啊！奈何今天的人们无故饮酒，并且一定会喝醉。那些富家子弟败家破产，身患疾病，都是因为过度喝酒所致；而一些贫穷的人才得到几文钱就去买酒，喝得大醉，行凶或遭遇灾祸，这不是到处都能见到的吗？所以《周书》中专门写有《酒诰》，说："民众丧德作乱，无非是饮酒造成的。"

5　训曰：朕生性不喜价值太贵之物。出游之处，所得树根，或可观之石，围场所获野兽之角或爪牙[①]，以至木叶之类，必随其质而成一应用之器。即此观之天下之物，虽最不值价者，以作有用之器，即不可弃也。

【注释】

①围场：指围猎。

【译文】

父皇训教说：我天性不喜欢太贵重的东西。每次出游所到之处，得到的树根，或者可以观赏的石头，打猎时获得的野兽角或者爪牙，以至于树叶等物，必定随其质地制成一件实用的器物。就此来看，天下所有的东西，即使最不值钱的，也可以制成有用的器物，也不能随便丢弃。

6　训曰：产狮之西洋国极远，即彼处亦难得之，得则进贡中国。今西洋国进贡之狮，朕心以为无甚奇处，但念彼自极远处进奉，嘉其诚心①，不便发回，所以收养耳。朕不好奇物也。

【注释】

①嘉：赞许。

【译文】

父皇训教说：出产狮子的西洋国距离我国很远，狮子即使在当地也非常难以获得，猎获了就进贡给我们中国了。今天西洋国进贡的狮子，我心里并不觉得有什么奇特的地方，只是想到他们从非常远的地方进贡而来，赞许他们的诚心，不方便让他们再带回去，所以我就收养了。我不是喜好奇特的东西。

7　训曰：朕所居殿，现铺毡片等物，殆及三四十年而未更换者有之①。朕生性廉洁，不欲奢于用度也。

【注释】

①殆：大概，快要。

【译文】

父皇训教说：我所居住的宫殿内，现在铺的毡片等物，也有已经快三四十年而没有更换的。我生性廉洁，不想在生活上花费太多。

8　训曰：世之财物，天地所生，以养人者有限。人若节用[①]，自可有余；奢用[②]，则顷刻尽耳。何处得增益耶？朕为帝王，何等物不可用？然而朕之衣食毫无过费。所以然者，特为天地所生有限之财而惜之也。

【注释】

①节用：不过度使用，节省利用。《论语·学而》："节用而爱人，使民以时。"

②奢用：即过度利用，没有节制地使用。

【译文】

父皇训教说：世界上的财物，都是天地所生成，用来供养人们的是有限的。人如果能够节省使用，自然就可以有剩余的；如果过度使用，就会很快用光。哪里又可以增加呢？我作为帝王，什么东西不能用？然而，我穿的衣服，吃的饭菜，没有一丝一毫的过度浪费。之所以这样做，是因为天地之间生成的东西都是有限的而需要特别珍惜。

卷十

养生避险

【题解】

人生有顺境，也有逆境，有健康的时候，也有生病的时候，甚至还会遇到各种风险。因此，需要注意养生避险。康熙皇帝对此相当关注。他在《庭训格言》中反复强调要讲究卫生，养成良好的生活习惯，防病治病，防患于未然。他指出：养生之道，重在衣食。凡人饮食之类，当各择其宜于身者。所好之物，不可多食。节饮食，慎起居，是却病之良方。人于平日养身，以怯懦机警为上，未寒凉即增衣服，食物稍不宜即禁忌之，愈谨慎愈怯懦愈大益于身。居家在外，惟宜洁净，不要去秽恶之处。要居安思危，注意粮食安全和人身安全。此外，还要保持乐观的心态。

1　训曰：节饮食[①]，慎起居[②]，实却病之良方[③]。

【注释】

①节：节制。

②起居：即指人平时的作息、居止，代指日常生活。节饮食、慎起居都是古代医学养生的一种方式。《黄帝内经·素问·上古天真

论》:“食饮有节,起居有常。”

③却病:免除病痛。良方:有效的药方。

【译文】

父皇训教说:节制饮食,谨慎起居,实在是免除病痛最有效的办法啊。

2 训曰:凡人修身治性[①],皆当谨于素日[②]。朕于六月大暑之时[③],不用扇,不除冠[④],此皆平日不自放纵而能者也。

【注释】

①修身治性:即修身养性。指保持自己好的身体,养成自己好的品性。

②素日:平日,平素。

③大暑:农历二十四节气之一,大约在公历的每年七月二十三日或二十四日,此时我国大部分地区处于最热的时候。

④冠:即帽子。

【译文】

父皇训教说:大凡要修身养性之人,都应当在平日严谨小心。我即使在六月大暑最热的时候,也不用扇子,不摘掉自己的帽子,这些都是因为我在平日里不自我放纵才能坚持做到的。

3 训曰:汝等见朕于夏月盛暑不开窗,不纳风凉者,皆因自幼习惯,亦由心静,故身不热,此正古人所谓“但能心静即身凉”也[①]。且夏月不贪风凉,于身亦大有益。盖夏月盛阴在内[②],倘取一时风凉之适意,反将暑热闭于腠理[③],彼时不觉其害,后来或致成疾。每见人秋深多有肚腹不调者[④],皆因外贪风凉,而内闭暑热之所致也。

【注释】

①但能心静即身凉:语出唐白居易《苦热题恒寂师禅室》。

②盛阴:旺盛的阴气。《左传·襄公二十八年》:"以有时灾,阴不堪阳。"杜预注:"时灾,无冰也。盛阴用事,而温无冰,是阴不胜阳,地气发泄。"

③腠(còu)理:中医指皮肤、肌肉的纹理和皮下肌肉之间的空隙。《史记·扁鹊仓公列传》:"君有疾在腠理,不治将深。"

④肚腹:即指腹部。这里指肠胃。不调:失去协和。指有病。

【译文】

父皇训教说:你们看到我夏天暑热的时候也不开窗,不吹风纳凉,这既是因为我小时候就养成的习惯,也是我能够保持内心平静从而使身体不觉烦热,这正是白居易所说的"只要内心清静,身体自然就会凉爽"啊。而且夏天不贪风凉,对人的身体也是有好处的。因为夏天人体内会郁积大量的阴气,如果只因图一时凉爽舒适,反而容易将暑热之气封闭在体内而不得散发,当时不会立马感觉到不适,但时间长了就可能导致疾病发生。我常常见到深秋之时许多人肚子不舒服,这都是因为夏天贪图一时凉爽而将暑热之气封闭在体内,不断郁积而造成的。

4　训曰:凡人养生之道①,无过于圣人所留之经书,故朕惟训汝等熟习"五经""四书"、性理②,诚以其中凡存心养性立命之道③,无所不具故也。看此等书,不胜于习各种杂学乎④?

【注释】

①养生:即指通过一定的措施使身心得到滋补和休息。

②"五经""四书":儒家最重要的典籍。"五经"是指《易》《书》《礼》《诗》《春秋》五部书籍,"四书"则指《论语》《孟子》《大学》《中

庸》。南宋时，朱熹曾作《四书章句集注》，此后方有“四书”之称。性理：即人性和天理，是程朱理学中重要的理论，又称之为“性理之学”。他们提出“性即理也”的命题，认为万物产生之前理既已先天存在，由这个“理”产生天地万物，因此称其为“天理”，人的天性也是天理的表现之一。这里的“性理”则是指代程颐、程颢、朱熹等宋代理学大儒论述性理的著作。

③存心：保持赤子之心，保持儒家所指的恻隐之心、羞恶之心、辞让之心、是非之心。养性：即养育善良之性情，指儒家的仁、义、礼、智四种德性。二者都是儒家修身之法。《孟子·尽心上》：“存其心，养其性，所以事天也。”立命：是指修身养性，以奉天命。“存心养性立命”的意思是要求人们保持四心、培养四德，以便顺应天命。

④杂学：杂乱的学说。《尉缭子·治本》：“野物不为牺牲，杂学不为通儒。”

【译文】

父皇训教说：凡是人学习养生方法，没有哪一种能够超过阅读古圣人所遗留下来的各种经书的，所以我教导你们认真学习“五经”“四书”以及性理之学的书籍，实在是因为保持四心、培养四德、顺应天命的方法，在这些书中都能找得到。学习阅读这些书，难道不比研习各种杂乱学说更好吗？

5　训曰：尔等凡居家在外，惟宜洁净。人平日洁净，则清气着身[①]；若近污秽[②]，则为浊气所染，而清明之气渐为所蒙蔽矣。

【注释】

①清气：天空中清明之气，引申为光明正大之气。

②污秽：污浊、不干净的东西。

【译文】

父皇训教说：你们无论是居住在家还是出门在外，都应该干干净净。人平日清洁干净，身上自然就会产生一股清明正大之气；如果接近污浊肮脏的东西，就会沾染污浊之气，清明之气就会渐渐被污浊之气所蒙蔽。

6　训曰：大凡贵人皆能久坐[①]。朕自幼年登极以至于今，日与诸臣议论政事，或与文臣讲论书史，即与尔等家庭闲暇谈笑，率皆俨然端坐[②]，此乃朕躬自幼习成，素日涵养之所致[③]。孔子云："少成若天性，习惯如自然[④]。"其信然乎！

【注释】

①贵人：这里指地位高的人。

②俨（yǎn）然：矜持庄重的样子。

③涵养：滋润养育，培养。

④少成若天性，习惯如自然：语出汉贾谊《新书·保傅》："孔子曰：'少成若天性，习贯若自然。'"少成，指年少时养成的习性。

【译文】

父皇训教说：地位高贵的人大多都能长久坐着。我自幼年登极至今日，经常与大臣们议论政事，与文臣们讲解讨论经书史籍，即便与你们在家中闲坐谈笑时，我都会非常庄重地端坐着，这都是我自幼年学会的，平日里养成的习惯所致。孔子说："年少时养成的习性就像是天生就有的，习惯做的事情就像是自然而然为之。"确实是这样啊！

7　训曰：凡人处世，惟当常寻欢喜，欢喜处自有一番吉祥景象。盖喜则动善念，怒则动恶念。是故古语云："人生一善念，善虽未为而吉神已随之；人生一恶念，恶虽未为而凶神已随之[①]。”此诚至理也夫。

【注释】

①“人生一善念”几句：语出宋李昌龄《太上感应篇》：“夫心起于善，善虽未为而吉神已随之；或心起于恶，恶虽未为而凶神已随之。”吉神，即掌管吉善之神。凶神，凶恶的神。迷信传说，遇之则不吉。

【译文】

父皇训教说：大凡人们处世，应当经常寻找欢乐喜悦，欢乐喜悦之处自然有一番好的景象。这是因为欢乐的人常会产生和善的念头，而发怒则容易产生邪恶的念头。因此古人说：“人一旦有了善念，虽未做好事而吉神也会伴随他；人一旦有了邪念，虽未做坏事而凶神也会随之而来。”这实在是深刻的道理啊！

8　训曰：朕自幼不喜饮酒，然能饮而不饮。平日膳后，或遇年节筵宴之日[①]，止小杯一杯。人有点酒不闻者，是天性不能饮也。如朕之能饮而不饮，始为诚不饮者。大抵嗜酒则心志为其所乱而昏昧[②]，或致病疾，实非有益于人之物。故夏先后以旨酒为深戒也[③]。

【注释】

①年节：指春节及其前后的几天。筵（yán）宴：宴会，酒席。

②心志：志气，心意，心思毅力。昏昧（mèi）：昏庸愚昧，不明事理。

③夏先后：是指夏代的先王禹。相传夏禹时，仪狄酿酒，夏禹饮而甘之，但认为“后世必有以酒亡国者”，故“遂疏仪狄，绝旨酒”。旨

酒:即美酒。《诗经·小雅·鹿鸣》:“我有旨酒,嘉宾式燕以敖。”

【译文】

父皇训教说:我从小就不喜欢喝酒,但我是能喝而不喝。平日吃饭后或者过年设宴的日子里,我只以小杯饮一杯。有的人滴酒不沾,那是天生不能饮酒。像我这样能喝却不喝的,才是真正的不喝酒。大概爱好喝酒的人,其心志容易被酒所迷乱而变得昏庸不明,或者引起疾病,这就确实不是对人有益的东西。所以夏禹以美酒告诫后世。

9 训曰:礼义之心,人皆有之,未有安心为非而逆乎人道者也①。若或有之,不过百中一二。然此辈亦有所由起,或有负气而纵者②,或有使酒而纵者。夫负气者犹知顾忌,而使酒者竟毫无所畏,此非其人为之,而酒为之也。故古之圣王远焉,贤士戒焉。世之好饮者,乐酒无厌,心恒狂乱,遂至形骸颠倒③,礼法丧失,其为败德何可胜言?是故朕谆谆教饬尔等④,断不可耽于酒者⑤,正为伤身乱行,莫此为甚也。

【注释】

①人道:中国古代哲学中与“天道”相对的概念,多指人事、为人之道或社会规范。《礼记·丧服小记》:“亲亲,尊尊,长长,男女之有别,人道之大者也。”

②负气:赌气而做某件事。

③形骸(hái):指身体。颠倒:举止错乱,心神离乱。

④谆谆:耐心引导、恳切教诲的样子。饬(chì):教诲,教导。

⑤耽(dān):沉溺,入迷。

【译文】

父皇训教说:礼义之心,人人都有,没有人会心安理得地去做坏事,违犯社会道德规范。如果有这种人,也不过一百个人中仅有那么一两个而已。而且这类人这样做也是有原因的,有的是因与人赌气而纵容自己做坏事,有的是因为醉酒后放纵自己做坏事。那些因赌气而做坏事的人尚且有所顾忌,而那些因醉酒而做坏事的人则毫无畏惧,这并不是那个人愿意做而是酒使他做坏事。因而古代的圣王远离酒,贤士戒酒不喝。世上那些好喝酒的人,喜欢喝酒而永不满足,导致他们的心常常是狂躁混乱的,以至于举止错乱、心神离乱,丧失礼法,败坏道德,真是多的说不完啊！所以,我谆谆教导你们万万不可沉溺于酒,正是因为伤身乱行,没有比饮酒更严重的了。

10　训曰:人之养身,饮食为要,故所用之水最切[①]。朕所经历多矣,每将各地之水称其轻重,因知水最佳者,其分两甚重。若遇不得好水之处,即蒸水以取其露烹茶饮之。泽布尊旦巴胡突克图多年以来所用皆系水蒸之露也[②]。

【注释】

①最切:最为切要。

②泽布尊旦巴胡突克图:即哲布尊丹巴呼图克图。清朝外藩蒙古宗教领袖。

【译文】

父皇训教说:人保养身体,以饮食为紧要,因此所饮用的水最为切要。我所经历的地方很多了,常常把各地的水称重比较,因此知道最好的水其分量也最重。如果碰到没有好水的地方,就用蒸水的办法取露水来煎茶饮用。蒙古的泽布尊旦巴胡突克图多年以来所饮用之水,就是水蒸之露。

11　训曰:朕避暑时,曾于乌城、热河等处捕鱼[①],见侍卫执事人中年纪幼小者[②]，怜其未习于水，每怀怵惕[③]，故朕诸子，自幼俱令其习水，即习之未精者，较之若辈[④]，亦大不同，所以行船涉水总不为汝等牵挂也[⑤]。可见为人凡学一艺[⑥]，必于自身有益。我朝先辈尝言："一粒之艺于身有益。"诚谓是与！

【注释】

①乌城：应在热河承德避暑山庄附近。康熙时，揆叙《益戒堂诗集·乌城新庄赐宴纪恩诗并序》曰："乌城新庄者，南抱长城，北连大漠，壮神京之肩背，控贡道之咽喉。岭复山重，水深土厚。皇上仰观俯察，叶天地之清宁，养性怡情，符知仁之乐寿。于是选兹名胜，爰事经营……诚九夏之乐邦，三庚之胜地矣。"由此可知，乌城应在长城以北，距离北京城不远的某地，这里环境优美，故而自康熙时成为清帝避暑之地。热河：在今河北承德。

②执事人：主管具体事务者，仆役。

③怵惕（chù tì）：警惕戒惧。《孟子·公孙丑上》："所以谓人皆有不忍人之心者，今人乍见孺子将入于井，皆有怵惕恻隐之心。"

④若辈：这些人，这等人。

⑤行船涉水：在河流中驾驶船只，或者脚踏入水中蹚河而过。

⑥艺：才能，技能，技术。

【译文】

父皇训教说：我避暑时，在乌城、热河等地捕鱼，看到侍卫、仆役之人中有年纪比较小的，怜惜他们不会游泳，每次靠近水边往往会非常害怕警惕，因此我的儿子们从小都令他们练习游泳，即使练习不精的，也与这些人大不相同，所以你们驾船、过河，我总不用为你们担心。可见，做人只要学一门技艺，必定会对自身有好处的。我朝有前辈曾说过："一点儿非常小的技艺，对自身也是有好处的。"确实是这样啊！

12　训曰：我等时居塞外[①]，常饮河水。然平时不妨，但夏日山水初发，深当戒慎[②]。此时饮之，易生疾病。必得大雨一二次后，山中诸物尽被涤荡[③]，然后洁清可饮。

【注释】

①塞外：古指长城以北地区，也称“塞北”。

②戒慎：警惕而谨慎。

③涤（dí）荡：冲洗，清除。

【译文】

父皇训教说：我等时时居住在塞外，经常会直接饮用河水。这在平时没有什么妨碍，但在夏天山中河流最开始发水时，就应当谨慎小心了。这个时候直接饮用河水，就容易生病。必须要等到下过一两次大雨之后，山中的污秽之物都被冲刷干净，河水变得干净了，才可以直接饮用。

13　训曰：朕每岁巡行临幸处[①]，居人各进本地所产菜蔬，尝喜食之。高年人饮食宜淡薄。每兼菜蔬食之则少病，于身有益。所以农夫身体强壮，至老犹健者，皆此故也。

【注释】

①临幸：古代指帝王亲自到某地。

【译文】

父皇训教说：我每年巡视到过的地方，当地居民都会进奉本地所产蔬菜，我会很高兴地品尝。老年人的饮食应该清淡一些。每顿饭都吃些蔬菜则会少生病，对身体健康也有好处。所以那些农夫们身体强壮，到老年身体还很健康，都是因为经常吃蔬菜的缘故。

14　训曰：诸样可食果品[①]，于正当成熟之时食之，气味甘美，亦且宜人。如我为大君[②]，下人各欲尽其微诚[③]，故争进所得，初出鲜果及菜蔬等类，朕只略尝而已，未尝食一次也，必待其成熟之时，始食之。此亦养身之要也。

【注释】

①果品：水果类和干果类。

②大君：即指天子、君主。《周易·师卦》："大君有命，开国承家，小人勿用。"

③微诚：微小的诚意。

【译文】

父皇训教说：各种可以食用的果品，在正当成熟时吃，就会品尝到香甜的味道，也会使人感到愉快。如我作为天子，下面的人都想向我表示他们的忠诚，因此争相向我进献他们刚摘的新鲜水果和蔬菜等，我只是稍微品尝一下，从未吃一次，一定会等到这些水果、蔬菜成熟时才会食用。这也是养身的要点。

15　训曰：老者尝云：人至高年，则不能耐暑。朕于此言常在疑信之间，厥后年至五旬即不能耐暑[①]，些须受热则内烦闷而不能堪。细思其故[②]，盖由人年壮血气强盛[③]，水火平均[④]，所以不显；年高血气衰败，水不能胜火，故不能耐暑。尔等此时还不在意，至年渐高自觉之矣。

【注释】

①厥后：之后，以后，其后。

②细思：仔细想。

③血气：指元气，精力。

④水火：都是五行之一，水曰润下，火曰炎上。古代中医以金木水火土五行为基础，将人的五脏与五行对应，根据五行相生相克的特点对人体病理进行解释，认为五行协和平均则身体健康，五行失衡就有疾病。

【译文】

父皇训教说：老年人曾经说过：人到了年纪大的时候，就不能耐热了。我对这句话以前经常半信半疑，后来我年龄到了五十岁就不能耐热，受到一点热体内就感觉烦闷不能忍受。仔细想其中的缘故，大概是由于人在壮年时血气旺盛，水火平均，所以就不显；而年纪大了以后，血气衰退，水不能胜火，故而不能耐热。你们现在还不在意，等到年纪渐渐大了，自然就会感觉到了。

16 训曰：有人见朕之须白，言有乌须良方[①]。朕曰：我等自幼凡祭祀时尝以“须鬓至白、牙齿尽黄”为祝，今幸而须鬓白矣，不思福履所绥[②]，而反怨老之已至，有是理乎？

【注释】

①乌：意为“使……变黑”。

②绥（suí）：安抚。

【译文】

父皇训教说：有人看见我胡须白了，就说他有使胡须变黑的好方子。我说：我们自幼只要祭祀时，常常以“胡须鬓发变白，牙齿都黄”为祝词向神灵祈祷，现在我们幸而胡须鬓发都白了，不去想这是福禄来安抚自己，反而抱怨自己已经老了，有这样的道理吗？

17 训曰：我朝先辈有言：“老人牙齿脱落者，于子孙有益。”此语诚然。数年前朕诣宁寿宫请安[1]，皇太后向朕问治牙痛方，言：“牙齿动摇，其已脱落者则痛止，其未脱落者痛难忍。”朕因奏曰：“太后圣寿已逾七旬[2]，孙及曾孙殆及百余，且太后之孙已须发将白而牙齿将落矣，何况祖母享如是之高年。我朝先辈常言：‘老人牙齿脱落于子孙有益。’此正太后慈闱福泽绵长之嘉兆也[3]。”皇太后闻朕之言，欢喜倍常[4]，谓朕言极当，称赞不已，且言：“皇帝此语，凡如我老媪辈皆当闻之而生欢喜也[5]。”

【注释】

①宁寿宫：明清时期紫禁城内的宫殿名。

②七旬：即七十岁。十岁为一旬。

③慈闱：亦作“慈帏”或“慈帷”。本是母亲的代称，封建时代以皇后母仪天下，故亦称皇后。

④倍常：超过正常的程度。

⑤老媪（ǎo）：年老的妇人。

【译文】

父皇训教说：我朝的前辈说过：“老年人牙齿脱落者，对子孙有好处。”这句话说得很对。数年前，我去宁寿宫向皇太后请安，皇太后问我有没有治牙痛的药方，说：“牙齿有的晃动，已经脱落的就不痛了，而那些尚未脱落的就疼痛难忍。”我因而回奏说：“太后您长寿已经超过七十岁了，孙子及曾孙都已有一百多个，而且太后的孙子都有胡须头发变白、牙齿将要脱落的了，何况您作为祖母享有如此高寿呢？我朝的前辈曾说过：‘老人牙齿脱落，对子孙有益。’这正是您的福寿恩泽长远的好兆头啊。”皇太后听了我的话，非常高兴，说我的话对极了，因而不停地称赞，并且说：“皇帝这话，凡是像我这样的老年妇女都应当听听而且会心生欢喜的。”

18　训曰：凡人饮食之类，当各择其宜于身者。所好之物，不可多食。即如父子兄弟间，我好食之物，尔则不欲；尔不欲食之物，我强与汝以食之，岂可乎？各人所不宜之物，知之即当永戒。由是观之，人自有生以来，肠胃自各有分别处也。

【译文】

父皇训教说：凡是人们吃的食物，都应当各自选择适合自己身体的。每个人喜欢的食物，都不可多吃。就像父子兄弟之间，我喜欢吃的东西，你就不喜欢吃；你不想吃的食物，我强迫给你吃，难道可以吗？各人不适宜吃的食物，知道了就应当永远戒止。由此来看，人自出生以来，肠胃的喜好各有不同的地方。

19　训曰：人果专心于一艺一技，则心不外驰①，于身有益。朕所及明季人与我国之耆旧善于书法者②，俱寿考而身强健③；复有能画汉人或造器物匠役，其巧绝于人者，皆寿至七八十，身体强健，画作如常。由是观之，凡人之心志有所专，即是养身之道。

【注释】

①外驰：向外流失，向外分散。

②明季：明朝末年。耆旧：老年人。

③寿考：长寿，高寿。《诗经·大雅·棫朴》："周王寿考，遐不作人。"

【译文】

父皇训教说：一个人如果能专心于某一技艺，他的心神就不会向外分散，对于身体健康是有好处的。我见到的一些明末人与我朝老年人中善于书法的，都很长寿而且身体强壮、健康；又有那些能画画的汉人或者制造器物的工匠，他们的技巧超过别人，也都活到七八十岁，身体还很强壮健康，画画、作工像平常人一样。由此来看，一个人的心思如有所专，就是养身的办法。

20　训曰：养生之道，饮食为重。设如身体微有不豫[1]，即当节减饮食，然亦惟比寻常稍减而已。今之医生一见人病，即令勿食，但以药物调治。若或内伤，饮食者禁之犹可，至于他症，自当视其病由，从容调理，量进饮食，使气血增长。苟于饮食禁之太过，惟任诸凡补药，鲜能资补气血而令之充足也。养身者宜知之。

【注释】

①设如：假如，譬如。不豫：身体不舒服，引申为有病。《史记·鲁周公世家》："武王有疾，不豫，群臣惧。"

【译文】

父皇训教说：养生之道，饮食最为重要。假如身体稍微有小病，就应当节减饮食，然而也只是比寻常稍微减少一点而已。今天的医生，一看到人生病了，就让人不要吃饭，只用药物进行调理治疗。若是患有内伤，禁止吃饭尚且可以，至于其他病症，应该根据发病的原因，慢慢调养，适量进食，使气血增长，身体恢复。如果过分禁食，只靠各种补药滋养，很少能资补气血使身体强健。养身者应该知道这些。

21　训曰：朕从前曾往王大臣等花园游幸[1]，观其盖造房屋率皆效法汉人，各样曲折槅断[2]，谓之套房[3]。彼时亦以为巧，曾于一两处效法为之，久居即不如意，厥后不为矣。

尔等俱各自有花园，断不可作套房，但以宽广弘敞居之④，适意为宜。

【注释】

①游幸：指帝王或后妃外出到某地游玩。

②槅（gé）断：指用隔断板把房屋或器物分成更多的空间。

③套房：组合成套的房屋。这里是指清代富贵人家住宅中与正房通连的小房间，属于正房的一部分，但没有直通外面的门。

④弘敞：高大宽敞。

【译文】

父皇训教说：我以前曾经到过一些王大臣的花园游玩，看到他们建造房屋大多效法汉人，房屋内设置有各种样式曲折往还的隔板，组合成套房。那时候也以为巧妙，曾在一两处仿照建成套房，居住时间长了就觉得不满意，以后就不再建套房了。你们各自也都有花园，绝不可再建套房了，只要住着高大宽畅，自在舒适就可以。

22　训曰：春夏之时，孩童戏耍在院中无妨，毋使坐在廊下。此老年人尝言之也。

【译文】

父皇训教说：春天和夏天的时候，孩童们在院子中玩耍没有什么妨碍，不要使他们坐在屋廊下。这是老年人曾经说过的话。

23　训曰：古人尝言："三年耕必有一年之积，九年耕必有三年之积①。"此先事预防之至计②，所当讲求于平日者。近见小民蓄积匮乏，一遇水旱，遂致难支。此皆丰稔之年[3]，粒米狼戾[4]，不能储备之故也。国计若是[5]，家计亦然[6]。故凡家有田畴[7]，足以赡给者[8]，亦当量入为出[9]，然后用度有准[10]，丰俭得中[11]，安分养福[12]，子孙常守。

【注释】

①三年耕必有一年之积，九年耕必有三年之积：语出《礼记·王制》。原文为："国无九年之蓄曰不足，无六年之蓄曰急，无三年之蓄曰国非其国也。三年耕，必有一年之食；九年耕，必有三年之食。以三十年之通，虽有凶旱水溢，民无菜色，然后天子食，日举以乐。"

②至计：最好的计策、办法，根本大计。

③丰稔（rěn）：农作物丰熟，富足。

④粒米狼戾（lì）：谷粒撒得满地都是。形容粮食充盈。语出《孟子·滕文公上》："乐岁粒米狼戾，多取之而不为虐，则寡取之；凶年，粪其田而不足，则必取盈焉。"粒米，即粟米之粒。狼戾，即狼藉，散乱堆积。

⑤国计：国家的经济，国家的财富。《荀子·富国》："如是则上下俱富，交无所藏之，是知国计之极也。"

⑥家计：即家庭的生计、经济状况。《晋书·甘卓传》："吾家计急，不得不尔。"

⑦田畴（chóu）：指田地。

⑧赡（shàn）给：周济救助。

⑨量入为出：根据收入情况确定支出限度。语出《礼记·王制》："以三十年之通制国用，量入以为出。"

⑩用度：费用，开支。

⑪丰俭：指生活的丰盛与俭朴。

⑫安分：守规矩，安于本分。养福：保持幸福。这里是指积累福分。

语出《左传·成公十三年》:“能者养之以福,不能者败以取祸。”

【译文】

父皇训教说:古人曾经说:“耕种三年就会蓄积起够一年食用的余粮,耕种九年的话就能蓄积起够三年食用的余粮。”这是预防荒年的最好办法,平日里就应该做好。近来看到平民百姓家中蓄积匮乏,一旦遇到水旱灾害,就难以维持生活。这都是因为在丰收的年份,虽然粮食充盈,却不能及时储备粮食的缘故。国家的经济是这样,百姓家中的经济也是这样的。因此只要家里有田地足以供给生活的,也应当根据收入情况确定支出限度,然后开支有标准,丰盛与俭朴适中,安守本分而积累福分,子孙长久持守家业。

24 训曰:朕南巡数次,看来大江以南[1],水土甚软,人亦单薄。诸凡饮食,视之鲜明奇异,然于人则无补益处。大江以北,水土即好,人亦强壮,诸凡饮食亦皆于人有益。此天地间水土一定之理。今或有北方人饮食执意效南方,此断不可也。不惟各处水土不同,人之肠胃亦异,勉强效之,渐至于软弱,于身有何益哉!

【注释】

①大江:即长江。

【译文】

父皇训教说:我前往江南巡幸多次了,看到长江以南地区,水土很软,人也长得比较单薄。各种饮食,看着非常鲜艳明亮、造型奇特怪异,然而对于人的身体则没有什么好处。长江以北地区,水土就很好,人也长得很强壮,各种饮食也都对人有益处。这是天地之间的水土分布都有一定规律。现在有北方人坚持要模仿南方人的饮食习惯,这绝不可以。

不仅各地的水土不相同,各地人的肠胃也不相同,如果勉强模仿,体质就会逐渐变弱,对人的身体有什么好处呢?

25　训曰:人于平日养身,以怯懦机警为上[①],未寒凉即增衣服,所食物稍不宜即禁忌之[②],愈谨慎愈怯懦则大益于身。但观老大臣辈尽皆如此[③]。朕每见伊等,常以"机心"戏之[④]。然机心第不用之于他处,若各用之于养身,其有益无比也。

【注释】

①怯懦:胆小怕事。这里是指小心谨慎。机警:观察敏锐,反应迅速。

②禁忌:禁止或忌讳。

③老大臣:即年老的大臣。

④机心:机巧的心思,巧诈诡变的心。《庄子·天地》:"有机事者,必有机心。机心存于胸中,则纯白不备。"

【译文】

父皇训教说:人在平日里养身,以小心敏锐为上策,天气还没有寒冷的时候就及时增添衣服,所吃的东西稍微有不适宜的就要禁止,越谨慎小心,对身体越有大好处。只要看看那些年老的大臣,他们都是这样做的。我每次见到他们,常常和他们开玩笑说他们有"机心"。但是机心不能用在其他地方,如果是用在养身上面,好处是其他方法不可比的。

26　训曰:汝等皆系皇子、王、阿哥富贵之人,当思各自保重身体。诸凡宜忌之处,必当忌之。凡秽恶之处[①],勿得身临[②]。譬如出外所经行之地,倘遇不祥、不洁之物,即当遮掩躲避。古人云:"千金之子,坐不垂堂[③]。"况于尔等身为皇子者乎？

【注释】

①秽恶：肮脏，污秽。

②身临：亲自到达某个地方或处于某种环境中。

③千金之子，坐不垂堂：语出《史记·袁盎晁错列传》："臣闻千金之子坐不垂堂，百金之子不骑衡，圣主不乘危而徼幸。"千金之子，指富贵人家的子弟。垂堂，堂屋屋檐下，有檐瓦坠落伤人之险。后比喻危险的境地。

【译文】

父皇训教说：你们都是皇子、亲王、阿哥等富贵之人，应该想着保重自己的身体。各种应该忌讳的地方，都应当禁忌。凡是肮脏不干净的地方，不要亲自前去。譬如外出到了某地，遇到不吉祥、不干净的东西，就应当立即遮掩躲避。古人说："富贵之人，不要坐在堂屋屋檐下。"况且你们都身为皇子呢？

27　训曰：为人上者，居处宫室虽贵洁净，然亦不可太过成癖。尝见有人过于好洁，其所居之室一日扫除数次，家下人着履者皆不许入，衣服少有沾污即弃而不用，亲属所馈饮食俱不肯尝。此等人谓之犯洁癖，久之反为身累[①]。盖其性情识见鄙隘已甚[②]，实非正心修身之大道[③]。特语尔等知之。

【注释】

①身累：身体的累赘。

②鄙隘：鄙陋狭隘。

③正心：使人心归向于正。语出《大学》："古之欲明明德于天下者，

先治其国。欲治其国者，先齐其家。欲齐其家者，先修其身。欲修其身者，先正其心。欲正其心者，先诚其意。欲诚其意者，先致其知。”

【译文】

父皇训教说：作为上等人，居住的宫室虽然贵在保持整洁干净，然而也不要过分爱洁净而成为癖好。我曾经见过有人过于爱好干净，所住的屋子每天都要打扫数次，家中下人穿鞋的都不允许进入，衣服上稍微有污渍就抛弃不再穿了，亲戚赠送的食物都不肯品尝。这类人，就是犯了洁癖，时间久了就成为身体的累赘。大概他们的性情见识也都会变得非常鄙陋狭隘，实在不是正心修身的大道。我特地告诉你们知道这些。

28　训曰：凡人养身，重在衣食。古人云：“慎起居，节饮食。”然而衣服之系于人者，亦为最要。如朕冬月衣服宁过于厚而不用火炉，所以然者，盖为近火则衣必薄，出外行走必致感寒①，与其感寒而加服，何如未寒而先进衣乎？

【注释】

①感寒：指因感受到寒邪之气所致的病症。

【译文】

父皇训教说：凡是人们养身，重点在于穿衣、饮食两件事情上。古人说：“要谨慎起居，节制饮食。”然而穿衣对于人们养身也是最重要的。像我冬天宁肯穿很厚的衣服，也不愿使用火炉，之所以这样做，是因为靠近火炉穿的衣服必然会比较薄，外出行走的时候一定会因受寒而生病，与其等到生病后再增加衣服，为何不在没有生病的时候就先增加衣服呢？

29　训曰：朕出猎在外，虽遇极寒时，不下帽檐，面庞耳轮一次未冻[①]。然而寻常在家，衣必厚实。盖出猎在外，必预防寒冷；若寻常居家，偶尔出行，忽感寒气者有之。宜常防范。

【注释】

①耳轮：耳郭的边缘，下连耳垂，可指代耳朵。

【译文】

父皇训教说：我打猎在外，即使遇到非常寒冷的时候，也不放下帽檐，但是面庞、耳朵一次也没有冻伤过。然而平常在家，衣服必定会穿得厚实。因为打猎在外，一定会做好预防寒冷的措施；而如果平常在家，偶尔外出行走，或许会突然受到寒气的侵袭。应该经常加以防范。

30 训曰：曩者一时作兴吹筒[①]，吹者甚多。朕亦尝试之，不济于用，且甚伤人气[②]，近来皆不用矣。与其用无益之物，何若暇时熟习弓马，不亦善乎？

【注释】

①作兴：兴起，时兴，流行。吹筒：一种捕捉虫鸟的工具，类似觱篥。

②人气：指人的意气、气息、心气。

【译文】

父皇训教说：以前一时兴起过一种吹筒，吹的人很多。我也曾尝试吹过，不怎么好用，而且还很损伤人气，近来人们都不使用了。与其用这种没用的东西，何不在闲暇时练习骑马射箭，不也是很好吗？

31 训曰：朕用膳后必谈好事[①]，或寓目于所作珍玩器皿[②]，如是则饮食易消，于身大有益也。

【注释】

①好事：这里是指令人高兴的事。

②寓目：注目，过目。

【译文】

父皇训教说：我吃过饭后一定会谈一些使人高兴的事情，或者看一些所制作的珍玩器皿，如此就有利于饮食消化，对于身体也是大有好处的。

32　训曰：人于凡事能顺理之自然，则于身有益。朕今年高齿落殆半[①]，诸凡食物，虽不能嚼，然朕心所欲食者，则必烹烂[②]，或作醢酱[③]，以为下饭[④]，并无一念自怨衰老。有自幼随朕近侍，时常以齿落身衰不得食诸美味，行走之处不能及人为恨，每向人前诉苦。此皆由于见理未明，不能顺其自然之故也。朕鉴夫此，惟宽坦从容[⑤]，以自颐养而已。

【注释】

①殆（dài）：大概，几乎。

②烹（pēng）烂：即煮烂。

③醢（hǎi）酱：即肉酱。

④下饭：用菜肴就饭吃。

⑤宽坦从容：形容心胸宽大平易而不焦躁。

【译文】

父皇训教说：人对于所有事情能够顺应自然之理，那么对于身体是非常有好处的。我现在已经年纪大了，牙齿掉落快一半了，所有的食物虽然不能嚼动，然而我心里想吃的东西，就一定要煮烂或者做成肉酱来就着吃饭，并没有一点哀怨自己衰老的想法。有从小就随从服侍我的人，经常以牙齿掉落身体衰弱不能吃各种美食、行走不能跟上别人为恨事，每每在别人面前诉说自己的痛苦。这都是由于不明道理，不能顺应自然的缘故。我对于这些，只是放宽心态，坦然处之，以此来调养自己的身体而已。

33　训曰：朕自幼所读之书，所办之事，至今不忘。今虽年迈，记性仍然，此皆素日心内清明之所致也。人能清心寡欲①，不惟少忘，且病亦鲜也。

【注释】

①清心寡欲：去除内心的杂念，减省对外物的欲求，保持心境清澄宁定。

【译文】

父皇训教说：我从小读过的书，所办的事情，至今都没有忘记。现在虽然年老，记性仍然很好，这都是平日内心清澈明亮所致。人如果能够去除内心的杂念，减少对外物的欲求，不仅会少忘记事情，而且生病也会减少。

34　训曰：孔子云："君子有三戒：少之时血气未定，戒之在色；及其壮也，血气方刚，戒之在斗；及其老也，血气既衰，戒之在得①。"朕今年高，戒色、戒斗之时已过，惟或贪得，是所当戒。朕为人君，何所用而不得，何所取而不能，尚有贪得之理乎？万一有此等处，亦当以圣人之言为戒。尔等有血气方刚者，亦有血气未定者，当以圣人所戒之语各存诸心，而深以为戒也。

【注释】

①“君子有三戒”几句：语出《论语·季氏》。得，即贪得，指贪求名誉、地位、金钱等。

【译文】

父皇训教说：孔子说：“君子有三件事需要戒备：年轻的时候，血气不稳定，要禁戒贪恋女色；到了壮年，血气正当旺盛刚强，需要禁戒逞强好斗；到了老年，血气开始衰竭，需要禁戒贪得。”我现在年纪大了，戒色、戒斗的年龄已经过去了，只有贪得是应当禁戒的。我作为帝王，想用什么而不能得到，想拿什么而不能取得，尚且还有贪得的理由吗？万一有这样的事情，也应当用圣人的话来戒励自己。你们有血气正旺的人，也有血气不稳定的人，应当将圣人告诫的话记在心里，深深引以为戒。

35　训曰：人有病请医疗治，必以病之始末详告，医者乃可意会[①]，而治之亦易。往往有人不以病原告之[②]，反试医人之能识其病与否，以为论难[③]，则是自误其身矣。又病各不同，有一二剂药即瘳者[④]，亦有一二剂药不能即瘳者，若急望效，以一二剂药不见病减，频换医人，乃自损其身也。凡人皆宜记此。

【注释】

①意会：不明说而领会。

②病原：即生病的原因。

③论难：诘难，辩驳争论，用问题难倒对方。

④瘳（chōu）：病愈。

【译文】

父皇训教说：人有病时要请医生治疗，必须要把生病的缘由过程都详细地告诉医生，医生才会了解病情，治疗起来也会变得容易。往往有人不把病因告诉医生，反而试验医生能不能诊断出的他的病情，以此来为难医生，这样做是自己耽误自己的身体呀。另外，每个人的病情各不相同，有些病用一两剂药就能治好，有的一两剂药不能治好。如果急于看到疗效，使用一两剂药不见病情减轻，就频繁更换医生，这是自己损害自己的身体。所有的人都应该记住这一点。

36　训曰：古人有言："不药，得中医[①]。"非谓病不用药也，恐其误投耳[②]。盖脉理至微[③]，医理至深[④]。古之医圣、医贤无理不阐，无书不备。天良在念[⑤]，济世存心[⑥]，不务声名，不计货利[⑦]，自然审究详明[⑧]，推寻备细[⑨]，立方切症[⑩]，用药通神[⑪]。今之医生，若肯以应酬之工用于诵读之际，推求奥妙，研究深微，审医案[⑫]，探脉理，治人之病，如己之病，不务名利，不分贵贱，则临症必有一番心思[⑬]，用药必有一番识见，施而必应，感而遂通，鲜有不能取效者矣[⑭]。延医者慎之。

【注释】

①不药，得中医：语出《汉书·艺文志·经方》。原文为："经方者，本草石之寒温，量疾病之浅深，假药味之滋，因气感之宜……及失其宜者，以热益热，以寒增寒，精气内伤，不见于外，是所独失也。故谚曰：'有病不治，常得中医。'"得中医，即得中医理，符合医理。

②误投：即误投药，错用药。

③脉理：脉搏的状态。《后汉书·方术传下·华佗传》："脉理如前，是两胎。先生者去，血多，故后儿不得出也。"

④医理：指医学上的道理或理论知识。

⑤天良：即人的良心，与生俱有的良心善性。

⑥济世：救世，济助世人。

⑦货利：即财货利益。

⑧审究：审问查究，仔细研究。

⑨推寻：推求研究。备细：详情，详细的。

⑩立方：即开药方。切症：切合病症。

⑪通神：通于神灵，形容本领极大、才能非凡。这里指用药非常有效，犹如神灵一般。

⑫医案：中医治病时对有关症状、处方、用药等的记录。

⑬临症：指诊断和治疗疾病。

⑭取效：即收效，取得效果。

【译文】

父皇训教说：古人曾经说过："不吃药，才符合医理。"这不是说病了不吃药，是害怕人们吃错药。因为人的脉搏是非常微弱的，医理是非常深奥的。古代的医圣、医贤，没有一种病理没有阐述明白，没有一种医书没有写出。医生在治病时，时刻想着自己的良心，保持着救人苦难的理念，不追求个人声名，不计较得到钱财的多少，自然就会仔细地研究病情，详细地推求病因，开出的药方切合病症，用药的效果非常好如同有神一般。现在的医生，如果肯把人际应酬的功夫用在诵读医书上，推求书中的奥妙之处，研究书中高深微妙的含义，审读医案探求脉理，医治别人的病就像为自己治病一样，不追求名利，不分病人的高贵与贫贱，那么面对各种病症一定会有一番思考，用药时一定会有自己的见识，用药一定会有效应，所感一定可以顺通，少有不能取得疗效的。延请医生一定要慎重。

37　训曰：医药之系于人也，大矣。古人立方，各有定见[①]，必先洞察病源[②]，方可对症施治。近世之人，多有自称家传妙方可治某病，病家草率遂求而服之，往往药不对症，以致误事不小。又尝见药微如粟粒[③]，而力等大剂，此等非金石之酷烈[4]，即草木中之大毒。若或药投其症，服之可已；万一不投，不惟不能治病，而反受其害。其误人也，可胜言哉。孔子曰："某未达，不敢尝[5]。"正为此也。

【注释】

①定见：确定的见解或主张。

②洞察：看穿，观察得很透彻。

③粟粒：指谷物的颗粒，或指粟粒状之物。

④金石：古代指有水银、硝石等炼制的丹药。酷烈：极其猛烈。

⑤某未达，不敢尝：语出《论语·乡党》。原文为："康子馈药，拜而受之，曰：丘未达，不敢尝之。"

【译文】

父皇训教说：医药对于人的关系非常重大。古人开药方，每个人都有自己确定的见解，一定要先看透发病的根源，才能对症进行治疗。近代的人，许多人都自称有家传的妙方可以治疗某种疾病，病人草率求取而服药，往往药不对病症，以致耽误了治疗。又曾见到过药像粟米一样小，而药力却和大剂量的药一样，这等药不是金石丹药这种极其猛烈的药物，就是草木中毒性比较大的。如果药物刚好对上病症了，服用了还可以治好病；万一药不对病症，不但不能治病，反而会再受其害。这类药耽误人的情况可以说得完吗？因此，孔子说："我不了解药性，不敢吃。"正是因为这个啊。

38　训曰：灸病者非美事[1]，而身亦徒苦。朕年少时常灸病，厥后受亏[2]，即艾味亦恶闻矣[3]，闻即头痛。徒灸无益，尔等切记，勿轻于灸病也。

【注释】

①灸：中医的一种疗法。用燃烧的艾绒熏灼人体的穴位。

②受亏：吃亏，受损失。

③艾味：即艾草的味道。

【译文】

父皇训教说：用灸治病并不是好事，只是白白让身体受灼烧之苦。我年轻时曾经用灸治病，后来受到伤害，就是艾草的味道也讨厌闻到，一闻就会头痛。只用灸对治病没有好处，你们一定要牢记，不要轻易用灸治病。

39　训曰：孟子云："持其志，无暴其气[①]。"人欲养身，亦不出此两言。何也？诚能无暴其气，则气自然平和；能持其志，则心志不为外物所摇，自然安定。养身之道，犹有过于此者乎？

【注释】

①持其志，无暴其气：语出《孟子·公孙丑上》。持，保持，守护，使之坚定。暴，即乱。

【译文】

父皇训教说：孟子说："人应当正持其心志，不要意气用事。"人要想养身，也不要超出这两句话。这是为什么呢？若真的能够不随便意气用事，那么心气自然就能够平静和缓；若能正持自己的心志，那么心志就不会被外物所动摇，自然就会安静稳定。养身之道，还有超过这个的吗？

40　训曰：大雨雷霆之际[①]，决毋立于大树下。昔老年人时时告诫，朕亲眼常见，汝等记之。

【注释】

①雷霆（tíng）：疾雷，洪大而急发的雷声。《周易·系辞上》：“鼓之以雷霆，润之以风雨。”

【译文】

父皇训教说：在大雨打雷的时候，绝对不能站在大树底下。以前老年人时时告诫，我也亲眼常见，所以你们一定要记住。

41 训曰：出外行走，驻营之处最为紧要。若夏秋间雨水可虑①，必觅高原，凡近河湾及洼下之地，断不可住。冬春则火荒可虑，但觅草稀背风处，若不得已而遇草深之地，必于营外周围将草刈除②，然后可住。再有，人先曾止宿之旧基不可住。或我去时立营之处，回途至此，亦不可再住。如是之类，我朝旧例，皆为大忌。

【注释】

①可虑：此指需要顾虑。

②刈（yì）除：割掉，除去。

【译文】

父皇训教说：在外行军，大营驻扎地方的选择最为重要。如果在夏季和秋季雨水是需要顾虑的，必须找一个地势高敞的平地，那些靠近河湾的地方或者是洼地，断然不能扎营。在冬天和春天火灾是需要顾虑的，只要找一个荒草稀少且背风的地方，如果不得已驻扎在草深的地方，一定要把军营周围的荒草给割除掉，然后才可以驻扎。再有，别人曾经扎营过的旧址，不可在此驻扎。或者我军去时立营的地方，回来的时候也不能再驻扎。像这类事情，按照我朝旧例，都是行军时的大忌。

42　训曰：走远路之人，行数十里，马既出汗，断不可饮之水。秋季犹可，春时虽无汗亦不可令饮。若饮之，其马必得残疾。汝等切记。

【译文】

父皇训教说：骑马走远路的人，行走数十里后，马就会出汗，这时绝不能给马喂水喝。如果马没有出汗，秋天时可以让它喝水，但是在春天，即使马未出汗，也不能让它喝水。如果这时使其饮水，马一定会留下残疾。你们一定要记住这些。

43　训曰：行围打牲[①]，必用鸟枪。而鸟枪火药，最宜小心。大概一两火药，可以烘动二三间房屋，如或一斤则其力不可言矣。我知之最切，且闻之亦多。是故训尔等，用鸟枪时，各宜小心谨慎也。

【注释】

①行围：清代猎场围制的一种，满语称“阿达密”。打牲：捕杀猎物。

【译文】

父皇训教说：行围打猎的时候，必定要用到鸟枪。可是，鸟枪所装填的火药，最应该小心。大约一两火药，就可以轰动两三间房屋，若是一斤火药，那么它的威力就不可预测了。我知道得最深切，而且听说的也很多。因此训教你们，使用鸟枪时，各自都应该小心谨慎。

44　训曰：国初人多畏出痘[①]，至朕得种痘方[②]，诸子女及尔等子女皆以种痘得无恙[③]。今边外四十九旗及喀尔喀诸藩俱命种痘[④]。凡所种，皆得善愈。尝记初种时，年老人尚以为怪，朕坚意为之，遂全此千万人之生者[⑤]，岂偶然耶？

【注释】

①痘：即天花，是一种死亡率极高的急性发疹性传染病。明末清初，中国北方地区多次爆发天花，疫情严重，引起社会极大的恐慌。清初史学家谈迁在《北游录》中据其所见记载有：满人自入北京“多出疹而殆”。因此，当时人们谈“痘”色变，十分畏惧。

②种痘方：针对清初天花流行的情况，清政府采取了许多预防措施。康熙前期以前，抵御天花主要是躲避与隔离，以此来防止感染。自康熙二十年以后，清官方对天花实行积极性的预防措施——种痘，发展种痘技术，在太医院专门设置痘疹科，任命专属太医负责种痘、治痘事宜。当时的种痘是指种人痘，而非后来常见的种牛痘，其疫苗是痘疹患儿的痘浆或痘痂，植入鼻中，使被种者出一次轻症天花而获得免疫力。清政府还主动为蒙古地区的贵族、一般牧丁种痘，以防止天花的扩散。

③无恙：平安，无灾祸。这里是指没有感染上天花。

④边外四十九旗：指清初在蒙古设置的四十九个札萨克旗。旗本为满洲实行的一种集军事、行政与生产于一体的社会组织。清朝建立后，逐渐在蒙古各部推行扎萨克旗制度。扎萨克旗由钦定的扎萨克王公作为旗世袭首领，并划定旗游牧领地，编为佐领的旗下箭丁以及属于王公台吉的随丁。到顺治年间蒙古诸部的编旗基本结束，共划定四十九个扎萨克旗，各旗游牧地范围也随之固定化。喀尔喀：是明清时期漠北蒙古族诸部的通称，初见于明代，以分布于喀尔喀河（哈拉哈河）得名。

⑤全：保全。

【译文】

父皇训教说:建国初期,人们都害怕染上天花,等到我得到了种痘的方法,我的子女与你们的子女都由于种痘而没有感染上天花。现今边外四十九旗和喀尔喀诸部也都命他们种痘。凡种过痘的都得到痊愈了。记得刚开始种痘时,老年人尚且以为奇怪,但我坚持为他们种痘,于是保全了千万人的性命,这难道是偶然的吗?

45　训曰:朕自幼所见医书颇多,洞彻其原故[①],后世托古人之名而作者,必能辨也。今之医生所学既浅,而专图利,立心不善,何以医人?如诸药之性,人何由知之,皆古圣人之所指示者也[②]。是故朕凡所试之药与治人病愈之方,必晓谕广众[③];或各处所得之方,必告尔等共记者。惟冀有益于多人也。

【注释】

①洞彻:明白透彻。

②指示:指明,显示。

③晓谕广众:明白告知,使众人领会。《汉书·刑法志》:"今大辟之刑千有余条,律令烦多,百有余万言,奇请它比,日以益滋,自明习者不知所由,欲以晓谕众庶,不亦难乎!"

【译文】

父皇训教说:我从小看过的医书颇多,明白各书的源流,很多后世假托前代人为作者的医书,我都能辨别出来。今天这些医生们所学的医术既浅陋,又只为图谋好处,立心不善,又怎么能治好人的疾病呢?譬如各种药物的药性,这些医生是怎么知道的呢?都是根据古代圣人所遗留下之医书的说明。所以凡是我所试过的药与给人治病的药方,一定会告知众人；或者是从各处所得到的药方，一定会告诉你们共同记着。只希望能够对更多的人有益处。

46　训曰：药品不同，古人有用新苗者[①]，有用曝干者[②]，或以手折口咬撮合一处[③]。如今皆用曝干者，以分量称合[④]，此岂古制耶[⑤]？如蒙古有损伤骨节者，则以青色草，名绰尔海之根[⑥]，不令人见，采取食之，甚有益。朕令人试之诚然，验之即内地之续断。由此观之，蒙古犹有古制。药惟与病相投[⑦]，则有毒之药亦能救人；若不当，即人参人亦受害。是故用药贵与病相宜也。

【注释】

①新苗：本指新生的禾苗，这里是指新采摘的药物。

②曝（pù）干：曝晒晾干。

③撮（cuō）合：将两个事物弄在一起。

④分量称合：分别按用量称重合在一起。

⑤古制：古时的法式制度。

⑥绰尔海：植物名。即下文之“续断”，又名接骨草。该植物寄生在桑树上，其根可以入药，称续断木；又有草续断，叶细而呈紫色，根也可入药。此绰尔海当指草断续。

⑦药与病相投：指药对症。

【译文】

父皇训教说：药物的品性各不相同，古人有用新采摘的直接入药的，有晒干后入药的，有用手折断、用嘴咬碎后放在一起的。如今的药物都用晒干后的，对药物称重配药。这难道是古代的用药方法吗？譬如蒙古有人损伤了骨节的，就用一种叫作绰尔海的青草根来治疗，但不让人看见实物，采摘后让人吃下，非常有效。我令人试过，确实非常有效，仔细验看过后，发现就是内地的续断草。由此可见，蒙古地区仍然保存有古代用药的方法。药物只要与所患之病对症，那么即使有毒的也能治病救人；如果用药不当，人参也会害人。所以使用药物贵在对症。

47　训曰：尝见有人讲论[①]，旧瓷器皿以为古玩[②]。然以理论，旧瓷器皿俱系昔人所用[③]，其陈设何处，俱不可知，看来未必洁净，非大贵人饮食所宜留用，不过置之案头[④]，或列之书厨，以为一时清赏可矣[⑤]。此亦富贵人家所当留心之一节，故语尔等知之。

【注释】

①讲论：谈论，探讨。

②古玩：可供玩赏的古董器物。

③昔人：前人，古人，从前的人。

④案头：几案上或书桌上。

⑤清赏：指幽雅的景致或清雅的玩物（金石、书画等）。

【译文】

父皇训教说：曾经见到有人谈论，以旧瓷器皿作为古玩。照理来说，旧瓷器皿都是前人所用之物，其到底摆放在什么地方，都不知道，这样看来这些旧瓷器皿未必洁净，贵人们不适合用其作为饮食器物，不过放在书桌、几案上，或者摆在书厨内，偶尔作为清赏之物就可以了。这也是富贵人家应当留心的一件事情，故而我告诉你们，使你们知道。

48　训曰：盛京年例俱系步围[①]。朕初次至盛京时，行围不远即连见两三虎步行，人有被爪伤者，虽不致命，实视之不忍，本处将军、都统目为寻常[②]。朕遂深责之，曰：“田猎原为游豫[③]，今目睹伤人若是，何以猎为？今后步围永行禁止。”自是年至今已四十余年矣，不然被伤者何所底止？此四十余年，所生全者岂少哉！

【注释】

①盛京：古地名。在今辽宁沈阳，为清朝未入关前的国都。年例：即历年如此的常例。步围：即徒步行围。

②本处将军：即指奉天将军，统辖今辽宁地区的最高军政长官。都统：清代八旗组织中每旗的最高长官。

③游豫：指帝王出巡、游乐。春巡为“游”，秋巡为“豫”。语出《孟子·梁惠王下》：“夏谚曰：‘吾王不游，吾何以休？吾王不豫，吾何以助？一游一豫，为诸侯度。’”

【译文】

父皇训教说：盛京每年按照惯例都会举行步兵围猎活动。我初次到盛京，打猎走出不远，就接连看到两三只老虎在走动，围猎的人中有人被老虎抓伤，虽然不至于致命，但我实在是不忍看下去，本处的奉天将军和都统却视之为寻常之事。于是，我严厉斥责他们说：“围猎本来是为了游乐，今天看到老虎伤人，还怎么打猎？今后永远禁止步兵围猎。”从那年到现在已经四十多年了，要不然老虎伤人何时才能停止？这四十多年保全性命的人会少吗？

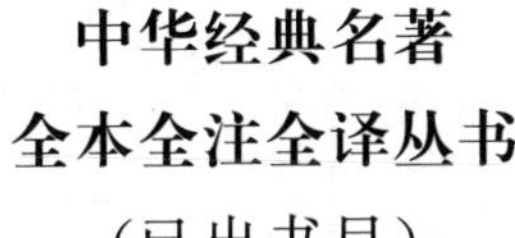

中华经典名著
全本全注全译丛书
（已出书目）

周易
尚书
诗经
周礼
仪礼
礼记
左传
韩诗外传
春秋公羊传
春秋穀梁传
春秋三传
孝经·忠经
论语·大学·中庸
尔雅
孟子
春秋繁露
说文解字
释名
国语
晏子春秋
穆天子传
战国纵横家书
战国策
史记
列女传
吴越春秋
越绝书
华阳国志
水经注
洛阳伽蓝记
大唐西域记
史通
贞观政要
营造法式
东京梦华录
梦粱录

唐才子传
大明律
廉吏传
徐霞客游记
读通鉴论
宋论
文史通义
鬻子·计倪子·於陵子
老子
道德经
帛书老子
鹖冠子
黄帝四经·关尹子·尸子
孙子兵法
墨子
管子
孔子家语
曾子·子思子·孔丛子
吴子·司马法
商君书
慎子·太白阴经
列子
鬼谷子
庄子
公孙龙子(外三种)
荀子
六韬
吕氏春秋
韩非子
山海经
黄帝内经
素书
新书
淮南子
九章算术(附海岛算经)
新序
说苑
列仙传
盐铁论
法言
方言
白虎通义
论衡
潜夫论
政论·昌言
风俗通义
申鉴·中论
太平经
伤寒论
周易参同契
人物志
博物志

抱朴子内篇
抱朴子外篇
西京杂记
神仙传
搜神记
拾遗记
世说新语
弘明集
齐民要术
刘子
颜氏家训
中说
群书治要
帝范·臣轨·庭训格言
坛经
大慈恩寺三藏法师传
长短经
蒙求·童蒙须知
茶经·续茶经
玄怪录·续玄怪录
酉阳杂俎
历代名画记
唐摭言
化书·无能子
梦溪笔谈
东坡志林
唐语林
北山酒经(外二种)
折狱龟鉴
容斋随笔
近思录
洗冤集录
岁时广记
传习录
焚书
菜根谭
增广贤文
呻吟语
了凡四训
龙文鞭影
长物志
智囊全集
天工开物
溪山琴况·琴声十六法
温疫论
明夷待访录·破邪论
潜书
陶庵梦忆
西湖梦寻
虞初新志
幼学琼林
笠翁对韵

声律启蒙
老老恒言
随园食单
阅微草堂笔记
格言联璧
曾国藩家书
曾国藩家训
劝学篇
楚辞
文心雕龙
文选
玉台新咏
二十四诗品·续诗品
词品
东坡养生集
闲情偶寄
古文观止
聊斋志异
唐宋八大家文钞
浮生六记
三字经·百家姓·千字文·弟子规·千家诗
经史百家杂钞